초고령시대의

고령자대책

선두의 일본 그리고 한국

초고령시대의 **고령자대책**

선두의 일본 그리고 한국

인　쇄 2023년 2월 20일
발　행 2023년 2월 24일

저　자 정기룡
발행인 정성택
발행처 전남대학교출판문화원

등　　록 1981. 5. 21. 제53호
주　　소 61186 광주광역시 북구 용봉로 77
전　　화 (062) 530-0571~2 **마케팅** 530-0573
팩　　스 (062) 530-0579
홈페이지 http://www.cnup.co.kr
이 메 일 cnup0571@hanmail.net

값 19,000원

ISBN 978-89-6849-958-6 (93330)

초고령시대의
고령자대책

선두의 일본 그리고 한국

정기룡 저

전남대학교출판문화원

본서는 최근 사회문제로 대두된 인구고령화를 대상으로 사회변화의 배경 및 사회문제를 살펴보고 그 해결방안에 관한 제도개혁과정과 시스템구축에 관한 논의를 토대로 노인문화 구축의 방향성을 제시하고자 하는 의도에서 내놓은 결과물이다. 주요 내용은 그동안 필자의 고령자대책 관련 연구논문과 단행본의 내용을 재검토하여 구성하였으며 초고령사회의 사회문제 해결방안의 계기가 되기를 바라는 마음으로 집필에 임하였다.

고령자대책을 효율적으로 실행하기 위해서는 인구고령화의 사회문제에 대해 경제, 사회, 문화를 포괄하여 복합적인 시각에서 파악해보는 방법이 유용할 것이다. 이에 본서에서는 고령자를 대상으로 한 정책론 및 현황에 관한 그동안의 연구논문과 단행본을 수정·가필하여 현실적인 사회문제에 대한 대응 방안을 다루고 있다. 그 결과는 일본학뿐만 아니라 지역연구·사회정책·노년학에 관한 문제의식을 고양하는 동시에 노인문화 구축의 방향성을 제공하는 계기가 될 것으로 기대하는 바이다.

먼저, 인구고령화에 관해서는 세계 최고 수준의 장수국인 일본을 대상으로 고령자대책의 변천 과정을 살펴보았다. 이어서 그 대책에 관한 성과와 한계를 분석하여 얻은 결과를 토대로 초고령시대에 적합한 방안제시를 시도해 보았다. 나아가 관련 자료의 분석을 토대로 전문가 및 실무자와의 면담을 통해 고령자의 생활실태 및 현상 분석에 임하였으며 인구고령화가 가장 앞서 진전된 일본의 사례를 통해 노인문제의 해결방향과 고령자의 삶의 보람을 찾기 위한 방법을 모색해보았다.

인구고령화의 현상은 선두의 일본은 물론이고 한국의 인구고령화 추세 또한 현재 더 빠른 속도로 진행 중이다. 이에 따른 인구구조의 변화는 노동력 수급에 영향을 미치는 동시에 산업구조의 변화를 초래하게 된다. 나아가 경제성장이 둔화하는 한편 인구고령화의 진전으로 의료·복지비용이 늘어나게 되면, 결국 사회적 부담이 커지게 된다. 이러한 문제를 해결하기 위해서는 먼저 인구구조의 변화를 현실적인 사회문제로 인식해야 할 것이다. 왜냐하면 사회문제에 대한 인식 결여에 따라 효율적인 대책강구가 늦어지면, 머지않은 미래에 사회적 부담이 늘어나서 고령자뿐만 아니라 국민 전체의 삶의 질적 향상을 기대하기 어려워지기 때문이다.

고령자대책은 고령자의 생활보장을 비롯하여 건강유지를 위한 의료지원, 간병·수발 등의 장기 요양 서비스 나아가 관련 제도의 개선 및 개혁에 이르는 다양한 범위를 포괄하고 있다. 따라서 초고령사회의 현실적인 사회문제는 이제 고령자 당사자의 자립뿐만 아니라 가족과 기업을 비롯하여 지역사회와 정부의 제도정책에 이르기까지 복합적인 지원체계를 통해 해결해야 할 문제가 되고 있다.

그러나 이렇게 사회의 환경변화가 어려운 해결과제라 할지라도 문제를 적확하게 인식하고, 그에 맞는 대책을 구축하여 대처한다면 초고령사회가 도래하더라도 그 충격을 완화할 수 있을 것이다. 그를 위한 해결책으로는 공적부문의 제도개선과 더불어 지역사회와 기업, 가족 등 구성원이 참여하는 네트워크를 활성화하는 동시에 생활환경의 변화 과정에서 노인문화의 구축이 필요할 것이다.

따라서 인구고령화의 선두에 있는 일본의 고령자대책에 관한 분석 결과가 머지않아 세계 최고 수준의 초고령사회로 진전될 것으로 예상되는 우리의 사회문제 해결을 위한 기초자료로 활용되기를 바라는 바이다. 나아가 고령자의 새로운 라이프스타일의 형성과 노인문화 구축이 후세대의 미래에 긍정적인 동기부여가 되기를 바라는 마음으로 본서를 종합하게 되었다. 그러나 연구논문의 발표시기와 인용 자료에 근거한 수치의 차이 그리고 중요도에 따라 기술된 내용중복 및 유사 항목의 전후 배치 등은 각 시점의 현황설명을 위한 구성에 따른 것임을 밝혀둔다. 이러한 점이 전체의 집필 취지에는 반하지 않으므로 독자의 이해를 구하는 바이다.

끝으로 일본의 고령자대책 관련 자료수집과 현지 방문에서 국민연금연구원을 비롯하여 후생노동성, 일본연금기구 나아가 관련 지자체로부터 자료제공 등의 협조를 받았다. 또한 현지조사에 임하여 연금 및 사회정책 전문가, 노인복지 담당자와의 면담이 유용하였기에 고마움을 전하고 싶다. 나아가 관련 학회 연구자들과의 논의가 집필에 여러모로 도움이 되었기에 감사의 마음을 전하고자 한다. 그와 더불어 노인문제 관련 연구를 마무리하며 정년을 맞이한 필자에게 본서를 출간할 수 있도록 배려해준 전남대학교 연구처와 출판문화원 관계자들께 고마움을 전한다.

2023년 2월

용천 연구실에서

정기룡

목차

제1장

인구구성의 변화와 노인문화창조

1. 인구고령화의 사회현상

우리가 살아가는 인류사회는 각각의 지역에 따라 사회구조와 사회제도가 상이하여 여러 가지 형태의 다양한 모습으로 발전해왔다. 또한 각 개인이 처한 시대적 환경 역시 달라서 인구구조의 변화뿐만 아니라 가족의 역할과 기능이 다르게 나타나기도 한다. 그러나 최근 인구고령화로 인한 사회변화는 선진국만이 아니라 개발도상국에서도 매우 유사하게 진전되면서 공통적인 사회문제를 드러내고 있다. 특히 인구구조의 급격한 변화는 인구 그 자체는 물론이고 사회의 여러 분야에 영향을 미치게 되어 고용방식, 소비방식, 가족부양방식, 네트워크형성방식 등에 상당한 변화를 초래하고 있다.

모든 생명체는 시간의 경과에 따라 생성되어 성장기를 거쳐 성숙기를 통해 점차 쇠퇴기에 이르는 생애과정(Life Cycle)을 거치게 된다. 인간도 마찬가지로 태어나서 성장한 이후에 점차 늙어서 결국 생을 마감하는 생로병사의 길을 걷게 된다. 인구고령화란 짧게 요약하자면, 고령자[1]의 인구 비율이 점점 높아지는 사회를 의미하는 것이라고 할 수 있

---

1 고령자와 노인에 대한 정의는 다양하지만, 세계보건기구(WHO)와 UN의 인구

겠다. 그리고 개인적인 노화란 나이가 들어감에 따라 심신이 쇠퇴해가는 과정을 가리킨다. 따라서 고령화는 인간 발달과정의 한 부분으로 개인마다 그 속도나 양상에는 차이가 있을 수 있겠지만 살다 보면 누구나 맞이하게 되는 보편적인 노화현상이다.

표 1-1. 연령대별 고령인구(65세 이상)

(단위: 천 명, %, 명/여자 고령인구 100명)

구분	65세 이상 인구	성별					연령별					
		남자	고령 비중[1)]	여자	고령 비중[1)]	구성비[2)]	65-69세	구성비[3)]	70-74세	구성비[3)]	75세 이상	구성비[3)]
2000	3,395	1,300	5.5	2,095	9.0	62.1	1,381	2.9	922	2.0	1,091	2.3
2010	5,366	2,194	8.8	3,172	12.9	69.2	1,878	3.8	1,540	3.1	1,948	3.9
2019	7,685	3,300	12.7	4,385	17.0	75.3	2,450	4.7	1,888	3.7	3,346	6.5
2020	8,125	3,513	13.5	4,613	17.9	76.2	2,660	5.1	1,991	3.8	3,475	6.7
2021	**8,537**	**3,713**	**14.3**	**4,824**	**18.7**	**77.0**	**2,898**	**5.6**	**2,093**	**4.0**	**3,546**	**6.8**
2030	12,980	5,889	22.7	7,091	27.3	83.0	4,094	7.9	3,566	6.9	5,319	10.2
2038	16,549	7,620	29.9	8,929	34.7	85.3	4,419	8.6	3,846	7.5	8,283	16.2
2040	17,224	7,942	31.4	9,282	36.3	85.6	4,284	8.4	4,074	8.0	8,866	17.4
2050	19,007	8,841	37.4	10,166	42.2	87.0	3,848	8.1	3,744	7.8	11,415	23.9
2060	18,815	8,980	42.4	9,835	45.4	91.3	3,698	8.6	3,278	7.7	11,838	27.6

자료 : 통계청 사회통계국(2021년 9월), 「장래인구특별추계 : 2017-2067」 참고.
주 : 1) 성별 고령 비중 = 성별 고령인구(65세 이상) ÷ 성별인 거 × 100
2) 성비 = 남자 고령인구(65세 이상) ÷ 여자 고령인구(65세 이상) × 100
3) 연령별 구성비 = 고령 연령대별 인구 ÷ 총인구 × 100

고령화율의 기준은 현재, 65세 이상의 인구를 가리키며 한국과 일본의 고령화율 기준연령도 65세로 정하고 있으므로 이를 따르기로 한다. 본서에서는 고령자 외에 노인, 어르신 등의 표현과 더불어 고령기, 노령기, 노인문화, 고령자대학처럼 노인 및 고령자 등의 용어를 자료 인용 및 문맥상의 이해와 편의를 고려하여 혼용하여 사용하고자 한다.

유엔(UN)에서는 일정 지역 혹은 국가의 전체인구 중 65세 이상의 고령자가 차지하는 비율이 7% 이상이 되면 고령화사회, 노인인구 비율이 14%를 넘어서면 고령사회, 노인인구 비율이 20% 이상인 사회를 초고령사회로 지칭하고 있다. 우리나라의 통계청에서는 2003년부터 매년 「노인의 날(10.2)」을 기준으로 고령자 관련 통계를 수집·정리한 「고령자통계」를 발표하고 있다.

한국의 경우, 2020년대 초반까지는 정부지출 상승세가 완만하게 신장하는 추세이지만, 베이비붐세대(1955-1963 출생자) 대부분이 고령층에 진입하게 되는 2020년대 중반부터는 인구고령화 관련 사회지출이 급격히 늘어날 것으로 예상된다. 특히, 인구고령화 관련 재정지출 중에서 공적연금, 건강보험, 장기요양서비스의 순으로 지출 규모가 커질 것으로 전망되는데 이러한 추세는 선진국 대부분의 나라에서 나타나는 공통적인 현상이다.

통계청의 장래인구 추계에 의하면, 급속한 인구고령화로 인하여 2022년에 65세 이상인 고령자의 인구 비율이 17.9%가 되었고 2025년이면 20.6%에 달하게 되어 일본·이탈리아·프랑스·독일을 비롯한 초고령사회 국가반열에 들게 된다. 인구고령화의 속도를 보면, 고령사회에서 초고령사회로 빠르게 진전되었던 일본(약 11년 소요)보다 더욱 빠른 속도로 초고령사회에 진입하게 된다.

2022년 10월 시점에서 우리나라 고령인구 비율이 20% 이상인 초고령사회 지역은, 전남(25%)을 선두로 경북(23.6%), 전북(23.1%), 강원(22.6%), 부산광역시(21.3%) 그리고 충남(20.5%) 이렇게 6곳에 이른다. 나아가 가구주 연령이 65세 이상인 이른바 고령자 가구는 전체의 약 23.7%인데, 이러한 추세가 지속되면 2047년에는 거의 절반(49.6%) 수준으로 고령자 가구가 확대될 것으로 보인다.

이렇게 세계에서 가장 빠른 속도로 고령화가 진전되는 데에는 한국

표 1-2. 고령자 인구 비율 현황

(각 시도별)

행정구역별	고령인구비율 (A ÷ B × 100) (%)	65세 이상 인구 (A) (명)	전체인구 (B) (명)
전　　국	17.9	9,198,480	51,459,626
서울특별시	17.4	1,647,613	9,443,722
부산광역시	21.3	707,075	3,322,286
대구광역시	18.3	432,626	2,366,852
인천광역시	15.5	459,080	2,962,388
광주광역시	15.4	221,277	1,432,651
대전광역시	16.0	230,789	1,446,863
울산광역시	14.6	161,909	1,111,707
세종특별자치시	10.4	39,809	382,258
경 기 도	14.5	1,974,140	13,579,508
강 원 도	22.6	347,453	1,537,339
충청북도	19.7	314,485	1,595,578
충청남도	20.5	434,383	2,121,333
전라북도	23.1	408,636	1,771,776
전라남도	25.0	455,685	1,819,157
경상북도	23.6	614,873	2,603,389
경상남도	19.3	633,627	3,284,495
제주특별자치도	17.0	115.020	678,324

자료 : 통계청 통계정책과(2022년 10월 현재)
https://kosis.kr/statHtml/statHtml.do?orgId=101&tblId=DT_1YL20631&conn_path=I3

의 경제발전 및 의료기술의 발달에 의한 수명연장과 더불어 출산율의 급격한 저하로 인한 저출산이 맞물려 있는 점이 그 배경이 되고 있다. 즉, 생활수준의 향상과 보건의료서비스의 개선으로 평균수명이 연장되어 노인인구의 절대 수와 비율이 급격히 증가하는 한편, 비혼과 만혼 및 육아, 교육지원 측면의 어려움에 기인하여 낮아진 합계출산율[2] 등의 요인으로 인해 고령화율이 높아지고 있다.

2. 가족과 사회와의 관계

일반적으로 가족이란 혈연관계 즉, 부부와 자녀로 맺어진 인간관계의 기초적 집단이라고 할 수 있다. 이러한 가족 개념은 현실적인 주거 혹은 가계의 생활공동체를 구성하는 '가구'와는 다르다. 또 우리 주변에서 많이 쓰이고 있는 '가문'이란 혈족 계보를 중심으로 한 광범위한 집합체라고 할 수 있으며 '가족'은 현실적인 인간관계의 가장 기초적인 집단이다.

가족은 일차적 집단으로 공동사회 집단이며, 비교적 폐쇄적이고, 외형으로는 형식적·제도적 집단이면서 내면의 인간관계는 비형식적·비제도적인 점이 특징이다. 또한 가족의 일반적인 특성은 혈연공동체, 거주공동체, 가계공동체, 애정결합체, 운명공동체라고 할 수 있다.

근대화 이전의 농경사회에서는 노동집약적인 형태의 대가족이 주류를 이루었다. 그러나 산업화에 따라 일자리를 찾아 대도시주변으로 유입됨으로써 가족구성은 점차 핵가족화되었으며, 그와 함께 가족이 지니고 있던 기능과 구조도 변화하였다. 즉, 전통적인 기능이 소멸하면서

2 한 여성이 평생 낳을 수 있는 자녀의 수를 합계출산율이라고 한다. 합계출산율은 국가별 출산력 수준을 비교하는 주요 지표로 이용된다. 우리나라는 1990년대 이후, 합계출산율이 점점 낮아져 2010년에 이르러 경제협력개발기구(OECD) 34개 회원국 중 제일 낮은 1.23 수준이 되었다. 이러한 추세는 미국(2.01명)과 영국(1.94명) 그리고 일본(1.37명)보다도 낮은 수준이다. 이러한 배경에는 출산과 육아에 따른 부담 때문에 여성들이 출산을 피하는 현실을 반영하고 있는데 최근에는 더욱 심각한 수준으로 통계청 인구동향조사(2020년)에 따르면, 합계출산율이 0.837에 머물고 있다.

사회적인 여러 제도와 기관이 그 기능을 대체하게 되었으며, 가족 내의 구성원 관계는 가부장적 지배 및 온정 관계로부터 애정을 중심으로 한 부부와 친자관계의 소가족으로 변화하였다.

가족을 부부 중심으로 하여 그 자녀로 한정하는 2세대를 바로 핵가족[3]이라고 한다. 핵가족을 생활 단위의 측면에서 보면, 구성이 단순하고 구성원이 한정되어 있어 위기가 닥치면 쉽사리 해체되기 쉽다. 현대사회는 가족생활에서 생활의 개성과 다양성을 드러내고 있어 구성원 개개인의 라이프사이클과 생활 목표 사이에 여러 문제와 차이가 드러날 수 있다. 반면, 확대가족[4]은 부부 및 미혼 자녀 이외에 직계존속·비속 및 방계의 친족 등을 포함한 가족 형태를 가리킨다. 제도상으로는 부모·자식 중심의 가족에 해당하는 가족 형태상의 분류개념이다.

한편, 가정[5]의 정의는 개인에 따라 다를 수 있으나, 가족이 공동생활을 하는 장소라고 할 수 있으며, 부부·자식·부모 등 가족이 공동 생활하는 조직체를 말한다. 가정과 집을 비교해보면, 전자가 인위적으로 구성원 조직체, 즉 인간관계를 가리키는 데 반해 후자는 구체적인 건축물

3 핵가족이라는 용어는 미국의 인류학자 머독(Murdock, G.P.)이 처음 사용하였으며 이전의 부부가족이나 소가족보다 적절한 표현으로 인식되어 널리 쓰이게 되었다. 독립한 핵가족의 존재는 반드시 근대에만 국한된 것은 아니지만, 근대 산업사회에서의 개인주의, 사회적 이동성 및 사회보장제도의 발전으로 일찍부터 유럽과 미국에서는 핵가족화의 경향이 촉진되었다.

4 이 용어는 머독이 핵가족에 대비하여 사용한 'extended family'의 개념으로서 대가족보다 개념이 명확하다. 경제적으로 자급자족하기 힘든 전근대적인 사회에서 흔한 가족 형태이다.

5 가정은 가족 구성원이 거주하는 '집'에 모여 사는 생활공동체로서 이해할 수 있다. 그러나 '집'이라는 개념에는 가족의 생활공동체 외에도 가족 구성원이 생활하는 거주지 혹은 가족의 범위를 초월하여 친인척까지 포함하여 표현하는 경우도 있다. 한국의 '집'에 해당하는 일본의 '이에(家)'가 있는데, 집안을 표현하기도 하므로 약간의 차이가 있다.

을 가리키고 있어서 의미하는 바가 조금 다르다. 인간이 만들어 온 가족관계와 가족공동체는 그 구성과 생활 방법 등의 차이에 따라서 그 형태를 달리하여 왔는데, 남녀가 만나 부부가 되어서 사회의 기초집단인 '가정'을 이루게 되는 것이다.

가족이 인류의 기초집단 혹은 기본 형태라고 하는 것은 가족만이 가지는 경제적·생식적·교육적·안정적·잠재적 기능[6] 등이 있기 때문인데, 가족구성을 위해서는 다음과 같은 점이 요구된다. 첫째는 혼인이라는 절차에 의하여 부부의 결합이 법적으로나 사회적으로 용인되고, 그에 따라 사회적으로 성적 질서가 유지된다. 둘째는 자녀를 위한 장기적 양육의 필요성으로 부모 양친의 협력이 필연적으로 요구된다. 물론 가족구성은 개인적인 환경만이 아니라 시대적·자연적·사회적 환경에 따라 다르며 때로는 기능적 장애를 일으켜 가족의 해체를 초래하는 경우[7]도 있다.

예를 들어 이혼·가출·범죄·비행·자살 등이 나타나기도 한다. 이러한 문제는 가족이나 개인에 의해서만 발생하는 것이 아니라 사회적·환경

---

6 가족기능은 이전부터 가족사회학의 연구주제 중 하나로서 많은 견해가 있는데, 머독(Murdock, G.P.)의 성적(性的)·경제적·생식적·교육적인 기능설과 파슨스(T. parsons)의 사회화·안정화(安定化)의 기능설이 널리 알려져 있다. 가족의 기능은 가족의 존재이유(reason for existing of family)와 사회적 기능(social functions)의 거대기능 면의 견해와 가족 내의 개인에 대한 가족기능, 즉 대내기능(domestic functions) 면에서 관찰하는 견해가 있다. 또한 오락(entertainment) 및 지위 부여(position grant) 등인 가족기능을 제시하는 견해도 있다. 이러한 가족기능 분석이 어려운 것은 가족 자체가 문화와 민족, 지역 등에 따라서 다르다는 점과 가족의 기능을 양적으로 측정하기 어렵다는 점을 들 수 있다.

7 통상적으로 가족집단 혹은 가족 구성원이 장애와 해체위기에 직면하면 해결을 요청하게 되는데, 이러한 문제를 방치하면 가족기능의 장애 또는 일탈현상, 즉 병리적 상황이 야기될 수도 있다. 결손가족·모자가족·빈곤가족·장애자가족 등은 그와 같은 문제를 내포하는 경우가 있어 사회복지 차원의 접근과 지원이 필요하다.

적 요인에 의해서 발생되기도 한다. 가장 중요하면서도 가까이에서 생활하기 때문에 등한시할 수 있는 가족의 중요성은 원론적인 논의로 생각할 수도 있겠지만, 여기에서는 무엇보다 가족의 중요성을 국가와 가족과의 기능적 측면에서 논하기로 한다.

기능주의적 시각에 의하면 가족은 개인 간의 상호작용의 행위가 유형화된 하나의 사회체계(social system)[8]이며 이 체계는 지역사회를 이루고 지역사회는 한 국가사회의 체계를 형성하는 구조를 갖게 된다. 이러한 의미에서 가족은 사회의 가장 기본적인 단위라고 하겠는데, 그 하위체계로는 구성원 개인으로 구성되며 상위체계에 지역사회와 국가가 있는 것이다.

따라서 가족과 국가는 각각의 생존과 발전을 위하여 서로 기능적으로 의존적이고 상호 교환적인 관계를 맺고 있다. 가족을 사회구성의 기본단위 혹은 핵심 단위로 보는 것은 바로 이러한 기능주의적 시각에 입각한 것이다. 이에 가족과 국가와의 관계를 확장하여 살펴보기로 하자.

먼저, 인간은 본질적으로 생물학적 존재이기 때문에 사회체계는 구성원의 생물학적 생존을 위해 의·식·주의 기본물자가 공급되어야 한다. 이러한 생물학적 생존보장의 기능은 여러 사회시스템(사회체계와 조직 및 제도 등) 가운데 지금까지 가족이 가장 많은 부분을 수행해왔고, 앞으로도 효율적인 공급원으로 기능을 수행하게 될 것이다. 개인의 생물학적 생존에 대한 위협은 바로 가족의 생존을 위협할 수 있고 나아가 국가의 존립에도 위협이 될 수 있으므로 국가는 가족의 생존기능 수행을 위해 가족의 위기와 해체를 막기 위한 적절한 원조를 수행하여야 한다.

---

8 기능적으로 사회시스템 부문 간에는 물론, 등위 및 상 하위시스템 사이에 상호 연계되어 있고, 한 부문의 변화는 다른 하위시스템의 변화에도 영향을 주기도 하고 영향을 받기도 하면서 상호 교환적인 관계를 유지하고 있다.

또한 가족은 물론 국가도 일정 수준으로 인적 구성을 유지하지 못하면, 지속적으로 생존할 수 없게 되며 존립 또한 불가능해진다. 따라서 넓은 의미에서의 재생산기능은 가족이라는 사회체계 속에서 가능하며, 가족이 그러한 기능을 유지하고 있다. 따라서 국가는 가족이 사회에 유능하고 건강한 구성원을 재생산할 수 있도록 제도적으로 뒷받침하여야 한다.

나아가 사회는 경제제도를 통하여 구성원의 생존에 필수적인 상품과 서비스를 생산하여 분배하는데 가족은 생산에 필요한 인적자원의 제공과 더불어 소비하는 기능을 수행한다. 따라서 국가는 가족이 생산 및 분배 활동의 공급기능을 담당하고 있으므로 가족이 이러한 기능을 수행할 수 있도록 지원하여야 한다.

그와 더불어 현대의 동기부여 이론에서는 노동에 관한 의욕을 일하는 보람으로 인식하며 역할기대의 내면화, 보수기대를 암시적으로 나타낸 성과의 증가라고 생각하고 있다. 따라서 국가는 사회구성원인 개인이 삶의 의미를 갖고 생존을 위한 동기를 가질 수 있도록 교육과 선택의 기회를 제공하여야 한다.

이러한 구성원의 신체적, 심리적 안정과 정서적인 지지의 기능은 사회체계에 대한 소속감을 토대로 결속하려는 요인으로 작용한다. 가족의 구성원이면서 사회의 구성원이기도 한 개개인에게 관심과 애정을 토대로 생활안정과 안전 그리고 지속적으로 정서적인 지지를 제공하는 체계가 바로 가족이라고 하겠다. 따라서 개인의 안전과 정서적인 지지는 가족의 가장 중요한 기능의 하나인 것이다. 그러므로 국가는 가족에 대한 지원을 단지 가족해체라든가 가족 위기에만 한정해 지원하기보다는 사회유지 차원에서 포괄적인 지원이 필요한 것이다.

현대와 같이 안정된 풍요로움이 실현된 사회에서는 생활수준을 유지하기 위해 일정한 소득이 필요한데, 사람들은 그보다 고차원적인 이념과 목적을 갖고서 생을 영위하고자 한다. 그와 관련하여 사회에서는 이러한 기능을 종교제도와 교육제도 등이 상당부분 분담하고 있지만, 기본적으로 가족도 이러한 기능을 맡고 있다.

가족은 오랜 기간 존재해왔지만, 그 형태와 기능이 시대 경과와 지역성에 따라 다르게 인식되었기 때문에 반드시 일정한 형태로 존속된 것은 아니었다. 또한 가족의 생활보장기능은 사회환경의 변화에 따라 이전과는 다른 형태가 될 수밖에 없다. 특히 가족의 생활보장기능이 사회기구 안에서 부여된 역할과 지위를 다할 수 없게 되면 가족 외부로 생계유지를 위한 요청을 하게 된다. 이는 가족의 생활보장기능의 변화에 대응하고, 생활보장 기반을 유지하기 위한 당연한 행위일 것이다.

이렇듯 가족과 국가는 상호 밀접하게 관련되어 있으므로 각각에 부여된 기능을 수행한다면, 사회는 균형을 이루면서 안정적으로 유지·발전하게 될 것이다. 반면, 각각의 기능수행에 장애가 나타나면 정상적인 생존과 발전이 저해되거나 유지발전이 어렵게 된다. 특히 가족은 국가사회의 유지·발전을 위하여 중요한 기능을 수행해 왔으며 사회제도 속에서 사회적 부담을 분담하고 있다. 따라서 안정적인 사회유지를 위해서는 가족제도와 적정 인구구성을 염두에 둔 사회정책이 필요하다고 하겠다. 결국, 자본주의의 발전에 따라 대두된 사회문제에는 국가의 정책뿐만 아니라 가족과 지역사회, 국가 등의 협력으로 대처해나가야 할 것이다.

인간의 생활에 관한 제도는 가족제도이건 국가의 사회정책이건 기초가 되는 것은 기본적인 생활보장일 것이다. 즉, 생활보장이란 생활자가 조우(遭遇)하게 되는 다양한 위험요소를 예견하여 생활보장 자원을 효율적으로 배분함으로써 생활을 유지할 수 있도록 지원하는 체계라고 하겠다. 특히 고령자의 생활보장 자원으로는 국가의 정책을 비롯하여 기업 및 가족 나아가 지역사회까지 포함하는 ① 공적보장, ② 기업보장, ③ 사적보장, ④ 지역사회활동 등으로 분류할 수 있겠다.

첫째, 공적보장은 국민의 안정된 생활의 확보를 국가가 책임지는 것이다. 다만, 국가가 보장하는 안정된 생활보장의 범위는 사회적, 경제적, 문화적으로 일률적일 수는 없다. 최근의 사회보장 논의에서는 서구의 '복지국가위기론'이 지배적이어서 복지수준이 그다지 높지 않은 나라에서도 복지재검토론이 대두된 실정이다.

알려진 바와 같이 20세기까지는 선진국을 중심으로 사회보장·사회복지분야는 국가의 기본적인 정책과제로 인식되지만, 점차 늘어나는 재정부담 때문에 복지 확대와 유지를 공적보장에만 의지할 수 없게 되었다. 이러한 움직임은 일본은 물론이고 한국도 예외가 아니어서 '중복지'='중부담' 수준으로 수렴되어 복지제도가 형성되는 과정에 있다.

둘째, 공적 생활보장기능을 보완하는 것으로 기업보장을 들 수 있다. 이것은 직업상의 관계를 통하여 성립하는 생활보장기능이라고 하겠다. 먼저, 기업 측은 각종 복리후생 활동을 제공한다. 물론 기업의 생활보장은 간단한 문제가 아니지만, 사회보장제도의 기업 측의 부담 외에도 기업연금, 교육프로그램, 퇴직프로그램 운영 등 고용 기간에 걸쳐 근로자의 생활보장을 일정부분 책임지고 있는 것은 확실하다.

이러한 복리후생제도는 근로자의 장기 정착과 생산성 향상 등 노무관리에 효율적으로 활용되어왔다. 기업은 종업원의 생활을 안정시킬 뿐만 아니라 퇴직 후까지의 생활설계 등에 이르기까지 관여해 온 사회적 역할을 담당하였고, 근로자에 대한 성과분배로는 임금과 복리후생 양면으로 제공해 온 것이다. 그러나 최근 기업을 둘러싼 구조조정 등의 변화를 고려하면, 과연 복리후생제도가 앞으로도 이전처럼 지속적으로 유지될 수 있을지는 의문이다.

셋째, 사적보장으로써 시장에서 거래하는 생활보장 관련 서비스와 비 시장형서비스의 가족관계이다. 먼저, 각 개인의 생활환경에 의해 시장에서 거래하는 생활보장 관련서비스가 달라질 수 있다. 즉, 공적보장

이상의 선택적 서비스는 사적비용으로 구입이 가능하여 그에 대한 욕구가 충족될 수 있다. 한편, 비시장형 서비스의 공급원이며 생활의 기초단위인 가족은 생존을 보장하는 조직 혹은 생활 방위의 기초조직으로 파악할 수 있다.

가족사회학 연구자의 견해에 따르면, 인간의 긴 역사를 통해 아이를 낳고 키우는 재생산기능이 이어지고 있는데 그 중요한 역할을 맡고 있는 것이 바로 가족이다[9]. 따라서 가족 구성원으로 구성된 가정은, 산업화와 핵가족화 등의 영향으로 인해 가족의 생활보장기능이 약화되기는 했지만, 앞으로도 가족의 기능과 역할은 일정부분 유지될 것으로 예상된다.

넷째, 각 지역에서 봉사활동을 중시하는 지역사회의 활용이다. 최근까지 사회복지시스템은 국가가 주로 사회복지계획을 추진해왔으나, 이제 그 주체가 국가와 지방자치체 외에도 사회복지협의회, 사회복지사업의 경영주체 등으로 그 범위가 넓어지고 있다.

그러한 단체가 지역에서 실시하는 복지활동으로 주민의 욕구를 조사·파악하여 정책으로 입안하도록 하는 한편, 그러한 자료를 바탕으로 노인대상 복지서비스를 개발하면서 조직의 확대를 도모해나가고 있다. 나아가 보건·의료·복지의 연대에 입각한 복지서비스의 원활한 공급과 더불어 「참가형복지」[10]의 일환으로 주민참가가 가능한 재택복지 활동을 조직하면서 사회복지서비스 활동에 주력하고 있다. 앞으로 고령화가 급속히 진전될 것으로 예상되므로 이와 같은 지역사회의 봉사활동에 기대하는 분야는 더욱 늘어날 것이다.

---

9 후세(布施晶子 : 1993)『結婚と家族(결혼가 가족)』岩波書店. pp.5-6. 저자는, 가족은 인간의 역사를 통해 과거로부터 현재 그리고 미래를 향한 인간의 생명과 생활을 연결하는 삶의 과정에서 끊을 수 없는 역할을 맡고 있다고 주장한다.

10 주민참가형 복지활동단체로는 지역 고령자에 대한 가사지원을 제공하는 활동으로써 시민봉사단체 등에서 발전한 것이다.

3. 인구고령화의 현실적인 문제

일본은 널리 알려진 장수국으로 1995년에 고령사회로 진입하였고 2010년에 초고령사회에 진입하여 세계에서 가장 인구고령화가 진전된 나라가 되었다. 이에 일본은 고령사회기본법(1995) 및 고령사회대책대강(高齡社會對策大綱 : 1996)을 비롯한 정부 차원의 고령자대책에 임하고 있다. 이러한 연유로 인구고령화라고 하면 일본이 가장 먼저 떠오르게 된다.

일본에서는, 고령자 대책의 초기에는 주로 고령자고용을 중심적으로 거론하며 고령자의 생활보장을 다루었다. 고령자 대책이 사회정책 본질 논쟁에서 다루던 노동자정책만이 아니라 고령자를 포괄하는 생활정책으로 파악하여야 한다는 주장과 더불어 연금과 고용을 연계한 소득보장 관련 제언이 그 중심 내용이었다. 그 후에도 일본의 평균수명은 더욱 빠르게 진전되어 인구고령화가 경제·사회의 여러 측면에 영향을 미치게 되었다.

인구고령화는 현재 당면한 사회문제이지만, 이제 고령자뿐만 아니라 사회구성원 전체에게 부담을 주는 사회적과제가 되고 있다. 고령자가 늘어날수록 국가재정과 인력 측면 등에서 사회보장 재정에 부담이 되고 있다. 일본의 사회보장은 국민이 내는 사회보험료와 세금으로 운영되는데(2019년의 사회보장비 약 120조 엔), 그 가운데 약 1/3이 고령자 관련 비용이다.

국내총생산(GDP)에서 사회보장비가 차지하는 비중이 대략 1/5 수준이 넘었으며, 2025년에는 사회보장비가 140조 엔으로 그리고 2040년에는 190조 엔 수준으로 급증하게 될 전망이다. 그 대부분이 고령자 관련 예산(대략 연금 73조 2000억 엔, 의료 68조 5000억 엔, 장기요양 25조 8000억 엔, 출산·육아지원 22조 5000억 엔)으로 추산된다. 출산·육아지원과 의료보장 일부를 제외하면 약 80%인 150조 엔 가량이 고령자 관련 예산이다.

일본은 특히 후기고령자(75세 이상 인구)의 상황을 주의 깊게 관찰하고 있다. 이른바 일본인의 건강수명이 남성은 72.14세, 여성은 74.79세인데, 75세를 넘어서면서 거동이 불편하여 의료 및 장기요양 수급을 받는 고령자가 늘어나 비용이 급증하기 때문이다[11]. 따라서 일본의 베이비붐세대(1947-1948년 출생자)가 2022년부터 2024년에 걸쳐 75세가 되는데, 이들이 모두 75세 이상이 되는 해를 이른바 '2025년 문제'라고 명명하여 대응에 나서고 있다.

어쨌든 일본의 2022년 65세 이상 인구는 총인구의 29.3% 그리고 75세 이상 인구는 15.7%로 발표되었다. 고령자의 인구 비율은 향후 늘어나다가 2040년대에 이르면 고령화율이 35.3% 수준에 이르러 정점에 달할 것으로 보인다. 그에 따라 65세 이상의 인구는 2042년경에, 그리고 75세 이상의 인구는 2054년을 전후하여 감소세로 돌아설 전망이다. 이로써 1995년에 고령사회로 진입한 이후 대응해 온 일본의 고령자대책이 약 50년이 소요되어 안정된 결과를 보일 것으로 예상된다.

문제는 선두의 일본이 아니라 일본보다 더 빠른 속도로 고령화가 진전하고 있는 한국의 대응이다. 한국의 고령화율은 2022년 10월 현재 17.9%인데, 28.9%의 일본보다 아직은 여유가 있어 보인다. 그러나 2035년에는 고령화율이 30%대 진입하여 일본(32.8%)을 바짝 뒤쫓고, 2050년에는 40%대를 넘어 일본을 역전하게 될 것으로 예상된다. 즉, 2040년 무렵부터 고령자 인구가 감소하는 일본과는 달리 한국은 인구구조 상 그 후 2065년에 이르기까지 고령화가 진전되어 고령화율이 45% 정도까지 치솟게 되므로 이에 대한 고령자대책이 시급히 강구되어야 할 것이다.

---

11 65세 미만의 일본인 1명이 1년간 사용하는 의료비는 19만 엔 정도인데, 65-74세의 인구 1인당 평균 의료비용은 약 57만 엔 그리고 75세 이상이 93만 엔으로 후기고령자의 의료비용이 현저히 높게 나타나고 있다.

4. 노년과 노화에 관한 논의

노년기는 신체적 기능이 쇠퇴하는 시기이지만, 내면적인 차원에서는 심리적으로 안정적이며 풍부한 경험과 경험의 지혜를 토대로 삶의 의미를 충실히 관조하는 삶의 보람을 만끽할 수 있는 매우 의미 있는 시기일 수 있다. 그러나 현대 산업사회의 패러다임(paradigm) 속에서 노동력도 하나의 경제적 '상품'으로 가치를 평가하여 직업을 갖거나 임금이 책정되기도 하므로 은퇴로 인한 직업 상실과 사회적 역할의 상실로 말미암아 고령자는 존엄성과 정체성을 잃게 되는 경우가 있다. 이에 따라 포기와 절망 그리고 무기력함으로 이어질 우려가 크다.

최근 대중매체를 통해 종종 고령자의 취로가 소개되곤 하는데, 이는 보람되고 활동적인 고령사회를 지향하여 나타난 현상이라기보다 고령기의 생활자원 확보와 수입 감소를 보완하기 위한 상황인 것으로 보인다. 노후를 편안하게 즐길 나이에 일을 꼭 해야 하는 형편이거나 일을 하려고 하는 고령자가 많은 우리나라는 공적연금의 생활보장 수준이 현저히 낮기 때문이다.

이를 해결하기 위해 정부 차원의 노력이 필요하다는 지적이 제기되고 있다. 특히 지난 1997년의 IMF사태 이후, 우리 사회의 양극화현상은 더욱 격화되었다. 이러한 결과는 결국 노년기의 양극화에도 영향을 미치게 된다. 평균수명이 늘어나 노년기가 길어지게 되고 교육 수준에 따른 직업 및 수입의 격차가 커지는 기간이 장기화할 수 있기 때문이다.

이런 이유로 노년층은 크게 복지지원 대상이 되는 집단과 노년기 여유로운 삶을 누릴 수 있는 두 집단으로 선명하게 나누어질 것으로 예상된다. 이러한 노년층의 이원화는 가족관계로도 이어져 사회의 불평등을 가속하는 요인이 될 수도 있다. 경제적으로 여유가 있는 노년층은 자신의 생활만이 아니라 후손에게 증여와 상속, 유산을 통해 경제적 재원을 물려주기도 하지만, 경제적으로 피폐한 노년층의 경우에는, 후손들에게 재산을 물려주기는커녕 빈곤 노인에 대한 부양의무로 인해 경제적·정신적 박탈감을 주게 될 수도 있다.

이런 점에서 고령자집단 내의 격차(사회적·경제적)를 완화하는 복지정책은 단순히 노인들만의 문제가 아니라 이제는 사회 전체의 문제라고 할 수 있겠다. 왜냐하면 기회의 균등으로 젊은 현역 시절 생활전선에 나섰을 때와 그 결과로 이어진 노년기의 경제 상황이 모두 같을 수 없기 때문이다. 따라서 고령기의 격차를 줄이려는 노력은 고령자 개인은 물론이고 사회 전체가 관심을 기울여 해결해야 할 사회적 과제의 하나이다.

인구고령화가 사회현상과 문화풍토에 어떠한 영향을 미치게 되는가? 이러한 명제는 현재, 사회제도의 중요성, 그리고 생산적인 취로와 봉사활동 등의 고령자의 사회적 역할을 포함하는 고령자 자신의 선택, 나아가 은퇴부터 임종에 이르는 노년의 삶의 경과 과정에서 형성되는 문화경로 등에 관해 이론과 현상과의 관계를 재고하는 관심이 필요한 시점이 되었다.

노년의 삶에 관해 사회노년학은, '이론'을 노화의 과정에 관해 연구하기 위해 적용한 것이지만, 때로는 치밀하게 조직되지 않은 일종의 '시각'이라고 보기도 하며, 노년에 관한 동일 이론에서도 세부적으로는 서로 다른 주장이 나오기도 한다[12].

---

12 정진웅(2006.2.) 『노년의 문화인류학』 한울아카데미 pp.34-39. 여기에서는 먼저, 사회노년학의 중심이론을 유리이론(Disengagement Theory), 활동이론(Activity Theory), 하위문화이론(Subculture Theory), 지속이론(Continuity Theory) 나아가 사회적 교환이론(Social Exchange Theory)으로 분류하여 노년과 인간 존재의 특성에 관해 모종의 문화적 가정을 논하고 있다. 그 내용을 간략히 소개하면, 유리이론(Disengagement Theory)은, 노년이 되면 점차 사회로부터 격리되는 것이 정상적인 과정이며 피할 수 없는 과정이라 주장한다. 활동이론(Activity

이처럼 이론적 측면에서는 개개인이 노년을 어떠한 방식으로 경험하는지? 또한 나이가 들어가며 주어진 시간에 어떤 방식으로 대응하는지? 등에 관한 입장이나 서술을 통해 노년과 인간 존재의 특성에 관한 문화적 가정을 드러내기도 한다. 이렇듯 삶의 과정과 고령기로의 이행에 따른 노화에 관한 이론으로는 역할이론과 활동이론뿐만 아니라 정치경제적 관점 나아가 생애경로적인 시각 등이 있겠는데 이에 관해서도 조금 더 살펴보려고 한다.

먼저 역할이론은 나이에 따른 사회적 조건에서 여생의 역할변화를 어떻게 잘 받아들이는가에 중점을 두며, 연령규범(age norms)은 주어진 연령대의 사람들이 나이와 관련된 역량과 제한을 일정부분 가정하고 있다. 즉, 연령규범은 어떤 주어진 연령대의 사람들에게 그 역할을 개방하기도 하고 폐쇄하기도 한다. 예를 들면, 연령규범은 주어진 연령대의 사람들이 어떤 일을 할 수 있거나 하지 않아도 된다는 규범을 제시하여 그와 관련된 정책 및 법을 통해 공식적으로 정하기도 하는 것이다.

따라서 연령규범에 의해 노인은 노인에 어울리는 새로운 역할을 고정하는 것이다. 예를 들면, 정년제도는 역할퇴장의 과정이 만들어놓은 현역에서의 은퇴 조건이다. 그렇지만 최근에는 고령자집단의 양적성장과 사회참가 가능성에 대한 사회적 확산으로 사회적 관계에서 경쟁력

Theory)은, 노년에 긍정적인 자기상을 유지하고 삶에 대한 전반적인 만족도를 유지하기 위해서는 활동적인 생활방식의 유지라고 주장한다. 하위문화이론(Subculture Theory)은, 활동이론과 마찬가지로 노년에 있어 사람들 간의 상호작용이 지니는 긍정적 역할에 주목하고 있지만, 노년기의 성공적인 적응을 위해서는 노인들이 동년배 집단에 참여하는 것을 필수적인 것으로 간주한다는 점에서 활동이론과는 차이를 보인다. 지속이론(Continuity Theory)은 개인의 적응력이나 적응양식은 노년이 되기 훨씬 이전의 단계에 형성되며, 그렇게 한 번 형성된 적응 패턴은 개인의 생애과정에서 상당히 안정적인 형태로 유지된다는 점을 강조한다. 사회적 교환이론(Social Exchange Theory)은, 사회적 상호작용에 있어 최소의 비용으로 최대의 대가를 얻으려 노력한다는 것이다.

을 확보하기 위한 창조적인 일을 만들어 낼 수도 있다.

활동이론에 따르면, 고령자 역시 은퇴, 건강, 역할상실 등과 같은 연령과 관련된 변화에 어떻게 적응할 것인가에 대해 모색하려 하므로 고령자도 자신의 품위와 지위를 유지하고자 노력하려 한다는 것이다. 즉, 생산성이 삶의 만족도를 유지하는 것으로 받아들이기 때문에 개인적인 경제 상황, 라이프스타일, 삶의 만족도, 건강 상태에 따라 다양하게 나타날 수 있다. 따라서 활동이론 시각에서 노화는 고령기 이전의 발달단계와 유사한 지위와 역할, 활동을 유지할 수 있도록 하는 과정에서 빚어지는 개별적 문제로 정의된다고 하겠다.

또한 정치경제적 측면에서 보면, 사회정책 등에 의해 제도화되고 강화되는 구조적 요인은 기회와 선택, 그리고 후기 삶의 경험을 제한하게 된다. 사회적 이해의 결과로써, 자본주의 사회에서 사회적으로 구성된다는 것이다. 사실상 사회보장, 특히 의료보험 및 연금제도와 같은 사회적 해결책은 경제적인 욕구가 충족될 동안 고령자의 사적 문제를 통제한다는 것이다. 따라서 정책적 해결은, 노인이 직면하는 문제의 저변에 있는 불평등과 사회적·경제적 구조를 변화시키고자 하는 노력을 등한시하게 하는 동시에 고령자를 제도화에 적응·통합하도록 사회화하는 데 초점을 맞추고 있다는 견해를 나타내고 있다.

생애경로적인 관점은, 생애에 걸쳐 역할변화와 역할의 다양성을 설명하고, 인간 발달은 생애 한 부분에 의해 제한되는 것이 아니라 전 생애에 거쳐 역동적인 과정을 통해 이루어진다고 보는 관점이다. 따라서 인간의 생애에 있어서 어떤 기능은 지속성(평소 기능)을 가지지만, 어떤 기능은 쇠퇴(단기기억)하거나 증진(경험적 사고)되기도 한다. 이러한 관점은 생애에 걸쳐 역할변화와 역할의 다양성을 설명하고, 인간 발달은 생애 한 부분에 의해 제한되는 것이 아니라 전 생애를 거쳐 역동적인 과정을 통해 이루어진다고 본다. 또한 발달 유형은 모든 개인이 같지 않으며 개인 간의 삶의 과정과 경험 등에 따라 다른 형태로 나타난다는 것이다.

이러한 시각 외에도 사회, 정치, 경제적 환경과 조건 등에 의해 진전된 노화이론이 매우 다양하게 존재한다. 따라서 기존의 이론을 토대로 하는 한편, 새로운 관점으로 기존이론을 재고하거나 다양한 문화와 사회적 맥락을 관찰하며 환경변화를 반영해 수정해나갈 필요가 있겠다. 또한, 노화 과정의 다양성이 증가하는 경향이므로 노화에 관해서도 노년학뿐만 아니라 인접 학문과의 융합연구가 필요할 것이다.

노년학 연구에 있어서 노인문제는, 가령(加齡 : 나이 듦)과 관련해 건강 및 경제 상황보다 나이가 우선적인 대상이 되고 있으며, 이러한 경향은 사회제도의 운영 면에서도 나이가 기준이 되고 있음을 부정할 수 없다. 최근에는 행정적·학문적 규정 자체는 물론이고, 노년기의 연령적 구분을 명확하게 65세로 규정하는 것이 제도를 효율적으로 운영하기 위한 일종의 편의주의[13]라는 비판도 있다. 그럼에도 불구하고 다양한 사회시스템이 구성해 놓은 각종제도(정년, 연금수급 등)를 운영하기 위해서는 어쩔 수 없이 연령기준을 무시할 수 없는 것이 현실이다.

이처럼 노년학 이론의 노년기에 대한 공통점은 이른바 '암울'까지는 아니더라도 일정 '문제'를 내포한 시기[14]로 파악하고 있음을 부정할 수

---

13 정진웅 같은 책, pp.50-51. 최근에는 고령자의 연령대를 상향하려는 움직임이 시도되고 있으나 대부분 행정적 고령자의 구분은 여전히 65세를 중심으로 정하고 있다.

14 정기룡·강영숙(2010) 「고령사회 일본의 노인여가에 관한 고찰」 『일본연구』 제53호. 한국외국어대학교 일본연구소 pp.7-30. 정기룡(2013) 『일본의 사회정책』 전남대학교출판부. pp.176-182. 일본의 노인문제 분석 및 정진웅 같은 책 pp.47-49. 유리이론은 사회로부터의 멀어져가는 초기단계에서 노인들이 겪는 불안과 사기저하를 지적한다. 또한 활동이론에서도 노년기는 삶의 보람을 위해 역할상실을 극복해야 하는 시기로 보고 있으며 하위문화이론은 결국, 노년기는 문화

없다. 왜냐하면, 이러한 노년기의 특성이 '가령(加齢)' 혹은 '노쇠(老衰)'의 단계임이 틀림없기 때문이다. 그러나 고령자의 '물리적 가령(加齢)'과 '신체적 노쇠(老衰)'에 대해서는 인정해야 하겠지만, 고령자의 생애 라이프사이클에 걸친 '경험적 가령(加齢)'과 '정신적으로 건강(健康)'한 고령자가 늘어나고 있는 베이비붐세대의 노후생활에서는 이러한 상반된 논리가 병존할 수 있다는 견해를 토대로 노인문제와 그 해결방안을 모색해보려 한다.

5. 노인문화창조의 분석 시각

인구의 고령화는 노인들의 가치관에도 변화를 주게 되었다. 즉, 고령자의 학력상승, 소득상승, 자기실현 욕구의 표출 등 고령자의 생활상이 변화하여 노인들의 의식이 다양화되면서 고령층 집단의 공통된 행동양식과 노인을 중심으로 한 공통양식의 생활문화가 형성되고 있다. 그러한 영향으로 고령자 개개인의 생활과 경험 등으로 내재한 자기 존재의 가치 및 이념을 비롯하여 최근에는 생활문화, 복지문화 등까지 관심이 확대되어 그와 관련된 연구도 활발해지고 있다[15].

적·사회적으로 소외되는 존재의 시기라는 것이다. 또한 사회적 교환이론은 교환·거래 자원이 고갈되는 시기로 노년기를 파악하고 있는데, 이처럼 노년기는 결국 문화적 의미가 소진되어가는 시기 등으로 노년기를 파악하고 있다.

15 고령자의 노후생활과 복지문화 관련 연구로는 이치방가세·가와바타(一番ヶ瀬康子·河畠修 : 2001)『高齢者と福祉文化』明石書店.을 비롯하여 이치방가세·소노다(一番ヶ瀬康子·薗田碩哉 : 2002)『餘暇と遊びの福祉文化』明石書店. 그리고 이치방가세·바바·고바야시(一番ヶ瀬康子·馬場清·小林博 : 2002)『地域社會と福祉文化』明石書店. 마스코(増子勝義 : 2006)『福祉文化の創造』北樹出版.을 들 수 있으며 여기에서는 노인을 중심으로 하여 복지 현장에서 일어나는 노인들의 생활양식을 일종의 복지문화로 보고 있다.

이러한 선행연구에서는 사회구조에 대칭되는 문화 형성에 있어서 나타나는 연구자의 이념이 강조되거나 시설복지 현장의 환경개선을 어떤 문화 차원으로 승화시키려는 의도가 엿보인다. 물론 이러한 사회환경의 변화 속에서 이전의 고령자와는 달리 베이비붐세대가 새로운 삶의 행태를 형성해 가는 것은 고령층의 새로운 도전을 의미하며, 거기에는 고령자의 유형에 따른 복지문화 혹은 노인문화가 일정 형태로 형성되어가고 있음을 보여주기도 한다[16].

물론 고령자의 노인문화는 삶을 영위하는 데 있어서 필요한 여러 형태의 생활자원(인적자원·물적자원·정보·기술 등)을 활용하며 일상의 생활에서 형성·축적해나가는 연속과정이며 그것이 조직화되는 과정이 사회적 생활상으로 표출된다고 하겠다.

문화이론에서는 문화를 가치와 신념 체계뿐만 아니라 사회적 관계, 삶의 양식을 포함하는 것으로 보고 있다. 문화이론에서 중요시되는 기본개념은 인간관계, 즉, 사회적 관계이며 특정한 사회적 관계가 특정한 문화적 편향과 세계관 등을 형성한다고 본다. 여기에서 주목할 점은 정체성과 행위에 관한 구분이며, 그 분류를 통해 집단성의 강약과 규제의 정도를 가늠해 볼 수 있기에 일본의 베이비붐세대의 문화 형성에도 여러 가지 문화가 혼재할 수 있을 것이다.

---

16 사회복지 측면의 문화적 발달과정의 이론분석으로서 박병현 「복지국가의 문화적 분석」 『한국사회복지학』 한국사회복지학회. 2005. pp.277-304를 들 수 있다. 주요내용을 재인용하면, 사회복지차원에서의 문화이론(Culture Theory)으로서 대표적 인류학자인 메리 더글러스(Mary Douglas)가 제창하고, 월답스키(Aaron Wildavsky)가 정책결정 과정에 적용하면서 발전하였는데 문화란 반드시 동질적인 것이 아니고 이질적이 하위문화가 생성될 수도 있다는 점을 지적하고 있다. 그와 더불어 정기룡 「고령사회 일본의 노인문화」 『일어일문학연구』 한국일어일문학회. 2003. pp.291-311에서는 노인문화의 개념을 규정하고, 노인의 일상생활을 통해 일본의 고령자의 활동상조사를 통해 전통형문화에서 신조류형문화로의 변화를 지적하였다.

따라서 고령사회와 베이비붐세대에 관한 문화적 분석은 여러 측면에서 가능하겠지만, 본서 『초고령시대의 고령자대책』에서는 우리보다 앞서 진전된 일본의 인구고령화에 따른 문제점을 사회정책적 시각으로 분석해나가고자 한다. 그런 다음, 최근 발아하고 있는 고령자의 활동적인 사회참가 활동에 주목하여 고령자의 사회적 지위와 역할과 더불어 노년기의 문화적 특성 및 한국의 실정과 비교해보고자 한다.

나아가 이와 같은 이론 및 정책분석을 통해 생명 주기적 변화를 근거로 한 노년기의 라이프스타일의 구축을 시도하고자 한다. 이러한 작업은 실제 일어나는 사회적 현상을 구체적으로 논리화시키는 과정이므로 어려운 작업일 수도 있겠다. 왜냐하면, 문화란 매우 복잡하며 다양한 학문영역을 섭렵하여야 하며, 사실에 입각한 논리로서 증명하기에는 너무 광범위하며, 논리 도출 과정에 따라 그 결과가 상당히 다르게 나타날 수 있기 때문이다[17].

그럼에도 불구하고 인구 고령화가 급격하게 진행되는 추세를 보면, 노인문화창조에 관한 의미 부여와 노인행태 분석에 관한 시도가 시급히 요구되는 시점이라고 하겠다. 왜냐하면 급격히 늘어나는 고령자도 현실사회의 사회구성원이며, 가정뿐만 아니라 지역사회에서 일정한 역할을 영위하는 과정에서 만족감과 삶의 보람, 나아가 인생과 삶에 대한 의의를 느낄 수 있기 때문이다. 또한 개인으로나 사회의 일원으로 떳떳

17 연구자의 학문영역에 따라 민속학, 가정학, 문화인류학, 노년사회학, 의학 등의 입장에서 각각의 논리가 형성될 수 있을 것이다. 그 외에도 문화인류학(미국), 사회인류학(영국), 민족학(독일·오스트리아 등)의 방법론으로서 문화진화론, 문화전파론, 문화사론, 문화영역론, 문화기능론, 문화구조론 등의 영역에서도 문화를 다루고 있어 역사적인 문화와 현재의 모든 문화가 그 연구대상이 되고 있는 것이 현실이다. 이와 같이 각 연구영역의 배경과 시각, 국가, 지역 등에 따라 노인문제를 달리 볼 수 있으며, 연구 분석방법이 상이하기 때문에 단적으로 논할 수 없는 것이 현실이다.

한 역할을 담당하여야 할 구성원이므로 그 구성원의 노후 라이프스타일에 관한 분석을 통해 노인문화로 구축해볼 가치가 분명히 있다.

우리보다 앞서 인구 고령화가 진전된 장수국 일본에서는, 20세기에 접어들면서 사회복지 측면에서 복지문화[18]가 발아(發芽)하였는데, 특히 고령자의 공통된 생활양식의 견인차가 된 베이비붐세대의 생활양식을 문화적 측면에서 살펴볼 필요가 있겠다. 왜냐하면 이미 베이비붐세대(団塊世代)는 이전의 고령자들과는 달리 생활보장자원의 확보에 적극적이며 다양한 개성표현과 사회참여에 임하고 있기 때문이다.

이러한 노인문화 활동은 점차 확대될 것으로 예상된다. 이렇듯 문화의 개념을 고령자의 생활과 관련하여 살펴보면, 노인문화란, 고령자의 일반적인 생활양식이기는 하지만 고령자의 다양성을 존중하면서 노인들의 행복 추구를 위한 문화생활과 관련되어 드러나는 일정 형태 혹은 공통된 행동 체계라고 할 수 있다.

일본은 공적(대외적)으로나 사적(대내적)으로나 계층구조(집단주의 내에서 지위와 역할을 구별하는 계층주의 문화)에 종속하여 자기가 속한 공동체에 강한 충성심을 공유하려는 내향성이 강한 사회로 알려져 있다. 이러한 공동체 의식은 베이비붐 세대에도 물론 통용된다고 하겠는데 기업조직 내에서의 조화와 화합, 긴밀한 상호이해, 신뢰감 공유 등의 면에서 큰 장점을 갖고 있었다.

제2차 세계대전 이후에 태어난 일본의 베이비붐세대는 성장하는 과

18 마스코(增子勝義 : 2006) 『福祉文化の創造』 北樹出版. pp.12-16. 복지문화란 구성원에 의해 학습되며, 복지에 관한 암묵적 이해와 다수 특정집단의 다양성, 즉 문화상대주의적 관점에서 인식방법과 규칙이 존재한다고 보고 있다. 따라서 문화란 단적으로 생활양식이며 복지란 생활문제의 해결 혹은 생활문제로부터의 복귀기능을 의미하므로 환경적응을 위한 물질적·지적장치로써 인간의 물적, 심리적, 사회적 적응문제를 해결하는 것이 바로 생활양식으로서의 문화가 바로 복지문화라고 보았다.

정에서 이른바 '무리적 특성'이 강하게 드러났으며 입시와 취업 등에서 경쟁을 극복해 왔다. 그러나 현역 시대를 거쳐 정년퇴직 시점에 이르러 나타나는 근래의 '개별적 행동'으로의 변화에 대해서는 재고해볼 필요가 있겠다. 이러한 베이비붐세대의 집단적 약점은 공동체를 구성하던 개개인이 회사를 퇴직하여 개개의 생활로 접어들면 매우 허약한 수동형이 되어 일정 형태의 단체생활과 무리를 떠나서는 원활히 행동할 수 없게 될 수도 있다.

즉, 퇴직 후의 개별행동과 광범위한 상호교류가 필요한 지역사회 활동과 생활에 있어서 무리사회의 행동이론은 어쩌면 기업과는 전혀 다르게 작용하여, 때로는 사회로부터 고립될 위기(외톨이, 고독사 등)를 초래할 수도 있는 것이다. 이러한 부작용을 수용하고 싶지 않지만, 한국의 베이비붐세대에도 어쩌면 자연발생적으로 나타나게 될 현상일 수도 있을 것이다.

따라서 인구고령화에 따른 고령자대책의 패러다임 전환과 구체적인 실천을 위해서는 고령자를 둘러싼 산발적 노력을 종합하고 유기적인 네트워크를 연계하여 지속적인 정책추진이 필요할 것이다. 이러한 맥락에서 본서에서는 베이비붐세대의 삶의 질(Quality of Life)을 제고할 수 있는 방안을 다각적으로 모색해보고자 한다. 이러한 분석 결과는 현재의 고령자는 물론이고 향후 고령자층에 속하게 될 연령대의 노후대책 수립을 위한 기초자료가 될 것이다.

고령사회대책 수립방안을 크게 분류해보면, 대략 인구변화에 따른 사회구조 인식, 고령자의 고용기회 제고, 사회참여기회 제공, 생활보장자원 확보, 활기찬 노후생활을 위한 지원 등이 필요할 것이다. 나아가 베이비붐세대를 비롯하여 향후 고령자층의 욕구 변화, 생활행태 등에 따른 새로운 산업 분야의 확대 가능성까지 포괄하는 내용이 된다면 매우 바람직할 것이다.

제2장

인구구성의 변화와 사회정책

1. 사회정책과 복지국가의 출현

자본주의의 발달에 따라 근로자 계층의 상태도 자연히 개선되어 간다는 견해가 지배적인 영국에서는 여성·미성년의 근로를 보호하려는 공장법 등이 일찍부터 발달하였으나 특히 사회정책이라는 개념은 성립하지 않았다. 이에 비하여 19세기 후반의 독일에서는 공장노동자의 상태가 비참하였고, 게다가 자본주의 경제의 침투가 구(舊)중산계층의 지위를 위협하는 것이어서 심각한 사회문제를 일으킨 결과, 사회정책에 대한 관심이 쏠려 사회정책이라는 용어가 독일에서 생성되었다.

자유주의 경제학에 대하여 국가의 개입에 의한 사회정책의 필요성을 강조하는 역사학파의 경제학이 19세기 후반 독일경제학의 주류를 형성하게 되었다. 이들은 1872년 이후 G.슈몰러를 중심으로 사회정책학회(Sozialpolitik)를 창설, 사회정책학의 발전과 사회·경제 문제에 관한 계몽에 노력하였다. 자본주의의 발전에 따라 전개된 사회정책은 다음 세 가지 형태로 나누어진다. ① 산업혁명기의 여성노동·아동노동의 보호 등으로 대표되는 공장법의 전개, ② 노동자계급의 단결권을 인정한 노동입법의 전개, ③ 질병·재해·노령·실업 등으로 노동자의 소득이 중단·두절되었을 때 소득을 보장하는 사회보험의 국가정책으로서의 형성이다.

이들은 모두가 근로자 계층이 궁핍화에 저항하여 투쟁한 결과 자본과 국가로부터 얻어낸 양보로서 설명된다. 공장법이나 노동입법은 각기 그 시기에 있어서 자본이 잉여가치를 최대한으로 추구하기 위해 채용한 방책으로서의 성격을 지니고 있다. 이에 비하여 사회보험은 국가독점 자본주의가 체제의 안전을 도모하기 위하여 소득재분배나 완전고용정책 등과 함께 채용한 방법이다.

사회정책은 국가독점 자본주의가 채용한 이런 종류의 방책에 한정된다고 보는 견해도 있다. 사회정책은 역사학파에게 있어서는 근로자 계층 구제에 주안점을 두는 도의적 성격이 강조되었으나, 본래는 총체로서의 자본이 그 필요로 하는 임금노동을 조달하고 보전하기 위한 국가에 의한 시책이었다. 그래서 19세기 말에서 20세기 초에 걸친 복지국가적 성격의 사회정책은 '사회개발'이라는 보다 적극적인 정책으로 대체되어 도시·농촌·주택·교통·보건·의료·공중위생·사회복지·교육 등 사회 전반적인 면에서의 개발을 통한 인간의 능력개발과 복지향상을 도모하기에 이르렀다.

한편, 복지국가란 무엇인가? 복지국가에서는 완전고용·최저임금보장·사회보장제도 등이 가장 중요한 시책이다(현재 북유럽이 잘 발달되어 있음). 역사적으로는 "짐은 제1의 공복이다"라고 했던 절대주의 혹은 전제주의 계몽국가에서부터 시작되었다. 또한 20세기의 국가사회주의적 사상을 배경으로 하는 직능국가(職能國家)도 복지국가로 볼 수 있다. 복지국가에 관해서는 다양한 분류가 있지만 단순히 고전적 복지국가와 현대적 복지국가로 크게 나눌 수 있다.

① 고전적 복지국가 : 근대국가의 초기에 절대군주는 "공공의 복지는 최고의 법"이라든가, "군주는 국민의 제1의 공복"이라고 칭하며, 국민의 복지 실현이라는 기치를 내세워 중상주의(重商主義) 정책을 취하였다.

이때 국민의 복지는 군주 스스로가 임의로 결정하였고, 국민복지를 표방하며 국민의 생활을 다각적으로 간섭하였으므로 경찰국가이기도 하였다. 따라서 현대의 사회복지국가와 구별하여 공공복지국가(公共福祉國家)라고도 한다.

② 현대적 복지국가 : 현대의 사회복지국가는 자본주의적 생산양식과 결부되어 있어, 계급대립의 격화는 혁명에 의한 체제변화를 초래하기 때문에 19세기 후반부터 민주사회주의나 사회민주주의 등의 자본주의 수정이론이 나타나 국민 전체의 사회복지를 추구하고 있다.

북유럽 지역의 근대경제학, 영국의 페이비어니즘(Fabianism), J.M.케인스의 고용이론, A.C.피구의 후생경제학 등은 복지국가이론에 큰 몫을 한 이론들이다. 스웨덴·노르웨이·핀란드·덴마크 등의 북유럽 국가들은 각기 "국가를 국민의 집으로", "개인의 성공과 관계없는 생활의 안정을", "어린이의 성(城)" 등의 구호를 내걸고 모든 국민이 소득을 갖게 하는 잘 발달한 복지국가로 알려져 있다. 제2차 세계대전 이후 영국도 "요람에서 무덤까지"라는 구호를 실현하게 되었다.

복지국가는 일정 수준의 경제성장에 의하여 얻어지는 국민소득총액의 증대를 바탕으로 조세정책, 일부 산업의 국유화, 완전고용, 쾌적한 의식주의 확보, 질병·실업·노인과 모자(母子)의 사회보장, 국민연금 등에 의하여 국민에게 최소한의 건강하고 문화적인 생활을 보장하는 것이다. 여기에 덧붙여 언론·집회·결사의 자유 등과 같은 정신적 측면의 복지도 필요불가결한 것이다. 그러나 다른 한편에서 국민이 시혜적인 체제에 지나치게 의존하거나 제도확충의 극대화를 무리하게 추진할 때는, 간혹 도덕적해이로 인한 노동 의욕의 감퇴라는 부작용을 초래하기도 한다. 이러한 점을 염두에 두어 주요국의 사회정책을 살펴보려고 한다.

2. 주요국의 사회정책

(1) 영국의 사회정책

사회보장 개념의 등장에 앞서 이미 영국에서는, 15~16세기에 걸친 유럽 대륙의 양모공업 발전에 수반하여 많은 토지에 울타리를 세워(enclosure movement : 綜劃運動) 농민을 몰아내고 양을 치는 형태로 산업혁명이 일어나 땅을 잃고 떠도는 많은 빈민이 출현하였다. 이에 대하여 지배계급은 당초 엄중한 진압입법(鎭壓立法)으로 일관하였으나 그것만으로는 대처할 수 없게 되자 16세기 말경부터 일련의 구빈입법이 거론되었다.

특히, 1601년의 엘리자베스 여왕의 구빈법(Poor Law)은 교구단위로 노동능력이 없는 자를 구제하고, 노동능력이 있는 자에게는 수산(授産)이란 형태로 구제할 의무를 과하고, 그 재원을 교구주민 중 자산이 있는 자로부터 징수하여 구빈세대에 조달하는 것이었다. 그 후, 산업혁명의 진행에 따라 농촌에 방대한 과잉인구가 조성되었는데, 이때 저임금 농업노동자에게 보조금을 지급할 것을 정한 1795년의 스피냄란드 제도(Speenhamland system)는 동시에 저임금유지의 역할도 담당하였다.

이후에 이를 폐지하고 1834년에 등장한 개정 구빈법(신구빈법)은 빈곤을 나태(懶怠)에서 비롯된다고 보는 자유주의 경제사상에 근거하여 구빈 비용 절약을 위하여 노역장(勞役場 : workhouse) 수용의 승낙을 노동능력이 있는 빈민에 대한 구제조건으로 하였다. 또 피 구제 빈민에 대한 보호의 정도를 최하급 노동자 이하로 하는 열등처우원칙(less eligibility principle)을 채택함과 동시에 새로운 구빈행정의 중앙기관을 설치하여 전국 구빈행정의 통일을 도모하였다.

구빈법 사상은 기본적으로 자본주의 사회에 있어서 자조원칙(自助原則)에 바탕을 두는 것이며, 자조원칙에서 구빈법과는 별도로 노동자들의 상호부조 장치로 노동조합 혹은 우애조합(友愛組合 : Friendly Society)에 의한 상호공제사업이 시작되었는데, 19~20세기에 걸친 산업자본주의로부터 독점자본주의로 이행함에 따라 영국 노동자 계층의 상황이 악화하여 한계가 드러났다.

이런 과정을 통해 1905년 국왕의 명으로 설치된 구빈법위원회는, 1909년 보수적 다수파의 보고와 구빈법의 철폐, 사회보험 등 개별정책의 확충을 주장하는 웹 부처(Sidney James Webb, Beatrice Potter Webb)가 소수파 보고를 발표하였고, 1911년에는 질병 및 세계 최초의 강제 실업보험을 포함하는 국가보험법(National Insurance Act)이 성립하였다.

영국에서는 1941년 W.L.S.처칠 연립내각에 의해 설치된 W.H.베버리지를 책임자로 하는 위원회가 1942년 말에 제출한 보고서(베버리지보고)를 기초로 하여 전후 가족수당법(1945)·국민산업재해보험법(1946)·국민보험법(1946)·국민보험서비스법(1946)·아동법(1946)·국가부조법(國家扶助法, 1948) 등으로 구성되는 체계적인 사회보험제도가 출범하였다.

(2) 독일과 미국의 사회정책

독일에서는 산업혁명 후 자본주의의 성숙과 함께, 산업 기계화로 인한 실업(失業), 분배의 불균형, 재래식 수공업적의 몰락 등 사회문제가 분출하였다. 이러한 현실을 눈앞에 두고, 독일의 신역사학파는 고전학파의 자유방임론(自由放任論)에 반대하고, 국가의 입법적 간섭에 의한 사회개량을 추진하여 사회문제 해결을 시도했으며, 이를 통해 노동자 계급 사이에 사회주의가 성장하는 것을 방지하려고 하였다.

일찍이 1854년의 프로이센 광업종업원 공제조합법으로 모든 광산종업원의 보험강제와 광산소유자의 갹출분담 의무(醵出分擔義務)를 정하고 있었으나 1860년대에 시작된 생산의 집약적 방법으로 전환하여 생산력은 급속하게 발전하였으나 그에 따른 노동재해와 노동자의 질병이 증가하였다. 또 다른 한편에서는 노동운동도 활발하여 1875년에는 독일 사회주의노동당의 결성(이후 독일 사회민주당으로 개칭)을 보게 됨으로써 노사의 대립이 격화되었다. 그리고 1881년 사회보험에 대한 황제의 교서가 발표되어 1883년 질병보험법, 1884년 공업재해보험법, 1889년 폐질·노령보험법의 사회보험입법이 이어서 성립되었다.

이것이 이른바 '비스마르크의 사회보험'인데, 노동력의 보전을 위한 당근과 채찍의 논리에 의해 성립된 것이라 일컬어진다. 독일 자본주의는 20세기로 들어서면서 독점자본주의·금융자본주의·제국주의의 단계로 나아가게 되었는데, 실질임금이 상승을 멈추고 정체함으로써 노동자의 건강 유지와 노동력 회복이 어렵게 되어 보다 충실한 사회보험의 필요를 절감하게 되었다.

19세기 후반에 접어들어 자본주의 경제의 모순이 사회문제로 대두되자, 신역사학파들은 이 문제를 경제학과 결부하여 해결하고자 학회를 창설하였으며, 기관지인 『사회정책학회지』를 발간하였다. 그들은 G.슈몰러를 중심으로 사회정책학회를 창설하였고(1872), 당시의 비스마르크식(式) 사회정책을 위한 윤리적 기초를 제공하였으며, 또한 교단을 통하여 활발하게 사회개량을 위한 계몽을 담당하였다. 이 때문에 그들의 사회정책론은 당시 자유주의자에 의하여 강단사회주의라 불렸다.

이 학회의 주장은 대체로 3가지의 경향이 있었는데 ① 1877년에 학회를 탈퇴한 아돌프 바그너(Adolf Wagner)가 주장한 과세제도의 개선을 통한 국가사회주의적 방법 ② 루조 브렌타노(Lujo Brentano)가 주장한 노동자와 자본가의 힘의 균형을 통한 자유주의적·조합주의적 방법 ③ 구스타프 슈몰러(Gustav Schmoller)가 주장한, 역사적으로 몰락 위기에 직면한 생산적 중산계급 육성을 통하여 해결하려는 중도적 방법이다.

이들은 사회개량을 통한 자본주의의 수정을 주장하여 '강단사회주의자(講壇社會主義者 : Kathedersozialist)'라고 불렸는데, 당시 사회문제가 가지는 다양성(多樣性)에 따라서 여러 사회정책을 제창하였다. 몰락해 가는 중산적(中産的) 수공업자의 구제와 육성으로 사회문제를 해결하려고 하는 슈몰러 등의 중앙파(中央派), 조세정책을 통하여 분배의 불균형을 시정하려고 하는 A.H.G.바그너의 국가주의, 노동조합의 보호 육성을 급선무로 보는 L.J.브렌타노의 자유주의 등 각각의 입장에서 사회정책 발달에 이바지하였다.

그러나 국내시장이 좁아서 자연히 해외시장 획득에 나섰던 독일 독점자본은 영국과의 경쟁에서 이기기 위하여 생산가격의 저하와 산업에 따른 사회정책적 부담을 제거하도록 요구하기에 이르렀고, 또한 노동자 사이에 본래의 사회주의가 강력한 세력을 펴게 되자, 강단사회주의자의 사회정책론에 강력히 반대하게 되었다. 이에 따라 강단사회주의는 20세기에 들어서면서부터 영향력을 상실하였다. 그 후, 1911년에 국가보험법(Reichsversicherungsordnung)이 성립되어 질병·노동재해·폐질·노령연금보험을 총괄하는 동시에 유족연금제도를 설치하였다.

나아가 제1차 세계대전 후 세계공황 하의 미국에서는, 30년의 공적 구제를 요구하는 대규모 기아행진(飢餓行進), 실업 반대 대규모 시위행진 등이 행해진 이후 1935년에 사회보장법이 성립하였고, 동 법은 그 후 여러 차례의 개정을 거쳐 사회보험, 공공부조, 사회복지서비스를 중심으로 한 사회보장제도가 오늘날에 이르고 있다. 이러한 과정을 거쳐, 특히 제2차 세계대전이 가져온 갈등과 빈곤 등의 고뇌로부터의 삶의 질 향상을 요구하는 압력에 의해 각국의 형편에 따른 사회보장제도가 성립하게 되었다.

(3) 일본의 사회정책

일본의 사회문제를 해결하려는 사회정책은 경제정책과 노동정책 그리고 생활정책 등과 관련된 문제를 대상으로 다양한 논의를 거치면서 변천하고 있다. 그 연구 대상의 다양성은 실천 학문으로 일본 사회정책학회의 공통 논제의 주제변화를 통해서도 엿볼 수 있다[1]. 이와 같은 배경에 근거하여 본서에서는 주로 인구고령화의 선두에 있는 일본의 고령자대책을 사회정책론의 시각에서 조명해보고자 한다.

먼저, 경제성장을 위한 노동력의 보전을 주요 목적으로 했던 일본의 사회정책[2]은 제2차 세계대전 이후 사회정책 본질논쟁을 거쳐 총합사회정책(總合社會政策 : 이후 종합사회정책으로 표현)으로 발전하였음을 알 수 있다. 또한 성장기에는 노동력의 보전과 재생산을 위한 '총자본론'을 둘러싸고 논쟁이 촉발되었으며, 성숙기에는 사회정책논쟁을 거쳐 민주화와 산업화의 발전에 따라 노동경제학과 사회보장 및 사회복지 등을 포함하는 '생활정책론'으로 발전하였고, 최근에는 더 광범위한 영역을 포함하여 '종합생활정책'으로 기능하고 있음을 알 수 있다.

여기에서는 지금까지의 일본 사회정책론 연구의 결과와 변용 나아가 유산을 어떻게 평가할 것인가? 하는 문제와 앞으로 어떤 방향으로

---

1 武川正吾『社會政策のなかの現代』東京大學出版會. 1999. p.289. 일본에서 사회문제를 대상으로 학술적으로 논하는 사회정책학회가 창립된 시기는 1897년으로서, 21세기의 초반인 현재 100년 이상의 학회활동을 지속하고 있다. 사회과학 분야의 학회로서는 상당한 전통을 갖고 있으며, 이 기간 동안 사회정책학회의 주요 공통논제의 예를 볼 것 같으면 16회는 '퇴직금' 31회는 '사회보장론' 71회는 '사회정책의 위기와 국민생활' 92회는 '21세기의 사회보장' 97회는 '고령사회와 사회정책' 106회는 '새로운 사회정책의 구상' 그리고 2004.10.16-17.에 거행된 109회 학회테마는 '저출산·가족·사회정책'으로 변해왔다.

2 사회정책이란 자본주의의 발전에 따라 발생하는 사회문제에 대한 국가정책 및 사회제도를 일컫는다. 산업화의 진전에 따른 기존의 사회정책의 형태는 다음 3가지 즉, ① 산업혁명기의 여성·아동노동의 보호를 비롯한 공장법, ② 노동자계급의 단결권을 인정한 노동입법, ③ 질병·재해·노령·실업 등 소득보장정책으로서 사회보험 등으로 형성되었는데, 시대적·지역적 차이에 따라 일련의 사회문제 해결을 위한 대책으로서 점차 영역이 확대되면서 발전·변화하고 있다.

사회정책이론이 발전해나갈 것인가? 에 초점을 맞추어 이미 발표된 필자의 선행연구[3]를 참고하여 일본 사회상의 일면을 담고자 한다.

일본에서 사회정책이 학문으로 정착하게된 것은 19세기 말엽에 생성되어 확립된 독일의 사회정책(SOZIALPOLITIK)[4]을 계승한데 연유하며, 특히 근로자 문제를 중심으로 사회문제에 대해 정부와 재계의 대응을 추구했던 도쿄대학 전 총장 오코우치 카즈오(大河內一男)의 이론으로 발전해 왔다는 견해[5]가 주류를 이룬다. 오코우치가 주장하는 사회정책론의 체계는 사회정책의 궁극적인 의도가 노동력보전을 통하여 국가총자본에 유익하다는 시각에서 노동자정책의 일환으로 사회정책을 정의하였다. 그 배경으로 당시 일본의 사회여건, 즉 마르크스주의에 대한 탄압과 분배주의적 사회정책론의 쇠퇴라는 사회여건으로 말미암아 국가독점주의의 정책론으로 구축될 수 있었으며 전후 사회정책론에까지 영향을 미치게 되었다[6].

따라서 오코우치의 이론을 간략히 요약하면 '원활한 노동력의 재생산을 위하여 사회정책을 총자본의 정책으로 규정하여 경제이론으로 체계화한 것'이라고 하겠다. 물론 이와 같은 오코우치이론에 대해 당시 사회정책학자들의 비판[7]이 없었던 것은 아니다. 그러한 배경에도 불구

---

3 鄭基龍(2000, 2001)「日本の高齢者社會政策に關する研究」『日本學報』第44輯 및 第47輯韓國日本學會. 참조.

4 독일에서는 산업혁명 후 자본주의의 성숙과 함께, 기계화로 인한 실업, 분배의 불균형 등의 사회문제가 대두하여 국가의 입법적 간섭에 의한 해결을 시도했으며, 슈몰러를 중심으로 사회정책학회를 창설하여(1872) 당시의 비스마르크식 사회정책을 위한 윤리적 기초와 사회개량을 위한 계몽을 담당하였다.

5 伊部英男·早川利男編『世界の社會政策』ミネルヴァ書房. 1992. pp.153-154.

6 西村豁通·荒又重雄編『新社會政策を學ぶ』有斐閣. 1992. p.80-81. 여기에서 塩田咲子는 전시 사회정책론의 형성을 大河內一男의 자본주의 경제이론으로 파악하고 있다.

하고 사회정책을 노동정책으로 수렴시킨 그 당시의 일본의 정치적·시대적 상황에서 이 이론이 활용되었을 것이다.

왜냐하면 오코우치의 사회정책론은 이전의 '도의론'이나 '정치론'에 머물던 추상적인 사회정책이론을 경제이론으로 끌어올려 근대적인 자본과 노동과의 관계를 이론적으로 확립하였기 때문이다. 이른바 전후의 사회정책 본질논쟁이 일어나 소모적인 학술논쟁이 계속되는 가운데에서도 오코우치의 사회정책론은 1970년대에도 학계뿐만 아니라 일본사회 전체에 영향력을 미친 것으로 보인다.

초기의 오코우치는 사회정책이라는 용어를 쓰면서도 노동자 중심의 편협한 노동정책에 그 범위를 한정하였기 때문에, 생활정책적인 대상은 빠져 있었다. 그러한 환경에서 1973년 복지 원년이 발표되자 이른바 종합사회정책의 등장과 함께 사회정책의 대상이 확대되는 계기를 맞이하였다. 또한 사회변화의 하나인 인구의 고령화 문제는 그동안 노동자 문제를 중심으로 해왔던 그 당시의 사회정책이론으로는 접근할 수 없었다.

이렇듯 사회보장에 관한 일본 국민의 욕구는 전후 급속히 늘어났으며 고도성장기를 거쳐 안정성장기에 이르는 1980년대에 들어서자 연금개혁과 의료개혁이 실시되는 등 바야흐로 실생활에 활용되는 사회정책이 필요하게 되었다[8]. 이렇듯 일본에서 종합사회정책으로의 견해

---

7 2차 세계대전 이후 이른바 사회정책 본질논쟁이 일어나 大河内一男 이론의 경제주의적인 해석과 계급 시점의 결여에 대하여 논쟁적 비판이 행해졌다. 특히 服部英太郎「社會政策の生産力說への一批判」『経濟評論』1949. 2-4, 岸本英太郎の本質論爭·方法論論爭, 石畑良太郎·佐野稔編『現代の社會政策(新版)』1987. p.267. 또한 大河内一男이론의 변모에 관련하여 그 동요의 원인은 국가론의 결여에 있다는 지적도 있었다. 나아가 太陽寺順一「社會政策の主体と總資本の立場」『一橋論叢』第34卷. 第7号, 1955.1, 高田一夫「大河内理論の変貌とその意義」『千葉商大論叢』第34卷. 第7号, 1981.9. p.110. 등 참조 요.

가 나오게 된 배경은 영국의 사회정책(Social Policy)론의 영향[9]이었다고 보는 견해도 있다. 그러나 기존의 사회정책학계에는 영국의 Social Policy론이 전혀 정착할 수 없었는데, 그 이유는 사회정책 본질논쟁에 기인한다.

즉, 영국에 있어서 Social Policy 논의는 비버리지의 『사회보험 및 관련서비스』 이후, 사회보장론의 전개와 복지국가 위기론의 논의에서 출발하여 발전한 데 반해, 일본에서는 독일의 영향을 받아 유럽형의 이론 도입이 정체되었다. 왜냐하면 일본의 사회정책 본질논쟁에서는 노동시장과 노사관계 분야로 학계 관심이 집중됨으로써 서유럽형의 Social Policy론이 그다지 주목받지 못했기 때문이다. 그 시기 일본에서는 서유럽형의 Social Policy론을 연구하는 학자들 사이에서도 이론적 합의를 이루지 못한 상태로 복지국가에 관한 연구 방법으로 사회학, 사회복지학, 사회행정학 등을 포함하는 학제적 접근방식이 취해지고 있었다.

한편, 일본의 사회정책은 그 대상이 자본의 재생산에 필요한 노동력에 머물지 않고 폭넓게 전 국민으로 확대되었을 때 종래의 이론으로는 설명이 곤란해지자 사회정책론의 재구축을 시도하게 되었다. 이렇듯 사회보장 분야의 이론이 체계화되며 노동정책 중심의 사회정책론으로서는 생활 대책을 비롯한 사회정책 영역을 포괄하여 논할 수 없게 된 것이다.

그 이유로는 첫째, 사회정책의 대상이 노동자층의 틀을 넘어서 주부·고령자·자영업자 등 전 국민을 대상으로 하게 되었기 때문이다. 이

---

8 玉井金五 「社會政策研究の系譜と今日的課題」『社會政策を學ぶ人に』 世界思想社. 1997. pp.13-15.

9 木村正身 「勞働條件と福祉條件一社會問題の對応的認識のために」『香川大學経濟學論叢』 47巻 1975. 隅谷三喜男 「戰後社會政策の到達点」『戰後社會政策の軌跡』 啓文社. 1990. pp.13-14.

른바 노동자 중심의 사회정책이론의 범위로는 새로운 사회문제를 설명할 수도, 해결할 수도 없게 된 것이다. 둘째, 사회보장의 일환으로 실시되었던 공적부조와 공적복지서비스 분야에서도 같은 문제가 나타났다. 원래 공적부조는 보험료 부담이 어려운 사람을 대상으로 하여 사회보험에 가입할 수 없는 빈곤층에게 소득보장을 보완하는 제도로 시행됐다. 그런데 빈곤 수준이 점차 상승하게 되어 복지서비스의 내용이 충실해지자 어느 수준까지가 복지서비스인가? 하는 문제가 제기되었고, 그 대상자도 실제로는 절대빈곤과 직결되지 않는 상황에 이르기도 했다[10]. 바로 생활 능력이 있는 일부 고령자들의 노인복지서비스가 그 전형적인 예라고 하겠다.

이와 같은 환경변화에 대해 오코우치 또한 사회정책의 진전에 따라 범위와 대상이 확대된 사회보장을 어떻게 파악하여야 할 것인지? 재고하게 되었다. 이처럼 일본 사회는 사회보험과 공적부조, 소득재분배, 나아가 복지국가라고 하는 사회정책의 발전과정에서 사회보장을 포함하는 종합사회정책론의 출현이 필요했다.

그로 인하여 "종합적인 복지의 이해와 사회정책의 시점은 단지 고용노동자를 주축으로 하여 라이프사이클의 시점에서 이해할 뿐만 아니라 더욱 폭넓게 고용노동 이외의 입장에서 근로자 계층을 광범위한 사회정책의 대상으로 하는 것이 공정하며 또한 불가피하다."[11]며, 오코우치 스스로 이론을 수정하였다.

이러한 견해의 변화는 종래의 이론에 포함하지 못했던 영역 가운데 환경변화에 따라 사회정책의 확대가 필요해졌으며, 그 대책으로 사회정책의 범위와 대상을 변화시킨 것이다. 이러한 변화에 따른 사회정책

---

10 隅谷三喜男編『社會保障の新しい理論を求めて』東京大學出版會. 1993. pp.16-17.

11 大河内一男『社會保障入門』青林書院新社. 1979. p.107. : 동일 시각의 隅谷三喜男編『社會保障の新しい理論を求めて』東京大學出版會. 1993. p.19. 재인용.

의 이념을 "인간의 전 생애를 통한 라이프사이클의 관점에서 파악하고, 그에 따라 출생, 성장, 노쇠, 사망에 이르는 생애를 대상으로 해야 한다[12]는 시각으로 새롭게 확대하였다.

물론 '종합사회정책론'이라는 용어는 오코우치의 개념을 규정하기 이전에도 이미 사용된 바가 있다. 독일의 사회정책론 즉, 노동자 보호와 계급조정 논의에서 점차 사회정책(Gesellschaftspolitik)으로 불리는 방향으로 전개되었는데, 이를 일본에서는 노동자 보호차원에서 각 계층·각 집단의 관계조정으로 받아들였고, 특히 당시 히토츠바시대학(一橋大學)의 다이요우지 쥰이치(大陽寺順一) 교수도 이러한 개념을 종합정책론으로 번역하여 사용한 바 있다[13].

한편, 실질적인 의미를 갖는 종합사회정책론이 새로운 용어로 거론되어 사용된 것은 사회정책학계가 아니라 학계 외부로부터 등장하였다는 견해가 일반적이다. 1960년대까지 사회정책의 본질논쟁과 노동경제로 분화되었던 사회정책학계와는 별도로, 당시 경제기획청에서 1973년에 이르러 고도성장을 바탕으로 한 「경제사회기본계획」을 책정하게 되었고, 의료보험과 연금제도를 중심으로 한 대대적인 제도개혁을 실행하였다.

이와 같은 환경변화 속에서 종합사회정책론이 발표된 것은 이론적 접근과는 별도로 OECD(경제협력개발기구)로부터의 요청에 의해 보고서를 제출하게 된 데에 기인한다. 그때까지 통용되던 종래의 '사회정책 = 노동문제'라는 협의의 틀에서 벗어나 개개인의 생활문제까지 포괄하는 새로운 시각이 필요하다는 보고서 작성이 결국 종합사회정책론이라는 용어를 사용하는 계기가 되어 복지정책까지 포함하는 생활면의 종

---

12 大河内一男『社會政策論-大河内著作集』2卷. 青林書院新社. 1968. p.245.

13 小山路男「ソーシャル·ポリシー論について」『社會政策の思想と歷史』千倉書房. 1986. pp.6-7.

합사회정책론이 생성되었다.

한편, 이전의 사회정책으로부터 노동경제로 연구 대상의 이행을 주도한 스미야 미키오(隅谷三喜男)는 "전후, 노동자의 요구에 대해서 구체적으로 어디까지 충족되었는가? 하는 것과는 별도의 문제이며, 사회정책은 원리적으로 그러한 요구를 수용하고 있다.

그것은 노동자의 전 생활 과정의 보장이라는 형태를 취해 사회정책의 완성된 형태를 나타낸 것"이며 또한 "현재의 사회정책은 모든 고용자를 대상으로 하여 생활의 재생산 전 과정을 포함하는 내용"이라며 사회정책론의 재구축을 주장[14]하기도 하였는데 이러한 견해는 일본의 노동경제학으로 발전하는 계기가 되었다.

3. 일본의 사회보장

일본에서도 사회정책 이외에 서유럽형의 사회보장론이 전개되었던 과정이 있다. 먼저, 사회보장의 체계론을 적극적으로 펼친 곤도 분지(近藤文二)는 "사회보장은 국민의 최저생활을 보장하려는 각종 제도의 새로운 형태"라고 사회보장의 개념을 규정하였다[15]. 또 다른 중심이론으로는 스에타카 마코토(末高信)의 생존권론[16]을 들 수 있는데, 생존권론을 보다 명확한 이론으로 정리한 사람은 히라타 토미타로(平田富太郎)

---

14 隅谷三喜男「戰後社會政策の到達点」『戰後社會政策の軌跡』 啓文社. 1990. pp.17-18.

15 西野照太郎「社會保障と厚生経濟」『社會保障硏究』 第2号. p.75. 隅谷三喜男編. 전게서. p.19. 또한 사회보장 도입 직후에 近藤文二 교수는 『사회보장』 그리고 末高信 교수는 『社會保障のはなし』를 출판하였는데, 그 주요 내용은 전후의 빈곤론이 사회보장의 기저를 이루고 있다.

16 末高信의 생존권론에 관한 주요문헌으로서는 末高信稿「社會保障の体系」『社會保障年鑑』 健康保險組合連合會. 1951, 末高信·安井信夫『現代の社會保障』 成文社. 1970. 등을 들 수 있다.

였다. 그는 사회보장이란 "국민 생존권의 실현은 의도하여 소득의 재분배를 통하여 국가가 모든 국민의 최저생활을 전체로서 확보하는 조치의 총체"[17]라고 정의하였다.

이와 같이 사회보장의 이론 논의에서 전개되기 시작한 제도론과 더불어 1970년대에 들어서자 사회보장의 사회적·경제적인 기능분석에 중점을 둔 기능론이 등장하였다. 예를 들면 야마다 유조(山田雄三)는 사회보장을 "빈곤층이라든가 노동계급이라는 일부를 대상으로 하는 것이 아니라 사회 각층을 포함하여 국민적 입장에서 소득과 의료와 생활상의 보장을 고려한 것"[18]으로 정의하고, 그에 입각하여 사회보장의 급부와 수요와의 긴장관계를 논하였다.

1980년대에 이르러서 사회학자인 후쿠타케 타다시(福武直)는 "사회보장은 원래 평등주의의 이념에 입각한다. 그것은 기회의 평등을 가능한 확보하여 결과의 불평등을 시정한다는 이념에서 출발 한다"고 주장하면서 "사회보장은 자조를 전제로 하여 연대로 파악하고 있기는 하지만 자조만을 과도하게 주장하여 경제효율을 지나치게 중시하는 것은 오히려 사회의 안정을 위협하게 되어 결과적으로 비효율적이다. 사회

---

17 平田富太郎『社會保障への途』前野書店. 1950. p.46. 이곳에서 피력한 생존권(사회보장)은 다음과 같은 내용이 담겨있다.
사회보장의 본질 : 국가에 의한 국민 최저생활의 확보
사회보장의 목적 : 생활궁핍 방지 및 구호에 의한 국민생존권의 실현
사회보장의 수단 : 국민소득의 재분배
사회보장의 효과 : 노동력 보전에 의한 생산성의 향상
또한 平田富太郎의 사회보장이론의 요점은 다음과 같다.「사회보장이란 국민생존권의 실현을 목적으로 하며, 소득재분배를 통해 국가가 모든 국민의 최저생활을 전체로 하는 정책이다」라고 주장. 平田富太郎『社會政策』日本勞働協會. 1974. p.17.

18 山田雄三『社會保障研究序說』社會保障研究所. 1968. p.22.

보장은 어떤 의미에서는 경제와 사회의 균형 문제이다. 경제만 중시될 경우, 그에 의해 좌우되는 사회는 오히려 경제에 반격을 가하게 되어 붕괴할 수도 있다"[19]고 주장하여, 경제 논리를 앞세워 효율화만을 중시하지 않도록 경제와 사회의 균형론을 강조하였다.

이러한 사회정책이론과 연구 동향은 많은 변화를 거듭하여 마이너스 성장의 1990년대 이후의 잃어버린 10년, 20년을 거치며 20C초의 급격한 인구고령화와 더불어 저출산이 급격히 진전(2002년 합계출산율 약 1.32명)되면서 경제학적 분석과 더불어 노인·여성·아동을 둘러싼 가족제도의 사회학적 연구가 필요하다는 이른바 21세기형 사회정책론의 재구축 필요성이 대두되었다.

즉, 이전의 사회정책 이론을 재고하여, 다 부문 간의 학제적 연구를 시도하는 한편, 비교사회정책, 나아가 사회보장의 국제적 시점에 관한 연구의 필요성[20]이 제기된 것이다. 이러한 연구 동향의 변화는 인간의 출생·성장·성숙·노쇠·사망에 이르는 인간의 생애과정을 다루고 있음을 알 수 있다.

또한 복지사회 이행의 일본적 조건과 더불어 고령화가 급격히 진전되자 고령자사회정책이라는 시각에서 노동정책과 사회보장정책과의 연대가 주장되기도 했으며 사회보장이론의 재구축이 제기되기에 이르렀다[21]. 이와 같은 움직임은 영국을 비롯한 서유럽국가의 생활정책 중

19 福武直『社會保障論斷章』東京大學出版會. 1983. p.109.

20 당시의 사회정책 관련 연구동향이 포함된 주요문헌으로서 谷三喜男編『社會保障の新しい理論を求めて』東京大學出版會. 1993. p.26. 德永重良(「讀書ノート : 新しい社會政策論の構築のために」『大原社會問題硏究所雜誌』大原社會問題硏究所. No.490 1999. 9,「社會保障の硏究史」『大原社會問題硏究所雜誌』大原社會問題硏究所. No.501 2000. 8 등을 들 수 있다.

21 高梨昌「高齡者の雇用·就業政策」『社會保障硏究』Vol.32 No.4 社會保障硏究所. 玉井金五「社會政策硏究の系譜と今日的課題」『社會政策を學ぶ人に』世界思想社.

심적인 사회정책 모델까지 확대되지는 못했지만, 일본의 독자적인 사회정책 구축을 시도했던 것으로 보인다. 나아가 국제 비교의 시각에 근거하여 노동문제만이 아니라 개개인의 생활문제(노인문제, 여성문제, 외국인노동문제, 저출산문제 등)를 배경으로 사회정책의 대상과 범위가 확대되고 있으며 그와 관련한 이론의 재구축이 시도되는 등 다양한 변화가 나타나고 있다.

21세기를 맞이한 일본에서는 저출산·고령화에 의한 새로운 사회문제가 제기되고 있어, 바야흐로 사회정책의 전환기임을 암묵적으로 시사하고 있음을 알 수 있다. 최근의 사회정책 대상은 노동자 문제를 비롯하여 저출산·고령사회 문제로 진전되고 있어 '전 국민의 생활정책'으로 파악해야 할 것이다. 왜냐하면 고령사회와 저출산은 경기순환과 같은 일시적 현상이 아니라 공업화, 국제화 등과 같이 체제변동에 따라 변화할 수밖에 없는 사회 전체의 구조조정이 필요하기 때문이다.

따라서 노동자 문제가 중심이 되었던 전후 성장기의 사회정책 대응처럼 최근 사회정책의 중심 과제로 대두된 저출산·초고령사회의 사회문제에 대해서도 적확하게 대처해나간다면 그 해결 방법을 구축할 수 있을 것이다. 출생률을 회복하여 인구구조가 일정 수준으로 유지하게 되기까지에는 향후 상당한 기간이 소요될 것이기 때문에 우선 당면대책으로 정부의 저출산·초고령사회의 정책 유인뿐만 아니라 지역사회와 직장환경 등을 포함하는 이른바 '복지서비스의 사회화'가 요구되는 시점이다.

1997, 馬場啓之助「福祉社會の日本的形態」『社會保障硏究』Vol.12 No.3 社會保障硏究所. 1978, 隅谷三喜男編『社會保障の新しい理論を求めて』東京大學出版會. 1993. 등.

4. 사회정책의 전환기

일본은 평균수명의 진전과 더불어 만혼화(晩婚化)와 저출산에 의한 소자화(少子化)에 의해 인구고령화가 진전됨으로써 세계에서 유례가 없는 빠른 속도로 초고령사회로 진입하였다. 21C 진입 후 출생률도 급격히 줄어 합계출산율[22]이 상당히 낮은 수준이다. 이렇듯 출생률이 급격히 낮아지면, 향후 생산인구가 줄어들게 되어 인구고령화를 가속화시킬 뿐만 아니라 사회보장 부담 측면에서도 후세대의 국민부담률이 늘어나는 요인이 되고 있다.

또한 산업사회의 발달로 핵가족화와 여성의 사회진출이 두드러져 가족기능이 약화하는 동시에 양육기능도 저하되고 있다. 이러한 사회적 분위기 속에서 발표된 육아지원정책[23]의 내용을 보면, 출생률의 회복이라는 인구구조의 문제를 주로 취업여성에 대한 지원을 통해 해결하고자 하고 있다. 그 일련의 조치로 후생노동성에서는 1990년대 이후 엔젤플랜, 신 엔젤플랜과 같은 대책을 지속적으로 시행하고 있는데, 이는 향후 공공측면의 사회적 부양을 더욱 확대하는 계기가 될 것으로 보인다.

---

22 합계출산율 : 일본에서는 합계특수출생률(Total Fertility Rate : TFR)로 표현하며 이는 15세부터 49세까지의 여성의 연령별 출생률을 합계한 수치로서 그 해의 연령별 출생률이 앞으로도 변하지 않는다고 가정하였을 경우, 1인의 여성이 일생동안 출산하는 평균 아동 수를 일컫는다(2002년 1.32명, 2021년 1.30명 : 厚生勞働省統計情報部『人口動態統計』).

23 신 엔젤플랜과 같은 정책구상의 취지는 사회적 재생산을 이전에는 가족의 개인적 자유와 책임에 국한시켰으나 이제 저출산 문제가 사회문제로 대두됨에 따라 사회적 부양이라는 인식에 의한 것으로 파악된다. 이와 관련된 문제는 학계뿐만 아니라 각종 연구기관에서도 제기되었다. 이러한 위기 상황은 급격히 변화하는 현재의 가족상을 재고하게 되었고, 자녀양육에 관한 사회적인 지원체계를 정부 차원에서 재정비하기에 이르렀다.

일본의 자녀양육 관련 정책[24]으로는 보육을 실질적으로 지원하기 위하여 보육서비스를 제공하고 소득에 따라서 양육비의 일부를 분담하는 것이 주류를 이룬다. 구체적인 지원책으로는 보육원운영, 아동수당, 육아휴직이 중심적인 내용이다. 먼저, 보육원 운영은 보육서비스를 제공하는 것으로 아동복지 시설을 이용하는 현물서비스를 일컫는다. 가족의 양육기능 저하가 사회문제로 대두되면서 보육시설 운영은 그동안 가족(주로 모친)이 맡아왔던 자녀양육을 사회적 책임으로 인식하는 계기가 되었다.

또한 아동수당은 자녀양육의 경제적 부담을 경감시키기 위한 현금급부이기는 하지만, 아동을 양육하는 보호자의 노동에 대한 지원이 아니라 직접 아동을 지원 대상으로 하는 자녀양육 지원제도이다. 나아가 육아휴직은 육아휴업법에 근거하여 양육권을 보장받는 제도로 육아의 남녀 공동책임을 규정하고 있다. 이러한 일본사회의 자녀양육 지원정

24 일본의 자녀양육정책의 전개과정은 제2차 세계대전 이후 초기에는 산업화의 영향으로 노동력이 필요하게 되었고, 여성의 사회참가에 따른 보육문제가 대두되어 1947년 「아동복지법」이 제정됨으로써 보육제도가 법제화되었다. 그 이후 일본사회의 자녀양육 지원정책을 시대별로 살펴보면, 1960년대 후반은 경제사회적 변화가 성장원인이 되었다고 할 수 있다. 이어서 1970년대에는 두 차례의 오일쇼크와 외환위기를 겪으면서 지원정책의 방향이 축소경향을 보였고, 1980년대에는 이미 확보된 보육원은 출산과 육아기의 여성 노동력율의 점진적 증가에 기여하는 성숙기를 맞게 되었다. 나아가 경제의 소프트화와 더불어 여성의 사회참가가 늘어나 「남·여고용기회균등법(1986년)」이 발효되었으며, 거품경제 붕괴 후의 경기정체기에는 복지민영화의 환경에서 자녀양육 지원정책은 명목적인 지원과 확대제한이라는 모순적 양면성을 띠는 가운데, 「육아휴업법(1991년)」이 성립되었다. 나아가 1995년에 「고용보험법」이 개정되어 휴업하기 이전 임금의 25%를 육아휴업수당으로 지급 받을 수 있게 되었다. 그런데 문제는 이러한 대책이 강구되었음에도 불구하고 최근의 출생률이 전후 최저수준을 보이고 있는 점이다.

책은 공적보장 측면에서 발아기, 성장기, 성숙기를 거쳐 왔는데 최근 큰 전환기[25]를 맞고 있다.

이런 가운데 산업구조의 재편이 계속되어 서비스업, 정보·컴퓨터, 유통·금융 등의 3차 산업 분야에서 경제의 소프트화가 진전되어 여성과 고령자의 고용이 늘어나면서 주부와 고령층의 파트타임 취업이 대폭 증가하였다. 특히 결혼, 출산, 육아, 가사의 일을 맡게 되는 여성은 생애주기[26]에 따라 취업과 비 취업 사이를 이동하고 있다. 나아가 1990년대에 머물지 않고 21세기에 접어든 현재에도 남녀 모두 만혼(晩婚) 현상을 보이고 있으며, 출산율 저하가 급격히 진전되고 있어 인구구조의 고령화는 더욱 고조될 것으로 보인다. 따라서 기존의 자녀 양육 지원책만으로는 출생률의 저하를 저지할 수 없다는 인식과 더불어 후세대에 부담이 가중되는 문제를 방치할 수 없다는 판단에서 일본 정부는 「신 엔젤플랜(1999년)」에 이어 「소자화사회간담회(2002년 3월)」를 구성하여 정부 차원의 자녀 양육과 교육지원을 재고하게 되었다.

그와 동시에 후생노동성은 「소자화대책플러스원(2002)」을 발표하여 다각적인 대책을 제시한 바 있는데, 그 중심적 내용은 ① 남성을 포함한 근무 형태의 재검토, ② 지역사회에서의 자녀 양육 지원, ③ 사회보장에 의한 차세대지원, ④ 젊은 세대의 자립 지원 등이다. 이러한 대책은 자녀를 양육하는 삶이 가능한 사회, 자녀를 양육하고 싶고, 젊은 층

25 이와 같은 일본의 자녀양육정책의 변화를 복지국가 유형론 측면에서 필자의 주관으로 변화과정을 구별할 것 같으면, 발아기와 성장기에는 서유럽형의 복지국가를 지향했던 반면, 성숙기에는 신보수주의형 복지국가의 성격을 띠었고, 최근의 전환기에는 자유주의적 복지국가의 형태를 보이고 있다.

26 여성의 라이프사이클측면의 M자형 취업형태가 출산과 육아로 일시적으로 일을 중단하였다가 일정기간 후에 시간제로 재취업하는 형태가 주류를 이루게 된 것이다. 이렇듯 일본사회에서는 가정과 일의 균형을 전제로 한 여성취업 유형이 정착되어 왔는데, 이는 자녀양육 지원정책의 효과도 있는 것으로 파악된다.

이 자립하여 자녀를 낳아 기를 수 있는 활기찬 사회를 지향하고자 하는 취지에 입각한다고 하겠다.

이러한 대책은 가족기능의 약화, 특히 여성의 사회진출에 따른 양육기능의 저하 등 여성의 모성 역할 회피에 대해 논란이 되고 있는 가운데 나온 것이다. 발표된 일련의 육아지원정책의 내용을 보면, 출생률 회복이라는 인구구조의 문제를 취업 모자가정에 대한 지원을 통해 해결하고자 하는 것이다. 정책의 근저에는 사회적 재생산을 부모의 책임으로 간주하고, 특히 모친에게 자녀양육이라는 임무를 부과시키는 통제적 의도가 작용하고 있다. 과연 이러한 의도가 올바른 것인가? 사회적 현상인 출생률 저하에 대한 정책적 대응에 관한 논의에서 문제가 되는 것은 취업한 모친이 아니라 오히려 국가의 사회적 재생산 메커니즘에 문제의 소지가 크다고 하겠다. 따라서 변화된 오늘날의 가족제도를 직시하고, 자녀 양육에 관한 사회적인 지원체계를 정비해야 한다는 소리가 관련 단체와 정부 심의기관 등에서 제기되고 있다.

한편, 인구고령화와 관련하여 고령자의 복지시책을 안정적으로 추진하기 위해 1985년부터는 노인복지를 포함한 사회복지제도에 관한 정부의 심의회가 이루어졌으며, 1990년에는 노인복지법을 비롯한 복지관계 8법이 개정되었다. 이 법률개정에 의하여 노인복지에 있어서는 특히 ① 재택복지의 개호사업 등을 법제화하여 복지서비스를 추진하며, ② 특별양호노인홈으로의 입소 결정 등의 사무를 시·정·촌(市町村)에 위임하며, ③ 재택복지와 시설복지를 종합적으로 추진하기 위해 시·정·촌(市町村) 및 도·도·부·현(都道府縣)에 노인보건복지계획의 책정을 의무화한 것이 그 주요 내용이다.

그리고 이 개정과 함께 21세기의 본격적 고령사회에 대응하기 위하여 '고령자보건복지 10개년 전략'을 수립하여 재가복지서비스와 시설정비를 적극적으로 추진하였다. 또한 일본의 고령자 고용대책을 살펴보면, 1983년의 「제5차 고용대책기본계획」과 1986년의 「고연령자고용안정법」의 시행은 대표적인 예라고 하겠다[27]. 이른바 고령자고용안정법의 제정에 근거하여, 민간기업의 고령자고용 장려책으로 「고연령자다수고용보장금제도」를 1986년 10월에 시행하기에 이르렀다.

나아가 1989년 10월에는 노동성직업안정국 내에 「장수사회고용비젼」 연구회가 설치되었다. 이러한 연구회의 활동결과 1990년 10월에는 '고령자 활약 시대의 제언'이라는 부제의 최종보고서가 공포되기에 이르렀다. 그 후 고령자고용안정법은 「고연령자지역고용개발사업」을 신규사업으로 책정하는 등 부분적인 개정을 거쳐 65세까지 고용기회를 확보하기 위한 「고령자직업안정대책기본방침」을 작성하기에 이르렀다. 이처럼 이전의 보호적인 시책에 머물던 고령자 고용 문제가 사회정책의 주요 문제로 인식되면서 고령자고용에 적극적으로 대처해나가게 되었다. 그 결과 사회보장제도심의회의 권고(1995)에서는 사회보장의 책임구조가 상당 부분 변하게 되었는데, 그것은 바로 개인의 자립과 자기책임을 강조하는 '사회복지기초구조개혁'[28]이 이른바 일본형 복지국가

---

27 1983년 제5차 고용대책기본계획이 책정되었다. 第5次雇用對策基本計畵 : 1983-1988. 내용은 「향후 예상되는 급속한 고령화, 산업구조의 전환 등을 적절히 대응하기 위해 노동력수급의 불일치를 도모하고 완전고용을 달성하여 활력 있는 경제사회 형성을 지향 한다」로 되어 있다. 이 계획에 의해 고 연령자의 고용대책으로 60세 정년의 일반화, 60세대 전반 층의 고용취업대책 그리고 고령자의 재취직 촉진 등이 실시되었다. 특히 정년연장의 입법화가 검토되어 1986년 第104回 통상국회에서 「中高年齢者等の雇用の促進に關する特別措置法の一部改正」이 행해짐으로써 고령자 고용취업대책의 종합적인 정비가 이루어졌다. 그 내용은 고용연장의 추진, 재취직의 촉진, 정년퇴직 후의 일자리 확보 등 행정 주도적이기는 하지만 노사를 비롯하여 전 국민에게 명확한 목표와 전망을 제시하였다. 또한 「高年齢者雇用安定法」이 1986년 4월 30일에 공포되어 동 10월 1일부터 전면적으로 시행되었다.

28 高藤昭 「社會保障·福祉における "措置から契約へ" 論」『週刊社會保障』法研, 1999.

론을 뒷받침하는 내용이라고 하겠다.

5. 향후의 추이와 전망

특히 인구변화에 따른 사회문제에 대응하기 위해 일본은 장기추계에 입각하여 고령사회대책과 저출산 대책에 임하고 있다. 먼저, 일본내각부(고령사회백서 : 2019)에 따르면, 일본의 총인구가 현재 감소하는 가운데, 그동안 생산연령에 속했던 사람들이 고령자층으로 급격히 늘어나 인구고령화가 진행되고 있는 상황을 주시하고 있다. 특히 2015년에 베이비붐세대가 65세 이상이 되었고, 고령인구는 3,387만 명으로 늘었다. 이 세대가 10년 후인 2025년에는 75세 이상이 되어 후기고령자는 3,677만 명에 이를 전망이다.

한편 총인구가 계속 감소하는 가운데 고령자 인구가 증가하기 때문에 2036년이 되면 고령화율이 33.3%로 늘어난다. 일본 전체의 인구가 감소하는 한편, 고령화율이 한동안 지속적으로 상승하여 2065년에는 고령화율(65세 이상의 인구비율)이 무려 38.4%에 이를 것으로 예상되며, 75세 이상 후기고령자 또한 25.5%에 달할 것으로 예상된다.

나아가 2053년에는 일본의 총인구가 9,000만 명을 밑돌 것으로 예상되고 있어 일본 정부는 무엇보다 심각하게 고령사회대책에 임하고 있다. 그 기본적인 틀은 2005년에 시행된 '고령사회대책 기본법'에 근거하여, 취업·소득, 건강·복지, 학습·사회참여, 생활환경, 연구개발·국제사회에의 공헌, 나아가 전 세대의 활약추진 이렇게 6가지 분야로 책정하

6. 1995년 사회보장제도심의회 권고의 주요 논점은 다음과 같다. ① 사회보장 책임주체의 문제, ② 사회보장의 재정문제, ③ 공·사 역할분담문제, ④ 사회보장과 소자·고령화문제, ⑤ 사회보장과 남녀평등, ⑥ 사회보장수급자의 자기결정권 확립 문제, ⑦ 간병수발의 사회보험 제도화 문제, ⑧ 사회보장의 국제화 대응문제 등.

였다. 이 법은 고령사회대책을 종합적으로 추진하고 경제사회의 건전한 발전과 국민 생활의 안정향상을 도모하는 것을 목적으로 하고 있다.

분야별 기본시책에 관한 지침으로는, ① 취업·소득 분야에서는 연령에 구애 없이 일할 수 있는 사회의 실현을 향한 환경 정비, 공적연금제도의 안정적 운영, 자산 형성 등의 지원이나 시책을 실시해 가는 것으로 하고 있다. ② 건강·복지 분야에서는 건강 만들기의 종합적 추진이나 지속가능한 개호보험제도의 운영과 개호서비스의 충실(개호 이직 제로의 실현), 치매 고령자지원 시책의 추진 등이 실시되고 있다. ③ 학습·사회 참가 분야에서는 학습활동의 촉진, 사회참가 활동의 촉진 등을 도모하는 것으로 하고 있다. ④ 생활환경 분야에서는 풍부하고 안정된 주거생활의 확보와 고령사회에 적합한 마을 형성 추진, 교통안전 확보와 범죄·재해로부터 보호, 성년후견 제도 이용 촉진 등을 실시하고 있다. ⑤ 연구개발·국제사회에의 공헌 등의 분야에서는 선진기술의 활용, 실버시장의 활성화와 연구개발 추진 및 기반 정비, 외국과의 식견 및 과제의 공유 등을 도모하고 있다. ⑥ 전 세대의 활약 추진은 전 연령대가 각각의 역할을 하면서 적극적으로 참여하는 사회를 구축하기 위한 시책추진을 목적으로 삼고 있다.

한편, 2023년 연초에 일본 정부(岸田首相 : 기시다총리)는 저출산대책을 포함한 아동 관련 예산을 두 배로 증액하려는 의향을 나타내는 등 2023년 3월 말까지 저출산대책의 방향성을 제시하겠다고 발표한 바 있다. 그 주된 배경은 2021년의 합계출생률이 1.30으로 떨어졌기 때문이다. 저출산은 경제성장력의 저하를 초래하는 동시에 연금·의료 등 사회보장제도의 안정성을 저해하게 되므로 저출산 대책에 본격적으로 나서게 된 것이다.

저출산 대책의 중심은 ① 아동수당 등 경제적 지원 강화, ② 교육과 보육 및 산후지원 확충, ③ 취로방식 개혁추진 이 세 가지가 주요 내용이다. 또한 연금과 의료, 장기요양(개호), 고용 등 사회보험에서 기부금을 쌓아 새로운 제도의 재원으로 충당할 것을 검토하고 있다. 일반적으로 사회보장 관련 신규대책의 재원은 기존예산 내에서 조달하기 어렵기 때문에 새로운 지원책에 국민들이 찬성하더라도 그것을 충당하기 위한 증세에는 저항이 상당히 강할 것이므로 향후의 추이가 주목된다.

이처럼 사회정책의 내용과 범위는 부단히 변화하고 있음을 알 수 있으며, 특히 인구의 변화는 인간의 전 생애에 걸친 사회문제로 대두되었음을 알 수 있다. 최근 사회문제의 해결 방법으로 사회보장에 관하여 경제학적 접근이 시도되고 있지만, 저출산·인구고령화처럼 인구구조의 변화에 의한 인간의 전 생애와 관련된 사회문제를 경제이론만으로는 해결할 수 없을 것이다.

따라서 노인문제를 비롯한 가족제도와 관련된 문제는 경제학적 분석 시각은 물론이며, 가정학, 사회복지학, 사회인류학 등 학제적인 연구가 추진되어야 효율적인 정책론이 도출될 것으로 보인다. 이에 다음 장에서는 본서의 중심 주제인 일본의 고령자 사회정책에 관해 보다 심도 있게 살펴보기로 한다.

제3장

일본의 고령자 사회정책

1. 고령자 사회정책이란?

사회문제는 각 나라의 지역적 특성을 비롯해 경제적, 사회적 환경에 따른 시대적인 산물로서 각기 다르게 나타난다. 그러한 사회문제를 해결하기 위해서는 과거로부터의 추이를 일정 시점까지 지정해 비교 관점에서 살펴볼 필요가 있다고 본다. 또한 그 결과에 근거해 현실적으로 드러난 문제에 대처하는 동시에 향후의 방향성에 따른 정책적 대안을 위한 자료로 유용하게 활용할 수 있을 것이다.

사회문제를 해결하기 위한 대책은 그 사회를 둘러싼 환경 여건에 따라 구축된 각종 제도의 기능 및 역할과 관련해 변천하는 속성이 있다. 특히 인구구조의 급격한 변화로 초고령사회를 맞고 있는 일본의 경우에는 20세기 말부터 21세기 초에 걸쳐서 고령자대책의 변화가 빈번하게 행해졌다. 따라서 사회문제에 대응하는 유사 정책일지라도 시대적 경과에 따라 다르게 나타나는 고령자대책의 내용과 방향성을 탐색해보는 것은 정책목적 비교 측면에서 의미가 있다고 하겠다. 이에 여기에서는 1990년대의 일본을 대상으로 한 「일본의 고령자 사회정책에 관한 연구(日本の高齢者社會政策に關する研究)」[1]의 후속 작업으로 21세기 초의 고령자대책과의 비교 시점에서 살펴보고자 한다.

선행연구에서는 제2차 세계대전 이후 일본의 사회정책이론을 중심으로 논쟁적인 분석과 고령사회기본법(1995)을 비롯한 고령자고용대책을 중심적으로 거론하며 고령자의 생활보장을 다루었다. 즉, 사회정책이 사회정책 본질논쟁에서 다룬 노동자 정책만이 아니라 고령자정책을 포괄하는 생활정책으로 파악하여야 한다는 주장과 더불어 연금과 고용을 연계한 '인생 80년 시대'의 고령자대책에 관한 제언이 그 중심적 내용이었다.

그러나 그 후 일본인 평균수명의 진전과 인구고령화 현상은 더욱 빠르게 진전되어 경제·사회의 여러 측면에 영향을 미치게 되었다. 이에 일본 정부는 각의(각료회의) 결정을 통한 고령자대책을 여러 번 개정하기에 이르렀다. 즉, 1996년에 각의 결정된 '고령사회대책대강(高齢社會對策大綱)'을 2001년에 개정한 데 이어서 베이비붐세대(団塊の世代 : 1947- 49년 출생)가 65세 이상의 고령층에 속하게 된 2012년 시점을 계기로 재개정을 하기에 이르렀다. 이로써 이전까지 고령자대책에서 엿보이던 고령자에 대한 부양 예우의 시각은 자립 지원으로 방향을 전환하게 되었고, 고령자에 대한 인식개혁과 더불어 이른바 '인생 90년 시대'를 전제로 한 고령자대책 및 새로운 생활보장시스템 구축을 지향하게 되었다.

이러한 정책방향 선회는, 인구고령화의 재정부담은 물론이고 종래의 일본 사회구조(사회시스템과 관습 등)가 급속히 변화하는 과정에서, 한정된 자원의 경제적 효율성을 앞세운 신자유주의의 조류와 시장원리의 추이를 거스르기 어렵기 때문일 것으로 파악된다. 따라서 이와 관련된

---

1 鄭基龍(2000) 「日本の高齢者社會政策に關する硏究」 『日本學報』 第44輯. 日本學會. pp.593-608. 20세기 말의 일본의 고령자대책에 관한 사회정책이론의 재구축 및 고령자고용을 중심으로 한 '현역 고령자 취로 시나리오'를 고령자의 생활보장대책으로 요약되어 있다.

연구자들의 시각도 복지국가의 복지레짐론과 같은 유형화 논리에 머물기보다 실용적인 생활보장시스템 구축 등으로 이행이 필요하다는 주장으로 확대되고 있다[2].

이와 같은 환경변화를 계기로 사회정책의 시각에서도 기존의 노동정책 중심에서 사회보장을 포괄하는 생활정책으로 전환한 관점[3]의 연장선상에서 인구고령화의 사회문제를 대상으로 한 일본의 '인생 90년시대'에 걸맞은 고령자대책을 재고(再考)해보고자 한다. 즉, 인구고령화로 인해 복지수요가 증가하고 있는 현실에서 고령자를 둘러싸고 있는 생활보장(공적연금과 고령자고용 등)을 비롯한 일본의 고령자대책이 최근 어떻게 변화하고 있는지에 관해 심도 있게 살펴볼 필요가 대두된 것이다.

따라서 급변하고 있는 일본의 인구고령화의 사회문제를 대상으로 인구고령화의 현상 분석과 더불어 초기(1996년)에 책정된 '고령사회대

---

2 大澤眞理(2013)「福祉レジーム論から生活システム論へ」『GEMC journal』No.9 東北大學. pp.6-29. 여기에서 오사와 마리는 재화와 서비스의 분배 또는 그 구매력의 분배에 있어서 필요한 재화와 노동력 사이에서의 상품화뿐만 아니라 비상품화로 구분된다고 하겠는데, 현실은 재화와 복지서비스 등의 상품화와 비상품화를 비롯하여 그에 따른 복지서비스의 수요증가와 개인부담의 증가가 동시에 확대되는 과정에 있으므로 이론적 시각 또한 복지레짐론에서 생활보장시스템론으로의 전환을 상기시키고 있다.

3 玉井金五·大森眞紀編(1997)『社會政策を學ぶ人のために』世界思想社. pp.7-20. 및 pp.92-143. 정기룡(2013)『일본의 사회정책』전남대학교출판부. pp.74-79. 참조, 초기 오코우치 카즈오(大河內一男)가 주장하는 사회정책론의 체계는 노동력의 보전을 통하여 국가총자본에 유익하다는 노동자정책의 시각으로 사회정책을 정의하였다. 사회정책은 초기의 노동력 확보차원에서 발아하여 사회보험과 함께 사회통합의 수단으로 발전하여 왔으며 여타 정책체계와 마찬가지로 국민의식, 경제력, 문화, 전통 등의 여러 가지 요소의 제약과 영향을 받는다. 따라서 영국·독일·일본 등 각국의 사회정책에 관한 정의와 범위에는 약간의 차이가 있다.

책대강(高齡社會對策大綱)'의 내용과 재개정(2012년)된 대강(大綱)과의 목적 및 기본방침 등의 내용에 관한 비교를 시도하고자 한다. 이 과정을 통해 드러난 고령자대책의 정책변화를 토대로 향후 고령자대책의 방향성을 전망해 볼 수 있을 것이다. 그와 더불어 일본의 사회정책론의 변화와 현실 문제에 대한 고령자대책의 '구축과 개혁'이라는 정책적 딜레마를 살펴본 결과를 토대로 고령자 사회정책론을 재설정하는 계기로 삼고자 한다.

2. 고령사회대책의 현상과 분석 시각

일본에서는 복지국가의 유형분류에서 일본이 사회복지의 확대에는 소극적이지만, 완전고용을 지향하는 소 복지국가로서 독특한 노사관계가 확립되었다는 견해가 설득력을 얻은 바 있다. 즉, 산업민주주의와 일본적 노사 관행의 특징을 거론한 바바 케이노스케(馬場敬之助, 1980)의 주장이라든지 일본은 서구의 복지국가와는 달리 고용을 중시한 노동 중심 국가를 지향해 왔다는 우즈하시 타카후미(埋橋孝文, 1997)의 분석 시각이 그 예라고 하겠다.[4].

또한 일본의 사회정책론은 초기에는 노동정책이 중심이 되었으나 1970년대 정부 주도하에 종합사회정책론으로의 변화가 시작되었다. 그와 더불어 복지국가 유형의 국제 비교가 확산되는 과정에서 일본은 새

4 埋橋孝文(1997)『現代福祉國家の國際比較』日本評論社. pp.185-192. 본 문헌의 논지에서, 복지국가를 분류함에 있어서 에스핑·엔더슨은(Esping-Andersen)은 자유주의적 복지국가, 보수주의적 복지국가, 사회민주주의적 복지국가로 유형화하였는데, 일본의 복지국가유형의 경우에는 서구의 국가와는 달리 이러한 분류에 속하기보다 웰페어(welfare)를 응용한 워크페어(workfare)와 완전고용을 중시하는 혼합모델이라는 견해를 내놓아 일본학계의 설득력을 얻었다.

로운 사회정책적 과제로 실생활의 사회보장영역 확대의 필요성에 입각한 전환이 요구되기에 이르렀다[5]. 고령자의 생활 유지를 위한 생활보장 자원으로 사회보장제도의 정비가 필요하게 된 것이다. 왜냐하면 새로이 드러난 사회문제는 노동문제에 한하지 않고 생활자를 둘러싸고 있는 사회의 분배 기능(조세, 사회보험 등) 균형에 결함에 드러났기 때문이다.

이렇듯 일본의 사회정책에 관한 초기 선행연구의 대부분은 사회정책을 노동정책으로 수렴시킨 오코우치 카즈오(大河內一男)이론을 중심으로 한 사회정책본질논쟁[6]의 영향을 받아왔는데, 1970년대 일본 정부 주도의 '종합사회정책론'을 거치면서 점차 변용되었다. 특히 평균수명의 연장에 따른 장수사회대책(1970년대)에 이어 고령사회대책(1980년대)을 거쳐 20세기 말에 이르기까지 반세기의 과정을 거치며 사회정책의 대상이 노동정책에서 확대되어 생활 전반으로 그 범위가 확대되면서 고령자대책에도 상당한 영향을 미치게 되었다.

노동력의 보전과 배양, 즉 노동력의 재생산을 위한 오코우치의 '총자본론'에 대한 비판[7]에서 발단한 일본의 사회정책논쟁은 민주화와 산업

5 玉井金五(1997) 編「社會政策研究の系譜と今日的課題」『社會政策を學ぶ人のために』世界思想社. pp.7-20. 다마이 킨고(玉井金五)는 생활정책의 필요성 특히 고령자의 고용과 연금 그리고 고령자의료 및 간병수발 등의 사회보험화 구상을 사회정책과제로 제시하였다.

6 정기룡 앞의 책, pp.80-96. 및 服部英太郎(1949a)「社會政策の生産力說への一批判(1)」『経濟評論』pp.1-23. 服部英太郎(b), (c) 포함. 사회정책의 본질논쟁은 도호쿠(東北)대학의 핫토리 에이타로(服部英太郎) 교수가 도쿄(東京)대학의 오코우치 카즈오(大河內一男) 교수의 사회정책론을 비판 한 것이 논쟁의 단초가 되었다. 이 사회정책 본질논쟁은 다른 여러 연구자를 참여시켰으며 연구자 간 교류도 활발히 이루어졌다. 이러한 초기의 논쟁 과정을 거쳐 사회정책은 종합사회정책론으로 변용·발전하였다.

7 다케가와 쇼고(武川正吾) 저/김성원 역(2004)『일본의 사회정책과 복지국가론』

화에 일정부분 영향력을 미치게 된 것이다. 이에 따라 연금제도와 의료보험을 비롯한 생활면에서의 사회보장[8]이라든지 사회복지 영역을 포괄하는 '생활정책론'의 요구에 부응하는 형태로서 사회정책의 대상과 범위가 확대된 것이다.

이를 반영하듯 일본의 사회정책학계에서도 노동과 관련된 편협한 연구영역에서 벗어나 사회복지, 사회보장 등 생활전반에 관한 연구 대상 확대를 동반한 사회정책의 재구축[9]을 시도해 왔다. 예를 들면, 우츠미 요우이치(內海洋一, 1992)의 고령자의 의료·고용·주거·여가를 포함하는 고령자사회정책을 비롯해 고령자의 생활자원으로 연금과 고용의 연계를 사회정책의 시각으로 본 사카와키·아베(坂脇昭吉·阿部誠, 2008)의 분석 외에도 연구 대상과 범위의 확장을 동반한 새로운 사회정책에 관한 다카다 카즈오(高田一夫, 2010)의 전망이 대표적이다.

그와 더불어 일본 사회복지학계에서는 1990년대를 전후해 사회정책론과 일부 중첩되는 사회복지 및 생활보장을 포괄하는 '복지레짐론(welfare regime theory)'이 복지국가의 논의로 고조되기도 했다. 최근에는 인구

인간과 복지. pp.43-53., pp.356-358., p.365 참조. 일본의 사회정책이론 구축에 있어서는, 오코우치 이론의 경제주의적인 해석과 계급시점의 결여에 대해서 논쟁이 이루어졌다. 특히 기시모토 에이타로(岸本英太郎)는 사회정책 = 노동정책이라는 문제설정 속에서의 본질논쟁과 방법론논쟁으로 확대시켰다. 나아가 다카다 카즈오(高田一夫)는 오코우치이론의 변모와 의의에 대해 현대적으로 해석하며 오코우치이론에 대해 시대착오적 혼미라고 비판하기도 하였다.

8 大河內一男(1979) 『社會保障入門』 靑林書院新社. pp.5-224. 본 저술에서는 사회보장의 이론과 실천론의 양면에서 공적부조와 사회보험을 포괄하는 정책수단으로서의 사회보장을 논하고 있다.

9 같은 책, p.355., pp.367-369. 다케가와 쇼고(武川正吾)는 여기에서 사회정책이라는 것은 사회가 사회를 위해 사회의 힘에 의해 행하는 정책이라는 후쿠다 도쿠조(福田德三)의 생존권 중심의 사회정책 견해를 인용하며 사회정책의 재편을 논하고 있다.

구조의 변화를 배경으로 대두된 오사와 마리(大澤眞理, 2013)의 사회보장자원의 종합적 지원 시각, 즉 민간의 제도·관행과 정부의 법·정책과의 융합 측면에서 생활보장시스템론의 필요성 등 다양한 주장이 나오고 있다.

한편, 일본 인구고령화의 사회문제는 복지국가론의 한계에 대한 문제에도 불구하고 오가와 키이치(小川喜一) 등이 주장하는 '일본형복지사회론'이 대두되기도 하였다. 이렇듯 일본의 고령자대책은 1970년대의 복지 원년 선포 이후 한동안 노인복지가 확충되기도 하였다. 그러나 1990년대의 거품경제 붕괴 이후 2010년대에 이르기까지 이른바 잃어버린 20년에 걸쳐 이론은 이론대로, 정책은 정책대로, 현실은 현실대로 시행착오를 겪으며 변천하는 과정에 있었다. 따라서 이제는 고령자를 지원하는 복지대책 또한 '복지레짐론'의 단편적 유형화에만 머물기보다 '생활보장시스템론'적 시점까지 고려한 고령자사회정책으로 실용적인 고령자대책을 수렴해가는 과정에 있다고 판단된다.

이러한 논쟁을 종합하여 요약하면, 사회정책이란 사회문제에 대한 일정 형태의 대응책이라고 할 수도 있는데, 이는 결국 사회가 사회문제를 해결하기 위한 사회적 함의 결집에 의한 정책이다. 이렇듯 정책연구에 있어서 가치비평적 분석은 사회문제의 해결을 위해서 사회적 상황을 비판할 수 있게 하고 보다 나은 사회로 지향하는 가능성을 제시한다는 점에서 본 연구도 그와 같은 정책적 함의를 포괄한다고 하겠다[10]. 단, 일본의 사회정책 논의는 고령자를 대상으로 한 연구 동향의

10 사회문제를 해결하는 연구 방법으로서는 기능주의이론, 갈등주의이론, 상호작용주의이론, 교환주의이론 및 구조주의이론 등이 있는데 특히 정책연구에서 요청되는 것이 연구 결과의 환류를 위한 적시성, 행동성, 지향성, 용어 및 개념의 일반적 통용성, 자원배분의 효율성, 갈등 및 투쟁에 대한 현실성, 그리고 정보의 중요성 등이라고 하겠다. 그러나 실증주의 접근방법을 사용한 연구 결과

변화에도 불구하고, 국제 비교와 문화적 분석을 제외하면 아직 그 대상과 범위가 오코우치 카즈오(大河内一男)가 수정했던 '전 생애에 걸친 사회정책'의 관점과 범위에 포함되거나 상당 부분 관련되어 있음을 알 수 있다[11].

일반적으로 고령기[12]란 직업생활로부터 은퇴를 준비하는 노후를 의미한다고 할 수 있다. 현대사회에서 노인문제가 발생하는 배경은 무엇보다 고령자인구의 급격한 증가라고 할 수 있다. 일본인의 평균수명은 앞으로도 연장될 것으로 예상되며 이미 세계 최고 수준의 장수국가가 되었다. 특히 65세 이상 인구는 베이비붐세대(団塊の世代 1947-1949년 출생자)가 65세에 도달한 2012년에 3,000만 명을 넘어섰으며, 30년이 경과한 2042년 무렵에 약 3,900만 명으로 정점을 찍은 후 감소추세로 돌아설 것으로 예상된다.

이러한 추세가 계속 진전된다면 2055년에는 고령화율이 무려 40.5%

는 분석 및 평가에 있어서 실증주의적 접근방법만으로는 부족한 면을 드러내게 되었다. 반면, 이를 보완하는 가치비평적 접근방법은 실증주의에서 간과한 연구자와 대상자가 가진 가치에 대한 분석을 통해 특정 이념과 사회적 속박에 대해 비판적 시각을 제공해 주고, 면담과 세미나를 통해 수정된 지식은 인간의 자율성 회복이라는 측면이 있다고 하겠다.

11 이는 사회문제에 대한 대응책으로서의 다양한 학자(사회학, 사회복지학, 사회정책학 등)들의 주장도 결국은 그 대상과 범위가 대부분 인간의 라이프사이클 즉, 출생·성장·성숙·노쇠·사망이라는 인간의 생애과정을 다루고 있기 때문이다. 그 중에서도 특히 고령자의 생활보장(연금과 고용 등)은 고령자대책의 지속적인 변화에도 불구하고 고령자대책의 현안과제가 되고 있다.

12 고령자와 노인에 대한 정의는 다양하지만, 세계보건기구(WHO)와 UN의 인구고령화율의 기준은 현재, 65세 이상의 인구를 가리키며 일본의 고령화율의 기준도 65세로 하고 있으므로 이를 따르기로 한다. 단, 최근에는 유엔에서도 고령자의 급격한 증가와 평균수명의 신장으로 인해 고령자에 대한 연령기준을 조정하려는 움직임이 엿보인다.

에 달해, 국민 2.5명 중 1명이 65세 이상인 유례없는 초고령사회가 될 것으로 예상된다. 고령인구의 증가 원인으로는 소득향상에 따른 의·식·주의 생활개선 및 의료기술 발달, 보건위생의 개선 등에 의한 평균 수명 연장이 주된 배경이다[13]. 이러한 수명연장은 축복이기에 고령자 스스로 노년기의 행복한 삶을 위해 노후생활에 대한 준비가 필요하며, 그러한 노후대책은 노년기의 생활 안정 및 삶을 풍요롭게 하기 위함일 것이다.

물론 고령기의 증상이 언제부터 시작되는지는 고령자 개인별로 다르게 나타나며 개개인이 처한 상황 또한 다양할 것이다. 즉, 미시적 측면의 고령자 개인의 경우, 고령층이지만 건강하게 정년 이후에도 현역처럼 일하고 싶은 자립형 고령자도 있을 수 있고 그렇지 않을 수도 있다. 따라서 정년의 설정이 필요할지라도 그와 동시에 사회참여 의욕, 심신의 건강 상태 등 개인적 차이 등을 고려한 다양한 고용시스템의 구상이 필요할 것이다.

또한 거시적 측면에서는 저출산으로 인해 일본의 전체인구가 줄어드는 반면, 평균수명은 연장되고 있으므로 그에 따른 사회적 비용부담이 사회문제가 되고 있다. 그 주된 배경은 일본의 정책분야별 사회지출의 추이인 〈표 3-1〉과 같이 고령자대책대강 경과 과정(長壽社會對策大綱, 高齢社會對策大綱의 초기, 개정, 재개정 시기)에서 엿보이는 지출항목 가운데 고령자대책이 차지하는 부분이 지속적으로 늘어났기 때문이다.

---

13 일본 총무성의 「인구추계」와 국립사회보장·인구문제연구소의 「장래인구추계(2015년 이후)」에 따르면, 2060년에는 남성이 84.19세, 여성 90.93세로 예상된다. 또한 65세 시점에서는 평균여명이 1955년에는 남성이 11.82년, 여성이 14.13년이었으나 2060년에는 남성이 23.33년, 여성이 27.72년으로서 고령기는 더욱 길어질 전망이다.

표 3-1. 정책분야별 사회지출의 추이

(단위: 억 엔)

구분	사회지출				
	합계	고령※	유족	장애 등	보건
1986*	404,898	**146,942**	35,766	22,117	162,736
1996**	751,906	**291,029**	54,832	35,374	292,756
2001***	892,393	**397,012**	60,944	40,022	303,761
2012****	1,127,475	**536,272**	67,933	49,140	368,735

구분	사회지출				
	가족	노동시장	실업	주택	기타
1986*	15,656	-	14,723	1,017	5,941
1996**	28,053	16,671	26,247	1,376	5,567
2001***	35,129	14,316	31,449	2,240	7,522
2012****	62,166	10,092	13,317	5,735	14,085

자료 : 國立社會保障·人口問題研究所(2013) 「社會保障費用統計」 p.31.

* '長壽社會對策大綱' 각의결정시기, ** '高齡社會對策大綱' 초기결정시기,

*** 개정시기, ****는 재개정시기의 결과임.

※ 고령자대책이 사회지출 정책분야 중에서 1순위임.

이렇듯 고령사회대책 지원과 관련된 분야는 고령자의 생활자원인 연금 등의 소득보장분야를 비롯하여 건강·간병수발·의료분야, 사회참가·학습분야, 생활환경 등의 분야, 고령사회 시장 활성화 및 조사연구 추진분야 그리고 전 세대가 참여하는 초고령사회 기반구축분야 등 다양하다고 하겠다.

3. 고령사회 대책의 변천 과정

일본의 고령자 인구는 2040년까지 계속 늘어날 것으로 예상되는 가운데 2020년에는 고령화율이 30% 수준에 달할 것으로 전망됨으로써 일

본의 인구고령화는 세계에서 제일 높은 수준을 보인다. 반세기 전만 해도 65세 이상 노인 1명을 약 9명의 현역 세대가 지원하는 '헹가래형사회'였으나 최근에는 3명이 1명을 보살피는 '기마형사회'로 변하였다. 이러한 상황이 앞으로도 지속된다면, 2050년경에는 일본 국민의 40%가 고령자층에 속하게 되어 노인 1명을 1.2명의 현역 세대가 지원하는 '목마형사회'가 될 것으로 예상된다.

그에 따라 일본의 사회보장제도는 부담과 혜택의 균형을 이루면서 그 기능을 유지하기 위해 개혁에 나설 수밖에 없는 실정이다. 앞으로도 사회보장제도를 지속해서 유지하기 위해 현재의 사회보장제도를 형평성을 고려한 제도로 기능하도록 재구축하기에 이르렀다. 즉, 혜택은 고령자 세대 중심인 데 반해, 부담은 현역 세대 중심인 사회보장의 형태를 급부와 부담 양면에서 세대 간 그리고 세대 내의 공정성이 확보될 수 있는 제도개혁이 필요불가결한 것이었다.

왜냐하면 사회보장의 안정적 재원확보와 재정 건전화를 도모함에 따라 '재정운영전략(2010년 6월 22일 각의 결정)'에서 정하고 있는 내용 즉, 재정건전화를 지향하여 사회보장제도의 지속가능성을 확보하는 동시에 기초재정수지를 흑자로 전환하려는 목표를 달성하기 위해 고령자 부양을 자립형으로 전환할 수밖에 없는 현실적인 배경이 있었기 때문이다.

고령자의 생활보장 분야 즉, 고령자고용을 비롯하여 복지재정을 수반하는 ① 연금, ② 의료, ③ 요양(介護 : 간병·수발)을 포함하는 복지기타 등의 영역에서 사회보장급부비가 급격히 늘어나고 있어서 그에 대응하기 위한 일본 정부의 지침으로 고령사회대책대강(高齡社會對策大綱)을 몇 차례 개정하여 고령자대책의 목표로 삼고 있다. 이렇듯 당면한 사회보장제도의 중점 개혁사항으로는 ① 공조·연대를 기초로 한 국민 개개인의 자립지원, ② 사회보장 기능 충실과 철저한 급부의 효율

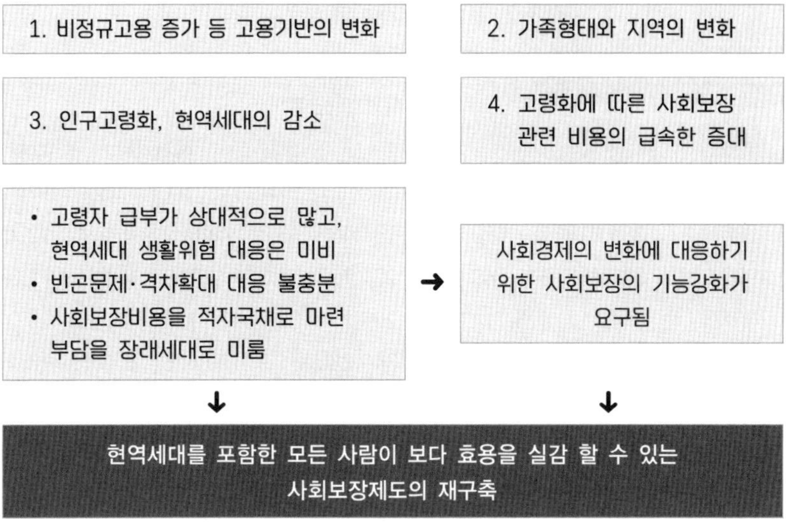

자료 : 정기룡(2013) 『일본의 사회정책』 전남대학교출판부. p.241. 수정 인용.

그림 3-1. 사회보장 개혁의 배경

화, ③ 세대간 및 세대 내에서의 공평성 중시, ④ 의료, 간병수발서비스, 연금, 빈 곤·격차대책 개혁, ⑤ 소비세의 세수 충당을 「연금·의료·개호·육아」의 4분야로 확대(소비세율 2014년 4월부터 8%로 인상하고, 추후 10%로 단계적 인상), ⑥ 취로 촉진에 의한 사회보장제도 유지 및 기반강화 추구 등이었다.

일본의 고령자사회정책은 연금과 고용을 주축으로 한 대책으로 그 법적 근거는 고령사회기본법(1995)에 입각해 이루어지고 있다. 일본 정부의 사회보장 분야별 지출 비용에 관해 1986년의 '장수사회대책대강'과 1996년도에 결정된 '고령사회대책대강' 발표시기 그리고 2012년 재개정된 '고령사회대책대강' 시기 등으로 구분해 사회보장급부비의 추이를 비교해보면, 〈표 3-2〉와 같다.

표 3-2. 사회보장급부비의 부문별 추이

(단위: 억 엔 / %)

연도	사회보장급부비							
	계	연금	구성 비율	의료	구성 비율	복지기타	요양	구성 비율
1986*	385,918	187,620	48.6	151,489	39.3	46,809	미실시	12.1
1996**	675,462	349,548	51.7	251,702	37.3	74,212	미실시	11.0
2001***	814,112	425,714	52.3	266,274	32.7	122,124	41,563	15.0
2012****	1,085,568	539,861	49.7	346,230	31.9	199,476	83,965	18.4
2018*****	1,215,408	552,581	45.5	397,445	32.7	265,382	103,872	21.8

자료 : 國立社會保障·人口問題硏究所(2013, 2019) 「社會保障費用統計」 참조.
* '長壽社會對策大綱' 각의결정시기, ** '高齡社會對策大綱' 초기결정시기,
*** 개정시기, ****는 2차 개정시기 *****는 3차 개정의 결과임.

2001년도의 '고령사회대책대강(高齡社會對策大綱)'의 결정 초기는 물론이고, 2012년도의 재개정, 2018년에 이르기까지 연금부문이 차지하는 사회보장급부비는 전체의 50% 전후의 수준을 차지하고 있다. 고령자대책을 둘러싼 사회지출에는 연금, 의료, 개호를 비롯한 복지서비스 등이지만 주목해야 할 분야는 요양을 포함하는 복지기타의 확대추이다. 장기요양보험제도(介護保險制度)를 새로이 도입하여 복지기타로 산입하여 산정한 이후에는 의료부문이 약간 줄어든 반면, 복지기타 분야가 급격하게 늘어난 것을 알 수 있다.

이러한 추세는 2010년대에는 물론이고 2020년대로 줄곧 이어졌으며 현재 '2025년 위기' 대응을 목표로 설정한 중장기적 제도로 확립하기 위한 개혁 과정에 있다[14]. 이처럼 고령사회대책은 현재에도 사회보장제

14 경제사회의 환경변화에 입각해 제180회 국회에서 성립된 '사회보장제도개혁추진법(2012년 법률 제64호)'에 근거해 구성된 '사회보장제도국민회의'는 인구고

도의 구축 및 개혁이 반복되는 과정에 있는데, 그 중심적 내용은 사회보장급부의 총액의 증가추세만 보더라도 고령자의 생활보장 측면의 공적연금과 고용대책 그리고 의료와 개호대책이 주요 과제가 되고 있음을 엿볼 수 있다.

한편, 일본의 공적연금제도는 1942년에 발족된 노동자연금제도가 일반인을 대상으로 한 연금제도의 효시라고 하겠다. 그 후 노동자 연금은 1944년에 후생연금보험으로 개칭되었고, 1961년 농민·자영업자 등의 근로자 이외의 전 국민을 대상으로 한 국민연금이 발족함으로써 전 국민의 연금 체제를 갖추게 되었다. 그러나 연금제도는 인구고령화로 인해 후세대에 부담이 가중될 것으로 전망되어 관련 법률에 근거해 그동안 수차례에 걸쳐서 연금제도가 개정되었다.

연금제도는 그 대상에 따라 특수직역(공무원, 교직원 등)과 일반근로자, 자영업자 등으로 대상자를 구분하여 국가공무원공제조합, 지방공무원공제조합, 사립학교 교직원공제조합, 농림어업단체공제조합, 후생연금, 국민연금 등으로 분리되었고, 국민연금 이외의 연금제도는 모두 피용자 연금제도인데 여러 번 개정을 거쳤다.

특히 1985년의 연금 개정으로 인해 1986년 4월부터 국민연금이 국민전체를 대상으로 한 기초연금제도로 개편되어 후생연금·공제연금 등의 피용 근로자 연금은 기초연금 외에 추가적인 소득비례 연금제도로 전환되었다. 연금제도 개정의 또 다른 특징은 1층의 기초연금 및 중층구조의 공적연금 기반을 구축하여 전 국민의 노후 생활보장원을 확보

령화의 심각한 재정문제에 대처하기 위한 보고서를 제출하여 '지속가능한 사회보장제도 확립을 도모하기 위한 개혁추진에 한한 법률(2013년 법률 제112호)'을 제185회 국회에 제출하여, 2013년 12월 5일에 성립되었다(高齢社會白書, 2016). 여기에서 사용된 '2025년 위기'란 베이비붐세대가 후기고령층으로 진입하여 개호수요가 늘어나면, 사회보장제도에 부담이 된다는 의미이다.

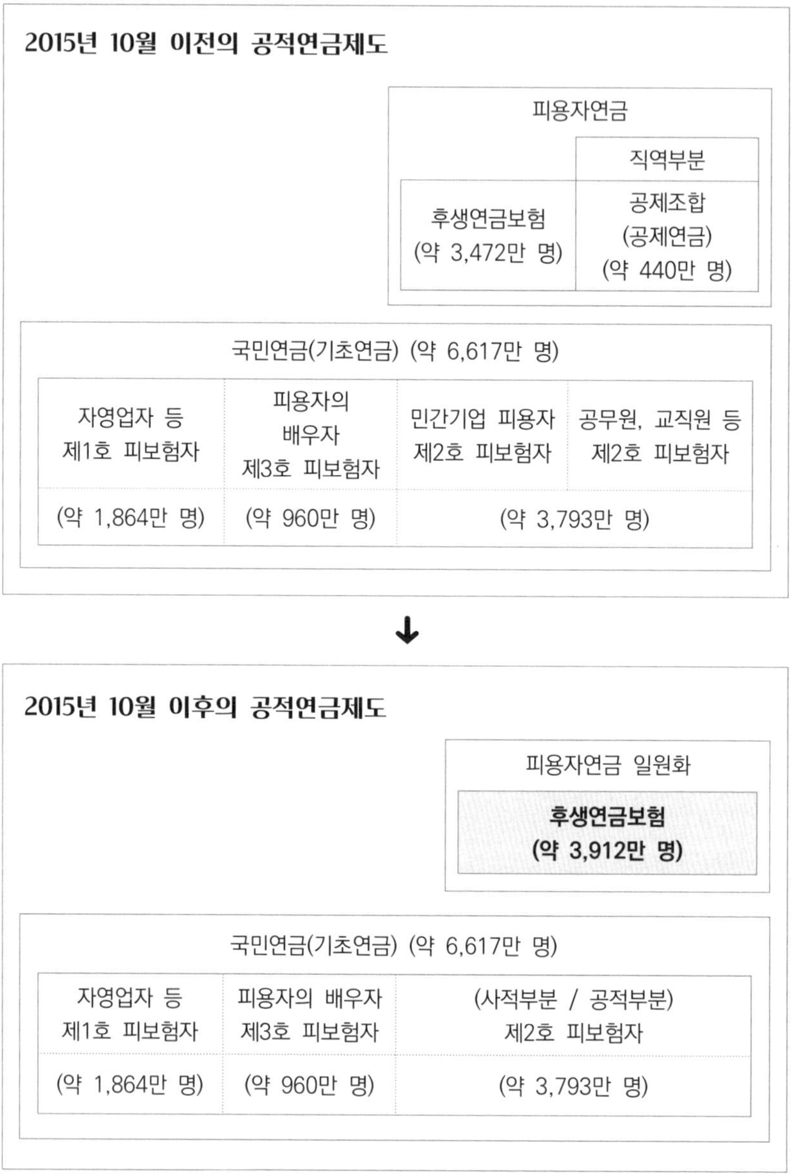

자료 : 第57會厚生勞働省社會保障審議會年金數理部會 내부자료 참고.

그림 3-2. 일본 공적연금의 변화 체계도

하는 동시에 근로자의 배우자(제3호)를 모두 국민연금에 가입하도록 의무화하여 전업주부의 연금권을 확보하도록 하였다. 나아가 2015년에는 연금 재정의 안정과 더불어 연금 수급권 확보에 중점을 둔 피용자 연금제도의 통합(일원화)이 특징적인 큰 변화라고 하겠다.

공적연금의 일원화에 대한 추진 배경은 먼저, 일반회사원과 공무원의 통합을 주장해온 연립여당의 주도로 2006년 4월에 각의 결정하여, 동 12월에 정부·여당이 합의한 바 있다. 이를 통해 연금제도의 안정성과 공평성을 확보하고, 연금제도에 대한 국민적 신뢰를 높이기 위해 후생연금법 개정법률안에 근거해 동일 보험료에 의한 동일 연금급부의 공적연금제도의 통합이 이루어진 것이다. 이로써 공무원, 사학교직원 그리고 일반회사원을 대상으로 하는 후생연금이 1985년 국민연금을 기초연금으로 전환한 이후 30년의 과정을 거쳐 통합(2015년 10월 일원화 시행)[15]을 이루게 되었다. 고령자의 노후 소득원 가운데 하나인 공적연

15 日本年金機構, 厚生勞働省, 財務省 각 내부 자료(2015.11.) 참조요. 일본의 연금 일원화과정은, 1985년 국민연금의 기초연금화로 1층 부분의 통합하여 기초적인 틀을 이루었고, 여러 차례 연금제도의 공정·공평화를 위한 사전작업을 시행하였으며, 2007년 4월 13일 「피고용자 연금제도의 일원화 등을 도모하기 위한 후생연금보험법 등 일부를 개정하는 법률안」 이른바 일원화법을 제출하였으나 폐안 처리되었다. 그 후 2012년 4월 13일 「피고용자 연금제도의 일원화 등을 도모하기 위한 후생연금보험법 등 일부를 개정하는 법률안」이 다시 제출되었는데 2012년 6월 26일 중의원, 2012년 8월 10일 참의원에서 가결, 성립돼 2012년 8월 22일 공포되었다. 2015.10. 현재, 연금일원화의 포인트는 공제연금과 후생연금의 제도적 차이를 후생연금을 기준으로 통일하였다. 현재까지의 각각 다른 보험료율(회사원 : 16.412%, 공무원 : 15.862%, 사학교직원 : 13.292%)을 점진적으로 조정해 18.3%로 동일 부담과 동일 급부를 지향하게 된다. 그와 더불어 공제조합에서 공무원 등에 지급하는 가산금을 2015년 10월 이후에 폐지하여 공적연금으로서의 3층 부분(직역부분) 폐지 이후의 새로운 연금에 대해서는 그 본연의 취지 관해 별도의 법률로 정하기로 하고 있다.

금제도에 관해서는 고령자의 소득보장과 관련하여 제5장에서 추가하여 다루기로 한다.

그와 더불어 활력 있는 고령사회 구축의 관점에서 나이와 상관없이 고령자에게도 직업생활을 계속할 수 있는 사회실현을 추구하려는 고령자대책이 바로 '고용대책기본계획'[16]이었다. 그 중심적 내용은, 고령자의 취업 욕구에 맞추어 고령기의 삶을 선택할 수 있는 고용시스템을 계획적·단계적으로 구축하려는 고령자 고용·취업 대책이다.

고령자 고용대책과 관련해서는 고령자 취업을 노동경제학적 시각에서 분석한 세이케 아츠시(清家篤)의 연구를 비롯하여 베이비붐세대의 정년으로 고용과 연금이 일본경제에 미치는 영향을 분석한 히구치 요시오(樋口美雄)의 분석 등에서 고령자 대상의 고용 및 노후의 생활보장 나아가 평생 현역세대를 지향하는 전망 등을 제시하고 있다. 또한 베이비붐세대에 관한 연구에서는 노후 생활면에서의 고령자고용과 사회참가 등을 과제로 다루고 있다[17].

16 일본의 고령자고용대책은 1983년에 발표한 「제5차 고용대책기본계획」과 1986년의 「고연령자고용안정법」 시행이 대표적인 고용대책이다. 이른바 고령자고용안정법에 근거하여 민간기업의 고령자고용 장려를 위한 「고연령자 다수 고용보장금 제도」를 1986년 10월에 시행하였고, 1989년 10월에는 당시 노동성(현 후생노동성) 직업안정국에 「장수사회고용비전 연구회」가 설치되었으며 그 결과 1990년 10월에는 「고령자 활약 시대의 제언」이라는 부제를 단 보고서가 공포되었다(정기룡, 2000).

17 고령자고용을 대상으로 한 사회정책연구로서는 內海洋一(1992)『高齢者社會政策』ミネルヴァ書房. 및 鄭基龍(2002)「日本の現役高齢者に關する研究」『日語日文學硏究』韓國日語日文學會. 第41輯. pp.293-313. 등이 개별적으로 수행되었으나 기존의 사회정책이론과는 별개의 고령자사회정책론의 확립이라고 하기에는 충분치 못하다. 그 외에도 고용과 연금과의 관계로서 고령자의 취업 행동을 연금과 연계한 방법론을 제시한 나이 차별금지 시각의 고령자고용제도(清家篤, 2004) 및 생애 현역 사회의 조건으로서의 고령자고용과 연금과의 관계를 논한(清

이처럼 주요 고령자대책은 고령자를 대상으로 한 고용 부문의 활성화 측면에서 사회정책의 범위확장을 보여주고 있다. 그 가운데에서도 고령자의 고용과 관련한 정부의 정책지침을 '고용대책 기본계획'으로 지속적인 고용지원책을 내놓고 있다. 또한 각료회의에서 결정해 온 '고령사회대책대강'에서도 초기결정 대강 외에 재개정에서 고령자고용에 관한 내용이 상당 부분 확대되어 포함된 것을 알 수 있다[18].

나아가 사회보장·세제일체개혁대강(2012.2.17 각의 결정)에 따라 부담과 급부 구조를 통일하였고, 연금기능강화법, 피용자연금일원화법 등 연금개혁법이 2012年 8月 10日에 성립되어 동 8月 22日에 공포되었다. 이는 사회보장·세제일체개혁대강과 「국민연금법 등 일부 개정법률안」(연금기능강화법안) 및 「후생연금보험법 일부개정 법률안」(피용자연금일원화법안)의 내용을 담고 있다.

이러한 변화는 이미 20세기 말경부터 잃어버린 20년의 과정을 거치면서 인구고령화가 더욱 진전(2015년 고령화율, 26.8%)됨으로서 경제학적 분석뿐만 아니라 고령자의 생활보장자원으로 연금과 연계한 고용의 중요성을 간과할 수 없는 이른바 21세기형 사회정책론의 재구축이 요청되고 있기 때문이다. 따라서 이전의 사회정책론에 대한 이론적 재고를 통해 사회정책의 개념과 대상 및 범위의 재규정이 필요하다는 시각에서 생활문제 대책과 관련된 사회정책의 필요성 주장과 더불어 사회

家篤, 1995) 연구 등을 들 수 있다.

18 일본 정부의 중장기 고령화대책인 '고령사회대책대강'의 골자는 고령자에 대한 각종 지원을 담고 있다. 특히 2012년의 재개정에서는 급격한 인구고령화에 따른 결과로서 20세기 말의 '인생 80년 시대'에서 이른바 '인생 90년 시대'에 적합한 고령사회를 지향한다는 문구가 대강의 목적에 포함되어 있다. 이러한 변화는 저성장시대에 부합하는 대응책이기는 하지만, 고령자 각 개인에게 있어서는 복지축소의 경향을 내포하는 고육책으로 파악된다(日本內閣部, 2012).

정책, 사회복지, 사회보장의 학제적 연구 및 국제 비교의 필요성을 제기하는 등 이른바 일본형 복지국가 형성과 새로운 사회정책학에 대한 재구축을 주장하기에 이르렀다[19].

4. 고령사회대책대강의 비교와 방향성

인구고령화의 사회문제는 세계적인 관심사가 되고 있는데 일본정부는 이미 1970년대에 세계 유수의 장수국이라는 자부심과 동시에 인구고령화의 사회문제를 인식한 이후 줄곧 고령자사회정책을 전개해 왔다. 또한 평균수명의 연장에 의해 본격적인 고령사회의 도래에 대비해 고령자를 지원하려는 일본정부의 지침으로 이른바 최초의 '장수사회대책대강(長壽社會對策大綱 : 1986.6.6)[20]'을 각의 결정한 바 있다.

일본의 '장수사회대책대강' 이후 약 10년경과 시점인 1996년 7월 5일, 장수사회에서 고령사회로 명칭과 내용이 변경되는 과정을 겪게 되었다. 즉, '고령사회대책기본법(1995년 법률 제129호)' 제6조의 규정에 근거해 각의 결정된 '고령사회대책대강'은, 2001년 12월 28일에 한차례 개

19 이러한 움직임은 이미 20세기 말에도 있었는데, 새로운 사회보장이론의 구축 필요성을 주장하며 논의를 제기한 隅谷三喜男編(1993) 『社會保障の新しい理論を求めて』 東京大學出版會. pp.3-30. 및 脇昭吉·阿部誠(2008) 『現代日本の社會政策』 ミネルヴァ書房. pp.51-53. 정기룡(2003) 「高齢社會における生活保障資源に關する研究」 『日本近代學硏究』 第6輯.韓國日本近代學會. pp.151-173. 다케가와 쇼고 앞의 책, pp.359-369. 및 서문 등에서 엿볼 수 있다.

20 고령사회대책대강 이전의 일본 최초의 장수사회대책대강은 ① 경제사회의 활성화를 도모하고 활력 있는 장수사회를 구축한다. ② 사회연대의 정신에 입각한 지역사회의 형성을 도모하고 포용력 있는 장수사회를 구축한다. ③ 생애에 걸쳐 건강하고 충실한 생활을 보낼 수 있도록 장수사회를 구축한다는 내용의 기본방침을 담고 있었다.

정을 거친 후, 11년이 지난 2012년 시점에서 재개정되었다.

이 과정을 통해 초기의 각의에서 결정되었던 '고령사회대책대강(1996년 7월 5일)'은 2001년 12월 28일 개정 시에 폐지되었고, 사회 환경의 변화에 따른 개정이 요청되었기 때문에 내용을 다시 새롭게 변경한 '고령사회대책대강(2012.9.7.)'이 새로운 지침으로 결정됨으로써 이전 대강은 폐지되었다.

2012년에 재개정된 대강(大綱)에서는, 일본이 '인생 80년 시대'를 넘어서 이른바 '인생 90년 시대'에 적합한 초고령사회를 지향하고 있다는 사실을 인식하는 동시에 각료회의를 통해 고령자대책을 공표하는 것이었다. 그렇다면 과연 20세기 말과 21세기 초엽의 시대적 전환기(16년경과) 사이에 고령자대책의 주요 내용이 어떻게 변하였는지? 초기의 '고령사회대책대강(1996.7.5.)'과 재개정된 '고령사회대책대강(2012.9.7.)'의 차이가 무엇인지? 고령사회대책대강의 요약을 정리해보았다.

무엇보다 ①, ②항에서 보는 바와 같이, 초기의 대강과 재개정된 대강은 목적 내용에 있어서 고령자를 지원하기 위해 마련된 표현은 비슷한 내용이지만, 내용 면에 있어서는 상당한 차이가 드러난다. 즉, 초기의 대강에서는 장수의 기쁨과 더불어 사회연대를 통한 풍요로운 사회를 지향하는 내용인데, 재개정된 대강에서는 고령자상에 대한 의식개혁을 상기시키면서 '인생 90년 시대'의 고령자 자립을 강조하는 시각 변화와 구조 전환을 명기하고 있다.

이와 같은 개정 고령사회대책대강은 급격한 인구고령화의 사회적 부담에 따른 정부 역할의 축소와 고령자의 역할참여 유도 및 지역사회의 네트워크 확대 나아가 전 세대가 초고령사회를 지지하는 사회 구축의 필요성을 강조한 점이 특징이다.

① 1996년 초기 「고령사회대책대강」의 목적

> 일본의 인구구조의 고령화는 매우 급속도로 진행되고 있으며 경제사회의 중층적인 전환과 더불어 국민 생활에 광범위한 영향을 미치고 있다. 향후, 전후에 태어난 인구 규모가 큰 세대가 고령기를 맞이해 일본은 본격적인 고령사회로 이행되고 있다. 이러한 가운데 국민 한 사람 한 사람이 **오래 살아서 좋다는 자부심**을 실감하며 **마음이 통해 연대 정신이 넘치는 풍요롭고 활력 있는 사회**를 확립해가기 위해서는, 경제사회의 시스템이 향후의 고령사회에 걸맞도록 부단히 검토하여 개인의 자립과 가정의 역할을 지원하며, 국민의 활력을 유지·증진함과 동시에 자조(自助), 공조(共助) 및 공조(公助)의 적절한 조합으로 더욱 안심할 수 있는 생활을 확보하는 등 경제사회의 건전한 발전과 국민 생활의 안정향상을 도모할 필요가 있다. 이를 위해서 고령사회대책기본법(이하 「법」이라 한다) 제6조의 규정에 따라 정부가 추진해야 할 기본적이며 종합적인 고령사회대책의 지침으로서 이 대강을 정한다.

② 2012년 재개정된 「고령사회대책대강」의 목적

> 제2차 세계대전 이후, 경제성장에 의한 국민의 생활수준 향상과 의료체제의 정비, 의료기술의 진보, 건강증진 등에 의해 평균수명이 늘어나 일본은 제1의 장수국이 되었다. 이는 일본 경제사회가 성공한 증거이며 자랑이자 차세대에게도 계승해야 할 재산이라고 할 수 있다. 그렇지만, 전례 없는 속도로 인구 고령화가 진행되어, 세계 최고 수준의 초고령사회를 맞이하고 있다. 베이비붐세대가 65세에 편입되기 시작한 지금, 「인생 65년 시대」를 전제로 했던 **고령자상에 대한 의식개혁**을 비롯해 고용, 사회참가, 지역 커뮤니티에서의 생활환경을, **「인생 90년 시대」를 전제로 한 구조로의 전환**이 필요하다. 또한 능력이 있는 고령자에게는 사회의 버팀목이 되거나 자립할 수 있도록 하되, 도움이 필요할 때는 인간답게 생활할 수 있도록 초고령사회를 실현해 나갈 필요가 있다. 따라서 고령자뿐만 아니라, 청년, 여성의 취업 향상과 직업능력 개발의 추진 등을 통해 국민 각 개인의 의욕과 능력을 최대한으로 발휘할 수 있도록 전 세대가 서로 지지하는 사회 구축이 필요하다. 이를 위해서 고령사회대책기본법 제6조의 규정에 따라 정부가 추진해야 할 기본적이며 종합적인 고령사회대책의 지침으로서 이 대강을 정한다.

이처럼 1995년에 제정된 고령사회대책기본법에 입각해 1996년에 처음 각의 결정된 '고령사회대책대강'에서는 고령자에 대한 일종의 시혜적 복지가 중심적인 내용이었으나 2001년의 개정에서는 고령자의 고용

촉진과 취업환경을 개선하는 내용으로 일부 수정되었다. 그러나 2012년에 재개정된 대강(大綱)에서는 65세 이상 고령자에 대해 부양 예우의 대상이기보다는 '인생 90년 시대'를 전제로 하여 고령자의 사회의 버팀목 역할과 자립을 강조하였다.

또한 근로의욕과 능력을 겸비한 고령자의 직업능력을 활용하자[21]는 취지의 고령자에 대한 인식변화와 정책 전환이 이전의 대강과 특히 다른 점이다. 재개정된 대강에서는 목적뿐만 아니라 기본적 견해와 세부 방침에 있어서도 고령자에 대한 인식변화를 엿볼 수 있는데 그 골자는 다음과 같다.

① 고령자상에 대한 의식개혁 : 고령자의 의욕이나 능력을 최대한 살리기 위해 의욕과 능력이 있는 65세 이상의 고령자에게는 지지하는 측에 설 수 있도록, 국민 의식개혁을 도모한다.
② 노후의 안심을 확보하기 위한 사회보장제도의 확립 : 사회보장제도의 설계를 위해 자조(自助)·공조(共助)·공조(公助)의 균형 유지를 위해 가족과 국민 상호 간의 협력 구조를 지원한다.
③ 고령자의 의욕과 능력의 활용 : 고령자의 의욕을 살려 나이와 관계없이 일할 수 있는 사회를 목표로 유연한 일자리 창출과 환경정비를 도모한다.
④ 안정적인 지역사회의 실현 : 지역사회에서 고령자의 활기 있는 라이프스타일을 창조하기 위해 네트워크 형성과 상호부조의 재구축을 추진한다.
⑤ 안전·안심 생활환경의 실현 : 고령자를 범죄, 소비자 분쟁 등으로부

21 2012년의 고령사회대책대강 개정 시의 60~64세 연령층의 취업률 57.3%에서 향후 8년 후에는 63%(2020년) 수준으로 끌어올리려는 목표설정과 더불어 기업이 65세까지 고용을 의무화하는 '고령자고용안정법'에 입각해 정년 연장과 더불어 정년 이후의 고령자를 재고용하려는 제도개선을 병행하게 되었다.

터 고령자의 안전·안심을 확보하는 사회구조 구축을 위해 정보 입수와 이용이 쉬운 정보시스템을 개발한다.

⑥ 청년기부터 미리 「인생 90년 시대」에 대비한 준비와 세대 순환 실현 : 고령기에도 건강하고 활력 있는 생활을 위해 현역 시부터 건강관리, 평생학습 및 자기 계발의 중요성을 강조하는 동시에 고령자의 자산을 사회에 환류시키는 구조구축을 도모한다.

2012년 고령사회대책대강 재개정 이후에도 사회보장제도의 개혁이 지속되고 있으며 3차 개정된 고령사회대책대강(高齡社會對策大綱 : 2018년)과 같은 제도변화는, 급격한 인구고령화에 의한 사회문제에 대한 대응책의 결과라고 하겠다. 이렇듯 인구고령화의 사회문제가 심화하고 있는 가운데, 사회보장재정 압박에서 기인하는 정부의 역할은 축소 경향을 보이지만 시장기능의 활용이 요구되고 있는 현실을 고려할 때, 21세기 중반까지는 기업, 지역사회, 가정 등의 고령자를 둘러싼 생활보장시스템에 관한 재구축이 필요한 전환기로 파악된다.

5. 고령자 사회정책의 향후 전망

노후의 생활보장은 고령자를 둘러싼 생활자원이 여러 형태로 그 역할과 기능을 수행하며 이루어진다. 그렇기는 하지만, 일본은 현재 공적 사회보장제도를 비롯하여 고령자를 둘러싼 서브(하부) 생활보장시스템인 기업보장, 사적보장(가족 포함), 지역사회 등 각 측면 모두 고령자를 이전처럼 지원하기에는 어려운 여건에 처해 있다고 하겠다. 그렇기에 향후의 고령자대책이 밝다고 할 수 없는 실정에 있다.

그러나 생활보장자원을 구성하는 데에는 어느 특정 측면에 전적으로 부담을 의존하기보다는 생활보장 공급원(자원)의 상호보완적 작용 및 선택적 결합을 통해 고령자의 생활보장 체계를 구축하는 방안이 현실적인 문제해결의 실마리가 될 수 있을 것이다. 즉, 중간수준의 부담과 중간수준의 복지혜택을 지향하고 있는 일본은, 연금제도를 비롯하여 사회보장제도의 개혁을 거듭하면서 급부는 축소되거나 특수성을 분해하며 일반화되어 왔다. 따라서 향후의 생활보장시스템은, 개인의 선택을 존중하면서 생활보장자원의 상호보완적인 형태, 혹은 각 개인이 처한 형편에 따라 선택적으로 복지자원을 결합하는 형태로 구축될 것으로 전망된다.

즉, 일본의 생활보장시스템은 생활보장 자원을 복합적으로 작용하는 복지혼합(welfare mix)의 종합과 조정이 당분간 계속될 것으로 보인다. 왜냐하면 현재 일본의 생활보장 자원은 단일 형태가 아니라 공적보장, 사적보장, 협동적보장 등 다양한 형태로 생활보장이 공급되고 있으며, 각 개인 또한 다양한 생활보장 자원 가운데 본인의 상황에 맞는 선택과 조합을 하게 될 것으로 예상되기 때문이다.

결국, 일본의 초고령사회의 사회문제를 해결하기 위한 고령사회대책은 정부가 주도하면서도 시장기능, 민간의 제도와 관행, 지역사회 나아가 기업 등을 망라하여 자원을 활용하는 생활보장시스템의 재구축이 필요할 것이다. 다양한 논의를 거치면서 약 20년 사이에 수차 개정하며 유지될 수밖에 없었던 '고령사회대책대강'처럼 일본 사회로서는 향후 인구구조가 일정 수준으로 안정되기까지 '복지형성'과 '복지위기'가 동시에 진행되는 전환기에 있을 수밖에 없다. 따라서 당분간 일본의 초고령사회의 사회문제에 관한 논의 또한 새롭게 개정된 고령사회대책대강의 연장선상에서 지속될 것으로 보인다.

이러한 정책 전환은 21세기 초엽까지 실시한 고령사회대책으로는 이미 재정적인 한계에 이르렀기 때문에 최근 사회·경제적 침체를 배경으로 지속해서 늘어나는 고령자 관련 사회적 부담을 더 이상 감당할 수 없게 되었다고 해석할 수 있다.

그에 따라 21세기 초엽의 '인생 80세 시대'에서 현실적인 21세기 '인생 90세 시대'를 전제로 한 새로운 중장기 고령화대책으로 정책 방향을 선회한 것이다. 즉, 고령자에 대한 시각을 '노인부양'에서 '노인자립'으로 전환하였기 때문에 65세 이상일지라도 건강하게 일할 수 있는 고령자에게는 부양보다 취로를 확대하는 형태의 자립지원으로 고령자대책을 수정한 점이 명확히 드러났다.

이러한 고령자에 대한 시각 변화는, 결국 일본인의 평균수명이 최근 90세에 육박하는 한편, 의욕과 능력을 갖춘 고령자 또한 증가하는 추세이므로 고령층의 능력을 최대한 활용하는 동시에 인구고령화에 걸맞은 고령자대책을 마련하기 위한 고육책에 기인한다고 하겠다. 나아가 하향평준화의 공적연금 일원화(2015.10)를 비롯한 각종 사회적 부담을 줄이는 동시에, 저출산으로 인해 향후 부족할 것으로 전망되는 노동력확보 차원에서도 고령자고용은 유용한 정책 수단으로 활용될 것으로 보인다.

그와 동시에 기업의 정년을 65세까지 연장하는 한편, 공적연금의 연금 지급 개시 나이를 2025년까지 단계적으로 65세로 상향 조정하는 등 연금과 고용의 연계를 비롯한 생활보장시스템의 재구축을 이루어가는 과정에 있다고 하겠다.

한편, 우리나라도 베이비붐세대(1955-1962 출생자)의 은퇴가 시작된 현시점에서 연금과 고용을 연계하는 고령자대책은 향후 연금제도에 대한 신뢰 제고 방안은 물론이고, 아직도 일부 조기퇴직과 명예퇴직에 몰리는 중년층의 비애를 초월하여 연금 수급 나이와 연계된 정년 연장에 관한 논의와 퇴직고령자의 취로를 적극 발굴·지원하는 생활보장시스템 구축이 필요한 시점이다.

제4장

일본의 생활보장시스템

1. 경제발전과 생활보장

생활보장시스템은 생활자라고 하는 주체가 맞이하는 다양한 위험을 예측하여 생활보장자원의 효율적인 운용에 따라 생활 유지를 할 수 있도록 만들어진 시스템이다. 이에 여기에서는 생활보장자원을 공적보장, 기업보장, 사적보장, 지역사회활동의 네 가지로 분류하여 분석에 임하였다.

21세기에 들어선 이후, 세계 각국에서는 복지국가의 재검토 및 개혁에 나서고 있으며 일본에서도 사회·경제의 변화에 따라 연금제도와 의료보험, 개호보험을 비롯한 사회보장제도의 개혁이 이어지고 있다. 공적보장의 수비 범위를 넘는 부분에 있어서는 기업연금을 비롯한 기업보장과 스스로 해결에 나서는 사적보장, 나아가 지역사회 활동까지 포함한 다원적 지원시스템이 이상적인 생활보장시스템으로 그려지고 있다.

이러한 환경변화를 배경으로 일본이 "자립, 상호협조, 민간의 활력"을 기본으로 한 복지국가를 지향하여 이러한 다원적 생활보장시스템에 국민이 의존하지 않을 수 없다면, 그 전제 조건으로 개개인이 자립할 수 있는 환경이 구축되어야 할 것이다. 다만 그 대책은 개인에 따라 생활환경이 달라서 일률적이지 않기 때문에 몇 가지 형태의 선택과 자립

지원 체계가 구축되어야 할 것이다. 자립지원 체계는 개인이 국가와 기업, 가족, 지역사회에 단순히 지원을 요구할 뿐만 아니라 각각의 기능을 활용하여 자립 지향적인 대응에 나서는 한편, 각각의 조직이 연대하여 지원하여야 그 효과를 발휘하게 될 것이다.

오늘날처럼 사회적, 경제적, 문화적으로 큰 변화가 이어지는 상황에서 생활보장시스템의 변화를 분석하는 것이 간단치 않지만, 사회문제 해결을 위한 정책론의 시각에서 장래를 전망해보는 것은 의미 있는 일일 것이다. 이러한 배경에 의해 1970년대 이후 지속해서 사회·경제적 관점의 분석[1]이 이루어져 왔다.

그러나 여전히 대다수가 공감하는 생활보장이론의 체계가 확립되었다고 단정할 수 없는 형편이다. 물론 '일본형생활보장시스템'은 일본형 특수성[2]을 유지하면서 각 시대적 사회경제변동의 적응과 함께 변화해 왔는데, 그러한 일본적 특질은 다음과 같다. 먼저, 일본 정부는 '생활대국'을 전면에 내걸면서도 사실 성장을 우선시하여, 복지확충에는 소극적이었음을 부정할 수 없다. 또 전후 경제체제에 있어서 무엇보다 고용을 중시하여, 기업의 사회적 역할이 서구에 비해 컸던 점이 일본적 생활보장체계 형성에 반영되어 일본형 복지국가[3]를 구축해왔다는 시각

---

1 생활보장에 관한 주요 분석 문헌은 佐武弘章·荒木兵一郎·船曳宏保編『高齢化社會政策の實驗』新評論. 1991. 金森久雄·伊部英男編『高齢化社會の経濟學』東京大學出版會. 1992. 田近榮治·金子能宏·林文子『年金の経濟分析』東洋文庫. 1995. 淸家篤『生涯現役社會の條件』中公新書. 1998. 八代尙宏編『高齢化社會の生活保障システム』東京大學出版部. 1997. 등을 들 수 있다.

2 馬場啓之助(1980)『福祉社會の日本型形態』東経選書. 1980. 일본 사회가 근대화, 산업화하여도 서구사회와는 다른 비서구적인 특수성을 남기고 있다. 馬場啓之助는 이러한 비서구적 요소를 사회구성의 원리로써 중간집단주의 속에서 찾으려 했다. 중간집단주의란 사회의 구성에 있어 국가와 개인과 가정의 중간에 있는 조직체, 예를 들면 기업조직에 역점을 둔 것을 가리킨다.

도 있다.

이러한 시각을 배경으로 먼저, 생활보장을 기본으로 한 전후 일본의 생활보장대책의 질적 전환을 전후부흥기, 고도성장기, 안정성장기, 그리고 최근의 동향으로 나누어 발전사적 시점에서 분석하고자 한다. 다음으로 향후의 생활보장시스템의 재구축에 있어서는 공적보장, 기업보장, 사적보장, 나아가 지역사회활동까지 포함하는 다원적인 생활보장 자원을 통합하여 개인 생활자의 자립과 연대에 입각한 생활보장시스템 구축을 시도해 보고자 한다.

2. 생활보장시스템이란?

생활보장은 여러 형태의 생활보장자원의 기능과 역할이 유기적으로 작용하는 시스템에 따라 구성된다고 할 수 있다. 생활보장시스템은 사

3 埋橋孝文『現代福祉國家の國際比較』日本評論社. pp.160-164., p.190., 1997. 埋橋孝文는 에스핑-엔더슨[Esping-Andersen : 1990]의 유형화를 심층 분석하여 그것을 토대로 제4의 새로운 일본 모델을 구상하였다. 에스핑-엔더슨의 유형 규정에 있어 「완전고용의 보장에 전면적인 관여」라는 속성을 분류기준으로 하면, 일본 모델의 특징은 노동과 복지의 대체적 관계가 강하다. 즉, 완전고용을 하나의 비교 축으로 일본형 복지국가 유형을 설정한 것이다. 거기에는 실업률이 낮은 것이 전제 조건이 되므로 일본의 낮은 실업률의 근거를 찾으려 하였다. 일본은 실업률이 낮아서 「사회의 각종 문제의 최소화」를 달성하여 결과적으로 사회보장지출이 절약되었다. 또 일을 희망하는 사람이 일을 할 수 있는 환경이 정비되어 중요한 역할을 수행했다는 것이다. 즉, 고용·노동시장의 양호한 행동이 사회보장=국가복지의 기능을 대체하는 관계가 되어 생활보장의 방법으로서 웰페어(welfare)보다 워크페어(workfare)를 선택하는 시스템이며 이러한 점이 일본 모델의 특징이라고 주장하고 있다. 송호근(1993) 「한국의 복지정책 : 형식적 기업복지의 이론적 기반」『복지국가의 현재와 미래』 나남출판. p.333. pp.360-363. 여기에서는 일본을 기업복지의 전형적인 국가로서 파악한 다음, 문화적 시점에서 복지정책의 한·일 비교를 하고 있다.

회·경제구조의 환경변화에 대응하여 시대의 흐름에 따라 변화하게 되므로 현재의 생활보장시스템 또한 변천사적 결과로 구축되었다고 하겠다.

특히 사회보장 제도개혁이 이루어지고 있는 전환기인 지금이야말로 미래의 생활보장시스템에 대한 재구축 또한 필요하다고 하겠다. 오늘날 일본이 직면하고 있는 저 출산·고령사회의 시대적 정책과제 중의 하나는 저성장기에도 유지할 수 있는 생활 보장제도의 구축일 것이다. 따라서 여기에서는 생활 보장자원을 분석 소재로 채택하여, 인구고령화과정에 있어서 생활보장시스템 구축과 더불어 향후의 방향성에 관해 살펴보고자 한다.

일본에서는 거품경제 붕괴 이후의 경제침체와 고령화의 급진전 등에 따라 국민의 불안의식이 높아지고 있다. 현재의 생활수준을 앞으로도 계속 유지할 수 있을지에 대한 불안을 느끼는 사람이 적지 않다. 그 이유는 어느 정도 생활의 질의 개선을 위해 노력하더라도 적절한 생활보장 수단을 소홀히 하면 수명연장에 따른 노후의 생활보장을 기대할 수 없기 때문이다. 반면, 아베노믹스[4]를 통한 내수 확대와 더불어 생활의 질적 내용(quality of life)에 관한 관심이 고조되고 있다.

이러한 의미에서 생활보장시스템의 정비는 국민 생활의 토대를 형성하는 주요 관심사이므로 생활보장자원의 기능과 역할에 관해 명확히 해둘 필요가 있다. 일본 국민은 이미 1980년대부터 정부 주도의 소득배증계획[5]과 마에가와 보고서(前川レポート)[6]에 입각해 생활의 풍요[7]와

---

4 일본의 전 총리(아베 신조 : 安倍晋三)가 2012년 10월 말~11월 초에 제시한 경제회복 정책으로서 양적완화의 금융정책, 기동적인 재정지출, 구조개혁 및 민간투자 유도정책을 동시에 추진하려는 경기부양을 도모하기 위한 경제정책이다. 문제는 저축과 연금 수입 말고는 기대할 수입이 없는 고령자에게 물가상승은 불리하게 될 수밖에 없는 점이다.

5 所得倍增計畵(1960) : 이것은 1961년도를 초년도로 하는 10개년 계획으로서 전

질적 향상에 대해 관심을 갖게 되었다.

그렇지만 30여년이 지난 지금에도 공적보장의 급부수준은 고령화의 급진전 등에 의해 엄격히 제한되고 있다. 예를 들면, 그동안 수차례 이어진 공적연금제도의 개혁에 의해 연금수급자의 연금은 지속해서 삭감되는 등 제도의 최소 보장 범위 내에 한정되어 있다. 따라서 개인은 공적보장을 기초로 하여 다양한 생활보장자원 중에서 어떤 생활보장자원을 선택·활용할 것인지 결정하지 않으면 안 되게 되었다.

한편 일본은 노동과 고용을 중시한 일관적인 정책의 결과, 완전고용 지향 소규모 복지국가의 측면도 있다. 즉, 일본형 노사 관행이 사회복지를 대체한 고용안정형 '워크웨어 국가'[8]라는 시각에 근거하여 노동자

후 일본의 본격적인 경제계획이다. 주요 테마는 고도 경제성장을 실현하고 계획기간에 한 사람당 국민소득을 실질적으로 두 배로 끌어 올리려는 것이었다.

6 마에가와 리포트(前川レポート : 1986) : 1986년 4월. 당시 경상흑자의 지속은 외국으로부터 일본 비판의 위기적 상황이었으며, 그것을 축소하는 것이 일본의 「중기적 정책목표」였다. 그 달성을 위해 일본경제의 구조를 수출의존 형태에서 내수중심 형태로 전환하자는 것이 前川보고서의 취지였다. 즉, 내수확대를 통한 생활대국 지향이 목표인 것이었다. 그러나 前川레포트는 고미야 류타로(小宮隆太郎)를 중심으로 한 학자들에 의해 경상흑자 삭감을 정책목표로 내걸어 1987년 新前川レポート로 변경되었다. 수요면뿐만 아니라 공급측면의 개혁이 강조된 점이 새로운 내용으로서 특히 고용 불일치의 구조조정을 과제로 내걸었다.

7 야마다 유조(山田雄三 : 1997)『社會保障政策論』東京大學出版會. pp.141-142. 풍요로움이란 보통, 물질적인 재화 등의 재산을 가리키며, 그러한 재화의 축적이 많은 상태를 풍요라고 한다. 동시에 영어로는 wealth이며, 어원적으로는 well + ness를 의미하고 있다. 경제학에서는 마샬과 피구에 의해 '후생'이라든가 '복지'라고 하는 어휘가 사용되었으며 wealth와 거의 차이가 없다. 피구에 의하면, '경제적 후생'은 화폐로 측정된 '국민소득'에 의해 표시되는 것으로서 물질적인 풍요로움에 의해 후생이라든지 복지라고 여겨지고 있다.

8 「복지국가(Welfare state)」의 대치 개념이다. 「전쟁국가(Warfare State)」가 호전적 국가라는 의미가 아니듯 군수산업이 자본제사회 속에 내포된 국가체제임을 암시하듯 이처럼 워크페어(workfare)란 노동, 고용 중시의 의미로서 웰페

는 중간집단주의에 따른 기업보장에 상당 부분 기대어 왔다. 그러나 기업보장의 내용이 일반적으로 공적보장에 비해 수준이 낮았으며 그것을 획득하는 조건이 고용관계에 의존하지 않을 수 없기에 보편적이라고 할 수 없다. 따라서 기업보장은 생활보장시스템을 구성하는 일부에 불과한 역할과 기능을 수행해 왔다.

3. 생활보장시스템의 변천

일본의 생활보장시스템은 시대적 사회환경에 따라 변화해왔는데, 여기에서는 제2차 세계대전 이후부터 최근에 이르기까지의 생활보장시스템의 변천 과정을 ① 전후부흥기, ② 고도성장기, ③ 안정성장기, 그리고 ④ 최근의 경제·사회의 전환기 순으로 살펴보고 약간의 정책 전망을 시도해 보기로 하자.

(1) 전후부흥기의 생활보장시스템

제2차 세계대전 이후 일본의 최대의 과제는 경제부흥이었다. 또 미국 점령군의 방침에 따라 일본도 복지국가를 목표로 하기 시작하였다. 1946년 11월에는 일본 헌법이 새로이 제정되었는데, 제25조 제1항에 "모든 국민은 건강하고 문화적인 최저한도의 생활을 영위할 권리가 있다"는 국민의 생존권[9]을 설명하고 있으며, 제2항에서는 "국가는 모든 생활 부문에 있어 사회복지, 사회보장, 공중위생을 함께 증진하기 위해 힘을 쓰지 않으면 안 된다"는 국가의 사회적 사명을 명기하고 있다.

어(welfare)를 변용시킨 용어이다.

9 勝本正晃·小山昇編修『模範六法』三省堂. pp.21., 1991. 현행 생활보호의 틀은 헌법25조의 생존권을 보장하는 구체적인 제도로서 1950년에 제정되었다.

특히 궁핍했던 국민의 생활에 대처하기 위해 공적부조를 복지정책의 중심으로 정한 연합군의 지시에 따라 (구)생활보호법이 1946년 10월에 제정되었다. 이 구법은 실시과정에서 수급권, 공적 분리 원칙 등에서 문제가 발생하여, 1950년 5월에 현행의 생활보호법이 공포 시행되었다. 새로운 법은 "곤궁한 국민에게 건강하고 문화적인 최저한도의 생활을 권리로 보장한다"라는 것이었다. 생활보호의 급부는 생활, 교육, 주택, 의료, 출산, 산업, 장제의 총 7종의 부조로 나누어져 있고 원칙으로 현물급부인 의료부조를 제외한 다른 부조는 거의 금전 급부이다.

생활보호제도는 개인이 아닌 세대를 단위로 결정되는데 자원, 능력, 부조 의무 등을 활용하여도 여전히 최저생활을 유지할 수 없는 빈곤세대를 대상으로 재산조사를 거쳐 보호 수급이 인정되었다[10]. 이렇듯 생활보호제도는 국민에게 있어서 사회보장 최후의 안전망(the last safe net)이라고 할 수 있다. 이렇게 전후부흥기의 공적 사회보장은 생활보호제도를 중심으로 전개되었다.

일본의 사회보험제도[11]는 패전 후 붕괴 위기를 맞기도 하여 제대로 기능을 발휘하지는 못하였다. 또한 전후의 국민 생활은 극도로 궁핍하였고 인플레이션에 따른 물가 폭등으로 인해 사회보험제도의 재검토가 요구되었다. 연금제도는 국가공무원공제조합법(1948년), 사립학교교직원공제조합법(1953년), 시·정·촌(市町村)공제조합법(1954년), 공공기업체직원 등 공제조합법(1956년), 농림어업단체 직원공제조합법(1958년)이 차례로 제정되면서 공적연금제도가 세분되었다.

---

10 小沼正他編(1984)編 『社會保障概論』 川島書店. pp.98-114.

11 일본의 사회보험은 1922년에 제정하여 1927년에 전면 시행된 건강보험이 시초인데, 그 후 1932년에 노동자 재해 부조책임보험, 1938년에 국민건강보험, 1940년에 선원보험, 직원건강보험, 1942년에 노동자연금보험(1944년에 노동자뿐만 아니라 일반 근로자까지 대상으로 한 후생연금보험으로 개칭)이 실시되었다.

일반기업의 피용자를 대상으로 한 후생연금보험은 전후의 인플레이션 대책을 위해 여러 차례 개정이 이루어졌지만, 후생연금보험법의 전면 개정은 사회보험심의회와 사회보장제도심의회의 답신으로 각의에서 결정(1954년 3월 16일)되기에 이르렀고, 제19회 국회에 제출되어 '신 후생연금보험법'이 성립(1954년 5월 1일 실시)되었다[12].

한편 노동자의 생활보장에 있어 기업에 의한 고용보장은 소득보장이라는 중요한 기능을 맡게 되었다[13]. 하지만 전후의 경제혼란기에는 기업기능이 충분히 발휘되지 못해 실업자가 대량 발생하였으며 고용되더라도 임금이 낮아 국민 생활은 곤궁을 겪게 되었다. 따라서 노동자의 임금은 생활비를 중시하지 않을 수 없었기 때문에 연공서열형의 임금제도가 형성된 것이었다.

그러한 배경을 바탕으로 노동조합 운동이 자유화되어 전국 각지에서 자연발생적으로 노사문제가 일어났다. 노동자 측은 복리후생의 단체교섭과 노동조건 개선을 요구하였다. 이에 대해 기업 측은 저임금을

---

12 厚生省年金局(1993) 『厚生年金保険50年史』 法研. pp.47-50. 같은 법으로 ① 종래의 보수 비례제를 고쳐 정액 플러스 보수 비례형으로 한다. ② 노령연금의 지급개시 나이를 일반남자는 종래의 55세から에서 60세로 올린다. ③ 재정방식을 완전적립방식에서 보험료를 30 / 1000으로 유지하되(광부 35 / 1000). 이를 5년마다 올리는 수정 적립방식으로 변경한다. ④ 국고 부담률을 종래의 급부비의 10%에서 15%(광부 20%)로 인상하는 등의 개혁이 시행되었다.

13 馬場啓之助(1980) 『福祉社會の日本型形態』 東経選書. p.18. 현대기업의 존재 이유는 다음과 같다. 그 첫 번째는 공급책임이다. 기업은 경영자원을 유효 활용하여 사회가 요구하는 재화 및 서비스를 안정 가격으로 공급하고 그 경제활동을 통해서 공해 등의 형태로 사회비용을 지역사회에 전화시켜서는 안 된다. 두 번째는 배당책임이다. 기업은 주주의 신탁을 받아 자본의 가치를 유지하고 적정 배당을 해야 한다. 세 번째는 소득 보상 책임이다. 기업은 종업원으로 안정된 일자리를 제공하여 적어도 사회의 평균적 수준에 달하는 생활을 보장하지 않으면 안 된다. 이러한 책임은 어느 것도 무시해서는 안 된다.

보전하는 것으로 각종 현물급부의 형태를 부가급부(fringe benefit) 형태로 기업복지를 전개하였다[14].

(2) 고도성장기의 생활보장시스템

일본의 고도성장기에는 경제·사회의 전반적인 상황이 개인과 가족생활에 있어서 이전과는 다른 큰 변화를 일으켰다. 이와 함께 생활보장시스템도 변화하였다. 가족 중심이었던 전통적인 생활보장시스템이 변화하여 공업화와 도시화로 인해 핵가족화가 진전되었다. 이에 따라 가족 간 상부상조의 기능이 약화되는 한편, 기업의 복지기능이 강화되었고 공적 보장제도가 정비되기 시작했다.

1955년부터 1973년에 이르기까지 일본경제는 고도성장을 이루었다. 산업구조의 고도화와 함께 1차 산업의 취업인구가 급감하는 한편, 제2차 산업과 제3차 산업으로 노동력이 대거 이동하였다. 고도성장기에는 실업률이 낮아져 그 결과 국민의 상당수가 중류의식을 갖게 되었으며, 실질소득이 증가하여 대량 소비사회가 도래하게 되었다. 이른바 '소비혁명'이 일어나 각종 가전제품과 자동차 등이 급속도로 보급되었다. 그렇지만 고도성장기에 있어서도 경쟁에서 뒤쳐져, 사회변화에 적응할 수 없는 고령자와 생활보호세대, 모자세대, 신체장애자 등의 사회적 약자가 늘어나 1960년대 중반에는 '풍요로움 속의 빈곤'이 사회문제로 대두되었다.

이러한 사회경제적 변화로 가족에 의한 상호부조 기능은 현저히 저하되었는데 그중에서도 고령자의 생활보장시스템 구축이 가장 중요한 과제였다. 1960년의 소득배증계획(所得倍增計畫)은 경제성장에 의해

14 石畑良太郎·佐野稔編(1987) 『現代社會政策』 有斐閣双書. p.175. 편자는 「일본의 복리비는 단체교섭사항이 아니라 기업측의 노무관리적 시책」이라는 시각을 제시하고 있다.

소득수준과 소비수준을 향상시켜 복리 향상과 빈곤 해소, 소득격차 해소, 완전고용이라는 성장 중시 목표가 우선시되었다. 따라서 사회보장은 경제발전을 위한 인적자원의 능력향상과 노동력 이동이 원활하게 하는 부차적 역할에 지나지 않았다.

한편, 1959년 3월 국민연금법이 성립되었고, 1961년 3월에는 '통산연금통칙법안' 및 '관계 법률의 일부개정안'이 제39회 임시국회에 제출되어 11월 1일 공포 시행되었다. 이에 따라 공적연금 상호 간에 노령보장에 관한 통산 조치가 시행되었다[15]. 이렇듯 전 국민 연금제도가 확립되었으나 연금제도가 성숙기에 이르지 못했기에 수급권자도 적고 수급권자 대부분이 급부 수준이 낮은 소액의 복지연금을 받았다[16].

일본에서의 1973년은 '복지 원년'으로 일컬어지는 시기였던 만큼 연금제도에 대한 국민의 기대와 관심이 매우 높아졌다. 후생연금의 경우, 표준적인 모델(가입 기간 27년, 재평가 후의 평가보수 월 84,600엔)을 상정하여 현역 근로자 평균 보수의 60% 정도가 되도록 설정하였다. 이전까지 공적연금은 최저생활보장이 목표였는데, 1973년의 개정을 통해 연금의 중요성이 반영되어 소득증가·생활수준향상·가족형태의 변화와 인구고령화 등 사회 환경변화에 걸맞은 연금도 재정비되었다.

반면, 일본경제의 고도성장으로 노동시장이 1950년대 후반까지의 '수요중심시장'에서 '공급중심시장'으로 변화하여 '노동력부족' 현상이 나타났다. 나아가 기술혁신, 산업구조의 고도화와 더불어 노동력의 질적 향상이 문제가 되었다.

---

15 財団法人厚生統計協會(1995)『保険と年金の動向』財団法人厚生統計協會. pp.26-27.

16 초기의 후생연금보험은 1965년 개정으로 모델연금 월 1만 엔의 급부 개선과 재직노령연금을 신설되었다. 국민연금도 1966년 개정으로 급부의 대폭적인 개선이 이루어져 부부 1만 엔 연금이 확보되었다. 나아가 1969년에는 후생연금 2만 엔, 국민연금 부부 2만 엔 연금으로 개선되는 과정을 거쳤다.

일본적 고용 관행은 신규졸업 노동력의 확보와 동시에 종업원의 정착이 노무관리 상 중요한 요인으로 작용하여 기업복지 면에서 개선이 눈에 띄게 향상되었다[17]. 그 결과 종업원의 생활을 대폭 향상하는 조치가 이루어져 퇴직일시금 외에도 교통재해, 노동재해의 사고에 대비한 유족 보상대책 등이 기업의 관심사가 되었다. 이러한 기업복지의 목적은 노동자 생애에 걸친 종합적 복지의 확립이라는 이념이 확립된 것이다. 이렇듯 전후부흥기에는 사회보장의 제도적 준비 부족에 의해 기업복지는 사회보장의 대체 기능을 발휘하였다면, 사회보장이 확충됨에 따라 고도성장기에는 기업복지가 사회보장의 보완기능으로 변하였다.

한편, 고도성장기였음에도 불구하고 1965년의 일시적인 불황기에는 임금 상승과 더불어 복리비용의 증가로 인해 경영자가 위기의식을 갖게 되었다. 이에 일경련(日経連)은 1965년의 「복리후생합리화의 기본방향」의 방침에서 총인건비 내의 복리후생비가 포함된다는 합리성을 표방하며 기업복리제도를 수정하게 되었다.

특히 노무관리의 일환으로 복리후생을 경영목적에 이바지하도록 하였다. 이러한 변화에 노동자 측도 임금·생활수준의 향상이 일정부분 달성됨으로써 당시의 임금 상승 요구에서 그 중심 내용이 바뀌게 되었다. 즉, 노동시간 단축, 정년 연장, 주택구매 원조 등을 포함하는 광범위한 기업복지를 요구하게 된 것이다[18]. 이런 점에서 기업복지와 사회보장은 분업 관계를 맡게 되었고, 기업복지는 사회보장을 보완하는 동

17 고도성장기의 기업의 복리후생기능은 「일본적 경영」의 바탕을 이루는 것으로 강화되었다. 일본기업은 단순히 이익 추구집단이 아니라 사회집단으로서의 성격을 겸하고 있다. 이 집단적 특질이 고도성장기에 더욱 증폭되어 복리후생의 활성화되는 계기가 되었다. 일본의 경우 생활보장시스템 속에서의 기업은 복리·후생기능의 중요한 위치를 점하고 있다.

18 日本生命企業保険設計部編(1986) 『總合企業福祉』 日本生命相互會社. pp.16-18.

시에 노동자의 생애에 걸친 종합복지를 이루는 요소로 기능하고 있음을 알 수 있다.

(3) 안정성장기의 생활보장시스템

1973년에 발생한 제1차 오일쇼크는 세계 경제는 물론, 일본경제에도 심각한 타격을 주었다. 무엇보다 1978~1980년의 제2차 오일쇼크가 지속되는 동시에 무역마찰도 일어나 일본경제는 고도성장에서 안정성장으로 이행하였다. 이 시기의 산업구조는 이전보다 고도화되어 경제의 서비스화, 정보화, 국제화가 진행되었다. 나아가 취업구조도 변화하여 제3차 산업의 취업자가 급격히 증가했다. 또 인구구조의 고령화와 핵가족화가 진행되어 1970년대 후반부터는 고령화사회의 대응이 경제·사회의 주요 과제로 논의되었다.

이러한 사회경제적 요인의 변화가 생활보장시스템의 재점검을 초래하였다. 제1차 오일쇼크가 일본경제의 고도성장부터 저성장으로의 분기점이 된 것처럼 사회보장 분야에서도 전환기를 맞이한 것이다. 즉, 1973년은 정부 당국에 따라 '복지 원년'이라는 기치 아래 사회보장·복지국가의 충실화가 국민적 과제로 인식되었지만, 공교롭게도 같은 해에 오일쇼크와 전후 최대의 불황과 인플레이션에 따른 고물가에 따라 국가재정이 막대한 적자를 초래해 복지재검토의 필요성이 대두되었다[19].

그 후 환경변화에 대응하여 새로운 일본형복지사회의 실현을 목표

19 일본은 1973년 다수의 복지국가의 영향을 받아 복지 원년을 선포했다. 그러나 일본의 재정수지는 1973년도에는 217억 엔의 흑자를 보였으나 1974년도에 881억 엔의 적자를 기록한 이후 일정 기간 적자가 늘어났다. 따라서 복지국가의 실현을 정책목표로 한 일본은 1973년의 석유 위기를 계기로 성장 저하에 의한 재정위기와 복지 원년으로 상징된 고령화의 진행에 따른 복지 욕구의 급증 등의 모순이 발생하여 이러한 문제를 어떻게 조화시킬 것인지가 사회적 과제로 대두된 것이다.

로 한 '신 경제사회 7개년계획(1979년)'이 공표되었다. 또 1981년에는 '활력 있는 복지사회'의 건설을 목표로 삼아 사회보장의 개선을 추구하는 동시에 가족, 지역공동체, 기업, 직장 등의 사적시스템 강화에 기초한 자립 자조를 강조하여 행정개혁과 민간 활용, 양 노선을 제창하게 되었다.

연금부문에서는 제도의 성숙과 더불어 연금 수급자가 매해 급증하는 한편, 1973년 개정 이후의 경제변동에 대처하기 위해 재정재계산을 앞당겨 연금제도를 개선하였다. 그 주요 내용으로는 재직 노령연금의 지급 제한 완화, 가족연금·장해연금의 통산제도의 신설, 가족연금의 급부 개선 등이 계획되었다[20]. 그 후 전 국민의 연금제도 달성 이래의 대개혁이라고 일컬어진 연금제도의 개정(1986년 4월)을 통해 기존의 3종류 7제도의 공적연금제도가 재형성되었다[21].

오일쇼크 이후, 구미 각국에서는 실업자가 급증하여 사회문제가 되었지만, 일본의 실업률은 종신고용제도 등의 고용 관행과 무역흑자 등에 의해 서구 선진국보다 실업률이 낮은 수준이었다. 노동력인구의 고령화에 따라 중 고령층 노동자의 고용정책도 추진되어 55세 정년제를 채택하는 기업은 매년 감소하는 반면, 60세 이상을 일률적으로 정년으로 정한 기업이 증가하여 1984년에는 60세 정년 기업이 50%를 넘었다. 60세 정년제로(0)의 목표는 고령사회에 대한 노사 양측의 인식 제고로 설정된 것이었다.

한편, 기업복지분야는 오일쇼크를 계기로 하여 일방적인 확충이 허용되지 않았다. 기업수익의 순화, 고령화의 진행에 따른 인건비의 급

20 厚生統計協會(1995)『保險と年金の動向』財団法人厚生統計協會. p.31.

21 山口剛彦(1985)「年金制度の現狀と課題-1985年の改正を振り返って-」『週間社會保障』第1342号. 法研. p.46. 주요쟁점으로 ① 기초연금의 도입에 따른 제도의 재편성, ② 급부와 부담의 적정화, ③ 부인의 연금권 확립 등이 거론되어 있다.

증, 법정복리비의 증대 등에 의해 기업복지제도를 개선하려는 움직임이 나타났다. 이러한 배경에서 일본생산성본부는 1975년 '기업복지개선론'을 내놓았다. 또 다른 면에서는 임금 결정에 관한 사회보장의 개선과 공적연금의 한계가 드러나 종래 기업연금에 소극적이었던 노동조합에서도 적극적으로 도입하려는 태도로 전환되었다.

이러한 노사관계의 흐름 속에서 1975년 이후에는 '종합 기업복지 비전'을 초월한 기업이 나타나기도 했다. 그 기본적인 조류는 재직 시부터 생애에 걸친 복지, 즉 '생애복지'의 철학과 '경제적인 복지(hardware) 뿐만 아니라 정신적인 복지(software)'까지 포함하는 기업복지의 변화였다. 기업의 복리후생제도에 있어서는 기업이 고령화를 어떻게 파악하여 대처할 것인가에 대한 문제에 주의를 기울였다. 이렇듯 고령세대가 증가함에 따라 복리후생제도에 대한 욕구도 명확히 변화했던 것이었다. 즉, 고령화가 급격히 진전되자 홈헬퍼 및 개호(장기요양)휴가 등에 따른 수요 또한 그에 비례하여 늘어나게 되었다.

퇴직금과 기업연금 제도의 도입 등 노후보장제도가 확충된 것도 노후의 불안 요인이 작용하였기 때문일 것이다. 본래 복리후생이라는 것은 재직 중의 종업원에 대한 배려 차원이었지만, 퇴직 이후의 생활에 대해서도 원조와 지원이 필요한 종업원의 욕구가 여러 형태의 기업복지 제도로 도입되었다. 반면, 고령화에 따른 복리후생제도에 대한 기업부담을 살펴보면, 기업연금은 가입자와 수급자의 성숙화가 진행되어 수급자가 증가하면 보험료 납부도 어려워지며 적립금이 부족해진다. 또한 고령화에 따라 퇴직 비용, 법정 비용 등을 포함하여 복리후생에 관한 부담이 증가하게 된다.

그 대응으로 일경련(日本經濟団体連合會)은 이미 1995년부터 '신시대 –일본적 경영– 도전하는 방향과 그 구체적인 대책'을 발표하였다. 그 주요 내용은 기업의 인재를 '고용유연형', '전문능력활용형', '장기축적

능력활용형'의 세 개의 그룹으로 종업원층을 나누어 유연한 고용관리 시스템을 제언한 것이다. '장기 축적 능력활용형' 그룹의 복지시책을 보면 종래처럼 퇴직 후까지 포함하는 충실한 시책이지만, 전문능력활용형과 고용 유연형 그룹에 대해서는 노동비용을 절약하는 한편, 복리후생의 수준도 매우 낮아지는 것을 알 수 있다.

결국, 그 제언의 중심은 일부 그룹에만 종래의 복리후생을 지원하며 그 이외의 그룹에는 부담을 낮추는 내용이었다. 이처럼 대다수의 일본 기업은 향후 유동화 속에서 노동 원가(비용)가 높은 조직을 회피하는 대신 복리후생 부담을 가볍게 하는 조직을 선호하게 되어 결국 비정규직이 늘어나는 계기가 되었다.

(4) 성장정체기의 경제·사회 환경의 변동

일본에서는 무엇보다 인구구조의 급격한 변화 특히 초고령사회에 대한 불안이 고조되고 있다. 이러한 정세 속에서 고령화사회 위기론에 근거하여 사회보장개혁을 비롯한 경제·사회시스템의 재검토가 제기되었다. 이는 결국 국가의 역할 축소·시장의 활용을 기조로 하는 것으로 생활보장시스템의 전환기임을 시사하고 있다.

일본에서는 고령자와 고령자 가족이 안심하고 생활에 임할 수 있는 간병·수발의 환경조성이 인구고령화의 사회문제로 대두되자 개호보험을 사회보험제도로 도입하였다. 개호보험은 간병·수발의 사회화를 통해 일정 평가를 받게 되었지만, 제도 시행 이후 노인복지서비스의 이용이 급증하여 재정문제가 대두되었기 때문에 개호보험제도의 지속가능성을 염두에 둔 개혁이 이어졌다.

고령자의 복지서비스 수요의 급증에 기인하는 재정문제가 된 배경을 정리하면 다음과 같다. 첫째, 제도개혁에서는 요개호인정(要介護認定) 결과, 고령자의 복지서비스에 대한 수요가 급격히 늘어나 상호부조

기능이 취약해짐으로써 보살핌이 충분히 지원되지 못했다. 둘째, 독신 고령자와 치매 고령자가 증가하는 상황에서 시설 이외의 재가개호모델의 검토가 필요했지만, 그에 대한 대응이 충분하지 못했다. 셋째, 개호서비스 내용의 질적 향상 욕구에 대한 대응이 재원의 제약 하에서 효율적으로 이루어지지 못했다. 그렇다면 이러한 당면과제에 대해 과연 어떻게 대응해야 할 것인지가 바로 해결과제였다.

첫 번째는, 고령자의 다양성과 의존성에 대한 대응이다. 고령기의 생활은 그 사람이 살아온 인생 과정과 환경요인 등으로 인해 복잡하다. 개호보험제도는 이용자에 대한 광범위한 서비스를 제공하려 했으나 한정된 자원과 재정제약으로 서비스 제공의 범위가 좁아질 수밖에 없었다. 그로 인해 개호보험서비스를 벗어나는 수요에 대해서는 수익자부담원칙에 입각한 다른 방법으로 보완해나가야 할 것이다. 그와 더불어 보험자의 개호보험의 급부 관리 외에 고령자 생활의 관리와 자원 조달의 효율화 방안이 필요할 것이다.

두 번째는, 지역사회에서 배제되는 재택지원 고령자를 줄여나가야 한다. 고령자의 요청이 곤란하면 지원에서도 불균형을 초래하게 된다. 지역사회에서 독신 고령자와 치매 고령자가 고립되거나 사회관계가 약화하면 지원요청이 사회화되지 못한 채 곤란한 상황에 처하게 되므로 그러한 점을 파악해 대처하여 네트워크가 경직되지 않도록 고령자가 지역사회에서 배제되지 않고 지원이 가능한 지역사회 관리 시스템을 구축하여야 할 것이다.

세 번째는, 고령자의 생활 욕구 변화에 따른 케어의 절대적인 공급부족 문제를 해결하여야 한다. 고령자와 케어담당자와의 의사소통이 원활하지 못하거나 혹은 상담 기회가 한정되거나 요청을 원하지 않으면 고령자가 원하는 효율적인 지원을 받을 수 없는 구조를 해결해야 한다. 나아가 복지공급체제의 지원을 초월하는 요구에 대해서는 가족의 상호부조 기능을 훨씬 초월하는 전문가의 대응이 요구된다. 이렇듯 고령자의 일상생활에서 접하게 되는 곤란한 환경에서 고립되지 않도록 지역포괄케어시스템의 구축이 필요하게 된 것이다.

개호보험 재정문제와 효율적인 고령자개호를 위한 지역포괄케어시스템의 필요성이 제기되어 그에 따른 제도개선이 이루어졌다. 그 과정을 요약하면, 2000년에 시행된 개호보험제도는 2005년의 개혁과정 및 사회보장국민회의(2008)에서 지역포괄케어의 필요성이 논의되었고, 지역포괄케어연구회가 정리한 2009년과 2010년의 보고서에서 일정한 형태를 갖추게 되었다.

그와 더불어 「지역에 있어서 의료 및 개호의 종합적인 확보를 추진하기 위한 관계 법률의 정비 등에 관한 법률(2014년 법률 제83호)」의 시행으로 관계 법령(의료법, 개호보험법, 지역개호시설정비촉진법)의 개정이 순차적으로 이루어지면서 지역포괄케어시스템의 목적과 정의 등이 구체화하였다[22].

최근의 지역포괄케어시스템은 현재진행형으로 지역사회의 해결과제 가운데 실천적인 대처경험(현장경험사례)이 축적되는 과정에 있다. 즉 지역사회의 자원을 효율적으로 배분하여 생활문제에 봉착한 고령자를 대상으로 신속히 대처하여 적절한 지원을 제공할 수 있는 구조를 갖추

---

22 1989년에 공포된 개호 관련 법률 「地域における医療及び介護の總合的な確保の促進に關する法律(제64호)」은, 여러 번의 개정과정(최근 2021.6. 개정)을 거쳐 현재에 이르고 있다. 그 내용은 국민의 건강 유지 및 복지증진에 관한 다양한 서비스에 대한 수요가 증가를 감안하여 지역의 창의성을 살리면서 효율적이고 질 높은 의료 제공 체제를 구축하는 동시에 지역포괄케어시스템의 구축을 통해 지역에서의 의료 및 개호의 종합적인 확보를 촉진하는 조치를 강구하고 고령자를 비롯한 국민의 건강 유지 및 복지증진을 도모하여 보람을 갖고 건강하고 편안한 생활을 영위할 수 있도록 지역사회의 형성에 도움을 주려는 목적을 담고 있다.

게 된 것이다. 지역포괄케어시스템의 기본기능과 기본요소에 근거하여[23] 고령자와 가족에게 종합상담창구가 되는 동시에 지역사회의 네트워크를 구축하여 전문가와 지역사회 자원을 연결하여 지원하는 동시에 권리침해 예방 기능 등을 축적하게 된 것이다. 따라서 지역포괄케어시스템은 이른바 지역사회밀착형[24] 지원 네트워크의 진전된 형태의 의료, 장기요양, 지역사회활동을 유기적으로 연계한 시스템으로 일상생활에서 지역사회 구성원에 대한 배려를 포함하여 지역주민이 지역사회에 참여하는 지역거점 케어시스템으로 구축되고 있다.

4. 노후의 생활보장과 고령자대책

일본은 제2차 세계대전 이후, 다른 선진국에 비해 급격히 고도성장을 이루어 물질적인 면에서는 상당히 윤택해졌다. 그러나 경제 전체의 풍요로움과는 대조적으로 개인이 실감하는 여유와는 약간의 차이가 있다. 이 때문에 정권이 바뀔 때마다 생활 대국의 실현을 위한 정책 제안이 나왔다.

특히 생활 대국 5개년계획(1992년)에 있어서는 생활 대국을 실현하기 위해서 완전고용의 달성과 물가의 안정을 전제로 실천에 나서기도

---

23 井上信宏(2011)「地域包括ケアシステムの機能と地域包括支援センターの役割『地位福祉研究』No.39 pp.12-23. 개호보험 현장의 관찰, 발견, 종합상담, 개발·제언, 평가 등의 대처경험에 근거하여 지역포괄케어시스템을 구축하는 과정에서 시스템의 기능과 역할을 규명하는 동시에 적절한 지원의 필요성과 지원체계의 전문직 조직화를 주장하고 있다.

24 지역사회는 지리적 공간에서 단지 시간 경과를 통해 머무는 것이 아니라 그곳에서 생활하는 사람들이 매일 생활하며 쌓아온 고유의 생활양식과 풍토를 형성하게 된다. 그러므로 지역사회에서 행해지는 생활 지원이 지역사회의 영향을 받게 된다.

하였다. 그러나 1990년대에는 거품경제의 붕괴로 경기가 악화하여 한동안 마이너스 성장과 디플레이션[25]을 경험하게 되었다. 2000년대에 들어서는 경기회복의 조짐을 보이기도 했지만, 내수 확대를 위한 캐치프레이즈보다는 국민경제가 지향하는 바가 직접적으로 생활의 질을 향상하려는 발상 전환이 필요했다.

따라서 ① 노동시간을 단축하였지만, 여가 활용 방법이 부족하므로 이전보다 여유로운 생활의 실현, ② 연소자 부족에 따른 여성과 고령자가 사회에 참여할 수 있는 환경 정비, ③ 불안 없는 육아와 노후생활대책, ④ 대내·외 가격 차이의 시정과 더불어 투명한 시장경로의 확립, ⑤ 양질의 주택을 보유할 수 있는 토지·주택대책의 추진, ⑥ 대도시 집중을 시정하기 위한 지역 특색과 활성화를 위한 정비 등의 시책이 필요했다.

또한 급격한 환경변화는 가족과 사회에 다방면으로 영향을 미치고 있다. 예를 들면 고령층은 젊은 층에 비해서 소득이 적어 그동안 저축해둔 예·적금을 인출하여 소비하는 경향이 크기에 저축률이 저하되는 등 경제구조의 변화도 예상된다. 2000년부터 개호보험이 실시되고 있으나 핵가족세대가 늘어나는 추세로 상대적으로 고령자세대 혹은 고령자 단독세대가 늘어나고 있어서 사회적으로 고립되거나 고독한 생애를 마치는 불상사가 뉴스화되고 있다. 따라서 고령자가 심적으로 윤택한 생활을 영위할 수 있도록 지역사회 활동에 참여를 촉진하는 대책 또한

---

25 경기의 정체와 물가의 하락이 동시에 일어나는 현상을 디플레이션(Deflation)이라고 한다. 인플레이션(Inflation)이 물가의 상승만을 가리키며 경기의 상승까지는 의미하지 않는 점에서 디플레이션이 반드시 인플레이션 대조적인 의미는 아니다. 공급량을 넘어 초과수요가 발생하는 경우, 물가는 상승한다. 반대로 수요가 공급을 밑도는 경기정체기에는 가격이 하락하고 실업이 발생한다. 이렇게 경기침체 시에는 실업률이 높아지고, 물가수준은 하락하는 것이 일반적인 견해였다. 그러나 1970년대 이후, 경기정체기에도 불구하고, 물가가 상승하는 현상이 세계적으로 나타났는데 이를 스태그플레이션(Stagflation)이라고 한다.

필요할 것이다.

나아가 현행의 연금제도에서는 보험료를 토대로 연금적립금을 운용하고는 있지만, 대부분 연금을 수급하는 시점의 현역 취업자가 부담하는 수정적립방식으로 설계되었기 때문에 향후 연금을 받는 고령자가 늘어나면, 후세대의 부담이 점차 커지게 되어 있다. 그럴 경우, 연금 수급이 원활치 못하면 고령자의 생활을 지탱할 수 없게 되므로 연금제도를 개선하기 위해 5년마다 연금재정검증을 실시하고 있다. 따라서 활력 있는 초고령사회의 유지를 위해서는 노후생활을 안심하고 보낼 수 있도록 소득보장과 의료보장 등의 사회제도뿐만 아니라 고령자의 다양한 욕구에 부응할 수 있는 각종 지원방안을 강구하고 다양화되고 개별화된 욕구를 일정 형태로 유형화하여 제공할 필요성이 있다.

결국 고령인구의 증가로 인한 노인문제[26]란 가령(加齢)에 수반되는 고령자의 사회생활상의 각종 곤란함을 의미하는데, 일반적으로 노인들은 신체적 약화, 경제적 빈곤, 부양보호 미약, 사회에서의 역할상실 등으로 인해 생활의 어려움을 겪게 된다. 노후 준비가 미흡한 고령자가 일단 직장에서 퇴직하게 되면, 재취업의 기회가 제한되고 평균수명이 연장되는 환경에서 빈곤이 장기화하는 위험에 처하게 된다.

또한 핵가족화에 의해 고령자 세대가 늘어나 대량빈곤이 발생하는 한편, 저성장기에는 고령층의 일자리가 줄어들게 된다. 또한 정년제[27]

---

26 노인문제의 발생 요인은 학자나 관점에 따라 다양하지만 주요 요점을 요약하면 다음과 같다. 첫째, 고령인구의 급속한 양적증대, 둘째, 핵가족화에 따른 고령자세대의 분리 증가, 셋째, 산업구조의 변화에 따른 가족제도의 붕괴, 넷째, 고령기의 노후대책 미비, 다섯째, 고령자의 역할상실과 소외, 여섯째, 노인복지대책의 미흡 등을 들 수 있다.

27 65세 정년제 : 2013년 4월부터 시행된 개정 「고연령자고용안정법(高年齢者雇用安定法)」에 의해 「65세 정년제」가 향후 점차 정착될 것으로 보인다. 이는 2025년도까지 종업원 전체의 고용을 65세까지 확보하도록 「정년퇴직제도의 폐지」

에 의해 경제적으로 여유가 없는 시기에 수입원을 잃게 되므로 빈곤 문제가 가속화될 수 있다. 이러한 사회문제에 대처하기 위한 대책이 바로 사회보장제도라고 하겠다.

앞에서도 살펴본 바와 같이 사회보험은 이른바 국가가 운영하는 강제보험으로 노령, 질병, 업무상의 사고, 실업 나아가 장기 요양에 따른 간호·수발 등의 가정과 사회를 둘러싼 각종 문제와 위험에 대비하기 위한 강제보험이다. 따라서 사회구성원이 위험에 처하거나 취약계층으로 전락하는 것을 방지하려는 목적으로 국가가 강제적으로 실시하는 사회보장제도로 운영되는 보험이다.

나아가 가족기능의 변화에 따른 고령자의 가족 보장의 약화와 개호보험의 실시로 최근 일본에서는 노인복지시설의 운영이 늘어나고 있으며, 절대적으로 출산율이 줄어들어 여성 취업의 증가와 핵가족화의 진전에 따라 아동복지시설인 보육원을 비롯하여 보육제도에 대한 지원이 늘어나는 등 사회복지서비스의 충실화가 이루어지고 있다.

이렇듯 일본의 사회보장 제도는 유형으로는 여타 선진국에 뒤떨어지지 않는 수준이 되었으나 저출산과 고령화의 급진전으로 사회보장비의 증대가 부담으로 작용할 수밖에 없으며, 사회보장의 급부와 부담의 효율화, 세대 간 형평 문제의 해결을 통해 국민 생활의 안정을 확보해 나가는 것이 사회정책의 과제라고 할 수 있다. 이처럼 최근의 생활보장은 기본적인 최소 보장에 머물고 있으나 향후 여러 형태의 욕구가 분출되면 그러한 욕구를 어떤 방식으로 충족시킬 것인가? 혹은 어떠한 생활보장체계를 구축해나가야 할 것인가? 하는 점이 초고령사회에 있어서 현안이 되고 있다.

「정년 나이의 연장」「재고용제도」 중 선택·실시가 의무화되며, 후생연금(厚生年金)의 수급 개시 나이인 65세와 연동되도록 하기 위한 목적이다.

자료 : 후생노동성, 건강보험조합연합회 등의 공표자료를 참고하여, 생활보장 시스템을 개인생활자 중심으로 재구성함.

그림 4-1. 생활보장시스템의 개념도

정부의 공적보장을 넘어서는 부분의 충족을 위해서는 기업연금을 비롯한 기업보장과 자조·자립이라는 사적보장, 나아가 협동적 지원과 지역사회활동 등에 기대할 수밖에 없다. 즉, 앞의 〈그림 4-1〉의 개념도처럼, 공급 측면은 다원적·종합적인 생활보장자원의 제공이 이상적일 것으로 보이며, 수요 측면은 생활자 각자의 개인으로서 합리적이며 선택적인 생활보장자원의 효율적인 확보가 필요할 것이다.

5. 생활보장시스템의 재정비

일본은 이미 저출산·초고령사회를 맞이하였다. 이러한 가운데 고령사회 위기론과 저성장경제를 배경으로 한 재정재건의 필요성에 따라 사회보장제도를 비롯한 경제·사회의 전반적인 시스템의 전환이 요구되고 있다. 그것은 정부 역할의 축소, 시장 활용을 기조로 하고 있어 생활보장시스템의 전환기임을 시사하고 있다.

앞에서도 살펴본 바와 같이 고령자의 생활보장시스템은 공적보장, 기업보장, 사적보장, 지역사회활동 등 어느 측면을 보더라도 모두 어려운 여건에 처해 있어 앞으로의 생활보장에 관한 전망이 밝지만은 않다. 그러므로 공적·협동적·사적보장의 어느 한 측면에 편협하게 부담을 주기보다는 생활보장 공급원의 상호보완적 작용으로 고령자의 생활보장체계를 구축하는 방안이 현실적인 문제해결의 실마리가 될 것이라고 본다.

실제, 일본에서는 사회보장개혁이 시행되는 한편에서 다양한 생활보장시스템이 구축되고 있다. 이러한 환경변화는 종래의 사회보장제도가 향후 효율적으로 작용할 수 없는 현실 인식에 기인한다. 즉, 중부담, 중 복지를 지향하는 일본의 사회보장제도는 앞으로 개혁을 거듭하면서 급부는 약화하거나 특수성을 분해하며 일반화될 것으로 보인다. 결국, 향후의 생활보장시스템은 개인의 선택을 존중하는 생활보장자원의 상호보완적이며 선택적인 복지자원의 복합적인 실현이 추진될 것이다.

이 점을 생활보장자원의 시점에서 살펴보면, 복지국가 위기론에 대응하는 방법으로 생활보장자원을 복합적으로 작용시키는 복지다원주의(welfare pluralism), 혹은 복지혼합(welfare mix)의 효율적인 조정이 필요할 것으로 보인다. 왜냐하면 이러한 생활보장자원은 단일 형태가 아니라 다양한 형태로 생활보장을 공급할 수 있으며 각 개인은 생활보장자원을 선택적으로 획득할 가능성도 존재하기 때문이다.

이상 살펴본 바와 같이 현재 일본에서는 급격한 인구구조의 변화에 따른 사회문제가 제기되고 있어, 바야흐로 사회정책의 전환기임을 암묵적으로 시사하고 있음을 알 수 있다. 따라서 사회정책의 전환기 특히 초고령사회에 있어서 지금 가장 필요한 것은 새로운 과제에 대해 사회정책의 범위설정 등 사회정책론의 재구축이 요청되는 시기인 동시에 정부 역할의 확립, 기업의 사회적 책임 이행 나아가 시장기능과 지역사회를 활용하는 생활보장시스템 재구축이다.

또한 현시점의 일본 사회의 특징을 '복지사회 형성'과 '복지사회 위기'가 동시에 진행되고 있다고 본다면, 그에 따른 과제와 대책으로 이제 사회정책 대상은, 노동자만이 아니라 저출산·고령자를 대상으로 한 저출산·고령화대책을 비롯한 '전 국민의 생활정책'으로 파악해야 할 것이다. 그것은 고령사회와 저출산은 경기순환과 같은 일시적 현상이 아니라 공업화, 국제화 등과 같이 체제변동에 따라 변화할 수밖에 없는 사회 전체의 구조조정이 필요한 사회현상이기 때문이다.

결국, 사회정책의 중심 문제로 대두된 인구고령화의 사회문제일지라도 현명하게 대처해나간다면 해결책을 구축할 수 있을 것이다. 먼저, 출생률을 회복하여 인구구조가 일정 수준으로 유지되기까지 상당한 기간이 소요될 것이므로 우선 당면대책으로 정부 지원의 정책 유인만이 아니라 지역사회와 직장환경 등을 포함하는 '복지서비스의 사회화'가 필요할 것이다. 그와 더불어 고령사회대책으로는 가족기능의 재검토와 더불어 건강한 노인이 자립할 기회 제공, 그리고 복지서비스가 필요한 노인을 위한 복지서비스의 연대가 재구축되어야 한다.

특히 정년과 은퇴시기의 고령자에게 있어서 생활보장자원의 획득은 각 개인의 형편과 선택을 존중해야 할 것이다. 그렇지만 생활보장자원을 효율적으로 획득하기 위해서는 다양한 공적·협동적·사적보장자원 등의 자원을 상호보완적이며 선택적으로 확보할 수 있도록 제도적 지원과 정보제공이 필요할 것이다. 특히 생활보장자원 중에서도 현재 고령자의 주요 소득원인 공적연금제도의 중요성을 모두 인식해야 할 것이다.

제5장

노후 소득보장과 공적연금제도

1. 공적연금의 현황과 과제

우리나라의 연금제도는, 2015년에 발표된 공무원연금법 개정을 비롯한 연금제도 관련 환경변화에 따라 노후 생활보장을 위한 연금수급권 확보 차원의 연계제도와 연금제도의 일원화(통합)에 관한 논의가 최근 대두되고 있다. 이에 본 장에서는 우리보다 먼저 연금제도를 실시해 온 일본을 대상으로 연금연계를 위한 합산제도를 살펴본 다음, 연금제도의 개혁 및 공적연금 일원화(2015년 10월 1일 : 피용자 대상 공적연금인 후생연금, 공무원공제, 사학공제 등)를 이뤄온 변천 과정을 재해석하여 공적연금 연계제도에 관한 한·일 비교 및 연금개혁 논의를 위한 분석을 시도하고자 한다[1].

1 공적연금 간 연계제도를 이미 시행하였고 그와 관련된 운영 경험이 앞선 일본의 연금제도 일원화(2015.10.)에 관한 사례에 관해 심층 분석하였으며 특히 일본의 특수직역연금 간의 제도적 차이에도 불구하고, 일원화를 이룬 연계제도의 변천 과정을 분석하여 우리나라의 연계제도의 효율성을 위한 시사점 도출에 심혈을 기울였다. 자영업, 피용자, 공무원, 사립학교교원 등의 연금가입 대상이 우리나라 공적연금과 비슷하게 수정적립방식으로 운용되고 있는 일본 연금제도의 통합과정과 더불어 연금제도의 변천 과정에 관한 고찰 즉, 수차례의 연금개정 및 피용자연금제도의 통합과정 등에 관한 분석 결과는 향후 우리나

일본을 비교 대상으로 삼은 것은 연금 개정과정이 우리나라보다 선행되었으며, 연금연계를 비롯한 연금수급권 확보를 위한 조치에 있어서 우리나라의 연금연계제도와 유사한 이념 아래에서 진행되었기 때문이다[2]. 그러나 일본은 공적연금 연계에서 한 단계 더 나아가 피용자의 연금일원화를 이루는 등 우리나라의 공적연금의 연계제도와는 다른 형태로 수렴되고 있으므로 본 연구에서는 한·일 간 제도 운용에서의 공통점와 상이점을 명확히 하는 동시에 향후의 제도개선 논의의 계기를 제공하고자 한다.

양국의 연금제도 개혁과 관련된 합의 과정은, 이전의 연금재정검증(연금재정재계산 등으로 표현)에 입각한 효율성 제고와 더불어 이해관계자 및 정쟁 소모의 최소화를 도모하는 동시에 주로 행정기관의 엘리트론적 시각에서 연금제도 개선에 관한 논의와 운영이 이루어져 왔다[3].

라 공적연금 연계제도에 시사하는 바가 크기 때문에 한·일 비교를 본 연구의 주요 목표로 삼았다.

2 일본의 후생연금에 해당하는 우리나라의 국민연금 또한 1988년 제도 시행 이후, 제1차 개혁(1998년)에서 연금의 소득대체율을 70%에서 60%로 인하한 것을 비롯하여, 제2차 개혁(2007년)에 있어서는 연금 재원의 고갈 시기를 늦추기 위해 소득대체율을 50%로 내리는 결정을 하는 등 제도면에서 개혁을 이루어 왔다. 그와 더불어 연금액 삭감과 연금 보험료율의 인상 나아가 연금 수급 나이의 연장 등을 담은 2015년 공무원연금제도의 개혁은, 우리나라 연금 개혁의 대표적인 예라고 하겠다. 이러한 개혁은 일본과는 다르게 짧은 기간 내에 개선을 추구한 감이 있지만 연금제도 유지를 위한 재정 안정화의 지향성은 그 궤를 같이하고 있다.

3 연금개혁과 관련된 합의 과정에 관한 연구는 그다지 많지 않지만, 국내연구로는 보건사회연구원의 연금제도 관련 정책보고서, 국민연금연구원의 정책보고서를 비롯하여 유호선(2013) 『연금개혁을 위한 사회적 합의 과정에 관한 연구』 pp.71-174. 등을 들 수 있겠다. 그와 더불어 연계제도와 관련된 기존 연구에서는 공적연금 연계제도 도입 이전의 제도 도입방안과 제도 도입 시의 예상효과 분석에 초점이 맞추어져 있는데 이러한 연구보고서는 유익한 자료로 활용되고

이에 따라 본론의 연금제도 고찰에서는 먼저, 일본의 공적연금제도를 개관하며 연금제도 개혁과정에서 드러난 주요 사항을 분석하고자 한다. 특히 연계제도 운영과 관련된 사항으로 '통산연금제도'에 관한 관할 성청의 내부 자료를 토대로, 직업별로 다른 연금의 기초 부분을 통합하려 했던 일본 국민연금의 '기초연금화' 과정과 '연금일원화(2015년 10월 1일)'에 이르는 일련의 연금제도 변천 과정에서 특히 가입자의 연금 수급권 강화의 배경[4]을 도출해보았다.

나아가 이러한 분석결과는 한·일 양국 모두 공적연금 연계제도의 주된 목적이 연금사각지대의 해소와 더불어 결국 연금수급권 강화를 위한 제도개선이었음을 밝히고자 하였다[5]. 특히 일본에서는, 2015년 10월

있다. 예를 들어 『국민연금과 특수직역연금간 연계 및 조화 방안(2001)』 국민연금연구원, 『국민연금과 특수직역연금 간 연계 해외사례 검토(2003)』 국민연금연구원, 『공적연금 가입기간 연계방안 연구(2007)』 보건복지부·한국보건사회연구원 등이 그 대표 사례이다. 나아가 공적연금 연계제도 시행(2009) 이후에는 연계제도에 대한 인식조사 연구와 활성화 방안 등에 관한 연구가 있는데 『공적연금 연계제도 인식조사(2010)』 보건복지부·한국보건사회연구원, 『공적연금 연계제도 활성화 방안 연구(2014)』 국민연금연구원 등의 인식조사 및 해외사례연구 나아가 최근의 연구로서는 이용하·남기창·이철수·정기룡·이상붕·이은영 『공적연금 연계제도 개선방안(2015)』 보건복지부·국민연금연구원의 정책 보고서를 들 수 있다.

4 연금제도 개혁에 관해서는 정기룡(2018) 『노인문화창조』 제이앤씨. pp.117-193. 합산 대상 등에 관해서는 健康と年金出版編(2017) 『最短10年で受給できる新しい老齢給付の仕組み』 健康と年金出版社. pp.3-15. 참조. 일본에서는 1959년, 3종류의 공공기업체직원 공제연금이 후생연금에서 독립됨에 따라 제도 간 연계문제가 크게 그러나 노후 생활보장을 위한 연금수급권 확보 차원에서 「통산연금통칙법」에 입각해 모든 공적연금제도의 노령연금에 대해 강제사항으로 적용하는 연금연계제도를 도입하게 되었다. 日本財務省의 내부 자료에 따르면, 통산연금통칙법은 1961년 11월 1일 제정되어 1985년 5월 1일 폐지되었는데, 이 법의 취지는 제1조에 각 공적연금제도가 지급하는 통산노령연금 또는 통산퇴직연금에 관해서 통칙적인 사항을 정하는 것으로 한다고 명문화되어 있다.

1일 이전까지는 국민연금의 가입기간 등 일정 요건 확보[6]가 필수조건으로 설정되어 있었기 때문에 연금제도 간 이동시에 상당수의 사각지대가 발생하였다. 따라서 노후의 생활보장을 위한 연금수급권 확보를 위한 일련의 조치로 연계제도와 합산제도 등의 방법이 과도기적으로 시행된 제도였다.

물론 일본에서도 연금을 정쟁의 도구로 삼는 정치 행위가 여·야 간에 지속되어왔다. 특히 주목되었던 점은 2010년 당시 야당에서 여당으로 정권교체를 이룬 민주당의 칸 나오토 내각(菅直人內閣)에서 실시한 사회보장·조세일체개혁대강(2012.2.17 각의결정)에 따라 부담과 급부 구조를 통일하여[7], 연금기능강화법, 피용자연금일원화법 등 연금개혁 사법(四法)을 성립(2012.8.10.)시켰다.

이는 사회보장·세제일체개혁대강과 「국민연금법 등 일부개정 법률안」(연금기능강화법안) 및 「후생연금보험법 일부개정 법률안」(피용자연금 일원화 법안) 등의 내용을 담고 있다[8].

---

5 양국에서는, 연금재정 안정화와 연금제도의 공평화 및 효율화를 위한 수차례의 연금개정과정이 이어졌는데 최종적으로는 연금제도의 이념적 측면이 강조된 이른바 노후생활보장을 위한 최소한의 '연금수급권' 확보라는 전제로서 국민적인 합의를 이룬 성과 중의 하나가 한국에서는 공적연금 '연계제도'라고 하겠으며, 일본에서는 연금연계인 '통산연금제도'를 거쳐 최근에 피용자의 '연금일원화'를 이루었다고 하겠다.

6 연금수급권을 확보하기 위해서는 이전까지 국민연금의 최소 가입기간은 25년, 그리고 후생연금 및 공제연금은 최소 20년의 가입기간 요건이 설정되어 있었다. 그렇기 때문에 피용자와 자영업자를 불문하고 직업선택의 자유에 따라 연금제도 간 직업이동으로 인한 해당 연금제도로의 이동으로 인해 상당수의 가입자가 각각의 연금제도에 가입기간 요건을 충족하지 못하면, 어쩔 수 없이 연금 사각지대로 내몰리게 된다.

7 坂本純一(2016) 「일본공적연금제도의 현황 및 과제」 『2016 GEPS 연금포럼』 공무원연금공단 연금연구소. pp.24-26. 참조.

한편, 우리나라의 연금제도(국민연금 : 1988년)는 일반 피용자를 기준으로 볼 때 일본(후생연금 : 1945년)보다 40여 년 늦게 시행되었다. 따라서 일본보다 성숙기에 이르지 않았지만, 직역별(공무원, 교직원, 일반회사원 등)로 운영되는 연금제도는 일본과 유사하게 운영되고 있다. 물론 직역을 넘나드는 전직, 창업, 실업, 재취업 등으로 인한 연금 가입기간의 합산과 연계에 관한 문제는 한·일 양국 모두에 드러난 문제였다. 따라서 여기에서는 양국의 연금제도 가운데 공적연금의 연계제도를 중심으로 살펴보기로 한다.

먼저, 일본의 연금제도 개혁과정의 재고를 통해 얻은 결과와 우리나라 공적연금(국민연금과 각 직역연금)[9]의 연계 현황에서 도출된 결과를 토대로 연금 수급권 확보를 위한 연금제도 개선에 관한 정책제언과

---

8 厚生労働省「内部資料」, 脇美由紀『被用者年金一元化法の解説』ビジネス教育出版社. pp.10-24. 健康と年金出版編『厚生年金と共済年金の一元化』健康と年金出版社. pp.6-11. 특히 피용자연금 일원화(2015.10)를 계기로 하여 연금수급 자격기간을 대폭 단축한 점이 특징이다. 즉, 연금 수급 자격취득에 필요한 가입 기간을 기존 25년에서 10년으로 단축하였고, 국민연금의 임의가입 피보험자기간 중 보험료 미납 기간(60세 이상의 기간 제외)에 대해서도 합산대상 기간으로 연금수급 자격 기간을 합산하였다. 그리고 수급자격 기간 단축은 25년 납입에서 10년으로 단축하며 기초연금(국민연금) 지급액은 보험료 납부 기간에 비례해 납부기간 10년일 경우, 대략 40년 납부자의 1/4 수준을 수령할 수 있다.

9 우리나라의 연금제도에 관한 내용에 관해서는 공표된 자료 및 각 연금공단의 공시·안내자료를 손쉽게 찾아볼 수 있으므로 이 책에서는 국민연금공단이나 공무원연금공단 사학연금공단 등에서 연금제도와 관련된 자료가 상세히 소개되어 있으므로 연금제도 전반에 관한 내용 전재는 생략하였다. 또한 국민연금과 직역연금(직역연금이란 공무원연금, 사립학교교직원연금, 군인연금, 별정우체국직원연금을 말하며 연금 수급을 위한 최소 가입 기간은 국민연금 10년, 직역연금 10년이며 군인연금은 20년으로 정하고 있다)과의 공적연금 연계제도에 대한 설명에 관해서는 중복을 피해 주로 국민연금과 공무원연금을 중심으로 논하기로 한다.

더불어 연금제도의 통합(일원화) 가능성에 관한 논의의 계기를 제공하고자 한다.

따라서 양국의 연금제도 개혁과 효율성에 관한 공과 관련 논쟁적 쟁점 도출보다는 연금제도 운용에서 드러난 현황에 근거하여 전문가와 실무담당자의 견해를 포괄하면서 연금연계를 비롯한 연금수급권 확보 방안 제시와 더불어 직업별로 세분된 우리나라 연금제도의 이념적 지향성에 관한 해석적 결과를 제시하는 방법으로 추진하였다[10].

2. 일본의 공적연금제도 개관

일본의 공적연금제도는 메이지(明治)시대 초기부터 중기에 걸쳐 군인 및 관리를 대상으로 창설된 은급제도를 효시로 하여 1875년에 해군퇴은령, 1876년에 육군은급령, 1884년에 관리은급령이 제정되었다. 또한 1907년의 제국철도청구제조합의 창설을 시작으로 전매, 인쇄, 체신, 조폐 등의 현업관청에 각 공제조합이 설립되어온 은급제도는 1923년 은급법이 제정되어 일률화 되었다. 은급제도는 1950년대에 들어서

---

10 여기에서는, ㉮ 정보수집 및 문헌 재해석 : 연구의 목적을 달성하기 위해 문헌수집 특히 [1961년 4월 국민연금을 실시하게 된 것을 계기로 연금제도 간 전직자(직장이동)의 연금 사각지대 해소를 목적으로 통산연금제도를 도입(통산연금통칙법 : 1961.11)]이 필요하였는데, 그에 관련된 관할성청의 내부자료 분석을 시도하였다. ㉯ 현장조사와 전문가면담 : 연구에 필요한 자료 입수와 더불어 정책입안자 및 연금 전문가와의 상담을 통하여 연계제도의 의미를 재고하였다. ㉰ 비교분석 : 문헌 해석과 현장 조사 결과에 따라 한·일 간 비교를 통해 연금제도 개선의 방향성을 살펴보았다. 이를 위해 몇 차례의 현지조사(財務省, 厚生勞働省, 日本年金機構(2015.11.15-18, 2017.2.1-2.11)를 통한 자료수집과 분석에 임하였으며, 한국자료는 국민연금공단 및 국민연금연구원, 공무원연금공단, 사학연금공단의 연구부서와 담당부서를 방문하여 논의하고 입수한 자료를 활용하였다.

면서 폐지되었고, 공공기업체직원공제조합법, 국가공무원공제조합법, 지방공무원공제조합법의 개정 및 제정이 이어져 1958년에 모든 국가피용인(관리 및 고용인)이 공제조합이라는 하나의 제도에 통합하게 되었다[11].

민간피용자를 대상으로 하는 연금제도는, 쇼와(昭和)시대 초기인 1939년의 선원보험법을 시작으로 1942년에는 노동자연금보험법이 발족되었다. 노동자연금보험법은 1944년의 개정으로 후생연금보험으로 명칭이 변경되었으며 적용 대상도 사무직원과 여성에게 확대되었다(1945년). 나아가 사립학교 직원과 농림어업단체 직원에 대해서도 1953년과 1958년에 각각 공제조합법이 제정되어 1985년의 연금개혁에 이르기까지 3종류(자영자연금제도, 피용자연금제도, 공무원연금제도) 9개 제도(국민연금, 후생연금, 4개의 국가공무원 공제조합, 지방공무원공제조합, 사립학교교직원공제조합, 농림어업단체직업공제조합) 등으로 운영됐다.

고도성장기 초기(1950년대 말)에 사회보험원리를 적용하기 쉬운 직역부터 피보험 대상을 확대하면서 공무원, 회사원, 교직원, 자영업자 등으로 제도가 각각 분리 운영되었다. 1985년의 개혁에서는 공적연금제도의 일원화, 안정화, 공평화를 목표로 국민연금을 전 국민의 기초연금화로 구축하여 연금제도 체계의 혁신을 이루었다. 제도분립에 따른 과제(제도 간의 격차, 과잉·중복급부, 산업구조, 취업구조변화에 의한 재정 기반의 불안정화, 여성노령보장 문제 등)를 해결하기 위해 기초연금을 도입하였고, 후생연금·공제연금 등의 피용자연금은 기초연금의 추가급여(소득비례)를 담당하는 제도로 전환하여 수급 부담의 적정화

11 厚生省年金局·社會保險廳運營部『厚生年金50年史』法硏. 1993.3. pp.1-158. 厚生勞働統計協會編『保險と年金の動向 1995』厚生勞働統計協會. 1995.11. pp.26-38. 厚生勞働統計協會編『保險と年金の動向 2004』厚生勞働統計協會. 2004.11. pp.20-50. 참조.

를 도모하였다.

후생연금과 공제연금은 모든 가입자의 소득에 대해 동일 보험료율이 적용되며, 이를 토대로 기간에 비례하여 연금급여가 지급된다. 또한 후생연금보험과 공제연금은 기간의 합산 등 제도 간의 연계가 가능하다. 물론 제도별 가입 대상이 구분되어 있으며, 피용자보험의 경우에는 직역별로 보험료 및 연금 급여가 상이하지만, 동일 부담 동일 급부를 위한 연금일원화를 추구하여 1층의 기초연금과 2층의 소득비례 연금으로 오늘날과 같은 형태를 갖추게 되었다.

일본의 공적연금제도는 개인의 근로 상황에 따라 가입자를 세 가지 유형으로 분류하고 있으며, 유형별로 적용되는 제도와 재정부담이 다르다. 제1호 가입자에는 20세 이상 60세 미만의 자영자, 농업자 등이 해당하고, 제2호 가입자는 민간근로자, 공무원 등이며, 제3호 가입자는 민간근로자 또는 공무원 등에 의해 부양되는 배우자이다[12]. 보험료는 2022년에 월정액 16,590엔으로 매년 상승추세에 있다.

제2호 가입자는 국민연금과 후생연금에 대한 통합보험료를 낸다. 보험료는 보수월액에 비례하며 노사가 각각 1/2씩 부담하게 되어 있다. 보험료율은 2017년 9월부터 18.3%로 고정되어 2022년에도 그대로 이어져 당분간 동 수준이 유지될 것으로 보인다. 한편, 제3호 가입자는 국민연금에 가입되지만, 별도의 보험료를 부담하지는 않는다. 이는 제3호 가입자의 보험료는 배우자인 제2호 가입자가 낸 보험료에 포함된 것으로 간주하기 때문이다.

---

12 적용되는 연금제도를 살펴보면, 제1호·제2호·제3호 가입자, 즉 전 국민이 국민연금의 가입자가 되며, 노후에 기초연금 급여를 수급하게 된다. 그리고 제2호 가입자는 이 외에 후생연금 또는 공제연금에 추가로 강제 가입되며, 이에 따라 기초연금과 함께 보수비례연금 급여를 수급할 수 있다. 재정부담의 경우, 제1호 가입자는 국민연금에 대해 정액 보험료를 부담한다.

연금 수급 나이는 국민연금의 노령 기초연금과 후생연금의 노령 후생연금 모두 65세이다. 단, 후생연금에는 특별지급 노령 후생연금이라는 연금 급여가 있으며, 이 급여는 60세부터 수급이 가능하다. 1994년도와 2000년도 개정으로 단계적으로 65세까지 상향조정 되도록 예정되어 있으며, 이에 따라 2030년까지 남녀 그리고 정액 부분과 비례부분 모두 65세로 조정되어 특별지급 노령후생연금이 일반 노령후생연금에 통합된다.

일본의 공적연금제도는 그동안 기초연금제도인 국민연금과 소득비례연금인 후생연금보험, 그리고 특수직역연금인 공제연금으로 구성되어 운영됐다. 각 운영 주체의 구분은 초기에는 영역별로 관리되었으나 사회의 환경변화에 따른 제도개선으로 2015년 10월 1일 이전까지는 전국민 공통의 ① 국민연금(기초연금), 피용자 연금제도인 ② 후생연금 및 ③ 공제연금으로 크게 세 가지로 구성[13]되어 운영됐다. 먼저, 1973년의 개정에서는, 모델 연금과 현역 노동자의 임금 비율, 임금 대체율 60%를 목표로 한 개혁으로 표준보수의 재평가제도, 인플레이션 슬라이드 도입으로 새로운 연금 시대를 지향하였으며 이러한 급부 방식은 수

13 먼저, ① 국민연금은 일본에 거주하는 20세 이상 60세 미만의 현역 세대 전부를 대상으로 적용되는 기초연금제도로서 1961년 발족하여 1986년 4월 후생연금, 공제연금 가입자의 월 보험료 일부를 자동으로 국민연금에 적립토록 하여 전 국민에게 기초연금을 지급하는 기초연금(국민연금)제도로 재편성되었다. 국민연금은 가입자의 소득 및 자산과 무관하게 정액의 보험료를 내도록 하며, 가입 기간을 충족시키면 정액 급여를 지급한다. 또한 ② 후생연금은 제한적 업종의 정규직 근로자 중심이 70세 미만의 피용자가 가입대상(납부대상)이며 민간기업에 근무하고 있는 근로자가 가입하는 연금으로서 노·사가 납입액의 50%씩 분담하는 소득비례 연금제도이다. 나아가 ③ 공제연금은 국가공무원, 지방공무원, 사립학교교직원 등이 가입하는데 후생연금과 같게 노·사가 납입액의 50%씩 분담하게 되어 있다.

급자에겐 유리하지만, 이에 따른 부담은 미래세대로 이연시키게 되어 결국 부과방식으로 전환하게 되었다. 또한 1980년대의 연금제도개혁[14]은 그에 앞서 내각 총리대신의 자문기관인 사회보장제도심의회로부터 '전 국민 연금제도 하의 신 연금 체계'의 획기적인 제안(1977년) 등이 이루어졌다. 이는 조세 방식에 의한 기초연금을 토대로 현 제도를 2층으로 재구성하는 방안이었다.

이후 연금제도 기본구상 간담회(1979년 4월)에서는 장기적 균형과 안정을 고려한「일본 연금제도의 개혁 방향」이라는 보고서가 제출되었는데, 주요 내용은 국민연금의 낮은 급여 수준, 공적연금제도 간 불평등, 전업주부의 낮은 연금수준, 연금제도 간 균등하지 않은 보조금 등의 문제가 제기되었다[15]. 이러한 배경에 의해 연금 개정이 본격화되어 1986년 기초연금 도입에 따라 기초 부분의 연금제도가 통합되어 피용자연금(후생연금과 및 공제연금)은 외견상 1층의 통합된 형태를 갖추게 되었다.

이어서 1989년의 개정에서는 자동 물가 슬라이드 제도를 도입하였고, 학생의 국민연금제도가 강제 가입되었으며 2004년의 개정에서는 장래의 보험료 인상계획과 그 상한을 명확하게 설정, 모델 연금을 명시, 급부 수준의 하한선 설정, 적립금의 인출 예정을 명문화, 재정재계산 대신 재정검증으로 변화가 이루어졌으나 연금체계나 지급개시 나이에 관한 논의는 미루어졌다.

---

14 정기룡(2012)「일본 공적연금제도의 복지이념에 관한 연구」『일본언어문화』한국일본언어문화학회. 제23집. pp.518-524. 및 조추용(2006)「일본의 연금개혁과 노후생활보장정책」『노인복지연구』32호. 한국노인복지학회. pp.31-68. 참조.

15 矢野 聰(2012)『日本公的年金政策史(1875～2009)』ミネルヴァ書房. pp.28-62. 및 健康と年金出版編(2015)『厚生年金と共濟年金の一元化』健康と年金出版社 p.73. 6-22. p.73. 등 참조.

2004년의 중심적인 개정을 통해 연금 보험률이 점진적으로 늘어나 2018년에는 18.3%가 되도록 정함으로써 연금보험료 부담이 커졌다. 나아가 2012년의 연금제도 개혁에서는 사회보장·세제일체개혁에 의해 이루어져 연금수급 자격 기간을 가입 기간이 25년에서 10년으로 단축하는 동시에 피용자연금제도의 일원화 즉, 공무원 및 사학교직원을 후생연금으로 모두 이동하여 후생연금으로 통합(2015년 10월 1일)을 이루게 되었다. 즉, 공무원(국가/지방)과 교직원으로 구성된 특수직역연금인 공제조합이 후생연금보험과 전격 통합되어 피용자연금이 일원화 되었다.

3. 공적연금의 연계제도와 연금일원화

통산연금제도란, 복수의 연금제도에 가입하고 있었지만 각각의 가입 기간이 짧아 제도에서 정한 연금을 수급할 수 없는 경우, 연금 사각지대 해소를 목적으로 각 제도의 가입 기간을 통산하여 구제하기 위한 제도를 가리킨다. 즉, 일정한 요건을 채웠을 경우, 각각의 가입 기간에 따라 통산연금을 지급하는 제도인데, 그 대상이 되는 기간을 통산대상 기간이라고 한다. 이 통산연금제도는 1986년 4월의 기초연금제도 도입에 따라 폐지되었다. 그러나 최근의 연금 통합(일원화)을 이루는 과도기적 과정에 이르기까지 이 제도가 중요한 구실을 하였으므로 이곳에서 다루려고 한다.

통산연금제도 도입의 배경은, 1961년 4월부터 실시된 갹출제 국민연금을 통해 전 국민 대상의 연금제도가 이루어져 모든 국민이 어떠한 연금제도에 속하든 공적연금제도의 적용을 받게 되었다. 그러나 각각의 직역에 가입된 공적연금제도가 종래 상호관련성 없이 설치되었기 때문에 노령연금 혹은 퇴직연금을 받기 위해서는 상당 기간 동일 연금제도에 가입되어야 하는 요건이 필요하였다. 따라서 직장이동으로 인해 해당 연금제도에서 이탈한 사람은 그 제도에서 탈퇴일시금을 받을 수밖에 없었다. 이러한 문제점에 대처하기 위해 1958년 이후 각 제도 간의 통산방법에 대한 검토가 국민연금제도 개정 준비작업과 동시에 이루어졌다.

먼저, 1959년 3월 국민연금법 성립에 즈음해 중의원과 참의원 양원에서 통산조정을 위한 과제를 결정하는 부대결의가 이루어졌다. 그 후 동 7월에 관계 각 성청에서 연락협의회가 조직되어 1960년 11월 각 제도의 가입 기간을 통산해 일정 기간 이상이 된 경우 다양한 제도에서 연금을 지급하는 이른바 「염주 알 꿰기(数珠つなぎ) 방식」에 의한 통산연금제도의 요강(안)이 결정되었다.

협의회의 요강에 근거해 관련 제도가 검토되어 1961년 3월 「통산연금통칙법안」 및 「관계 법률의 일부개정안」이 제38회 통상 국회에 제출되어 폐안이 되었으나 9월 시행기일을 1961년 4월에 소급 적용하는 것으로 변경해 제39회 임시국회에 제출되었고, 11월 1일 공포·시행되었다. 이에 의해 다수의 공적연금제도 간에 노령보장에 관한 연금 가입 통산 조치가 시행되게 되었다.

통산연금제도는 개별적인 연금제도에서 소정의 자격 기간을 채우지는 못했으나 이동한 각 제도의 가입 기간을 통산하면, 소정의 연수(국민연금 최소 가입 기간은 20년, 후생 및 공제연금은 25년으로 설정) 이상을 채우게 되는 경우, 각각의 제도로부터 가입 기간에 맞는 연금(통산노령연금 또는 통산퇴직연금)을 지급함으로써 단일 연금제도에 지속해서 가입한 경우와 같은 수준의 노령소득보장을 하려는 제도이며, 그 대상은 국민연금, 후생연금보험, 선원보험, 국가공무원 등 공제조합, 지방공무원 등 공제조합, 사립학교학교교직원 공제조합, 농림어업단체직원 공제조합의 가입자이다.

통산의 대상이 되는 기간은 원칙적으로 앞에서 제시한 각 연금제도에 1961년 4월 1일 이후 피보험자 또는 조합원으로 가입한 기간인데 단, 그 기간은 각 제도에서 정한 자격 기간 계산의 기초가 되는 기간이 아니면 적용에서 제외되었다. 그리고 피용자연금의 피보험자 배우자 등 임의가입자가 대상 기간(1961년 4월 1일 이후에 한정)에 임의가입을 하지 않았던 기간도 통산 대상 기간에 포함하였다. 또한 통산제도 실시 이전의 기간에 대해서는 조건에 부합되는 경우 통산 대상에 포함하도록 조치하였다[16]. 연급수급 자격 기간은 그 제도에 가입한 기간이 1년 이상이면서 그 제도 단독으로는 노령(퇴직)연금을 수급하는 데 필요한 기간을 채우지 못하게 되는 등의 요건[17]을 충족하여야 했다.

기초연금 신설 이후의 신 연금 체계의 연계 적용은, 전직 등에 의한 제도이동 시에도 연금연계와 연금수급권 확보가 쉽도록 이루어졌다. 합산대상기간의 신설로 종전의 통산연금법상의 '통산대상기간(피용자연금의 피부양 배우자 기간 등)'을 대체 및 확대(피용자연금의 가입 기

16 통산 기간에 포함되는 내용은, ㉮ 1961년 4월 1일 이전에 각 제도에 가입해 있던 기간으로 1961년 4월 1일까지 계속해서 가입돼있던 기간, ㉯ 1961년 4월 1일 이후에 각 제도의 피보험자 또는 조합원이 된 경우 1961년 4월 1일 전의 후생연금보험 및 선원보험 가입 기간 등이다.

17 ㉮ 통산대상 기간을 합산한 기간이 국민연금의 노령연금의 수급자격기간(25년) 이상일 것, ㉯ 국민연금 이외의 공적연금에 적용되는 통산대상기간만을 합산한 경우는 그 기간이 20년 이상일 것, ㉰ 타 공적연금제도의 노령(퇴직)연금의 수급자격기간을 채웠을 것. 예를 들어, 후생연금보험에 있어서는 40세(여성 및 광부의 경우 35세)에 도달한 후의 피보험기간이 15년 이상인 경우, 선원보험에 있어서는 어선에 승선한 기간이 11년 3개월 이상인 경우 등에 대해서는 통산대상기간이 20년 또는 25년이 되지 않더라도 통산연금 수급자격 기간을 채운 것으로 인정해 해당 타 공적연금제도로부터 통산연금이 지급되는 것임, ㉱ 해당 연금제도로부터 노령·퇴직연금 급여를 받을 수 있는 자를 대상으로 한다.

간) 한 인정 가입 기간으로 (구)국민연금에 가입하지 못했던 피용자연금의 가입자와 그 피부양 배우자가 그 기간을 기초연금의 가입 기간으로 인정하여 기초연금의 수급권 확보를 쉽게 하였다. 단, 합산대상기간은 종전의 통산대상기간처럼 기초연금의 수급 요건을 충족시키는 가입 기간만 인정하였고, 연금액 산정 시에는 반영하지 않았다.

통산연금제도는, 공적연금 가입 기간이 25년 이상이면 연금수급에 문제가 없지만, 연금 가입기간이 25년에 달하지 못해 노령기초연금을 받을 수 없는 자에게 이 합산대상기간을 포함해 수급권을 부여하는 제도이다. 또한 합산대상기간은 수급자격 기간에는 산입하지만, 노령기초연금의 금액산정의 대상이 되지 않는 기간만 합산하여 인정하는 [미납합산기간]을 지칭한다. 따라서 합산대상기간은, 이처럼 수급 자격 기간만 합산하고, 연금액 계산할 때의 피보험자기간에는 포함되지 않으므로 일본에서는 이를 '공기간(カラ期間)'이라고 부르기도 한다.

피보험자의 연금제도 가입기간 합산은 국민연금법 노령기초연금 지급요건의 원칙(법26조(16) 법부칙19조4항)에 의거한 노령기초연금 보험료 납부기간 또는 보험료 면제기간(제90조의3 제1항[학생납부특례] 및 2004년 법부칙제19조제1항 및 제2항[연소자납부유예]의 규정에 의해 납부를 필요로 하지 않는 자로 보험료와 관련된 사항 제외)을 갖는 사람이 65세에 달했을 때 그 당사자에게 지급한다[18]. 그러나 보험료 납부기간과 보험료 면제 기간을 합산한 기간이 25년에 달하지 못하면 해당하지 않는다. 따라서 노령기초연금을 수급하기 위해서는, 원칙적으로 보험료 납부 기간과 보험료 면제 기간을 합산한 기간이 25년 이상 되어야 한다. 단, 보험료 납부 기간 또는 보험료 면제 기간을 합산해 25년에

---

18 일본의 통산연금통칙법은 1961년 11월 1일 제정하여 1985년 5월 1일 폐지됨. 전문 번역물은 윤석명(2007) 『공적연금가입기간 연계방안 연구』 한국보건사회연구원. pp.218-252.에 수록되어 있으며 법률 용어 등의 의역은 역자 견해임.

못 미치는 경우라도 합산대상 기간인 공기간(カラ期間)을 포함해 25년 이상일 경우에는, 노령기초연금의 수급권이 발생한다. 〈그림 5-1〉은 합산대상 기간을 통한 연금수급권에 대한 이해가 용이하도록 예를 들어 도식화한 것이다.

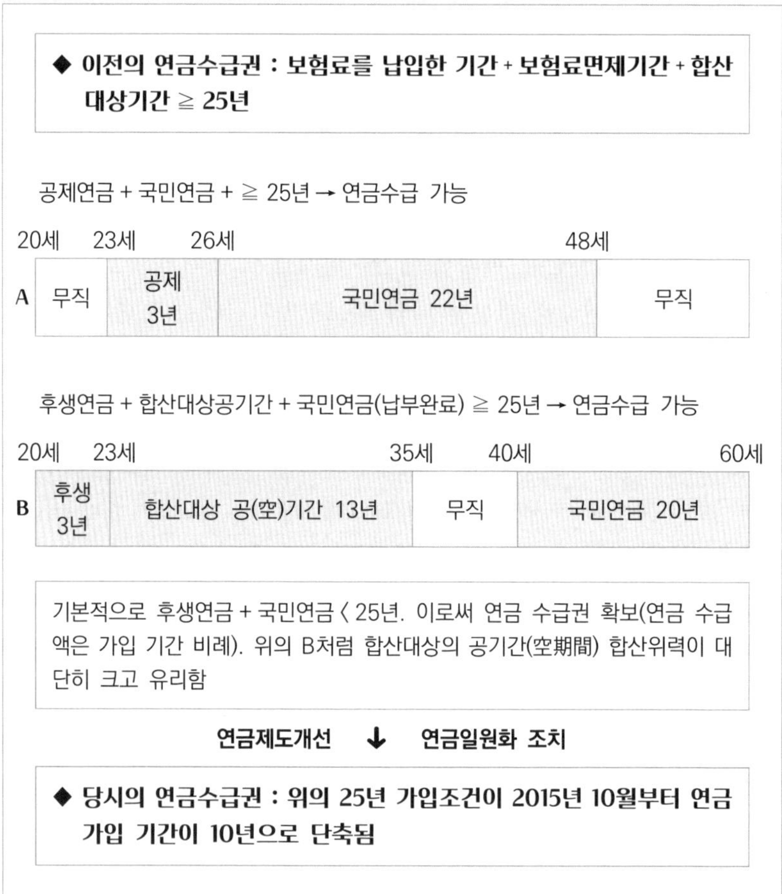

참고 : 합산대상 기간의 이해를 위해 임의 작성.

그림 5-1. 합산기간으로 본 연금수급권(예)

4. 한·일 연금연계제도의 현황

앞에서 살펴본 바와 같이 일본의 연금연계제도는 과도기적 연금수급권 확보를 위한 조치로 인해 폐안이 되었으며 그보다 더 향상된 형태의 연금일원화(2015.10.1)를 도모하였다. 즉, 연금제도의 안정성·공평성 확보, 연금제도에 대한 국민적 신뢰 제고 차원에서 공무원과 사립학교교직원 등이 가입하는 공제연금제도를 후생연금제도에 통합하여 연금일원화(통합)를 이루었다.

즉, 연금제도의 안정성·공평성 확보, 신뢰도 제고 차원에서 공무원의 공제연금제도를 회사원의 후생연금제도로 통합하는 후생연금법 개정법률안을 준비하여 민간피용자, 공무원 및 사립학교교직원에게 동일 보험료에 의한 동일 연금급부를 목적으로 한 일원화가 추진되어온 것이다. 이로써 공무원 및 사학교직원 대상의 공제연금과 회사원을 대상으로 하는 후생연금이 통합되어 피용자 연금제도의 일원화(2015년 10월 1일 시행)를 이루게 되었다.

공제연금과 후생연금의 제도적 차이는 후생연금을 기준으로 하여 통일하였으며 같은 수입에도 불구하고 부담과 급부에서 발생하는 차이를 해소하여 각각 다르던 보험료율(회사원 : 17.474%, 공무원 : 16.924%, 사학교직원 : 14.000%)을 18.3%로 동일하게 부과하기로 하였다. 즉, 후생연금 및 공제연금의 보험료를 균등하게 조정하기 위해 공무원은 2018년부터 같게 부과하였고, 사립학교 교직원은 2027년부터 모두 18.3%로 부과할 예정이다.

이로써 피용자연금의 일원화에 걸리는 과정은 1985년 이후 무려 42년에 걸쳐 원만하게 통합을 이루게 되었다. 이로써 피용자연금제도를 기본적으로 후생연금에 준하도록 공무원과 사립학교 교직원에 대한 제도를 변경하여 각 연금제도 간의 차이를 해소하도록 하였는데 통합의 주요 내용은 앞의 〈표 5-1〉과 같다.

표 5-1. 피용자연금의 제도적 차이 통합

구 분	이전 후생연금	이전 공제연금	통합 이후의 신 후생연금
피보험자	민간기업 피용자	공무원, 교직원	연금통합 대상자
① 납부가능 연령제한	70세까지	제한 없음	후생연금과 동일
② 미지급연금 급부범위	사망한 자와 생계를 같이 한 배우자, 자, 부모, 손자녀, 조부모, 또는 형제자매(연금기능강화법으로 3등신 이내의 친족까지 확대)	유족(사망한 자와 생계를 유지했던 배우자, 자, 부모, 손자녀, 조부모) 또는 유족이 없는 경우 상속인	〃
③ 피보험자에 대한 연금 조정	• 65세까지 임금 + 연금이 28만 엔 이상인 경우, 연금 일부 및 전액 지급 정지 • 65세 이후 임금 + 연금이 46만 엔 이상인 경우, 연금 일부 및 전액 지급정지	나이와 관계없이 임금 + 연금이 46만 엔 이상인 경우, 연금 일부 및 전액 지급정지	〃
④ 장애급부 지급요건	초진일 전달까지의 보험료 납부 기간 및 보험료 면제 기간이 2/3 이상 필요(보험료 납부 요건 필요)	보험료 납부 요건 없음	〃
⑤ 유족연금 수급권	유족연금 수급권의 선순위자가 실권할 경우, 차 순위자에게 지급하지 않음	연금 수령 중인 유족이 수급권을 잃더라도 차 순위자가 이어서 수령	〃

자료 : 정기룡(2018) 『노인문화창조』 J&C. p.322 참조.

일본 정부는 연금제도에 관해 재정책임·관리운영책임 및 기구에 대한 지도·감독 권한이 있으며 공적연금의 관리운영은 일본연금기구가 담당하고 있다. 일본연금기구의 주요 업무는 후생노동상(厚生勞働大臣)으로부터 위임·위탁받은 공적연금에 관한 일련의 운영업무(적용·징수·기록관리·상담·결정·급부 등)를 맡고 있다[19].

또한 일본 공적연금 관리의 사무조직은 피보험자의 기록관리, 표준보수의 결정·개정, 보험료의 징수, 보험급부의 재정 등을 실시하는 주체로 공제조합 및 사립학교사업단(공제조합 등)을 규정하고 효율적인 사무처리 관점에서 일본연금기구 외에 공제조합과 사립학교사업단을 앞으로도 계속 활용하며 유기적인 협조체제를 유지하도록 하였다. 즉, 일원화 이후에는 일본연금기구를 통해 일원화된 후생연금에서 합산 기간에 따른 국민연금 외에, 직역별 가입 연수에 비례해서 부가적인 연금 수급권[20]이 발생한다.

통합 이후의 후생연금 관련 신청 및 상담은 일본연금기구 또는 각 공제조합 등 어느 창구에서도 원스톱서비스가 제공된다. 그리고 2015년 10월 1일 이후 피용자연금제도 통합 이후 후생연금의 결정·지급은 이전과 마찬가지로 일본연금기구 혹은 각 공제조합이 실시하며 공제조

---

19 みずほ總合研究所(2015)『図解-年金の仕組み』東洋経濟新報社. pp.20-163. 참조. 日本年金機構(Japan Pension Service)는 비 공무원형의 특수법인(非公務員型の特殊法人)으로 설립되었으며(東京都杉並區高井戸西3丁目5番24号, 2010년 1월 1일), 2022년 6월 말 현재, 본부 및 312개 연금사무소와 정규직원 11,083명 외 특정업무직원, 특정업무계약직 및 보조업무 계약직을 배치 중이다.
https://www.nenkin.go.jp/info/index.html

20 앞에서 설명한 바와 마찬가지로 기초연금(국민연금)의 수급 요건인 25년 가입 조건을 2015년 10월부터 10년으로 단축함으로써 기초연금가입 10년 차 이상의 경우, 국민연금 수급권 이외에 그 이상의 직역별 연금제도에 가입한 기간만큼 추가적인 연금을 수급하게 된다.

합 등에 가입 기간이 있는 자로 피용자 연금제도 통합 후에 연금을 수급할 권리가 발생하는 피보험자와 수급자에 대해서는 공제조합 외에도 일본연금기구(연금사무소)의 창구에서도 가입 기간 합산, 권리 등 각종 상담이 가능하다[21].

한국의 경우, 노후 소득보장체계는 국제기구에서 권고한대로 중층형태의 노후 소득보장체계로 제도는 일단 구축되어 있다. 그렇지만 각각의 연금별로 담당 행정부처 및 직역별로 가입하는 공적연금체계가 다르므로 노후 소득보장에 대한 종합적인 대응은 충분하지 못한 실정이다. 예를 들면, 자영업자와 민간피용자가 가입하는 국민연금의 경우에는 보건복지부에서 담당하고, 민영기업 종사자의 퇴직연금은 고용노동부가, 그리고 개인연금은 금융위원회에서 담당하고 있다.

또한 피용자의 공적연금도 군인연금, 별정우체국직원연금 외에 ① 국민연금과 ② 공무원연금 그리고 ③ 사학연금으로 직역별로 달리 운영되며 관리주체도 국민연금공단, 공무원연금공단, 사학연금공단으로 각각 운영하고 있다. 국민연금제도는 1988년 1월부터 시행되어 1995년 7월 1일 농어촌지역(군지역)으로 제도가 확대되었으며, 1995년 8월 4일부터는 상시근로자 5명 이상 사업장의 외국인 근로자 및 사용자에게도 제도를 확대 적용하였다.

그 후 2003년 7월 1일부터는 5인 미만의 영세사업장, 근로자 1인 이

---

21 통합 전까지는 퇴직 이전에 가입했던 연금제도 기관[후생노동대신(일본연금기구), 국가공무원공제조합, 지방공무원공제조합, 사립학교교직원공제조합]의 가입기간 및 연금수급을 증명하기 위해 「연금가입기간확인통지서」 「연금증서」 등의 서류제출이 필요했으나 통합 이후에는 원칙적으로 필요 없이 가입 기간에 따른 합산·연계 등의 정보가 공유되었다. 단, 연금액의 결정 및 개선 경과 등을 확인하려는 경우, 공제조합에서 관리하는 가입기간 조사 의뢰의 경우와 표준보수월액 결정 등을 확인할 때에는 그 결정 및 처분을 한 각각의 공제조합에 직접 조회해야 한다.

상 법인, 전문직을 포괄하는 동시에 임시·일용직, 시간제근로자의 가입자격을 완화함으로써 보편적 노후소득보장 제도로 자리 잡았다. 그러나 가입 대상자가 전 국민을 대상으로 하고 있어 직역별 연금보다 노후보장이 한정되는 한계가 있다.

연금보험료율은 가입자 자격취득 시에 결정되는 기준소득월액에 보험료율을 적용하여 산정하는데, 초기 2%에서 3%를 거쳐 2022년 현재 사업장 가입자의 경우 보험료율인 소득의 9%에 해당하는 금액을 본인과 사용자가 각각 절반씩, 따라서 개인은 4.5%를 매월 납부하고 있다.

한편, 공무원연금은 제도 도입 당시 개인의 보수월액 2.3% 기여율이 1969년에는 3.5%, 1970년에는 5.5%, 1996년에는 6.5%, 1999년에는 7.5%, 2001년에는 8.5% 상승하였고 2022년 현재에는 각 개인이 9%, 사용자인 국가가 9% 합계 18%로 국민연금의 두 배의 기여 수준으로 연금제도가 운영되고 있다. 공무원연금 급여는, 그 본연의 취지에 따라 크게 단기급여와 장기급여로 나누어진다. 단기급여 성격의 연금은 공무상요양비·재해부조금·사망조위금 등 3종류가 있고, 장기급여로는 퇴직급여 4종류, 유족급여 6종류, 장해급여 2종류 순직유족급여 2종류 및 퇴직수당 등 15종류가 있다.

그리고 연금 보험료율과 연금수급에 있어서 제도 간에 상당한 차이가 있어 각각의 연금제도가 노후 생활보장을 비롯한 이념적 방향성이 일치하더라도 국민 개개인의 관점에서 보았을 때는 통합(일원화)을 도모하기 어려운 구조로 운영되고 있다.

그런데도 각 제도의 특성을 충분히 고려하지 못한 상태에서 간혹 공적연금제도의 통합이 필요하다는 주장이 나오곤 하는데, 이는 또 다른 공평성을 위한 제도개혁이 요구되는 매우 험난한 과정이 될 것이다. 왜냐하면 이러한 작업에는 장기적인 안목과 연금보험료의 기여와 수급 간의 형평성 그리고 공평성이 담보되어야 하며, 동일 수준의 연금수급을 위한 공통 가입 기간과 공통부담, 공통급부의 제도설계가 선행되어야 하기 때문이다.

따라서 현재 시점에서, 자영업이든 직역별 근로자든, 새로이 연금제도에 가입하여 같은 보험료율을 부과하여 적립한 연금재정을 토대로 같은 수준(금액/비율 양면)의 연금을 수급하는 기본요건을 갖추기 위해서는 대략 40년 정도의 시간이 필요할 것으로 보인다. 그러므로 직업선택의 자유로운 이동이 가능한 환경에서 직역 간의 전직과 창업, 실업과 재취업 등으로 활발한 이동이 있더라도 연금 수급권을 확보하도록 하기 위한 제도로서 '공적연금 연계제도'가 필요하다.

공적연금 연계제도를 도입하기 전의 연계 방안에 관해서는, 고철기(1990년 : 한국보건사회연구원)가 국민연금제도 도입 초기 단계에 공적연금도 간 연계를 처음으로 제기하며 도입방안을 제안한 바 있다. 그 연계방식으로 완전통산방식, 연결통산방식 그리고 통합방식을 소개하고 각 방식의 장단점을 비교한 다음 우리나라의 상황에 적합한 방식으로 가입 기간의 합산을 통한 '연결통산방식'을 제시하였다. 이어서 민재성(1994년 : 한국개발연구원)은 연금제도의 연계는 국민연금을 중심으로 다원화되어 있는 기존 연금제도를 통합하고 각 연금제도별로 이층제도로 소득비례연금제도를 두는 일본의 연금체계 개편 사례를 참고하여 단순한 제도로 연계를 넘어 구조개혁(기초+비례연금의 이원화)을 통한 연계방안까지 언급되어 있다. 국민연금제도 생성 초기에 이러한 유형의 방식으로 추진되었더라면 연금개혁의 효율성이 높았을 것이다.

그 후 공적연금 연계제도의 시행(2009년)을 앞두고 공적연금 연계제도 도입과 관련하여 해당 부처 간에 합의된 내용(연결통산방식)의 쟁점사항 검토에서 대안별 장·단점 분석이 윤석명(2007년 : 한국보건사회연구원)에 의해 시도되었다. 그 후 제도 시행 이후에는 강성호(2011년 : 국민연금연구원)의 연구에서, 국민연금과 직역연금 간 급여 형평성 문제에서 연계제도 시행 후 저조한 연계신청율과 이에 따른 연계제도 실효성에 의문을 제기하며, 각각의 공적연금 재정 안정화를 전제로 가입 기간만의 연계를 넘어 공적연금 간의 구조일원화를 전망하기도 했다. 나아가 윤석명(2014년 : 한국보건사회연구원)은 공적연금제도 시행(2009년 8월) 이후 제도 운영과정에서 제기된 다양한 문제 등 연계제도 활성화를 위한 개선방안 형태의 연구보고서를 발표한 바 있다.

이렇듯 공적연금 연계제도에 대한 연구가 국책 연구기관 주도로 이루어진 것은 연계제도의 개선과 관련된 실무 혹은 전문가집단의 정책연구 환경 때문일 것이다. 그러나 상당수의 연구 결과에도 불구하고 연계연금의 수급 요건 완화 혹은 연계의 의무화 및 이원화된 연계제도의 일원화 가능성 등에 관한 검토가 충분히 이뤄지지 못한 것으로 보인다. 단, 2015년의 공무원연금제도 개혁(특히 수급 요건 기간이 10년으로 단축) 이후의 연구 결과인 이용하·정기룡(2015) 등의 연구보고서에서는, 선진국의 연계제도를 검토하는 한편 특히 일본의 연금일원화와 한국의 공무원연금 개혁에 관한 내용분석[22]을 중심으로 한 공적연금 연계제도의 개선점과 해결방향[23]을 다음 5항의 시사점에서 제시하고 있다.

---

22 국민연금과 직역연금 간에는 재정 이전을 수반하지 않고 가입 기간을 연계하는 '가입기간 연계제도(연결통산방식)', 특수직역연금 간에는 재정 이전을 동반하는 '재직기간 합산제도(완전통산방식)'로 서로 다른 형태의 연계제도 운영되는데 서로 다른 연계제도 및 세부 규정을 적용하면서 가입 기간 합산제도의 경우 제도 간 이동자가 집중(특히 사학연금)되어 재정부담이 쏠리는 데 따른 제도 간 형평성 문제가 있다. 또한 가입 기간 연계제도의 경우 제도 간 이동할 때 중도에 반환(퇴직)일시금 지급 규정이 서로 다르지만, 재직기간 합산제도의 경우 퇴직일시금 지급이 같게 규정되어 있는바 일시금 지급제도의 상이성에 따른 가입자의 혼란 및 불만이 나오고 있다. 따라서 연계제도의 활성화 등을 위해서는 현행 최소 합산가입기간의 하향 조정(완화)에서부터 넓게는 연계방식의 전면 개편방안(임의-강제적용, 연계제도와 합산제도의 일원화 등)까지 검토가 필요하다는 주장을 펴고 있다.

우리나라의 공적연금 연계제도[24]는, 국민연금 및 직역연금의 연금을 받기 위한 최소 가입 기간을 채우지 못하고 이동하는 경우 각각 일시금으로만 받아야 했었으나 가입 기간을 합산하여 20년 이상이면 65세부터 연금을 받을 수 있도록 하여 국민의 노후생활을 보장하려는 제도로 2009년부터 시행되었다[25].

연금수급을 위한 최소 가입기간은 국민연금은 10년, 군인연금은 20년 그리고 직역연금이 20년이었으나 2015년 공무원연금개혁을 통해 직역연금(공무원연금, 사립학교교직원연금, 별정우체국연금)의 가입기간이 10년으로 단축되었다. 연계급여 지급 연령은 국민연금 지급개시 연령에 맞추어 2013년부터 5년에 1세씩 상향 조정되어 2033년부터는 모

---

23 이용하·남기창·이철수·정기룡·이상봉·이은영(2016) 『공적연금 연계제도의 개선방안』 보건복지부·국민연금공단·국민연연구원. pp.1-160. 참조.

24 공적연금의 연계제도는, 국민연금과 직역연금의 연금을 받기 위한 최소 가입 기간을 채우지 못하고 이동하는 경우 종전에는 각각 일시금으로만 받던 것을 연계하여 연금을 받을 수 있도록 하여 국민의 노후생활을 보장하고자 하는 제도로서 연계제도 시행 이전에는 공무원으로 20년 미만 재직했을 때는 공무원연금을 수급할 수 없이 퇴직일시금을 받았었고, 국민연금 10년 미만 가입자도 국민연금을 수급할 수 없이 반환일시금을 받았다. 그러나 연계제도가 시행되어 2009년 8월 7일~2015년 12월 31일까지 공무원 20년 미만의 재직경력과 국민연금 10년 미만 가입의 경우 또는 국민연금 10년 미만의 가입경력과 공무원 1년 이상 재직하여 합계 가입경력이 20년 이상일 경우에 연계연금 수령이 가능하게 되었다. 또한 2016년 1월 1일 이후에는 공무원 10년 미만 재직경력에 국민연금 1년 이상의 가입경력 또는 국민연금 10년 미만 가입경력에 공무원 1년 이상 재직경력이 합계 20년 이상일 경우에는 연계연금을 받을 수 있어서 연금 수급권 확보에 도움에 되는 제도로서 시행되고 있다.

25 공적연금 연계제도는 다음과 같은 경과에 의해 추진 실행되었다. ① 국민연금과 직역연금의 연계에 관한 법률 일부 개정(2016.1.1.), ② 국민연금과 직역연금의 연계에 관한 법률 일부 개정(2015.1.28.), ③ 법률 공포(2009.2.6.), 시행(2009.8.7), ④ 연계 특별법 제정 실무작업단 구성(2008.6), ⑤ 대통령직 인수위원회에서 국정과제로 선정(2008.1)되었다.

두 만 65세에 연금이 지급된다.

이러한 제도를 시행하게 된 데에는 국민연금과 직역연금(공무원, 사학, 군인, 별정우체국) 가입자 간 연계제도의 부재로 인해 공적연금의 사각지대가 존재했기 때문이다. 실제로 2009년 공무원연금 퇴직자(24,208명)의 33%, 사학연금 퇴직자(25,385명)의 87%, 군인연금 퇴직자('09년, 16,944명)의 81%가 20년 미만 재직으로 인해 퇴직 시 연금이 아닌 일시금으로 수령하였다.

따라서 직역 간 연계제도가 없었을 때는, 예를 들어 공무원으로 15년 재직 중이었던 자가 퇴직 후에 국민연금에 5년 동안 가입하여 총보험료 납부 기간이 20년에 달하였더라도 각각의 직역 간 가입 기간이 연금수급권을 충족하지 못했기 때문에 연금을 받을 수 없이 퇴직일시금이나 반환일시금으로 받을 수밖에 없었다. 이와 같은 불합리한 점의 개선과 연금 가입자의 수급권 확보를 위해 각 직역연금 간 연계제도를 도입하게 되었고 이에 따라 직업이동에 따른 불안이 연계연금제도로 상당한 부분 해소되었다.

5. 한·일 비교에 의한 차이와 시사점

한국의 공적연금에 관한 최근의 주요 변화로는, 2015년 5월 29일 공무원연금법 개정안이 국회 본회의를 통과하였고 동 개정법률안은 재정안정화 대책이 주를 이루고 있는데 그와 더불어 공무원연금의 수급권을 강화하는 대책이 포함되어 있다. 그 후자의 대표적인 조치가 바로 연금 수급을 위한 최소 가입기간 요건을 20년에서 10년으로 완화하여 직역 간 이동자의 연금 수급권 확보가 쉬워졌다. 특히 공무원연금의 최소 가입기간 요건 완화는, 기존 연계연금의 엄격한 수급요건(합산가입기간 20년 이상)은 물론 연계를 '선택사항'으로 유지해야 할 논리적 기반을 크게 약화하는 요인으로 작용하였다. 이러한 기존의 연계연금 가입요건 및 수급 요건은 그동안 공무원연금 등 특수직역연금의 최소 가입기간 요건이 20년 이상이라는 점을 존중하고 특수직역연금의 재정부담을 최소화하는 조치였다.

그러나 이제 특수직역연금에서 수급 요건을 크게 완화하였는데 굳이 연계연금의 가입 및 수급 요건을 현행대로 유지해야 하는지에 관해서는 검토할 필요가 있을 것이다. 나아가 이제 우리나라 모든 공적연금제도의 최소 가입기간 요건이 일원화(공무원연금을 제외한 기타 특수직역연금의 경우도 최소 가입기간이 10년으로 자동 완화 전망)됨에 따라 연계형태의 변화 또한 필요한 시점이다.

우리나라는 현재, 국민연금과 특수직역연금 간에는 재정 이전을 동반하지 않고 가입 기간만 합산하는 '연계제도'를 적용하고 있으며 특수직역연금 간에 한정하여 재정 이전까지 동반하는 '합산제도'를 운영하고 있다. 연금연계제도 제도 시행(2009년 8월) 후 십여 년이 경과하고 있고, 직업이동이 빈번히 이루어지는 점을 감안하여 임의가입이 전제될지라도 직역 간 전직 시에 가입자의 실효성 있는 연계제도의 활성화가 기대되는 시점이다.

또한 국민연금 가입 기간과 직역연금 재직기간을 합하여 연계 신청을 통해 연계기간이 20년 이상이면, 연계급여를 받을 수 있게 되어 있다. 그러나 공무원연금의 수급권이 가입 기간 20년에서 10년으로 단축되었으며, 국민연금은 10년이 최소 가입 기간이므로 연계연금의 가입기간을 일률적으로 10년으로 정해 실시한다면 연금수급권 강화 측면의 의미가 더욱 두드러질 것으로 보인다.

한편, 일본의 연금제도 일원화와 연계제도에 관한 사례분석을 통해 우리가 참고할만한 내용으로서는 먼저, 이해당사자의 불만과 저항이 미미하도록 조처를 했던 점이다. 2015년 10월의 피용자 연금일원화[26]는 국민연금의 기초연금화(1986년)처럼 피용자와 자영업자, 전업주부에 이르기까지 일정형태의 기초연금(국민연금)의 공통부분이 있었기에 그 후 약 30년 정도의 과정을 거쳐 피용자(근로자)연금을 일원화할 수 있었다. 이처럼 연금개혁과 관련된 정보와 자료의 공개를 통해 신뢰성을 높이기 위한 사전노력이 상당 기간에 걸쳐 선행되었음을 알 수 있다.

표 5-2. 한국과 일본의 연도별·직역별 연금보험료율

(노사 포함 %)

<table>
<tr><th>한 국</th><th>2016년</th><th>2017년</th><th>2018년</th><th>2019년</th><th>2023년
현재</th></tr>
<tr><td>공무원연금
보험료율</td><td>16%</td><td>16.5%</td><td>17%</td><td>17.5%</td><td>18%</td></tr>
<tr><td>사학연금
보험료율</td><td>공무원연금에
준함</td><td>〃</td><td>〃</td><td>〃</td><td>〃</td></tr>
<tr><td>국민연금
보험료율</td><td>9%</td><td>9%</td><td>9%</td><td>9%</td><td>9%</td></tr>
<tr><td>국민연금
사업장 이외</td><td colspan="5">지역가입자/임의/임의계속가입자는 보험료를 본인이 전액 부담. 단, 제도시행초기 보험료 납부에 대한 부담을 줄이기 위해 3%에서 시작하여, 2000년 7월부터 매년 1%씩 상향 조정하여 2005년 7월 이후 9%로 조정함.</td></tr>
</table>

<table>
<tr><th>일 본</th><th>2016년</th><th>2017년</th><th>2018년</th><th>2019년</th><th rowspan="4">~</th><th>2027년</th></tr>
<tr><td>공무원연금
보험료율</td><td>17.632%</td><td>17.986%</td><td>18.3%</td><td>18.3%</td><td>18.3%</td></tr>
<tr><td>사학연금
보험료율</td><td>15.062%</td><td colspan="3">일정비율 상승조정 ~</td><td>18.3%</td></tr>
<tr><td>후생연금
보험료율</td><td>17.828%</td><td>18.182%</td><td>18.3%</td><td>18.3%</td><td>18.3%</td></tr>
</table>

자료 : 공무원연금공단 관리자료(2017.12.22.), 厚生勞動性, 財務省, 日本年金機構 등의 내부 자료(2017.11 현재)를 참고하여 재구성.

26 關根繁敏(2015)『年金一元化と公務員のあたらしい年金制度』共濟組合連盟. pp.1-9. 참조.

앞의 〈표 5-2〉에서 보는 바와 같이 일본의 경우, 피용자 연금제도가 직역별로 나뉘어 운영되어왔으나 현재 보험료율이 동일 수준으로 수렴하는 과정에 있다. 또한 2층의 연금제도에 앞서 기초 부분인 1층의 정액 국민연금의 기초 부분이 1986년부터 직역 근로자는 물론이고 자영업자에 이르기까지 공통으로 운영되었기 때문에 정률의 피용자연금의 일원화(2015년 10월 1일)를 달성할 수 있었을 것이다. 이러한 과정에서 공적연금 연계제도에서 발단하여 국민연금의 기초연금화로 나아가 연금일원화를 통한 공정성을 지향하면서 연금 수급권을 강화하기 위한 30여 년의 준비기간이 필요했을 것이다.

그렇지만 우리나라의 경우에는 일본의 기초연금과 같은 공통부분이 없으므로 사정이 다르다. 연금수급권 확보 차원에서 예를 들면, 연금제도 간에 연계할 경우, 근로자의 중도 퇴직 시 퇴직일시금 지급을 정지하여 연금수급 시까지 가입했던 연금의 정산 방법에 따라 계속 운용하도록 하거나 혹은 재정 이전을 동반한 연계를 통해 연금 수급권을 확보하도록 하는 방법을 고려할 수 있겠다. 그 후 각각 가입했던 연금 운용 주체(또는 재정 이전을 받은 주체)에서 수급권을 확보한 연금 수급자에게 각각의 정산 방법에 따라 연금을 지급하도록 하는 방법을 노후의 소득보장자원 차원에서 검토해보아야 한다.

결론적으로 연계제도 도입기인 현재, 공적연금 제도의 최소 가입 기간 요건이 10년으로 단축됨에 따라, 직역연금 간의 재직기간 합산제도와 국민연금과 직역연금 간의 가입 기간 연계제도를 일원화하여, 연금연계의 강화와 가입자의 연금 재정 지속성을 유지할 필요가 있다고 하겠다. 현재 국민연금과 특수직역연금 간에는 재정 이전을 동반하지 않고 단순 가입 기간 합산만 지향하는 '연계제도'를 적용하고, 특수직역연금 간에만 재정 이전을 동반하는 소위 '합산제도'를 운영하게 되어 있는데, 최소 가입 기간의 일원화를 통해 연계제도의 통일된 제도로 운영함이 바람직하다. 따라서 공무원연금 등 특수직역연금의 최소 가입 기간 요건의 완화 및 국민연금과의 일원화는 연계제도 활성화의 계기가 될 수 있을 것이다.

결국, 국민연금과 직역 간의 연금보험료의 기여율과 부담이 현저하게 다르므로 현재의 제도하에서의 연금제도의 일원화(통합)는 시기상조라고 판단된다. 물론 국민정서상 연금제도의 통합에 대한 희망 사항을 저버릴 수 없겠지만, 직역 간의 이동과 실업 및 창업이 비교적 빈번하게 이루어지고 있는 현실을 고려하면, 연금수급권의 확보를 위한 '연계제도'의 개선방안으로 우선 대처해나가는 것이 바람직할 것이다.

향후, 국민의 동의를 얻어 공적연금제도를 통합하려고 한다면 먼저, 직역별로 연금 재정 상황에 크게 영향을 미치지 않는 범위 내에서 직역별로 다른 공적연금 가입자의 동일 부담, 수급자의 동일 급부가 이루어지도록 장기적인 전망에 입각한 연금제도의 개선책이 구축되어야 제도개혁에 국민이 동의하게 될 것이다.

이상, 한국의 공무원연금법의 개정(2015년 5월 29일)을 비롯하여 일본의 공적연금제도 일원화(2015년 10월 1일)를 계기로 공적연금제도의 운영 실태와 연금 연계제도 등에 관해 해석적 연구방법의 분석을 통해 제도운영의 실태분석과 문제해결 방향을 모색해보았다. 일본의 연금제도 일원화와 연계제도에 관한 사례분석을 통해 우리가 참고할만한 내용으로는 먼저, 연금개혁에 관한 이해당사자의 불만과 저항이 미미하도록 조처를 했던 점이다. 피용자연금의 일원화라고 하는 일대 연금개혁에 있어서 일본의 경우, 민영기업 근로자는 물론이고 공무원 및 사립학교교직원 등 이해관계 당사자들의 불만과 저항 없이 관철된 점은 주목할 만하다.

결론적으로 공적연금제도의 최소 가입기간 요건이 10년으로 일원화됨에 따라 특수직역연금 간의 재직기간 합산제도와 국민연금과 각 직역 간의 가입기간 연계제도를 일원화하여, 연금연계의 강화와 가입자의 연금재정 지속성을 유지해나가야 할 것이다. 또한 최소 가입기간 요건이 모든 연금제도에서 동일적용(10년)됨에 따라 연계제도의 여건이 충분히 갖추어졌다고 볼 수 있다. 그럼에도 불구하고 우리나라의 연금연계 신청률이 그다지 높지 않기 때문에 실효성을 감안하여 개선하려면, 연금연계를 '임의선택'에서 '당연적용'으로 전환하는 것이 노후 생활보장자원의 확보측면에서 이상적인 대책이 될 수 있으리라 판단된다.

연계 의무화는 특수직역연금 가입자의 수용성이 낮은 퇴직일시금제의 폐지를 전제로 해야 한다. 또한 특수직역연금의 장기적 재정부담이 늘어나는 점을 고려하여 초기에는 해당자의 당연적용보다 가입자의 선택으로 시작하여 연계 의무화를 장기적으로 신중히 검토해나가야 할 것이다. 또한 각 연금공단의 환경과 입장이 다를 수 있으므로 그에 관한 협의와 대처가 필요할 것이다.

나아가 우리나라의 연금제도의 통합(일원화)은, 일본과는 현저하게 다른 직역 간의 제도 차이(특히 보험료율)로 인해 향후의 해결과제로 남겨두고 먼저 '연계제도'의 개선방안으로 연금수급권 확보가 우선되어야 한다. 그 후 특수직역연금법 상의 합산제도와 연계법상의 연계제도가 일원화될 경우, 제도운영의 장점과 그에 따라 대두될 수 있는 문제를 검토하여 효율적인 개선안이 마련된다면, 향후 국민연금과의 통합까지 내다본 관련 후속 연구가 이어질 것으로 기대된다. 단, 그 경우에도 정책적 결정이 아니라 가입자를 비롯한 전 구성원의 합의에 근거하여 동일부담, 동일급부 수준으로 일정 수준의 과도기적 기간을 설정하여 수렴되어야 공평성에 입각한 이른바 '공적연금제도의 통합'을 이룰 수 있을 것이다.

제6장

일본의 노인복지서비스

1. 인구고령화의 문제 제기

21세기 시대적 전환기를 전후하여 세계는 경제·사회 환경의 급격한 변화를 맞이하였다. 이에 따라 각국은 제도개혁에 임해 작은 정부 지향이라든지 시장기구의 활용 등으로 복지정책의 패러다임을 전환하며 대응해왔다. 특히 인구고령화의 사회문제는 정보화·국제화와 함께 20세기 말의 세계적인 이슈(issue)로 대두되었다. 이에 UN에서는 20세기를 마감하는 1999년을 "세계 노인의 해"로 정하여 인구고령화의 사회문제를 전 세계에 상기시키기에 이르렀다.

현대 산업사회의 인구구조, 가족 형태, 생활양식의 변화에 따라 발생하는 노인문제는 선진국은 물론이고 개발도상국에 이르기까지 사회적 과제로 인식하여 노인복지서비스의 필요성이 제기되고 있다. 이러한 현상은 이미 고령사회(aged society)에 진입한 우리나라에서도 노인문제[1]에 대한 관심이 고조되고 있어 시대적인 추세라고 하겠다.

1 노인문제란 고령자의 일상적인 생활 영위를 위해 고령자 자신 혹은 가족이 해결할 수 없는 상태가 발생하는 것으로써 경제적 빈곤, 건강약화, 역할상실, 사회적 고독 등과 같은 사회현상 및 사회문제를 포괄하는 과제라고 하겠다.

물론 인간이 장수하는 것은 매우 바람직하다. 그러나 장수하는 고령자가 늘어난 만큼 다양화되고 있는 복지 욕구에 대응하기 위해서는 양질의 노인복지서비스 개발과 제공이 필요하게 되었다. 이에 노인복지를 어떤 방법으로 제공해야 여유와 의미 있는 노후생활을 영위할 수 있을지에 관한 관심이 고조되어 그러한 사회문제에 각국이 대처하고 있다.

일본에서는 전 국민의 의료보험과 연금제도 시행(1961년)과 더불어 노인복지법이 제정(1963년)되어 노인복지에 관한 관심이 높아졌으며, 1970년대에 들어서자 인구고령화로 인해 노인문제에 대한 관심이 사회적으로 확산되었다. 그 후 노인복지를 비롯한 일본 정부의 사회보장에 관한 정책적 대응은 경제성장과도 관련하여 제도 수립과 제도보완 및 제도개혁을 추진하는 과정을 거쳤다. 그 결과로 장기요양보험[2]을 사회보험제도로 도입하게 되었는데 그것을 계기로 노인복지서비스 분야에서는 복지서비스 공급의 다양화를 이루었다.

이러한 복지 확대와 경제성장에 관한 접근에는 이론(異論)이 있겠지만, 복지와 경제 중 어느 것이 우선되어야 하는가에 관한 논의는 어떤 가치를 우선시해야 하는가? 라고 하는 시대 상황에서 논의되는 일종의 선택일 수 있을 것이다. 그런 의미에서 일본의 개호보험 도입 배경을 거시적인 측면에서 보면, 21세기를 맞이하는 시대적 전환기에 복지와 경제의 보완적인 필요성에 의해 도입되었다고 할 수 있겠다.

일본의 장기요양보험인 개호보험(介護保險)[3]의 도입은 획기적인 노

---

2 장기요양보험은 가령(加齡)의 심신 변화에 기인하는 질병 등 간병·수발이 필요한 요개호자에 대해 입욕, 배설, 식사 등의 간병수발, 기능훈련, 요양상의 관리를 비롯한 부수적인 의료 등을 제공하는 보건의료서비스 및 복지서비스와 관련되는 요양 사유에 따라 지급되는 보험제도이다. 일본, 독일, 네덜란드에서는 통상의 의료보험에서 독립된 사회보험제도제도로 운영되며 영국과 스웨덴에서는 일반세수를 재원으로 하는 장기요양보험제도를 운영하고 있다.

인복지서비스의 개선책이라고 하겠는데, 이는 인구의 고령화[4], 세대 규모의 축소, 여성의 사회진출 확대, 부양의식의 변화 등에 따라 가정의 간병·수발 능력 저하에 기인하는 '사회적 입원'을 비롯한 재원문제에 대응하기 위해 사회보험방식의 개호보험을 시행하게 된 것으로 알려져 있다. 이에 여기에서는 노인복지 관련 제도의 변천사적 관점에 근거해 노인복지법 시행(1963년) 이후부터 개호보험을 실시(2000년)하게 된 시점까지의 과정에 대해 당시 후생성 자료 및 『후생통계요람』 등을 재고(再考)하여 개호보험을 도입하게 된 배경을 명확히 하고자 한다.

일본의 노인복지서비스는 긴 역사를 갖고 있는데, 노인복지법 제정(1963년)에 의해 발아된 노인복지서비스[5]가 확충 및 개선되는 과정

---

3 개호보험(介護保險 : Long-term care insurance, 이하 일본의 介護保險을 문맥상의 이해를 위해 개호보험 또는 장기요양보험으로 표기함)은 2000년 4월부터 시행한 일본의 장기요양보험이다. 개호보험 도입 초기에는 대상 서비스를 재가관련서비스 12업종, 시설관련서비스 3업종 등으로 정하였다. 민간사업자가 보험급여를 받기 위해서는, 도·도·부현(道都府縣)에 서비스사업자(개호보험법 제70조, 73-78조) 기준을 갖추어 신청하면, 자격심사를 거쳐 선정되었다.

4 일본의 고령화율은 1950년에는 4.9% 수준에 불과했으나 1970년에 7.1%에 달해 이른바 고령화사회(고령화율 7%)가 되었다. 그 후 1994년에는 고령사회(고령화율 14%)로 나아가 2005년에는 초고령사회(고령화율 20%)로 진입하였다. 그 후에도 고령화가 계속 진전되어 2016년 10월 1일 현재, 일본의 총인구 약 1억 2,693만 명 가운데 65세 이상의 고령자인구는 3,459만 명으로 고령화율이 27.3%로 높아졌다. 65세 이상 인구 중 남성은 약 1,500만 명, 여성은 약 1,959만 명으로 남녀 성비가 76.6(여성인구 100명에 대한 남성인구 비율)이었다. 厚生勞働省大臣官房統計情報部(2012) 「總人口·將來推計人口構成割合」 『厚生統計要覽』 厚生勞働統計協會. p.19. 참조.

5 일본의 노인복지서비스는 ① 노인복지시설 : 노인데이서비스센터, 노인단기입소시설, 양호양로원, 특별양호노인홈, 경비양로원(케어하우스), 노인복지센터, 노인개호지원센터, 방문개호, 인지증대응형 공동생활개호(그룹홈), 일상생활용품의 급부 및 대여, ② 노인보건시설 : 주로 퇴원 후 가정복귀를 위한 중간시설로 제도화되었으며, ③ 소득보장제도 : 공적연금(국민연금, 후생연금, 공제연

을 라이프사이클의 관점에서 구분해 살펴보기로 하였다. 즉, 제도인식이 형성되는 ① 노인복지서비스의 성장기, 제도 운영이 확충되는 ② 노인복지서비스의 성숙기, 나아가 제도보완과 개선이 필요한 ③ 노인복지서비스의 전환기로 시기를 나누어 노인복지서비스의 변천 과정을 분석함으로써 일본의 개호보험(2000년)을 실시하게 된 요인과 배경을 도출하고자 하였다. 노인복지서비스에 관한 이러한 시기 구분을 시도한 것은 노인복지서비스와 관련된 제도 형성 및 보완과 개선을 거쳐 제도의 한계를 극복하기 위한 제도혁신에 이르는 과정이 생태적 변천 주기와 유사하게 진전되어 노인복지서비스와 관련된 일련의 동향 파악이 쉬웠기 때문이다.

그와 더불어 노인복지서비스와 관련된 선행연구 결과인 '사회적 입원' 이외의 배경에 관해서는, 제3절과 제4절의 내용 및 정책분석을 통해 도출하고자 한다. 또한 노인복지서비스 관련 조사[6]에 입각해 재가복지 및 시설복지 등의 확충과 개선에 관한 내용을 파악하고자 하였다. 이러한 분석결과는 노인복지서비스에 관한 논의의 진전을 위한 원형조각(pieces of prototype)을 제공하는 의미가 있을 것이다.

금) 및 생활보호제도 등을 포함하며, ④ 건강한 고령자의 활동지원 : 노인클럽·실버인재센터 및 그 외의 고령자시설 및 노인휴양홈, 노인휴게소 등과 관련되어 제공되는 복지서비스를 포괄하여 지칭한다. 그러나 사회보장비의 분류를 살펴보면, 1973년 이후 줄곧 연금, 의료비, 노인복지서비스는 각각 별도항목으로 분류되고 있으며 노인복지서비스 항목은 시설복지서비스와 재가복지서비스 급부비로 구성되어 있다. 厚生勞働省大臣官房統計情報部編(1998/2012)『厚生統計要覽』厚生勞働統計協會. p.341. p.316. (각년)『厚生統計要覽』 참조.

6 노인복지서비스에 관한 조사와 자료는, 厚生省(2001년부터 厚生勞働省로 변경), 東京都三鷹市高齢者センター, 社會福祉法人弘濟園을 비롯해 東京都內의 特別養護老人홈, 養護老人홈, 輕費老人홈, 高齡者在宅서비스센터, 在宅介護支援센터 등의 내부자료를 활용하였으며, 정보보호를 위해 일부시설 및 담당자명 등은 생략하였다.

2. 노인복지서비스의 분석 시점

일본의 개호보험 및 노인복지서비스에 관한 주요 연구로는 다지카 에이지(田近榮治 : 2014)의 현황과 문제점 분석이 노인복지서비스와 관련된 논의의 실마리를 제공한다. 특히 동 저자는 노인복지서비스가 이전의 행정조치에서 개호보험제도로 변화되었음에도 여전히 의료와 개호가 모호하여 이를 분리해야 한다고 주장하고 있다[7]. 한편, 그와는 대조적으로 개호보험 도입 이전의 연구 가운데에는 고령자의 의료와 복지를 따로 분리하기에 어려움이 따르므로 오히려 의료와 복지의 일원화 측면에서 공적 개호보험제도의 창설이 바람직하다는 견해[8]도 있었다.

이와 같은 논의에도 불구하고 개호보험 시행 10여 년이 지난 시점에서 의료를 목적으로 하는 장기 입원과 같은 폐해, 즉 의료와 개호를 완벽히 분리하지 못한 채 개호보험을 도입한 것이 문제였다는 지적과 더불어 현실적인 개선방안으로 개정 제안은 설득력을 얻는다. 즉, 다지카가 지적한 '사회적 입원'[9]이 의료보험재정에 막대한 지장을 초래하였기 때문에 개호보험을 도입하게 된 주요 배경이라는 주장에

7 小塩隆士·田近榮治·府川哲夫編(2014)『日本の社會保障政策課題と改革』東京大學出版會, pp.119-140. 참조.

8 漆博雄(1997)「老人医療の有料化と公的介護保險」『高齡化社會の生活システム』東京大學出版會, pp.156-157. 참조.

9 사회적 입원(Social Hospitalisation)이란, 입원의 본래의 취지와 달리 반드시 치료와 퇴원을 전제로 하지 않고 병원에 장기 입원하는 상태를 가리킨다. 즉, 병원 입원은 병상이 계속되어 치와 간호 등의 의학적 관리가 필요해 의료기관에 유치하는 조치이다. 따라서 병상이 쾌유 혹은 호전되거나 안정되면 당연히 퇴원하게 된다. 그러나 개호시설의 비용문제, 개호시설 부족문제, 생활상의 문제 즉, 가족 간병·수발의 대체 방법으로써 고령자를 의료기관에 입원시키는 문제가 드러나기도 하였다.

는 동의하는 바이다. 그렇지만 '사회적 입원' 외에도 개호보험제도 도입에 있어서는 그 외에도 몇 가지 요인과 배경이 더 있었을 것으로 판단된다.

무엇보다 노인복지서비스는 그 당시(20C 말)의 환경에서는 사용자와 제공자뿐만 아니라 사회구성원 모두에게 해당되는 제도로의 전환이 요구되었다. 왜냐하면 와상노인 및 치매환자에 수반되는 간병수발에 있어서 가족의 개호능력은 이미 한계에 도달했기 때문에 사회적개호의 필요성이 요구되었기 때문이다.

한편, 노인복지서비스와 일본개호보험에 관한 한국의 연구로는 개호공급 체제의 다원화에 관한 현상과 과제에 관해 상세히 논한 김지미(2015)의 연구가 논의의 계기를 제공하고 있다. 사회보장과 사회복지 개혁에 따른 시장기구의 개호복지에 대한 참여(영리·비영리단체의 노인복지서비스분야 참여)를 촉진할 수밖에 없었음에도 불구하고 정부의 역할과 정책 대응이 중요하며 이용자의 선택권이 보장되어야 한다는 논지는 설득력이 크다.

그와 더불어 일본의 가족개호의 전개에 따른 요개호자의 간병수발에 수반되는 가족개호의 비용화구조[10] 역시 관심을 두고 지켜볼 주장이라고 본다. 그 외에도 장기요양보험의 하부구조(infrastructure) 구축과 관련된 논쟁과 개호보험제도와 관련된 서비스인지도 결정요인 등에 관한 논의는 대부분 분석시점이 개호보험 실시 이후의 운영에서 드러난 문제점을 다루고 있다.

노인복지서비스를 대상으로 한 이와 같은 연구는 한국에서도 비슷한 양상을 보인다. 김인(2006)[11]의 노인복지서비스의 실태연구에서 노

10 김지미(2012) 「일본 개호정책의 전개과정에서 나타난 가족개호의 비용화구조」 『한국사회복지학』 한국사회복지학회, 제64권4호. pp.31-35. 참조.

11 김인(2006) 「농촌지역 노인복지서비스의 욕구와 실천에 관한 연구」 『노인복지

인복지서비스의 제공내용은 국가 차원에서 중심적인 서비스가 지원되며 민간차원의 비공식조직은 부수적인 지원을 맡는 만큼 정부의 역할이 중요하다고 보았다. 그와 더불어 복지서비스에 관한 제도 자체의 내용도 중요하지만, 노인복지서비스를 이용하는 수요자의 복지서비스에 대한 인지도 제고가 필요하다는 김신영(2006)[12]의 주장은 복지서비스의 공급자뿐만 아니라 수요자 인식도 중요함을 주장하고 있다.

또한 서구의 장기요양보험과 관련하여 남현주·이현지(2004)[13]는 유럽의 노인장기요양제도 수립현황과 운영 결과를 토대로 장기요양급여 수급 자격의 결정요인과 국제 비교를 시도하고 있다. 나아가 일본의 개호보험법 시행에 따른 민간사업자의 정보공개와 관련된 연구에서는, 노인장기요양기관의 정보공개제도화를 중심으로 한 논의와 한·일 비교에 초점을 맞추고 있다[14]. 이와 같은 분석은 대부분 개호보험(장기요양보험) 실시 이후의 운영현황과 실태를 대상으로 한 문제 제기와 해결 방향을 지향하고 있다.

한편, 제도의 변화과정에 중점을 둔 사회사 혹은 변천사에 관한 연구로 최옥채·구로키 야스히로(黒木保博)[15]는 일본복지의 변천 과정에 관한 연구를 시도하였다. 분석 방법은 사회복지 관련 잡지를 대상으로 하여 정치·경제와 관련지어 자선과 사회구제, 사회사업, 후생문제, 사회

연구』 한국노인복지학학회, 제33권. pp.197-224. 참조.

12 김신영(2006) 「노인복지서비스 인지도 결정요인연구」 『노인복지연구』 한국노인복지학학회, 제32권, pp.99-117. 참조.

13 남현주·이현지(2004) 「유럽의 노인장기요양제도 수립현황과 시사점」 『노인복지연구』 한국노인복지학학회, 제26권, pp.287-307. 참조.

14 문유미·조문기·장세철(2014) 「노인장기요양기관의 정보공개법 제도화를 위한 한·일 비교연구」 『일어일문학』 대한일어일문학회, 제62집, pp.331-333. 참조.

15 최옥채·구로키 야스히로(2014) 「월간복지에 비친 일본 사회복지의 변천」 『한국사회복지학』 한국사회복지학회, 제66권 제2호, pp.203-205. 참조.

복지 등으로 테마가 변천되는 과정을 시기적으로 구별하여 요인분석을 하고 있다. 이러한 시점을 참고하여 일본의 노인복지 관련 제도개선의 연장선상에서 사회보장제도를 비롯해 노인복지서비스의 태동과 변화 과정(일부 시기 중첩)을 시기별로 살펴보기로 한다.

3. 노인복지의 근거와 복지서비스

일본 최초의 사회보험은 1927년에 시행된 건강보험법이다. 또한 농촌에 대한 구제책으로 1938년 국민건강보험법이 제정되었다. 그 후 1941년에는 전시체제가 확립되는 가운데 노동자를 대상으로 한 노동자연금보험법이 창설되었고 그 대상을 직원과 여성까지 확대하는 형태로 진전되어 1944년에 후생연금보험법이 제정되었다. 그러나 이러한 제도 도입이 바로 복지국가로 이어질 수는 없었다. 왜냐하면 제2차 세계대전 패전 이후 악화한 경제 상황 속에서 일시적으로 사회보험 가입자가 격감하기도 했기 때문이다[16].

그 후 경제부흥기에 접어들면서 환경이 변화하여 연금제도를 비롯한 사회보장제도의 개선이 필요하게 되었다. 이에 공·사 피용자(근로자) 모두에게 해당하는 연금제도는 후생연금보험법을 기초로 한다는 취지로 각의(1954년 3월 16일)를 통해 후생연금보험법의 전면 개정을 이루게 되었다[17]. 행복추구권을 담보하려는 일본의 사회보장제도에 있어서 1961년은 특히 기념비적인 해라고 할 수 있다[18]. 그것은 바로 1958

16 厚生省年金局(1993)『厚生年金五十年年史』法研, pp.17-22. 高岡裕之(2006)「戰時動員と福祉國家」『岩波講座アジア太平洋戰爭動員·抵抗·翼贊』岩波書店, pp.121-150. 참조.

17 厚生省年金局(1993)『厚生年金五十年年史』法研, pp.42-47. 참조.

18 일본 헌법 제13조의 행복추구권은, 모든 국민은 개인으로서 존중된다. 생명·자

년과 1959년에 제정된 '국민건강법'과 '국민연금법'이 1961년에 시행되었기 때문이다. 이 두 제도는 일본사회보장제도의 양축을 구성하고 있으며, 생활보호법(1946), 고용보험법(1974)과 함께 질병, 사고, 실업, 가령(加齡)에 따른 위험을 완화하는 주요한 사회정책 역할을 하고 있다. 그와 더불어 노인복지법[19]이 제정(1963년 7월 11일)된 이 시기를 전후하여 노인복지에 대한 인식이 확산되었기 때문에 노인복지서비스가 발아된 시점이라고 할 수 있을 것이다.

그 후 일본의 노인복지는 경제성장에 근거해 노인복지법의 개정(1973년)에 의한 노년의료비지급제도[20]와 더불어 당시 연 5만 엔의 공적연금이 지급되는 등 이른바 노인복지서비스의 성장기를 맞이하였다. 즉, 1973년에는 복지 원년을 선포하여 복지국가를 지향하였고, 그 후 노인보건법(1982년)이 시행되기까지 지속적으로 노인복지서비스의 확충이 이루어졌다[21].

유 및 행복 추구에 대한 국민의 권리에 대해서는 공공복지에 반하지 않는 한 입법 기타 국정에서 최대한 존중되어야 하며, 제25조의 생존권에 입각한 기본적인 사회보장제도는 질병, 부상, 분만, 폐질, 사망, 노령, 실업, 등의 원인에 대해 보험 수단 또는 직접 공공 부담으로 경제적 보장방안을 마련하여 곤궁에 처한 자에게 국가 보조에 의해 최소한의 생활보장 제공과 보건·복지향상을 도모하고, 모든 국민이 문화사회의 성원으로서의 생활을 영위할 수 있도록 하는 것을 목적으로 정하고 있다.

19 노인복지법(1963년 7월 11일)은 일부 개정(1972년 6월 16일)을 통해 시행(1973년 1월)함에 있어 70세 이상 노인보건비의 공적부담(노인의료비 무료화)이 실시되기도 했으나 1982년 8월 17일 "노인보건법"이 공포(1983년 2월 시행)되어 노인의료비 무료화는 폐지되었다. 川村匡由(1992)『現代老人福祉論』ミネルヴァ書房, pp.266-288. 참조.

20 横山利彦·田多英範編(1991)『日本社會保障の歴史』學文社, pp.173-179. 노인의료비지급제도는 1973년 복지 원년의 복지지향 의미와 더불어 의료비 지출이 어려운 고령자의 경제 상황을 고려하는 동시에 의료보험을 보완하려는 목적에서 시행되었다.

이렇듯 복지 원년(1973년) 이후 일본의 인구고령화 추세는 고령사회를 안심하고 맞이할 수 있도록 가정의 개호 능력 저하에 대응하고 효율적인 노인복지서비스를 제공하기 위한 제도구축의 필요성을 사회적 과제로 인식하는 계기가 되었다. 그러나 1973년에 오일쇼크가 발생하여 유럽을 중심으로 복지국가의 위기감이 고조되었으며 1979년에 제2차 오일쇼크가 발생함으로써 경제성장에 차질이 빚어지자 일본도 그 영향을 받게 되었다.

그와 더불어 예상을 웃도는 인구고령화의 진전에 의해 노인복지서비스가 확대되었기 때문에 무상복지는 재정상의 문제로 인해 제도시행 초기처럼 유지할 수 없게 되었다. 이렇듯 인구고령화의 사회문제에서 비롯된 사회보장재원 문제는, 사회 전반에 걸쳐 해결해야 할 사회적과제로 인식되었다. 이러한 환경변화에 따라 일본의 노인복지서비스는 1970년대의 성장기부터 20세기 말에 이르기까지 자립(自立)과 연대(連帶)이념에 근거해 공적(제도)·사적(가족) 복지서비스의 확충과 제도개선이 반복되는 과정을 겪게 되었다.

한편, 1981년 '제2차 임시행정개혁조사회'가 제시한 정부 보조금의 삭감을 계기로 고령자대책은 고령자보건 및 노인복지서비스를 주축으로 제도가 재정비되었다. 이러한 환경 하에서 노인보건법(1982년)이 제

---

21 일본의 노인복지대책은 1963년에 노인복지법(1963년 법률 제133호)이 제정되어 적극적으로 추진되었다. 노인복지법 제정 전까지의 시책은 주로 후생연금보험법과 국민연금법의 노령연금 및 생활보호법상의 양로시설 수용보호 밖에 없었다. 노인복지법이 제정됨에 따라 노인복지 향상을 위한 복지시책이 체계적으로 추진되었다. 일본의 사회복지6법 중의 하나인 노인복지법은, 노인복지원리를 분명히 하는 동시에 고령자의 건강유지 및 생활 안정을 위해 필요한 노인복지의 도모를 목적으로 하고 있다. 또한 고령자의 자립과 사회참가를 위해 정부와 지방공공단체 등의 책무를 규정하는 동시에 노인복지시설의 감독·조성 등 노인복지 조치에 관한 구체적인 시책을 규정하고 있다.

정되어 고령자 의료가 무료에서 유료로 전환되었으며, 노인보건법에 해당하지 않는 심각한 경우에만 노인복지법에 따라 복지혜택을 받게 되었다. 그 후에도 이러한 추이가 계속되어 1990년대 중반 이후에 이르기까지 사회보장 구조개혁이 추진되는 한편, 노인복지분야에서는 지속적인 제도의 보완과 확충이 이루어졌는데 노인복지서비스 성숙기의 내용을 살펴보면 다음과 같다.

먼저, 일본의 노인복지는 고령자가 가능하면 가정과 지역사회 내에서 지속해서 삶을 영위할 수 있도록 홈헬퍼서비스와 같은 재가복지서비스를 확충하는 동시에 자택에서의 생활이 곤란할 때는 특별양호노인홈 등의 적절한 시설을 이용할 수 있도록 재가복지[22]와 시설복지 양면에서 정비를 추진하였다. 일본후생성이 내놓은 노인복지서비스를 위한 주요방안은 1986년 각의에서 결정된 「장수사회대책대강」, 1988년 후생성 및 노동성에서 제출한 '장수복지사회를 실현하기 위한 구체적 방안 및 목표(복지비전)' 등에 포함되어 있다.

이러한 방안은 활력 있는 장수사회 실현을 목표로 한 정부대책으로 제시된 것이었다. 이 과정을 통해 고령자의 보건·복지분야에서 공적서비스를 효율적으로 정비하기 위한 구체적인 목표 및 시책을 담은 '골드플랜[23](고령자보건 복지추진 10개년 전략)'이 1989년 12월에 후생(厚生)·대장(大藏)·자치(自治)대신의 합의로 수립되었다.

---

22 일본에서는 재택복지(在宅福祉)라는 표현을 쓰는데, 이는 주로 자택 내에서 이루어지는 복지서비스를 의미하므로 이하 재가복지라는 표현을 사용하였다.

23 골드플랜은 그 당시 후생성과 노동성(2001년부터 후생노동성)이 1988년에 고령자대책으로 내놓은 것으로써 "장수·복지사회를 실현하기 위한 시책의 기본방침과 목표"를 토대로 향후 10년간 6조 엔 이상을 투자하여 특별양호노인홈의 정비와 홈헬퍼·데이서비스·단기입소의 정비를 통해 재가복지대책을 진행한다는 것이었다.

표 6-1. 골드플랜(gold plan)의 주요 내용

- **시정촌(市·町·村)의 재가복지대책 정비** : 1999년 말까지 재가복지사업으로 홈헬퍼 10만 명, 단기입소(short stay) 5만 병상, 데이서비스센터(day service center) 1만 개, 재가개호지원센터(재가개호를 하고 있는 가정을 지원하기 위하여 집 근처의 전문가에 의한 개호 상담지도와 시정촌과의 연락·조정 기관) 구축 목표
- **와병노인(臥病老人) 제로(0)작전 전개** : 와병노인 발생을 방지하기 위하여 기능훈련 체제정비와 뇌졸중 정보시스템 등을 정비
- **재가복지 등을 위한 장수사회 복지기금 설치** : 재가복지·재가의료사업 지원 및 고령자의 삶의 보람·건강대책의 추진을 위해 기금조성
- **시설복지 정비** : 노인복지시설 정비를 위해 1999년 말까지의 목표는 특별양호노인홈 24만 병상, 노인보건시설 28만 병상, 케어센터 10만 명분, 고령자생활복지센터(정보교환 소규모 복합시설) 400개소를 설치
- **고령자의 삶의 보람 대책추진** : 장수사회 복지추진기구를 전 도도부현(都·道·府·県)에 설치하는 동시에 고령자가 삶의 보람과 건강을 유지하는 모델사업 추진
- **장수사회 연구사업** : 국립장수과학연구센터의 설치 및 연구지원을 위한 연구재단 설치
- **고령자를 위한 종합적인 복지시설 정비** : 민간사업자에 의한 노후의 보건 및 복지를 위한 종합적 시설정비를 촉진하는 사업을 추진

자료 : 日本厚生省의 내부자료. 골드플랜(1988) 참고 작성.

이 골드플랜(gold plan)은 고령자의 복지서비스를 확보하기 위해 복지비전 수준 이상의 목표를 제시하고, 재가복지의 확충을 위한 재가개호지원센터 및 고령자생활복지센터의 정비 등 신규시책을 적극적으로 포함하고 있는 점에서 매우 획기적인 것이었다. 그 후 골드플랜은 신 골드플랜[24]으로 확대·수정하여 2000년대 초반까지 '이용자본위(利用者本位)', '자립지원(自立支援)'이라는 이념[25]에 입각해 주요 노인복지서비

---

24 골드플랜을 계승하는 과정에서 1991년 6월의 "노인복지법 등의 일부를 개정하는 법률"이 제정되었으며, 인구고령화가 예상보다 급속히 진행되었기 때문에 1994년에 골드플랜을 전면적으로 개정하여 신 골드플랜(고령자 보건복지 5개년 계획)으로 발전시킨 계획이다.

스의 추진방침으로 작용하였다. 결국, 이러한 움직임은 인구고령화의 급진전이라는 사회현상에 필요한 제도혁신의 필요성을 내포한 제도보완과 제도개선 과정의 산물이었다고 하겠다.

이러한 과정에서 일본 고령자의 대부분은 신체기능이 저하되어도 지역사회에서 가족 및 이웃과 함께 생활하기를 바라는 성향이 강했기 때문에 자택 생활을 지원하기 위한 재가복지서비스의 확충이 필요하였다. 1990년부터는 '고령자 보건·복지추진 10개년 전략'에 입각해 가사원조와 신변개호 등의 직접 원조와 더불어 정보제공 및 상담활동 등의 정비가 추진되었다. 또한 이러한 사업을 추진하기 위해 재가개호지원 시책 등이 포함되어 있는데 그 내용을 당시의 일본후생성의 자료를 토대로 요약하면 다음과 같다.

(1) 재가복지서비스 운영사업

① 홈헬퍼(home helper)파견사업

홈헬퍼파견사업은, 시·정·촌(市町村)이 직접 또는 사회복지협의회 등에 위탁하여 신체상·정신상 장해로 인해 일상생활에 지장이 있는 가정에 홈헬퍼를 파견하여 입욕지원, 세발 등의 간병수발 서비스, 조리, 세탁, 보수, 청소 등의 가사원조서비스 및 상담·조언 등 일상생활 지원을 목적으로 하는 사업이다. 저소득자(비과세)에 대해서만 무료로 파견해오던 것을 1983년 10월부터는 소득세 과세 세대에 대해서도 유료로 파견할 수 있도록 개정하였다. 1989년에는 사회복지협의회 외에 노인개호 전문기관인 특별양호노인홈 등 일정 자격요건을 갖춘 민영사업자도 새로운 위탁시설로 지정될 수 있도록 조치하였다.

25 春日井典子(2004)『介護スタイルの社會學』世界思想社, pp.34-38. 참조.

② 단기입소(short stay)사업

이 사업은 자택에 거주하며 와병노인을 개호하고 있는 자가 질병, 출산, 개호피로(介護疲勞) 등으로 인해 간병·수발을 유지할 수 없는 경우, 해당 와병노인을 일시적으로 특별양호노인홈 등에 보호 조치하여 가족부담을 경감시키는 사업이다. 와병노인 및 가정복지 향상을 목적으로 1978년부터 시작되었다. 1988년부터는 재가 와병노인과 개호가족을 특별양호노인홈에 단기간 체재시키며 가족에게 개호기술을 교육하는 홈케어(home care)촉진사업도 시작되었다. 나아가 1989년부터는 단기입소사업의 하나로 야간개호가 곤란한 가족의 부담을 경감시키는 동시에 치매(癡呆)성 노인의 재택생활 유지 및 향상을 위한 야간돌봄(night care)사업을 실시하였다.

③ 데이서비스(day service)사업

이 사업은 재가서비스를 받는 허약(장애) 고령자를 데이서비스센터(day service center)에 주 1~2회 입소시켜 입욕서비스, 식사서비스, 동작훈련, 생활지도, 가족개호자교실 등 종합서비스를 제공하는 것이었다. 이는 시설수용과 재가개호의 중간적인 형태로 실시되었다. 그리고 재가와병노인·중증신체장애자 대상의 입욕·식사서비스를 제공하는 방문서비스 사업은 1981년부터 실시되었다. 나아가 1986년부터는 입욕서비스와 방문서비스를 재가노인 데이서비스(day service)[26]사업으로

---

26 사업내용은 생활지도 등 기본사업, 통원사업(입욕·급식서비스), 방문사업(입욕·급식·세탁서비스)으로 개정하였다. 사업 주체는 시·정·촌(市町村)이지만 사회복지법인에 위탁 운영할 수도 있다. 1989년부터는 지역실정에 따라 데이서비스사업 추진을 위해 사업내용을 이용대상자의 신체상황에 따라 A형(중개호형), B형(현행형), C형(경개호형) 등 3가지 유형으로 나누었다. 그 후 1992년부터는 이용인원이 종래의 1/2정도인 D형(소규모형) 및 E형(치매성노인용 매일통원형)이 새로이 신설되었다.

통합하였다.

(2) 재가개호지원 및 기타사업

와병노인이 있는 가정에 대해서는 사회복지사(social worker)와 간호사 등 전문가에 의한 재가개호상담에 의해 개호욕구의 평가와 동시에 와병노인들의 욕구에 따라 공적보건, 복지서비스가 원활히 제공될 수 있도록 하였다. 재가개호지원센터는 '10개년 전략'에 입각해 1990년부터 정비가 이루어졌으며, 1992년도에는 500개소가 증설되어 1,200개소가 운영되었다. 그 외에도 생활용구 지급·대여사업[27]으로 생활편의를 도모하는 동시에 가정의 부담을 낮추기 위해 신체기능 저하방지 및 개호보조를 위한 일상생활용구를 시·정·촌(市町村)이 독거노인 및 와병노인에게 지급 또는 대여하는 사업을 행하였다.

종래에는 소득세가 비과세되는 저소득 세대만 무료로 지급하던 것을 1989년부터는 재가와병노인 및 그 가족에 대한 지원책으로 이 제도가 활용되도록 부담 능력에 따른 비용징수 방법에 따라 일반세대까지 확대되었다. 일상생활용구지급 등 비용부담 기준은 〈표 6-2〉와 같으며, 이용비용은 국가(中央政府)가 1/3, 도·도·부·현(都道府縣)이 1/3, 시·정·촌(市町村)이 1/3씩 각각 부담하였다.

---

27 지급 품목은 특수침대, 메트리스, 에어패드(air · mat에 송풍장치 부착), 특수좌변기, 화재경보기, 자동소화기, 체위변환기, 긴급통보장치, 치매성노인 배회 감지기기, 휠체어, 보행기, 전기조리기 및 노인용 전화가 있으며 그 외에 1992년부터는 이동용 리프트가 도입되었다. 또한 신체 상황의 변화에 따라 효과적으로 용구를 이용할 수 있도록 1986년부터 도입된 대여제도에 의해 특수침대, 긴급통보장치 및 치매성 노인 배회감지기, 휠체어, 보행기, 이동기기의 대여가 가능하였다.

표 6-2. 일상생활용구 급여 등 사업비용 부담기준

구분	이용자 세대의 소득내용	이용자부담
A	생활보호법 상의 피보험자 세대(단독세대 포함)	무 료
B	생계중심자의 전년 소득세가 비과세인 세대	무 료
C	생계중심자의 전년 소득세액이 연 9,600엔 이하 세대	16,300
D	생계중심자의 전년 소득세액이 연 32,400엔 이하 세대	28,400
E	〃 연 32,401엔 이상 42,000엔 이하 세대	40,600
F	생계중심자의 전년 소득세액이 연 42,001엔 이상 세대	전 액

자료 : 日本厚生省(1990) 「고령자 보건복지 10개년 전략」 참고 작성.

(3) 노인복지시설 및 복지행정의 정비

고령자가 와병상태가 된 경우라도 사정상 가족으로부터 개호를 받을 수 없거나 자택에서 원만한 생활을 유지할 수 없는 경우에는 노인시설(노인홈 등)에 입소해야 할 필요가 있었다. 이러한 노인복지시설은 노인데이서비스센터, 노인단기입소시설, 특별양호노인홈, 양호노인홈, 경비노인홈 및 노인복지센터로 이루어져 있었으며 그 외에 복지향상을 위한 유료노인홈, 노인휴양홈, 노인휴식센터 등과 같은 시설과는 구분되어 운영되었다.

이러한 시설 중 특히 특별양호노인홈은 입소자인 요개호 고령자에게 생활 장소를 제공하기 위해 정비되었다. 그러나 시설서비스 이외에 와병노인의 개호전문기관인 특별양호노인홈에 대한 노하우를 활용하고 데이서비스사업, 단기입소사업 및 홈헬퍼파견사업 등의 재가복지서비스를 적극적으로 전개하기 위해서는 거점시설의 역할이 요구되었다. 이에 노인복지시설에 관한 개선책으로 '고령자 보건복지추진 10개년 전략'에 입각해 지속해서 특별양호노인홈의 정비가 이루어졌다.

그와 더불어 고령자의 보건과 복지증진을 위해 주민과 가장 가까운 행정기관인 시·정·촌(市町村)에서 재가개호조치[28] 및 시설복지서비스

를 일원적이고 계획적으로 제공하는 체제구축이 중요하다는 판단 하에 ① 시설입소 및 재택서비스에 관한 개호 등 종합적인 조치강구, ② 노인보건복지계획에 관한 사항 등 노인복지법의 일부를 개정(1990년 6월)하였다.

1990년대 접어들어 이른바 '인생 80년 시대'를 맞이한 일본에서는, 모든 고령자가 건강하고 삶의 보람을 느낄 수 있는 장수사회의 실현이 중요한 과제로 인식되었다. 이를 위해 노인클럽활동의 지원조성 외에도 '고령자의 삶의 보람과 건강 만들기 추진사업'을 실시하게 되었으며 고령기의 삶에 대한 국민의 의식개혁을 도모하는 동시에 고령자의 사회활동을 추진하기 위한 지도자 육성에 주력하였다.

또한 노인개호 실습 등을 통해 지역주민에게 개호지식, 개호기술 등의 보급과 개호를 위한 복지기기, 개호용품 전시와 더불어 상담체제정비, 복지기기 보급을 1992년부터 실시하였다. 그 외에도 시민대상의 노인개호의식 홍보, 개호기초지식·기술의 습득, 가족개호자에 대한 개호지식·기술습득, 개호전문 직원을 대상으로 한 노인개호팀 구성 및 지역조직 구성, 노인 욕구에 관한 정보제공 등이 이루어졌다.

설치 주체와 설치 단위는 도·도·부·현(都道府縣)과 지정도시로써 각 거점에 특별양호노인홈(보건소·복지사무소 등, 개호복지사 양성교육기관·사회복지사 양성교육기관, 노인보건시설, 신체장애자요양시설, 간호원양성소 등)의 설비구축과 개호지도직원을 배치하여 각 시설

---

28 주요 내용으로는, 종래의 주간 보호인 데이서비스(day service)와 단기입소(short stay)가 단체 위임사무였고, 홈헬퍼서비스가 고유사무였던 것을 양자를 같은 것으로 개정, 국고보조 규정을 정비하였다. 재가복지를 중시하여 재가복지 규정을 시설복지에 우선하여 규정하였고, 재택복지서비스와 기타 노인데이비스센터 등의 규정 또한 정비가 이루어졌다. 특별양호노인홈의 입소조치권을 시·정·촌(市町村)에 이양(1993년 4월 1일)함에 따라 재가 및 시설서비스가 시·정·촌에서 일원적으로 이루어졌다.

에서 지역개호실습·보급센터 운영을 위한 운영비보조(1992년. 지역개호실습·보급센터 7개소)가 이루어졌다.

나아가 노인 세대용 공동주택제도를 실시하여 이미 1980년부터 공영주택에 독신 고령자도 입주할 수 있게 되었다. 이러한 사업을 통해 일반주택을 건설할 때에도 고령자와 동거를 할 수 있는 이른바 3세대 주택이 필요하다는 인식에 이르게 되었다. 또한 1980년부터 연금복지사업단의 융자사업을 통해서도 주택과 요양시설 후생복지시설에 대한 융자가 이루어졌다[29]. 이러한 사업은 1987년도에 내용을 확충하여 고령자주택정비자금 대부 제도로 개편되었다.

한편, 실버산업[30]은 일반적으로 60세 이상인 고령자를 대상으로 민간사업자가 시장원리에 따라 공급하는 재화 및 서비스라고 하겠는데 1980년대 중반 이후 점차 노인복지서비스 분야로의 진입이 활발해지기 시작했다. 이는 종래의 공적서비스 이외에 민간사업자에 의한 창의적이며 효율적으로 이루어지는 다원적 복지서비스의 공급이 필요하게 되었음을 의미한다. 즉, 인구고령화에 따른 유료노인홈, 노인아파트 및 실버타운 등과 같은 생활 기반이 되는 주거관련서비스의 욕구가 확대일로에 있었기 때문일 것이다. 이러한 실버서비스의 진전과 민간부문의 참여촉진[31]을 위해 노인복지서비스 관련 사업자의 선정·지도·감독·

---

29 정기룡 역(1995) 『일본연금복지사업단 30년사』 국민연금연구센터, pp.25-34. 참조.

30 최성재(1997) 「미국의 노인복지에 있어서의 사회복지와 실버산업의 역할」 『한국노년학』 한국노년학회. 25호. pp.198-203. 여기에서는 실버산업을 elderly market과 mature market 등의 표현을 쓰고 있으며, 고령자를 대상으로 한 상품과 서비스를 제공하는 산업으로 정의하고 있다. 한국에서는 주로 고령친화산업으로 일본에서는 실버산업, 실버서비스산업 등 고령자를 대상으로 하는 비즈니스 분야의 총칭으로 사용되고 있다.

31 장기요양에 필요한 개호서비스와 개호기기는 고령자의 수요가 일반상품에 비

표 6-3. 초기에 분류된 실버서비스의 종류

1. 재가관련서비스
  1) 유료노인홈 : 일반유료노인홈(개호기능), 개호전용유료노인홈
  2) 캐어주택

2. 개호관련서비스
  1) 개호서비스
     홈헬퍼서비스(파견사업, 입욕서비스, 급식서비스)
  2) 단기체류(Short stay사업)
  3) 데이서비스(Day service사업)

3. 복지기기관련서비스
  1) 개호기기 : 화장실이 있는 침대, 휠체어, 특수의자, 특수요기, 체위변환기 등
  2) 개호용품 : 종이기저귀, 와병상태의 고령자용 의료, 특수매트 등
  3) 고령자를 위한 정보시스템 : 실버폰, 독신고령자긴급통보시스템 등

4. 기 타
  1) 고령자스포츠 2) 고령자교양강좌 3) 기타

자료 : 당시의 日本厚生省(1988)「골드플랜」내부자료. 참고.

평가 등의 과정에서 발생하는 문제 또한 해결되어야 했다.

실버서비스의 건전한 육성을 위해서는 민간의 효율성 및 창조성을 저해하지 않고 양질의 서비스를 제공해야 했기 때문에 정부와 지자체를 통한 행정지도와 더불어 민간부문의 창의적이고 효율적인 영리·비영리조직의 활성화를 촉진하기 위해 민간사업자의 참여를 유도한 것이다. 이러한 환경변화에 따라 1987년도에 (사)실버서비스진흥회가 발족하였으며 동 진흥회에서는 양질의 실버서비스제공·보급 및 소비자보호를 목적으로 한 인증제도(silver mark)를 1989년부터 실시하기에 이

해 개별성이 다르게 나타나기 때문에 수요에 적절히 대응하기 위한 개발이 요구되었다. 또한 고령자는 경제면뿐만 아니라 건강상의 문제로 노후의 간병생활에 있어서 가족개호의 한계에 달하는 불안을 해소하는 방안으로 양질의 민영 복지서비스의 공급이 필요하게 된 것이었다.

르렀다.

이렇듯 노인복지분야에 민간참여를 유도하고 사회복지의 적용 범위를 줄였음에도 불구하고 1990년대 중반 이후에는 인구고령화가 더욱 급격하게 진전됨으로써 사회보장 재정의 파탄 위기를 회피하기 위해 결국 노인복지법과 노인보건법의 관할 하에 있었던 장기요양 즉 개호(介護)[32] 부분을 새로운 제도를 통해 실시할 수밖에 없게 되었다. 이로써 노인보건법을 폐지하고, 1997년 개호보험법(介護保険法)[33]을 제정하여 개호보험(介護保險)을 사회보험으로 시행(2000년 4월 1일)하게 된 것이다.

결국, 이전의 노인복지가 세금을 재원으로 국가·지자체가 조치제도에 의해 주로 저소득층 고령자를 대상으로 노인복지서비스를 제공해 왔다면, 개호보험은 새로운 사회보험제도를 통해 재원을 확보하는 동시에 계약방식으로 노인복지서비스를 제공하는 형태로 바뀐 것이다. 그것은 개호보험의 대상자를 요개호자(要介護者) 전체로 확대하는 동시에 이전의 행정조치와는 달리 이용자가 개호서비스를 제공하는 사업

---

32 다시 한 번 개호(介護)라는 용어를 설명하면, 이는 介助(Surport)와 看護(Nursing)의 합성어로서 만성적 질병 및 치매 등으로 인해 일상생활이 어려운 이용자를 위한 생활지원 및 간병·수발을 포괄하는 의미이다. 우리말 의미는 간병·수발을 동반한 장기요양서비스라고 할 수 있다.

33 개호보험법(1997년 12월 17일. 법률 제123호)은 간병·수발이 필요한 요개호자(동법 7조3항)에 대해 사회보험을 통해 보험급부 등을 행하기 위한 목적으로 제정된 법률이다. 즉 국민의 공동연대이념에 기초하여 보험급부 등에 필요한 사항을 규정함으로써 보건의료의 향상 및 복지증진을 도모하는 것을 목적으로 하고 있다(개호보험법 제1조). 개호보험에 필요하게 된 배경으로는 무엇보다 노인복지법의 재정파탄으로 의료분야를 분리해 노인보건법을 제정했으나 이 제도역시 파탄을 맞게 되어 새로운 노인복지를 취급해야 할 시스템이 요구되었기 때문이다. 그와 더불어 사회적 입원이 급격히 늘어나 효율적인 고령자의 개호에 대처하기 위해 사회보험제도 방식의 개호보험이 필요하게 되었다.

자를 선택하는 한편, 소득비례에 따라 일정비용을 부담하여 개호서비스를 구입하는 노인복지서비스시스템으로 크게 전환된 것이 개호보험의 특징이다[34].

4. 노인복지서비스의 정책 대응

서구 선진국은 19세기부터 고령사회의 사회문제가 대두되었으나 후발국인 일본은 복지 원년(1973년) 이후에 급격한 인구고령화로 인한 사회문제에 당면하게 되었다. 이를 반영하듯 ILO에서는 1980년 「고령노동자에 관한 권고(ILO권고 162호)」를 채택하여 가령(加齡)에 따라 고용·직업에 있어서 곤란함이 예견되는 모든 노동자를 대상으로 하여 고용기회와 처우의 균등, 고령노동자에 대한 고용보호조치 강구, 은퇴 준비 등에 대한 정책적 대응을 모색하도록 권고하였다. 그와 더불어 유엔은 1982년 8월 빈에서 세계고령자회의를 개최하고 '1982년 국제고령자문제행동계획'을 채택하기에 이르렀다[35].

이렇듯 고령사회의 포괄적인 정책 대응은 국제적인 과제로 확대·인식되었으며 전후 고도성장을 이룩한 일본에서도 예외가 아니었다. 그 가운데 상당히 이른 시기에 대응에 나선 하나의 예로써, 일본의 중앙사회보장심의회가 후생대신에게 보낸 「노인문제에 관한 종합시책」이라

---

34 八代尙宏(1997) 「市場原理の基づく社會福祉改革」.『週刊社會保障』 No.1963 法硏, p.26. 개호보험 이전에는 행정당국의 조치제도(措置制度)를 통해 노인복지서비스(개호복지)가 이루어지는 구조였다. 이처럼 행정처분에 따른 조치는 서비스 이용자에게 선택권이 없는 문제점을 안고 있었는데 개호보험에서는 이를 해결하는 계기가 되었다.

35 U.N.(1983) WIENNA INTERNATIONAL OF ACTION ON AGING. 참조. 이 행동계획은 고령자의 보건, 영양, 시설, 주택, 환경, 사회복지서비스, 소득, 고용, 교육 등 폭넓은 행정 부문의 행동계획을 권고한 것이었다.

는 답신(1970년 11월 25일)에서는, 국민적 합의를 이루기 위해 연금, 의료, 취업, 주택, 복지서비스 등에 관한 광범위한 고령자대책을 종합적으로 추진해야 한다는 제안을 담기도 하였다[36].

일본 고령자의 생활보장은 제2차 세계대전 이전까지는 주로 자녀의 부양에 의한 것이 암묵적인 관례였는데 전후의 민법개정과 더불어 부양의식이 크게 변화되었다. 이처럼 가족 부양의식의 약화는 고령자가 일정 수준의 소득 능력이 있었음을 반영한 결과[37]이기도 하다.

현역 세대의 도시근로자가 겪는 주택난, 생활비의 증가로 인해 부모의 생활원조를 적극적으로 지원하지 못하고 있는 현상은 일본 총무청(1990년)이 실시한 고령자의 수입원(복수) 조사에서도 명확하게 드러나고 있다. 즉, 고령자의 소득원 중에는 연금소득이 제1순위이며 그 다음으로 근로소득과 재산소득 순으로 나타났다. 그리고 자녀원조 등의 기타 수입원은 10% 수준에 머물러 경제면에서 자녀의 원조를 기대하기 어

표 6-4. 1990년 당시 고령자세대의 소득현황

구분	1세대당 평균소득액	소득의 종류(만 엔 / %)				
		근로소득	재산소득	연금수급	기타사회 보장급부	기타
소득액	289.8	88.2	26.6	158.8	6.1	10.1
구성비	100.0	30.4	9.2	54.8	2.1	3.5

자료 : 日本總務廳長官官方老人對策室(1992) 『老人の生活と意識』, p.212.

36 그 후에도 중앙사회보장심의회에서는 「노인홈의 이상형(1972)」, 「유료노인홈의 이상형 관한 의견(1974)」, 「향후 노인홈의 이상형(1977)」, 「양호노인홈 및 특별양호노인홈 비용 징수기준의 개선방안(1979)」, 「재택 노인복지대책의 이상형(1981)」, 「특별노인홈 및 특별양호노인홈 비용징수 개선방안(1984)」, 「현행 노인홈의 이상형(1988)」, 「향후 노인복지의 이상형(1988)」 등을 각각 제안하였다.

37 日本總務廳長官官方老人對策室(1992) 『老人の生活と意識』 pp.210-212. 고령자의 주요 수입원 조사 결과 참조.

려운 것으로 보인다. 고령자의 노후생활과 관련된 연금제도 및 생활보장은 앞에서 그리고 고령자고용에 관하여는 별도의 연구에서 다루었기에 생략하기로 한다[38].

그 당시 일본후생성(현재의 厚生勞働省)의 와병(臥病)노인조사결과추계(1986년)에 따르면, 그 당시 65세 이상 인구 중 4.6%인 약 60만 명 수준이었고, 그 후 1995년의 「국민생활기초조사」에서 나타난 요개호(要介護) 수는 86만 명으로 늘어났다. 그 가운데 재택와병 고령자는 약 22만 2천 명 수준이었다.

또한 치매성 질환의 요개호 노인대책과 관련해 당시 후생성 내부에 설치된 치매성 노인대책 추진본부의 보고(1987년 8월)에 따르면, 1985년 시점에서 치매성 노인이 59만 3천 명으로 집계되었으며 평균수명의 신장과 더불어 늘어나는 추세에 있었다. 치매성 질환은 특유의 증상과 문제행동이 수반되므로 일반 개호와는 질적·양적으로 달라서 세심한 간병·수발이 필요하였고 발병 원인과 메커니즘에 관한 의학적 측면의 과제도 대두되었다.

이렇듯 고령자 가운데에는 노후생활의 경제적인 문제와 더불어 심신쇠약과 건강상·정신상 장애가 있는 고령자가 늘어나고 있었는데, '국민 생활 기초조사(1989년)'에서는, 65세 이상 인구 약 1,423만 명 중에서 이러한 자각증상이 있는 자가 무려 약 717만 명에 달해 이미 20C 말엽

38 고령자고용 및 생활보장자원 관련 연구로는, 정기룡(2001) 「日本の現役高齢者に關する硏究」 『日語日文學硏究』 제41집, 한국일어일문학회. pp.293-313. 정기룡(2016) 「일본의 고령자 사회정책에 관한 연구-고령사회대책대강의 분석을 중심으로-」 『일본연구』 제68호. 한국외국어대학 일본연구소. pp.135-160. 정기룡(2001) 「高齢社會における生活保障資源に關する一硏究」 『日本近代學硏究』 제47호. 한국일본근대학회. pp.151-172. 그리고 공적연금제도연구는 정기룡(2012) 「일본 공적연금제도의 복지이념에 관한 연구」 『일본언어문화』 제23집. 한국일본언어문화학회., pp.509-531. 등 참조.

에 전체 고령자의 약 절반이 건강상의 문제가 있는 것으로 조사되어 고령자의 건강 문제가 중요한 것임이 드러났다.

1973년 복지 원년 이후에는 <표 6-5>에서 보는 바와 같이 고령자수의 증가와 더불어 복지 확대가 진전되는 반면, 고령화율의 진전에 따른 사회보장지출이 급격히 늘어나는 문제에 부딪히게 되었다. 이러한 문제에 대응하기 위한 사회보장제도의 재검토가 이루어져 1982년에는 노인보건제도가 창설되어 노인의료비를 환자 본인도 일부 부담하게 되었다. 그와 동시에 노후생활보장 자원인 공적연금은 이전까지 자영업자를 대상으로 한 국민연금을 수정하여 전 국민을 대상으로 한 기초연금제도로 전환하여 1986년부터 시행하였다[39].

한편, 사회보장제도심의회(1985년 1월)는 특히 중개호(重介護)를 요하는 고령자대책을 중점과제로 선정하였다. 특히 의료와 복지서비스를 일체적으로 제공하는 이른바 중간시설(제3섹터 포함)제도화를 제안한 '노인복지의 이상적인 형태'를 건의하였다. 또한 1991년 3월에는 복지관계심의회 합동기획분과에서 국가와 도·도·부·현(都道府縣)뿐만 아니라 시·정·촌(市町村)의 역할 중시와 재가복지를 복지사업으로 의미를 부여하는 등 복지서비스 확대를 위한 공급 주체 육성 및 재가복지방안을 제안하기에 이르렀다.

이러한 움직임은 결국, 사회보장 재원을 안정적으로 확보하면서 노인복지서비스를 제공하기 위해서는 사회보험 형태의 제도 도입이 필요

39 정기룡(2012) 「일본 공적연금제도의 복지이념에 관한 연구」 『일본언어문화』 한국일본언어문화학회, p.516. 일본은 1985년의 연금개정을 통해 1986년 4월부터 국민연금을 전 국민을 대상으로 한 기초연금제도로 개편하였다. 후생연금·공제연금 등의 피용자연금은 기초연금에 추가해 소득비례연금제도로 운영하였다. 이러한 조치는 이전의 자영업자 대상의 국민연금을 자영업자를 비롯하여 후생연금 및 각 공제연금 가입자 그리고 그 배우자까지 포괄하여 전 국민의 기초적인 노후생활보장을 위한 개혁이었다.

하였으므로 그를 위한 준비 단계였던 것으로 파악된다. 이처럼 노인복지서비스의 확충은, 개호보험 시행에 따른 정부 역할의 축소 혹은 복지서비스 부문의 민영화가 촉진될지라도 효율적인 서비스 제공을 위한 제도가 요구되었다.

그러나 고령자개호를 둘러싸고 행정조치에서 개호서비스의 선택을 동반한 자기 부담의 확대로 인해 일부 개인적으로는 '복지축소'로 받아들이기도 하지만, 개호보험이라는 사회보장제도에 의해 더 많은 사람이 노인복지서비스의 혜택을 받게 되는 '복지확대'라는 인식도 혼재해 있었다. 이렇듯 노인복지서비스와 관련된 제도의 변천 과정은 시대적인 환경변화 속에서 효율성(제도 개편)과 선택(이용자부담)에 따라 수단 및 도구가 바뀔지라도 합리적인 기준과 제도적인 질서 내에서 일정 형식이 변화하는 것이지 어떤 제도가 불변의 지배적인 패러다임을 고

표 6-5. 고령자 관련 급부비 및 고령화율의 추이

구분	공적연금 급부비 (억 엔)	노인보건 급부비 (억 엔)	*노인복지 서비스 (억 엔)	소 계 (억 엔)	전년대비급부비신장률 (%)	고령자 수 (천 명)	고령화율 (%)
1973	10701	4289	596	15586	-	**7,393	**7.1
1975	28958	8666	1164	38788	45.5	8,865	7.9
1980	83691	21269	2560	107420	17.2	10,647	9.1
1985	144466	40070	3668	188204	11.1	12,468	10.3
1990	216110	57331	5749	279190	7.4	14,895	12.1
1995	311565	84525	10902	407109	9.1	18,261	14.6
2000	391729	103469	34193	530476	5.6	22,005	17.4

자료 : 日本國立社會保障人口問題研究所(各年度)「社會保障給付費」및 厚生勞働省大臣官房統計情報部(1998)『厚生統計要覽』厚生勞働統計協會, p.341. 동要覽(2012), p.19. p.316 참조.

* 시설복지서비스와 재가복지서비스 급부비로 구성됨.

** 1970년도 수치이며, 그 이전의 노인복지서비스 예산관련 통계자료는 없음.

정하는 것은 아니라고 하겠다.

인구고령화의 급진전에 따른 개호문제는 고령자 자신은 물론이고 개호 가족에게 있어서 고령자의 노후생활은 최대의 불안 요인이 되었다. 이에 따라 행정지도는 복지 원년 이후에도 거듭 개선되어 1988년에는 사회복지 의료 사업단에 의한 유료 노인 홈 및 재가 보호 서비스(입욕 및 가사도우미 사업 등)에 대한 저리융자가 실시되었으며 재가 간호 서비스 관련 행정지도에 필요한 지침을 정하는 과정을 겪게 되었다. 당시 일본 후생성은 고령자의 보호를 가족 중심적 대응으로 재가 복지에 힘을 기울여 왔지만, 핵가족화의 진전은 물론이고 여성의 사회활동이 증가하는 한편, 인구고령화로 인해 고령자 수와 고령화율이 급격히 늘어나고 있었다.

이렇듯 사회보험 형태의 개호보험이 성립되기 이전까지의 공적개호(公的介護)는 노인복지법에 입각한 행정서비스로 시행되었으며, 간병·수발 등 장기요양이 필요한 자에 대한 노인복지는 시설복지서비스와 재가복지서비스의 '조치제도'의 범주에 속해 있었기에 행정적인 조치로 결정되었다.

그러나 2000년에 이르는 상황을 엿볼 수 있는 〈표 6-5〉와 같이 급격한 인구고령화는 요개호(要介護)가 필요한 대상과 복지서비스의 수요가 늘어났지만, 가족개호의 한계와 더불어 행정조치에 의한 개호서비스의 수용시설은 점차 한계에 달해 서비스 공급 측면에서 공적 개호시설 및 개호전문인력이 부족하게 되었다.

그와 더불어 1980년대 중·후반부터 재가복지 및 복지시설 양적 확대가 이루어지기는 했지만 개호서비스의 양적 확대를 민간비영리 부문에서 담당했기 때문에 노인복지서비스 지출이 급격히 늘어났다. 그런데도 민영실버서비스(영리 목적의 개호서비스)의 확충이 미미했으며 개호서비스 또한 수요자의 기대에 미치지 못했다.

나아가 복지시설에 입소를 못 한 고령자들이 선행연구(다지카 에이지 등)에서 지적된 바와 같이 복지시설이 아닌 의료기관에 '사회적 입원'을 하는 등 노인보건급부비가 급격하게 늘어나 의료보험 재정을 압박하게 되어 '사회적 개호'가 제도적으로 필요하게 되었다.

이처럼 골드플랜을 비롯하여 신 골드플랜, 고령자대책대강 책정 등으로 이어진 고령자대책에도 불구하고, 사회보장재정의 안정화와 효율적인 노인복지서비스를 제공하기 위해서는 민영부문의 영리조직 참여를 촉진하고 비영리조직의 확대를 도모하려는 측면에서 사회보험방식의 장기요양제도인 개호보험을 도입하게 된 것이다.

개호보험 도입(2000년) 이후에도 전체적인 노인복지서비스 급부 비용은 여전히 늘어나는 추세에 있지만, 제도 시행 이전과는 달리 전년대비 신장률이 5% 이내의 완만한 신장률을 보인다. 노인복지서비스와 관련된 사회문제는 인구고령화가 일본보다 더욱 빠르게 진전되고 있는 우리나라에서도 사회적 이슈(issue)가 되어 노인복지서비스 분야가 확충, 개선되고 있다[40].

---

40 한국의 노인복지서비스를 요약하면, ① 기초연금 : 만 65세 이상 고령자의 소득·재산 수준(소득인정액)이 선정기준액 이하인 고령자에게 월 20,000원부터 최대 204,010원(2017년 현재) 내의 차등 지급을 비롯하여, ② 어르신돌봄서비스 : 만 65세 이상 고령자를 대상으로 가정방문, 유선 등을 통한 주기적인 안전 확인 및 생활교육 실시, ③ 저소득 고령자 무료급식사업 : 만 60세 이상 고령자 중 가정형편이 어렵거나 부득이한 사정으로 식사를 거를 우려가 있거나 만 65세 이상 독거노인 중 거동이 불편하여 경로식당을 이용할 수 없는 자에게 제공하며, 만 65세 이상 독거노인 중 가정에서 조리가 가능한 자에게는 밑반찬 배달, ④ 장기요양보험제도 : 소득수준과 상관없이 65세 이상 고령자 혹은 65세 미만이지만 노인성 질병이 있는 환자 중 장기요양 1-5등급 판정을 받은 자에 대한 재가급여(방문요양, 방문목욕, 방문간호, 주·야간보호, 단기보호, 복지용구), 시설급여(노인의료복지시설 입소, 특별현금급여(가족요양비, 특례요양비, 요양병원간병비)와 같은 서비스가 포함되어 있다. 이러한 혜택과 더불

5. 노인복지서비스의 전환기

지금까지 일본의 노인복지법 제정(1963년) 이후 이른바 복지 원년(1973년)을 거쳐 개호보험법이 시행(2000년)되기에 이르기까지 노인복지서비스의 확대와 개선과정을 개관하여 개호보험의 도입 배경을 살펴보았다. 그 변천 과정에서 일본이 개호보험을 도입하게 된 배경이 되었던 것은 선행연구에서 지적한 바와 같이 '사회적 입원' 등으로 인해 노인보건 관련 비용이 급격히 늘어나는 동시에 의료시설 확충 등의 사회문제에 대한 해결책이 필요했을 것으로 파악된다. 그와 더불어 노인복지서비스의 내용 및 정책분석을 통해 파악된 그 외의 배경을 요약하면 다음과 같다.

첫째, 21세기를 맞이하는 시대적 전환기의 일본에 있어서 복지와 경제의 보완적인 필요성에 의해 사회보험방식의 개호보험이 필요하게 되었다. 둘째, 노인복지서비스는 인구고령화의 급진전이라는 사회적 현상에서 사회구성원 대부분이 고령기를 맞이하게 되므로 국민 모두에게 해당하는 제도 전환의 필요성에 의해 개호보험이 요구되었다. 셋째, 와상노인 및 치매환자에 수반되는 간병·수발에 있어서 가족개호의 한계에 따라 사회적개호의 필요성이 제기되었다. 넷째, 종래의 공적서비스 이외에 민영 부분의 창의적이고 효율적인 영리·비영리법인 조직의 활성화를 촉진하는 계기로 개호보험을 도입하게 되었다. 다섯째, 개호보험은 이전의 행정조치와는 달리 개호사업자에 대한 요개호(要介護) 복지서비스 이용자의 자기 부담과 선택으로 운영되는 개호보험의 선택권이 필요하게 되었는데 이와 같은 변화는 결국, 사회적 필요성에 의한 다원적 복지서비스 공급체계의 구축을 의미한다.

어 평생교육프로그램, 건강관리프로그램, 노인사회활동지원(맞춤형 일자리) 및 각종 고령자 대상 할인과 우대제도가 노인복지서비스로 제공되고 있다.

인구고령화는 일본뿐만 아니라 우리나라에서도 이미 상당 수준의 고령화율(2022년 7월 17.6%)을 보이고 있으며 그 속도는 일본보다 훨씬 빠르게 진전되고 있다. 그러나 그 속도에 걸맞은 노인복지서비스가 제공되고 있는지에 대해서는 논란이 있을 것이다. 그것은 무엇보다 고령사회의 사회문제에 대비해야 한다는 인식보다 고령사회로의 진전 속도가 더욱 빠르게 진전되고 있기 때문일 것이다. 사회문제에 대한 효율적인 대책은 그 문제에 대한 사회구성원의 공통적인 인식에 수행된다. 또한 그 문제가 인식되고 그에 대한 대책을 시행하기까지의 시간적인 격차가 존재한다. 그러나 노인문제는 인간이면 누구나 당면하게 될 문제로 이미 사회적으로 이슈화되었기 때문에 효율적인 대처가 기대되는 바이다.

일본에서는 인구고령화의 환경변화 및 고령자의 욕구가 변화하고 있음을 인식하여 20세기 말까지 이어진 국가 차원의 대책에도 불구하고, 세수(稅收)를 재원으로 한 행정조치만으로 급증하는 고령자의 복지서비스 수요에 대응하기에 미흡했기 때문에 사회보험방식의 개호보험을 도입하게 되었다. 이러한 변화는, 국가의 복지정책의 보완기능 및 효율적인 자원배분을 고려한 복지공급체계의 다원화 혹은 복지혼합으로의 방향 전환일 것이다. 즉, 개호보험을 통해 사회보장 재정의 안정화를 추구하는 동시에 민영기업의 복지투자를 유도하여 성장 및 복지의 균형을 위한 과정에서 노인복지서비스의 형태가 대전환을 맞게 되었음을 의미한다.

이상과 같이 본 연구에서는 노인문제에 적극적으로 대처해 온 일본의 고령자대책에 관하여 노인복지서비스의 확충과 개선에 관한 변천과정을 통해 개호보험의 도입 배경을 살펴보았다. 여기에서 다루지 못한 개호보험 시행(2000년) 이후의 문제점을 비롯하여 고령자대책에 관련 추가논의는 다음 장에서 이어가기로 한다.

제7장

일본 개호보험제도의 변천 과정

1. 일본형 복지사회

복지국가라는 용어는 이미 18세기 후반에 영국에서 등장하였으며 그 후 1940년대를 전후하여 영국을 중심으로 복지국가가 널리 퍼지게 되었다[1]. 1950년대 이후에는 경제성장과 더불어 사회지출이 증가하며 각국에서 사회복지가 확대되기 시작하였다. 그러나 1970년대의 오일쇼크와 저성장 그에 따른 고실업 등의 불황을 겪으면서 납세 저항 및 복지국가 성장에 대한 반작용도 있었다. 이후에도 위기와 재건의 시기를 반복하던 1980년대 그리고 1990년대 이후에는 인구고령화에 따른 복지지출 증가와 경제성장 제약에 따른 환경에서 지속가능한 복지국가(sustainable welfare state)에 관한 모델이 관심을 받았다.

---

1 복지국가란 사회복지 분야에 정부가 적극적으로 관여하는 국가를 가리키며 복지국가의 특징으로는 일반적으로 사회보험제도를 구축하고 있다. 사회보험은 의무적으로 내는 보험료를 재원으로 하며, 가입자가 가장 절실히 필요할 때 급부를 제공하는데 목표를 둔다. 또한 기초교육·공공의료·생활보장 등의 제도를 통해 복리증진을 도모하는 것이 복지국가의 일면이라고 할 수 있다. 복지국가의 원칙은, 기본적으로 참가의 자유와 소비자의 옵션을 가능한 한 확대하여 이용자에게 권익을 부여한다.

한편 일본의 경우에는 전후 부흥기를 거쳐 1960년대에 들어선 이후에도 복지사회의 의미가 모호하게 사용되어왔다. 그 후 1972년의 경제백서에서 복지사회가 성장 우선 사회의 대치 개념으로 쓰인 것을 엿볼 수 있다. 그와 더불어 「경제사회기본계획(1973.2.13.)」에서는 '활력 있는 복지사회를 위하여(活力ある福祉社會のために)'라는 부제를 사용하면서 국민의 복리 지향과 균형 있는 경제사회를 지향한다는 의미로 복지사회를 표현하고 있다. 이처럼 일본이 복지국가를 지향한 시기는 1970년대 초엽이라고 하겠는데 특히 1973년에 이르러 이른바 '복지 원년'을 선포하기에 이른다[2].

그러나 이 시기는 공교롭게 오일쇼크(1973년)가 발생하여 경제위기로 인해 여러 나라에서 복지국가에 대한 재검토가 거론되는 상황이었기에 일본 또한 「신경제사회7개년계획(1979.8.10.)」에서는 '새로운 복지사회 구축(新福祉社會づくり)'이라는 소극적인 복지국가의 의미를 포함했다. 여타 선진국과 비교해 복지제도의 도입이 늦어졌던 일본은, 그 후 1980년대 말에 이르기까지 각종 복지제도를 도입하게 되었다.

이러한 복지확대의 과정은 1990년대의 거품경제 붕괴 이후 '지속가능한 복지국가'와 '생활보장시스템의 재정비'라는 사회적과제를 맞게 된다. 이와 같은 환경변화에 따라 사회보험 등의 공적보장을 비롯하여 여성 역할과 가족역할의 강조, 고용확보와 기업복지에 입각한 기업보장 나아가 지역사회활동의 활성화 등이 이슈화되어 생활보장자원의 효율적인 확보 차원에서 일본의 복지정책에 반영되기도 하였다[3].

---

2 복지국가와 복지사회는 용어의 차이로 약간 구별되어 사용되는 경향인데, 복지국가는 의회가 정한 법률에 근거해 정부가 사회복지 전반을 포괄하여 적극적으로 실행하는 국가를 가리키지만, 일본의 복지사회란 사회보장을 비롯한 관련 제도가 정부 주도하에 시행될지라도 정부 이외의 복지자원까지 활용하여, 보완하는 형태의 의미로 이해하는 경향이다.

특히 1990년대의 일본은 실업률의 증가, 시장기능의 증대, 복지다원화 등과 병행하여 산업화, 핵가족화가 진전되는 가운데 지역공동체형 사회에서 도시형 사회로 점차 이행되어 갔다. 이와 관련하여 복지사회론 가운데 하나의 예로 복지 선택이라는 시점을 제시한 호리 카츠히로(堀勝洋)의 일본형 복지사회론을 비롯하여 복지국가를 비판적으로 계승하며 복지사회에 관한 비전을 제시하려는 관점에서 마사무라 키미히로(正村公宏)의 복지사회론과 같은 일본형 복지국가의 형태가 제시되기도 하였다[4].

나아가 개호보험 실시 이후의 노인복지서비스 내용을 확대 제시하며 미래형 복지사회 지향성을 논한 가와노보 히로유키·마루오 나오미(川野辺裕幸·丸尾直美) 등의 주장과 더불어 복지국가의 사회시장과 준 시장에 관한 논의를 통한 아쿠츠 요이치(圷洋一)의 준 시장론도 일본형 복지사회의 진전과 관련하여 주목할 만한 점이라고 하겠다[5]. 이러한

---

3 정기룡(2018) 『노인문화창조-베이비붐세대의 한·일 비교분석-』 제이앤씨. pp.166-172.

4 堀勝洋(1982) 「日本型福祉社會論」 『季刊社會保障硏究』 Vol.17 No.1 pp.37-50. 호리는 일본형 복지사회가 논의되고 있는 가운데 정치적 심볼과 슬로건으로 이용되고 있다고 비판하면서 산업화 근대화가 진전되는 가운데, 지역공동체형 사회에서 도시형사회로 이행되고 있다고 보았다. 따라서 과거의 생활양식과 행동양식의 장점을 재평가하며 새로운 상황에 대응해야한다는 시각에서 복지 선택이 가능한 시책을 구축해야 한다고 주장하고 있다. 또한 正村公宏(1989) 『福祉社會論』 創文社. pp.6-313. 마사무라는 복지국가 비판관련 논의에서 지적 장애를 타파하고 복지국가를 비판적으로 계승하는 복지사회 비전을 제시하려는 관점에서 보건, 의료, 사회복지에 관한 시각을 밝히고 있다.

5 川野辺裕幸·丸尾直美(2005) 『高齢者福祉サービスの市場化, IT化, 人間化』 ぎょうせい. pp.7-229. 가와노·마루오는 개호보험 실시 이후 고령자복지가 변화하고 있는 가운데 복지확대를 전망하면서 고령자복지서비스의 미래를 시사하고 있다. 예를 들면 IT활용과 휴먼네트워크 구축 등과 같은 노인복지분야의 확대를 주장하고 있다. 나아가 圷洋一(2008) 「福祉國家における社會市場と準市場」 『季刊

논의에서는 물론 복지국가와 복지사회에 관한 비판이 수반되기는 하였지만, 부정적인 개념 정립보다는 각종 복지제도의 필요성 차원에서 '일본형 복지사회'의 구축이 필요하다는 견해가 주류를 이루고 있다. 이에 따라 일본은 1990년대 거품경제 붕괴 이후의 사회보장[6] 제도개혁 과정을 거치는 동시에 초고령사회(超高齢社會)의 도래에 따른 고령자의 간병·수발 관련 사회문제와 노인복지서비스의 수요확대에 대처하기 위해 2000년에 개호보험(介護保険)을 시행하기에 이르렀다.

이와 관련한 정기룡(2018)의 선행연구[7]에서는, 일본의 전후 노인복지를 위해 제정된 1963년의 노인복지법 시행부터 2000년 개호보험제도 도입까지의 정책변화에 관한 분석이 이루어졌다. 선행연구에서 제시된 노인복지서비스의 내용 및 분석을 통해 개호보험제도의 도입 배경을 요약하면 다음과 같다.

社會保障研究』 Vol.44 No.1 pp.82-93. 아쿠츠는 복지국가에서도 시장론이 요청되고 있다는 가정 하에서 개호, 의료, 교육 등 각종 사회서비스에 있어서 준시장 도입을 비롯한 시장화의 진전은 법률과 제도의 변화뿐만 아니라 복지에 관한 견해까지도 변화하고 있다고 주장하고 있다.

6 사회보장의 목표는 사회적으로 위험과 불안이 없는 상태를 지향·달성하는 것이라 하겠다. '사회적'이라는 의미는 위험·불안의 제거가 개인에 국한되는 것이 아니라 사회적으로 행해지는 의미를 내포하고 있다. 사회보장은 국민의 복지 전반을 추구하기보다는 反 복지상태가 되지 않도록 복지 실현을 위해 필요한 각종 제도라 하겠다.

7 정기룡(2018.2.) 「일본의 노인복지서비스에 관한 고찰-개호보험 도입배경을 중심으로-」 『日本近代學研究』 제59輯. 韓國日本近代學會. pp.415-437. 노인복지서비스와 관련하여 종래의 공적서비스뿐만 아니라 민간부분의 효율적인 영리·비영리 법인조직의 활성화를 촉진시키는 계기로서 개호보험을 도입하는 과정을 논하고 있다. 또한 개호보험은 이전의 행정조치와 달리 개호사업자에 대한 복지서비스 이용자의 자기 부담과 선택에 의해 운영되는 선택권이 필요하였고 이와 같은 변화는 결국, 사회적 필요성에 의한 다원적 복지서비스 공급체계의 구축을 의미한다는 결론을 도출하였다.

먼저 '사회적 입원'으로 인해 노인보건 급부가 급격히 늘어나는 동시에 의료시설의 확충 등 사회문제에 대한 해결책이 요구되었다. 그와 더불어 복지와 경제의 보완이 필요하며 인구고령화의 사회문제가 고령자에게만 국한되지 않고 이제 국민 모두에게 해당하는 제도 전환기임을 지적하고 있다. 나아가 와상노인 및 치매환자에 수반되는 간병·수발이 가족만으로는 한계에 달해 사회보장제도로 개호보험의 필요성이 제기되었다고 보았다.

이렇듯 노인복지서비스 수요 확대가 행정조치로는 역부족임을 지적하며 개호보험제도의 도입 배경을 밝힌 바 있다. 즉, 20세기 말까지 노인복지법에 입각한 공적개호가 조치제도였다면 21세기는 인구고령화에 기인한 다원적 복지서비스의 공급체계가 구축되는 개호선택의 전환기임을 지적한 것이다.

그러나 개호보험제도 시행 이후 20년 동안 수차 개정이 이어지는 과정을 재고해볼 때, 행정조치에서 선택형으로 변화하여 시행되는 개호보험제도가 과연 운영 주체의 효율성 측면과 이용자 편의성 측면 즉, 공급과 수요 양면에서 문제없이 효율적으로 운영되고 있는가? 앞으로도 개호보험이 지속가능한 사회보장제도로 유지·발전할 수 있는가? 라고 하는 문제에 봉착하게 되었다.

따라서 여기에서는 2000년 4월에 도입된 개호보험(介護保險)[8]의 개정 과정을 살펴보고자 한다. 이전의 노인복지서비스에 관한 행정조치에서 이전보다 진전된 형태의 개호보험제도 실시 이후의 복지서비스 제공과

---

8 개호보험은 개호보험법(1997년 12월 17일. 법률 제123호)에 근거해 간병·수발이 필요한 요개호자(동법 7조3항)에 대해 사회보험을 통해 보험급부 등을 행하기 위한 목적으로 제정된 일본의 법률이다. 국민의 공동연대 이념에 근거해 보험급부 등 필요한 사항을 규정하여 국민의 보건의료 향상 및 복지증진의 도모를 목적으로 하고 있다(개호보험법 제1조).

선택에 관련된 문제점을 재고하여, 지속가능한 제도의 유지·발전을 위한 해결방안을 살펴보고자 한다. 일본의 개호보험 분석 결과는, 한국의 노인장기요양보험[9]과의 한·일 비교를 위한 기초 작업이 될 것이다.

2. 개호보험제도의 도입과 운영

일본에서는 인구고령화의 급진전에 따른 간병·수발 관련 사회문제에 대응하기 위해 2000년 4월부터 사회보험 방식의 개호보험제도를 도입하였다. 개호보험제도 도입 이전에는 주로 가족 중심의 고령자개호가 행해지는 한편 노인복지와 의료보험 등의 공적서비스가 병행되었다. 그러나 세대 구조의 변화와 여성의 사회진출 등에 따라 가족 간병 기능이 저하되는 동시에 수명이 연장되어 개호의 장기화가 진전되었다.

그와 더불어 중장년 이후 노령층으로 나이가 들수록 노인보건, 노인의료[10]에 있어서 지역사회의 불균형과 의료격차가 드러나는 동시에 이

9 우리나라의 장기요양보험은 2008년 7월부터 시행되었다. 고령이나 노인성 질병 등의 사유로 일상생활을 혼자서 수행하기 어려운 노인 등에게 신체활동 또는 가사활동 지원 등의 장기요양급여를 제공하여 노후의 건강증진 및 생활안정을 도모하고 그 가족의 부담을 덜어줌으로써 국민의 삶의 질을 향상하도록 함을 목적으로 시행하는 사회보험제도이다.
https://www.longtermcare.or.kr/npbs/index.jsp (검색일: 2020.5.25.)

10 公益財団法人長壽科學振興財団. https://www.tyojyu.or.jp/net/byouki/index.html (검색일 2020.2.20.) 여기에서는 고령자의 질환을 상세히 소개하고 있다. 특히 가령에 의해 특정 연령대에서 잘 걸리는 질환으로 50대가 되면 1차 쇼크로서 위장병, 위암 등에 노출되기도 하며 60대 전후에는 당뇨병, 전립선비대증 등이 두드러지는데 2차 노년쇼크라고 한다. 제3차 쇼크로서는 백내장 수술을 받거나 틀니를 해 넣거나 보청기를 달아야 하는 등 70대 이후에는 치매질환도 증가하는 추세를 보인다.

른바 사회적 입원[11]으로 인한 의료비용 증가 등 제도운영과 재정부담 양면에서 문제가 대두되어 새로운 형태의 개호보험시스템이 필요하게 되었다. 이러한 배경에서 도입된 장기요양보험의 형태인 개호보험은 일본의 사회보장 구조개혁의 성과인 동시에 일본의 사회보장정책을 전환하였다.

그 특징으로는 첫째, 보험료와 공비로 재정을 구성하는 사회보험방식을 채택하여 고령자를 피보험자로 자리매김 한 점, 둘째, 이용자 본위의 서비스를 제공하려는 목적으로 이용자가 서비스의 종류와 사업자를 선택하여 계약하는 방식을 채택한 점, 셋째, 개호 필요도의 단계를 도입한 점, 넷째, 개호보험 이용자로부터 서비스 선택에 관한 상담을 거쳐 서비스의 급부 관리를 전문으로 하는 전문인력(케어매니저)제를 신설한 점, 다섯째, 이용자에게 서비스 이용에 따른 이용자부담을 부과한 점, 여섯째, 다양한 서비스사업자의 선택을 가능하도록 준 시장을 활용하여 민영사업자의 참여를 인정한 점을 들 수 있다.

개호보험제도는 복지서비스의 취지에 근거하여 시행 이후 개선책이 이어졌다. 특히 2005년의 개정에서는 개호보험제도의 기본이념인 '고령자의 자립지원'과 더불어 '존엄성 보장'을 기본으로 하여 '지역포괄케어'의 이념이 도입되었다. 그와 더불어 급부의 효율화, 중점화를 통해 제

---

11 小塩隆士·田近榮治·府川哲夫編(2014) 『日本の社會保障政策課題と改革』 東京大學出版會. pp.120-122. 사회적 입원(Social Hospitalisation)이란, 입원의 본래취지와 달리 치료와 퇴원을 전제로 하지 않고 병원에 장기 입원하는 상태를 가리킨다. 즉, 병원 입원은 치료와 간호 등의 의학적 관리가 필요해 의료기관에 유치하는 조치이다. 따라서 병상이 쾌유 혹은 호전되거나 안정되면 퇴원하게 된다. 그러나 개호시설의 비용문제, 개호시설 부족문제 나아가 가족 간병·수발의 대체방법으로 고령자를 의료기관에 입원시키는 문제가 드러나기도 하였다. 이는 환자의 사회복귀를 저해하는 한편 의료가 필요한 환자의 입원과 진료기회를 박탈하는 동시에 의료비용을 낭비하는 사회문제가 되기도 했다.

도의 지속가능성을 높여나간다는 근본적인 내용을 포함하였다. 구체적으로는 ① 예방 중시 시스템으로의 전환, ② 시설 급부의 재검토, ③ 새로운 서비스체계의 확립, ④ 서비스 질의 확보와 향상, ⑤ 제도 운영의 재검토 등의 개정이 이루어졌다.

이와 같은 제도개정에 따른 변화는 무엇보다 개호서비스의 확대라고 하겠다. 대상의 확대란 이미 요개호(要介護) 인정을 받았던 요지원자와 요개호자뿐만 아니라 요개호 인정을 못 받았던 자립고령자 또한 제도 대상에 포함하는 것을 의미한다. 또한 서비스 범위의 확대로 지역 내에서 포괄케어라는 이념에 근거하여 고령자를 대상으로 한 상담 및 권리 옹호를 지원하기 위해 그 역할을 담당하는 지역포괄지원센터를 개설한 것을 들 수 있다[12]. 개호보험 개정을 통해 이전까지 대상이 아니었던 자립고령자를 대상에 포함하는 등 범위를 확대하여 개호서비스를 이용할 수 있는 고령자가 늘어나는 한편 생활 전반에 걸친 상담 지원 및 권리 옹호 등 개호보험제도의 범위 안에 포함하여 개호 외의 일상생활에 대해서도 개호보험제도에서 지원되는 서비스 범위를 확장시킨 것이다.

한편, 개호보험제도의 개정에서는 확대만이 아니라 일부 개호보험제도의 축소도 동시에 이루어졌다. 그것은 예방급부의 신설에 따른 경증자의 서비스이용 억제(예를 들면, 복지용구 대여의 요지원자에 대한 급

12 지역포괄지원센터는 간호, 의료, 보건복지의 측면에서 고령자를 지원하는 종합상담창구역할을 맡고 있다. 전문지식을 겸비한 직원이 지역사회 고령자에 대한 개호서비스와 개호예방서비스, 보건복지서비스 나아가 일상생활지원 등에 관한 상담에 응하고 있으며, 개호보험의 신청창구도 담당하고 있다. 각 시·정·촌이 설치하며, 지자체로부터 위탁받아서 사회복지법인, 사회복지협의회, 민간기업 등이 운영하고 있다. 한 곳의 지역포괄지원센터가 인구 2-3만 명 단위로 일상생활 권역으로 정해 담당하고 있으며 전국에 5,404(2022년 4월)곳 이상의 시설을 구축하고 있다.

부를 원칙적으로 제한하거나 시설급부의 재고, 시설입소자의 거주비와 식비를 보험급부의 대상에서 제외)하는 등 개호보험제도의 지속가능성의 확보를 위해 급부의 효율화와 중점화를 도모하였다.

개호보험제도는 도입 초기부터 여러 문제를 내포한 채로 시행되었기 때문에 몇 차례의 제도개정을 통해 대증요법의 대응이 이어질 수밖에 없었다. 그 가운데에서도 특히 복지서비스 공급체계의 미비와 더불어 개호보험 재정의 안정화가 우려되었는데, 제도 시행 이후 얼마 지나지 않아 우려가 현실이 되었다.

이와 관련하여 개호보험제도의 초기 운영상황을 살펴보면, 사회적 필요로 사회보험 형식으로 도입된 개호보험이었지만 노인복지서비스의 제공 측면에서는 충분히 준비하지 못한 채 제도가 도입되었다. 따라서 제도 도입 이후 얼마 지나지 않아 요개호·요지원(要介護·要支援) 인

표 7-1. 일본의 추계 인구

(연령구조 지표)

구 분	평균 연령 (세)	중위수 연령 (세)	총인구 (천 명)	생산연령인구(20-69세)			
				종속인구지수 (%)			노년화 지수(%)
				총 수	연소인구	노년인구	
2015	46.4	46.7	127,095	78.4	30.9	47.5	153.9
2020	47.8	48.7	125,325	83.2	30.3	52.9	174.7
2025	49.0	50.8	122,544	84.7	29.3	55.4	189.3
2030	50.0	52.4	119,125	87.0	28.6	58.3	203.6
2035	50.7	53.4	115,216	91.5	28.6	62.9	219.4
2040	51.4	54.2	110,919	100.1	29.4	70.7	240.7
2045	51.9	54.4	106,421	106.0	30.1	75.9	251.9
2050	52.3	54.7	101,923	109.2	30.3	78.8	259.7

자료 : 國立社會保障·人口問題硏究所 「장래추계인구 2018년」 중위추계치임.
참고 : 매년 10월 1일의 현재인구(외국인포함). 2015년은 總務省統計局 자료임.

정자 수가 급증하여 재정 상황이 악화하였기 때문에 그에 대한 대응에 몰리게 되었다. 그 외에도 서비스사업자의 서비스 질의 문제와 더불어 부정수급 문제, 케어매니저 직무의 불명확성과 보살핌 능력의 격차문제 등이 드러나게 되었다. 고령자를 비롯한 일본의 인구 추이는 〈표 7-1〉과 같이 향후 총인구는 줄어들 것으로 예상되지만 그와 달리 노년화지수는 점차 높아질 것으로 전망되고 있다. 따라서 베이비붐세대(団塊世代)가 75세 이상에 달하게 되는 '2025년의 문제'뿐만 아니라 그 이후의 주니어세대가 고령층에 속하게 되는 '2040년의 문제'까지 염두에 두어 검토할 필요가 있을 것이다.

이처럼 개호보험재정의 안정화가 문제로 대두된 가운데 그동안의 개호보험 개정에서는 개호보험제도의 「복지확대」와 「복지축소」라는 상반된 내용의 개정이 동시에 이루어진 것으로 판단된다. 물론 이와 같은 확대와 축소의 과정은 이미 개호보험제도 실시 이전 노인복지서비스의 행정조치에서도 드러났었던 이른바 제도개선의 결과일 것이다. 즉 자원의 효율적배분과 복지 수요의 보편적 확대에 따른 '복지확대' 한편에서 제도운영의 미세조정인 '복지축소'의 방법은 향후 개호보험개정 시에도 반복 적용될 것으로 예상된다.

이와 관련된 개호보험 연구에서는, 비용과 효과, 공급 측면과 수요 측면 등에 관한 경제적 시각의 분석을 비롯하여 개호보험 이용자와 가족 나아가 보살핌 인력 등을 주제로 한 이론과 임상연구가 상당히 진행되었다. 예를 들면, 고령자 개호의 새로운 시점에서 개인화가 진행하는 현대사회에서의 고령자개호 방법론을 논한 가스가이 노리코(春日井典子) 외에도 개호보험의 현상과 과제 그리고 변천에 따른 경제적, 정책론적 연구를 병행하고 있다.

특히 노인복지서비스 관련 연구 가운데 개호보험을 사회보장과 재정 안정화 관점에서 분석한 다지카 에이지(田近榮治)의 논점이 개호보험 및 노인복지서비스 관련된 논의의 실마리를 제공한다. 이 분석에서는 개호보험의 설립부터 2013년에 이르기까지의 과정을 분석하고 있는데, 주요 논점은 의료보험 재정에 막대한 지장을 초래한 사회적 입원의 해소를 위해 노인복지서비스가 행정조치에서 개호보험제도로 운영하게 되었다는 점을 명확히 하고 있다. 그와 더불어 노인복지서비스 분야가 제도적으로 변화하였지만, 의료와 개호의 영역이 모호하여 이를 분리해야 한다는 주장을 겸하고 있다[13].

나아가 모리 우타에(森詩惠)의 개호보장 정책에 관한 연구에서는 개호보험제도의 운영에서 드러난 문제를 지적하면서 지자체의 역할 및 개호서비스 범위의 확대 등 개호보험제도의 개선책을 제시하고 있다[14]. 또한 개호공급 체제의 다원화에 관한 현상과 과제에 관해 사회보장과 사회복지 개혁에 따른 시장기구의 개호복지에 대한 참여(영리·비영리단체의 노인복지서비스분야 참여)를 촉진할 수밖에 없었음에도 정부의 역할과 정책 대응이 중요하며 이용자의 선택권이 더욱 보장되어야 한다는 김지미(2015)의 논지 또한 설득력을 얻는다. 나아가 일본의 가족 간호의 전개에 따른 요개호자의 간병·수발에 수반되는 가족 보살핌의 비용화구조[15] 역시 복지서비스의 다원화 측면에서 검토해볼만한

13 小塩隆士·田近榮治·府川哲夫編(2014) 『日本の社會保障政策課題と改革』 東京大學出版會. pp.119-140. 참조.

14 田近榮治(2014)「介護保險制度の現狀と課題」『日本の社會保障政策』東京大學出版會. pp.119-140. 개호보험제도의 필요성은 공감하며 필요한 제도이지만 의료와 개호와의 관계를 납득할 수 있는 설명이 부족하며 향후 구체적인 관계 설정이 필요하다는 견해를 나타내고 있다. 또한 森詩惠(2018)介護保險制度の変遷と課題-高齢者介護保養製作の今後に向けて『季刊個人金融』一般財団法人ゆうちょ財団. pp.2-12에서는 2000년의 개호보험도입 당시부터 2017년에 이르기까지의 제도 발전사 시점에 근거해 개호보험제도이 내포한 문제점을 제기하며 그와 관련된 제안을 하고 있다.

15 김지미(2012)「일본 개호정책의 전개과정에서 나타난 가족개호의 비용화구조」

주장으로 보인다.

그러나 새로운 형태의 개호보험시스템의 필요성에 근거해 개호보험제도가 도입되었고 개선 요구에 따른 제도개정과 개호보험 관련 연구가 심도 있게 진전되고 있음에도 불구하고 고령자의 현실적인 개호문제는 완전하게 해결되지 못했다. 왜냐하면 제도 운용의 문제는 현재화하는 데 반해 그 대응은 항상 후속 조치로 보완되기 마련이며, 위험부담을 안고 선제적으로 제도개정에 나서기 또한 어렵기 때문이다. 따라서 그동안의 개호보험제도의 개정 배경과 변용 과정에서 드러난 과제를 명확히 분석하여 적절한 대책을 제시하는 것이 정책 운용의 당면 해결방안이 될 것이다.

3. 개호보험제도의 변용과 운영현황

2005년 개정 이후에도 지역포괄케어시스템 구축 등 제도개선이 이어졌다. 그 후 2014년의 개정에서는 지역포괄케어시스템의 구축과 비용부담의 공평화라고 하는 두 축이 개선되었는데 특히 서비스 제공에 관한 근본적인 개정이 이루어져 개호보험제도의 골격이 크게 변화하였다. 그것은 바로 지역포괄케어 서비스의 구축을 위한 지역지원사업의 재검토와 더불어 그에 입각한 예방 급부에 관한 재검토가 이루어졌다.

일반적으로 개호보험 이용자 수와 비례하여 급부비가 증가하는데, 〈표 7-2〉처럼 3년을 1회기로 공표하고 있는 내용을 볼 것 같으면, 그 증가 폭이 상당히 늘어났음을 알 수 있다. 즉, 개호보험제도가 시행(2000년 4월)된 지 약 20년이 채 못된 시점에서 개호서비스의 이용현황은 무려 세 배 이상 늘어난 것이다.

『한국사회복지학』 한국사회복지학회. 제64권4호. pp.31-35. 참조.

표 7-2. 개호서비스의 이용자 수와 개호급부비의 추이

구 분	개호급부비							년/억 엔
년 도	2000	2003	2006	2009	2012	2015	2018	**2019**
재택형 개호예방	618	1,825	2,144	2,655	3,240	3,795	3,651	**3,811**
지역밀착형 개호예방	-	-	283	445	625	801	1,245	**1,299**
시설 서비스	1,57	2,140	1,985	2,141	2,242	2,325	2,436	**2,484**
합 계	2,190	3,965	4,411	5,241	6,107	6,921	7,332	**7,594**

구 분	이용자 수							년/만 명
년 도	2000	2003	2006	2009	2012	2015	2018	**2019**
재택형 개호예방	97	201	255	278	328	382	366	**378**
지역밀착형 개호예방	-	-	14	23	31	39	84	**87**
시설 서비스	52	72	79	83	86	90	93	**95**
합 계	149	274	348	384	445	512	543	**559**

자료 : 후생노동성 「개호보험사업상황보고」(1회기 : 3년), 고령사회백서 참조. 서수처리 관계로 합계 수치가 일치하지 않을 수 있음. 지역밀착형 개호예방서비스는 2006년 개호보험제도 개정에 의해 신설됨.

이로써 개호보험은 고령기의 생활을 지탱하는 사회보장제도의 중추적인 기능을 맡는 제도임이 명확해졌다. 따라서 간병·수발이 필요한 중증 시설서비스 외에도 지역밀착형 가정방문 및 통원서비스에 대해서도 예방 급부의 대상으로 범위를 확대, 분리하여 지원하게 되었으며 개호예방사업 및 생활지원서비스사업에 관한 종합관리를 시·정·촌(市町村)이 주관하여 실시하는 조치가 이루어졌다.[16]

16 2006년 4월에 개호보험법이 개정되어 「지역밀착형서비스」가 개호보험의 서

이처럼 재정부담에도 불구하고 이용서비스의 확대가 이루어진 것은 「개호보험제도의 재검토에 관한 의견(2013)」에서 지역지원사업의 재검토를 통해 생활지원 서비스의 충실화 및 고령자의 사회참가 촉진의 필요성이 제고되었기 때문이다. 또한 노인복지서비스의 종류, 내용, 인원기준, 운영기준, 단가 등이 이전에는 일률적으로 책정되었으나 예방급부 가운데 방문개호와 통원개호에 대해서는 시·정·촌(市町村)이 지역 실정에 맞도록 운용하여 효율적으로 서비스를 제공할 수 있도록 재량과 권한을 일부 부여하였다. 나아가 보험급부에서 제외되어 온 배식서비스와 안부 확인 등 이용자의 생활을 지원하는 형태로 개편되어 개호보험제도의 서비스 범위가 이용자의 생활 전체로 확대되었다.

이러한 결과는, 개호보험제도가 성숙기에 접어들고 있음을 의미하며 고령자의 생활 전체를 포괄하는 복지제도의 전환을 의미한다. 그와 더불어 개호예방과 생활지원사업의 서비스 제공자에게는 이전보다 완화된 기준에 의해 지역주민과 고령자의 참가를 촉진할 수 있도록 비용효율화를 개선한 점 등이 개호보험 개정의 성과라고 하겠다.

앞에서도 살펴보았듯이 개호서비스의 이용자 수는 현재 지속적으로 증가하고 있으며 급부의 효율화와 중점화에 근거하여 제도의 지속가능성을 확보하기 위한 확대와 축소가 반복되고 있다. 최근의 「개호보험사업상황보고(2019)」에 의하면, 2019년의 개호보험 이용자 수는 약 559

비스 내용에 추가 신설되었다. 지역밀착형서비스는 개호가 필요한 고령자가 생활이 익숙한 지역에서 지속될 수 있도록 지역 차원에서 지원하는 서비스 체계이다. 이러한 서비스가 제공된 배경에는 독거 고령자와 인지증 고령자의 증가에 대한 대응이었다. 서비스 제공 사업소는 시·정·촌(市町村)이 지정하며, 원칙적으로 관할지역 지자체에 등록이 되어 있는 지역주민만이 이용할 수 있다.

만 명으로 2000년의 149만 명보다 무려 410만 명이 늘어났음을 알 수 있다(〈표 7-2〉 참조). 또한 보험급부의 비용은 초기보다 약 288% 늘어났으며, 피보험자의 개호보험료 또한 몇 차례 인상되어 초기 2,911엔이었던 개호보험료가 2020년에는 5,869엔 수준으로 올랐다. 이러한 추세로 볼 때, 베이비붐세대가 고령층에 모두 진입하는 2025년경에는 8,000엔 이상이 될 것으로 예상된다.

한편 개호서비스의 이용자부담 비율은 제도 도입 초기에는 원칙적으로 10%의 정률 부담이었으나 2015년 8월부터 일정 금액 이상의 소득이 있는 제1호 피보험자는 20% 부담으로 바뀌었고, 2018년 8월부터는 더욱 세분하여 현역 수준의 소득이 있는 제1호 피보험자의 경우에는, 개호서비스 이용액의 30%를 부담하는 이용자 부담원칙이 작동하고 있다[17].

이처럼 개호보험 재정이 증대하는 것과는 달리 이용자가 1개월에 어느 정도의 서비스를 이용하는지를 살펴보면, 각각의 요개호도(要介護度)에 설정된 지급한도 기준 상한까지 서비스를 이용하지 않고 있는 것으로 나타났다. 일본 후생노동성의 「개호급부비 등 실태조사의 현황(2021년도)」에 의하면, 개호급여비 등 실태조사현황에서 2019년 5월부터 2020년 4월까지 1년간의 심사 결과 가운데 개호예방서비스 및 개호서비스의 연간 누계수급자 수를 보면, 63,163.5천 명에 이르고 있으며 실제 수급자 수는 연간 6,219.0천 명 수준으로 나타났다.

17 2017년 6월 2일에 공포된 「지역포괄케어시스템의 강화를 위한 개호보험법 등의 일부를 개정하는 법률」에 의해 일정 이상의 소득이 있는 제1호 피보험자에 관한 이용자 부담 비율을 30/100으로 정해 2018년 8월 1일부터 시행되었다. 예를 들면, 현역근로자 수준의 소득자인 고령자는 개호보험이용 시 자기부담비율이 3할이며 1인 세대로서 수입이 340만 엔 이상(2인 세대는 463만 엔)일 경우에도 3할을 부담하게 되었다.

표 7-3. 수급자 수의 연차추이

(단위: 천 명)

구 분	2017년	2018년	2019년	2020년	전년비 증감수	전년비 증감률
연간누계 수급자수주1)	60,424.1	60,709.4	62,038.6	63,163.5	1,124.9	1.8%
연간실제 수급자수주2)	6,041.2	5,973.5	6,111.1	6,219.0	107.9	1.8%

주1) 「연간누계수급자수」는 각 연도 5월부터 다음해 4월의 심사월의 개호예방 서비스 또는 개호서비스 수급자수의 합계.

2) 「연간실수급자수」는 각 연도 4월부터 다음해 3월의 1년간 한 번이라도 개호 예방서비스 또는 개호서비스를 수급한 적이 있는 사람의 수이며, 동일인이 2회 이상 수급한 경우에는 1명으로 계상.

또한 서비스별 재택서비스 수급자 평균 급부 단위 수와 평균 이용률을 보면, 평균 이용률에서 가장 높은 '요개호5'에서는 65%대 수준으로 그리고 가장 낮은 '요지원1'에서는 32% 수준을 보여 개호도에 따라 약간의 차이가 있지만 대략 상 한기준의 3할~7할 정도의 수준에서 개호서비스를 이용하고 있었다. 그와 더불어 보호도 별 지급 한도는 〈표 7-4〉와 같으며 급부 한도를 초과하여 서비스를 이용하면 개인 부담으로 충당하고 있다.

장래인구추계에 입각한 인구고령화 추세를 전망해보면, 요개호도에 설정된 지급 한도 기준금액 이하로 이용한다고 하더라도 개호서비스 이용자 수의 증가에 비례하여 재정적 부담이 향후 더욱 커질 것으로 예상되기 때문에 개호보험제도의 지속가능성은 쉽지 않을 것이다. 물론 재정부담의 증대에 대처하기 위하여 그동안의 개정에서는 급부의 효율화와 중점화를 중시하면서 보험료의 인상, 이용자부담률 인상 등의 방법으로 제도의 지속가능성을 확보해 온 것으로 파악된다.

표 7-4. 개호도 별·지급한도액

(월간)

구 분	급부 한도액	1할 부담액	2할 부담액	3할 부담액
요지원 1	50,320엔	5,032엔	10,064엔	15,096엔
요지원 2	105,310엔	10,531엔	21,062엔	31,593엔
요개호 1	167,650엔	16,765엔	33,530엔	50,295엔
요개호 2	197,050엔	19,705엔	39,410엔	59,115엔
요개호 3	270,480엔	27,048엔	54,096엔	81,144엔
요개호 4	309,380엔	30,938엔	61,876엔	92,814엔
요개호 5	362,170엔	36,217엔	72,434엔	108,651엔

참고 : 개호도가 높아지면 필요 서비스도 늘어 비용이 상승하는 구조로 설정됨.

그러나 일본의 인구고령화는 앞으로도 한동안 진행될 것으로 전망되며 독거노인과 고령층 부부 세대의 증가는 베이비붐세대뿐만 아니라 주니어세대 또한 고령화하는 과정에 있어서 서비스 수요의 증가는 부정할 수 없는 현실 문제임이 분명하다. 그러므로 보험료와 이용부담률 인상만으로는 개호보험 재정부담 개선 문제의 대증요법에 머물고 말 것이다.

이러한 상황임에도 불구하고 이에 관한 논의가 진전되지 않는 상황은 전례가 없었던 초고령사회 일본의 현실과제이기 때문일 것이다. 이에 대해 후생노동성(厚生勞働省) 등 주무관청에서도 개호보험 인력수급과 재정문제를 인식하고 있는 것으로 판단된다. 왜냐하면 「개호보험제도의 재검토에 관한 의견)」[18]에 지역포괄시스템을 비롯하여 개호보험

---

18 社會保障審議會介護保險部會(2016.12.9) 「介護保險制度の見直しに關する意見」에 따르면, 개호업무 직원은 개호보험제도 창설시 약 55만 명에서 2014년에는 약 177만 명으로 3배 이상 늘어났다. 그러나 2020년대의 인력수급을 해소하기 위해서는 약 25만 명의 추가가 필요한 것으로 예상하였다. 또한 社會保障審議會介

제도의 지속가능성과 개호인력 육성 나아가 기타 과제로 피보험자의 범위와 현금 급부와 관련된 내용 등이 의미 있게 포함되어 있기 때문이다.

4. 개호보험 관계자의 역할과 해결과제

개호보험제도는 '개호의 사회화'를 목적으로 도입되었지만, 제도 도입 이후에도 여전히 가족개호가 일정부분의 역할을 맡고 있다. 이러한 추세는 2000년 개호보험제도 시행 이후의 조사에서도 지속해서 드러나고 있다. 예를 들어 일본총무성의 「2012년 취업구조 기본조사」에 의하면, 조사 이전 5년 동안 개호·간호 등의 이유로 전직 혹은 이직한 사람이 48만 7천 명으로 나타났는데 그 가운데 여성이 38만 9천 명으로 80% 수준을 차지하고 있다. 또한 48만 7천 명 가운데 조사 시점의 취업상태인 사람은 12만 3천 명인 반면, 무직자가 36만 4천 명(74.7%)으로 나타나 상당수가 취로에 나서지 못하고 있던 실정이었다.

한편, 후생노동성의 「2016년 국민생활 기초조사 현황(6.27)」을 보면, 간병·수발 담당자로 요개호자(要介護者)의 동거자가 58.7%로 가장 많은 것으로 나타났으며 그에 이어 개호사업자가 13.0% 그리고 별거가족 등이 12.2%로 조사되었다. 동거 중인 개호가족 가운데 개호자와 요개호자와의 관계를 보면, 가장 많이 간병수발을 맡는 사람은 배우자로 25.2%, 다음으로 자녀가 21.8%, 이어서 자녀의 배우자가 9.7%로 나타났으며 남녀별로 구분하면 여성이 66.0%, 남성이 34.0%로 여성뿐만 아니

護保險部會(2019.12.6.의 介護保險制度の見直しに關する意見(素案)에서는, 제7기 개호보험사업계획의 전망에 입각해, ① 인력부족 중에서도 개호서비스를 향상하는 모델 구축, ② 로봇, 센서, ICT 활용, ③ 개호업계의 이미지 개선 및 인력 확보 등의 필요성을 인식하고 있다. 나아가 가족개호에 대한 현금 급부는 '개호의 사회화'라는 취지에 반한다는 견해를 나타냈다.

라 가족개호에서 남성의 참여가 늘어나고 있음을 알 수 있다.

이와 같이 '개호의 사회화'가 일정부분 정착되어가는 상황이기는 하지만, 여전히 가족개호 또한 필요한 가정이 있을 수 있기 때문에 개호를 맡는 가족의 육체적, 정신적, 경제적 부담은 개별가족이 상당 부분 떠안고 있는 것이 현실이다. 그러나 2019년의 개호보험제도 재검토에 관한 의견 개진에서도 여전히 개호보험제도에서 개호가족에 대한 지원제도가 부결되어 정책 시행에서 제외된 점을 지적하지 않을 수 없다. 실제로 개호서비스 이용에 있어서는 이용자부담도 당연히 요구되며 가족이 개호를 하기 위해 실직이라도 하게 된다면 그동안의 생활비 충당 또한 현실적인 문제가 될 수밖에 없다.

나아가 개호를 위해 이직하게 될 경우, 줄어드는 수입 감소와 정년 이후에 받게 될 공적연금의 감액 등은 개인별로 처한 상황이 다양하여 계량화할 수 없지만, 자신의 노후생활에 상당한 영향을 미치게 될 것이 분명하다. 따라서 일자리를 유지하면서 개호를 병행할 수 있는 구조의 시스템을 구축하는 동시에 개호로 인한 이직을 방지하는 대책이 절실히 요구된다. 그 외에도 개호에 임하는 자의 육아휴직과 같은 개호휴직, 그리고 개호 이후에 직장·사회로의 복귀지원 등의 내용도 향후 고려해야 할 것으로 판단된다.

개호보험제도는 이용자 스스로가 케어매니저와 상담하면서 서비스의 종류와 사업자를 선택하는 것이 가능하며 이용자 본위의 서비스 제공을 목표로 삼고 있다. 그러나 제도 도입 초기부터 시·정·촌(市町村)은 요개호자의 요개호에 관해서 파악하고 있더라도 그 이후의 이용자 서비스이용 및 생활상황에 관해 파악하지 못하고 있다는 문제가 있다. 즉, 이용자의 실제 서비스 이용 상황 파악과 생활 형편에 대해서는 케어매니저에게 맡기고 있어 시·정·촌(市町村)의 요개호자의 자립지원에 관한 공적 책임이 은연중에 축소되어 책임 의식이 옅어지고 있는 것이 현실이다.

이미 2005년 개정에 따른 지역포괄지원센터에서도 유사한 상황이 발생하고 있다. 지역포괄지원센터는 사회복지법인, 의료법인 등에 관한 위탁이 가능하게 되었고 원칙적으로 행정기관이 맡아야 할 고령자의 수요 파악 및 상담업무가 이양되는 위험성을 내포하고 있다. 그러므로 시·정·촌(市町村)은 보험자로서 개호보험제도의 운영 및 유지기능뿐 아니라 요개호자와 생활 전반에 대한 공적책임을 담당하는 역할을 재인식할 필요가 있겠다.

개호보험제도는 지역 실정을 고려해 제도설계를 하는 것이 하나의 특징이었고 지방분권의 시금석으로 일컬어졌다. 그러나 제도의 기초조직은 전국 일률적으로 결정된 사항이 많은 개호보험제도에서 보험자의 특징이 크게 거론되는 일이 별로 없었다. 또한 지역 실정을 고려해 제도를 설계하는 조직이 바로 개호보험제도라면 개호에 관한 공적책임의 축소가 문제가 될 수 있으므로 요개호자에 관한 생활보장을 보험자가 담당[19]하도록 조치하였다.

따라서 보험자의 책임기능 강화에 따른 지역실태 파악과 케어플랜의 점검, 지역포괄지원센터에 대한 평가 등 시·정·촌(市町村)과 도·도·부·현(都道府縣)의 역할과 평가를 기대할 수 있게 되었다. 한편, 교부금 획득을 목표로 해 성과를 올리기 쉬운 곳과 그렇지 못한 곳의 형평성 우려도 나온다. 따라서 정량적 성과평가를 하더라도 정성평가의 부분

19 森詩惠(2018)介護保險制度の変遷と課題-高齢者介護保養製作の今後に向けて-『季刊個人金融』一般財団法人ゆうちょ財団. p.8. 이러한 문제를 해결하기 위해 2017년 개정에서는 보험자 기능의 근본적인 강화가 이루어졌다. 특히 자립지원과 중증화 방지를 위한 보험자 기능강화 내용에는 ① 개호보험사업(지원)계획의 책정 시에 국가로부터 제공된 데이터를 분석할 것, ② 개호보험사업(지원)계획에 개호예방과 중증화 대처내용 및 목표를 설정할 것, ③ 도·도·부·현에 의한 시·정·촌 지원사업의 정비, ④ 재정적 인센티브의 규정정비 제도화 등이 포함되었다.

을 어떻게 도입할지에 관한 검토도 필요할 것이다. 나아가 과도한 재정적 인센티브가 오히려 시·정·촌(市町村)의 경쟁적 성과지향을 과열시키거나 독자성을 저해할 수 있으므로 이러한 점에 관해서도 제도개선 시에 고려해야 할 것이다.

5. 개호보험제도의 향후 전망

개호보험제도 운영현황과 개호보험제도의 서비스 확대와 축소가 동시에 이루어지고 있는 점을 살펴보았다. 제도개정을 거듭할 때마다 그 주요 배경에는, 서비스 대상과 범위조정 한편에서는 효율성과 비용이 상충하는 요인이 되어왔다. 그러나 비용 외에도 개호보험 관계자의 태도와 발상을 통해 개선이 가능한 부분도 있었다. 즉 기술적 간병·수발 서비스에 한정하기보다는 고령자의 생활 전반에 관한 상담지원과 권리옹호와 같은 생활지원서비스는 추가 비용을 많이 들이지 않으면서 고령자를 위한 개호보험제도 취지에 부합하는 영역이므로 제도개선에 나설 수 있을 것이다.

특히 개호가정에 대한 지원관련 문제는 그동안 몇 차례의 개정에도 불구하고 여전히 방치되고 있다. 물론 개호의 사회화를 목표로 도입된 개호보험제도이지만 여전히 가족의 개호가 상당 부분을 담당하고 있다면, 당연히 직접적인 가족 지원도 고려하여야 할 것이다[20].

나아가 보험자의 역할과 공적 책임의 재인식이 요구된다. 개호보험이 지역 실정을 고려하여 제도를 설계할 수 있게 되었고 그에 따라 지

---

20 이러한 주장은, 개호인력이 부족하여 외국인 개호 취업자를 수용(개호기술·일본어시험)하고 있는 현재 상황보다 향후 주니어 베이비붐세대가 65세에 진입하는 2040년대에는 더욱 개호인력 부족이 우려되기 때문에 개호가족에 대한 지원이 요구된다.

역포괄지원센터를 운영하게 되면서 시·정·촌(市町村)의 역할은 오히려 약화된 면이 있다. 따라서 보험자는 제도운영과 유지업무를 위한 권한과 더불어 권한에 상응하는 책임을 갖고 결과 확인까지 업무를 추진해야 할 것이다. 왜냐하면 지자체의 역할을 케어매니저와 개호서비스업체에게 대부분 이양해서는 바람직한 결과를 기대하기 어렵기 때문이다.

결론적으로 그동안의 개호보험 개정과정을 살펴본 결과를 보면, 제도시행 이후 개선이 이루어진 것도 있지만 제도 안정화를 위한 혁신적인 성과를 올리지 못한 것도 현실이다. 개호보험제도의 지속가능성을 고려하면, 제도개선이 아니라 제도개혁에 이르는 정도가 필요할 것으로 전망된다. 즉, 서비스 범위의 재설정과 안정적인 재정확보, 개호인력 양성 등을 포함하는 검토가 필요한 시점이다. 이러한 방법을 통해 인구고령화의 선두에 있는 일본이 이른바 '인생 90년 시대'에 적합한 노인복지서비스의 모델 구축을 기대하는 바이다.

끝으로 우리나라도 이미 2008년 7월부터 장기요양보험이 시행되고 있으며 65세 이상 인구가 고령사회 수준으로 진입하였고 특히 베이비붐세대가 고령층에 진입하고 있으므로 일본의 개호보험을 분석한 결과를 토대로 향후 장기요양보험의 방향성을 재고하는 동시에 우리나라의 실정에 맞는 제도운용에 참고하기를 기대한다.

제8장

초고령사회에서의 고령자대책

1. 인구고령화의 배경과 사회문제

인류가 장수한다는 것은 수명연장의 희망으로 축복받을 일이지만, 인구고령화에 따른 사회적 부담 증가 등의 문제가 동반되기도 한다. 인구고령화에 따라 사회적 부담이 늘어나는 배경에는 고령자의 의료와 간병·수발 등을 비롯한 일상생활에 있어서 고령자 스스로 적절히 대응할 수 없게 되면 사회연대로 해결해야 할 문제가 증가하기 때문이다. 특히 장수국 일본에서는 평균수명이 지속적으로 신장되면서 노년인구비율이 세계에서 가장 높은 수준으로 추이하고 있다. 그에 따라 고령자의 의료 및 개호서비스 관련 수요가 급증하게 됨으로써 그와 관련된 문제해결을 위해 지속해서 고령자대책[1]에 임하고 있다.

알려진 바와 같이 인구고령화와 더불어 합계출산율[2]의 저하 등에 따

1 일본의 고령자대책은 노인복지법(1963년 : 법률 제133호) 제정을 기점으로 전격 추진되었다. 초기에는 연금과 생활보호법 등 소득 관련 내용이 중심이었으나 노인복지법이 제정된 후 복지서비스가 확대되었으며 2000년에 이르러 고령자의 간호·수발 지원을 위한 개호보험제도(介護保険制度)가 실시되었다.

2 합계출산율(total fertility rate)이란, 인구 통계상의 지표로 15-49세까지 여성의 연령별 출생률을 합한 것으로 한 여성이 그 연령별 출생률로 평생 출산하는

른 인구구조의 급격한 변화는 노동력의 수요·공급 불균형을 초래한다. 그와 더불어 산업구조의 전환에 따라 고용 유동성이 높아지면 노동력의 질적 미스매치(불일치)로 인해 실업이 늘어 경제성장이 둔화할 수도 있다. 이처럼 현대사회에 있어서 인구구조, 생활양식 등의 변화가 사회문제를 초래하는 원인이 되기도 한다.

특히 세계 최고 수준의 인구고령화를 보이는 일본에서 고령자의 노후생활 전반에 무전(無錢), 유병(有病), 고독(孤獨) 관련 문제가 발생하고 있다. 물론 노인문제는 일본만이 아니라 세계 각국에서 해결과제로 대두되고 있으며 인구고령화의 속도가 일본보다 빠르게 진행되고 있는 한국도 예외가 아니다[3]. 따라서 사회환경과 인구고령화의 추세가 유사하며, 한국의 장기요양보험(2008년)보다 일본의 개호보험제도(2000년)가 우리나라에 앞서 운영되고 있는 점에 착안해 앞 장의 분석에 이어 초고령사회[4]에서의 고령자대책을 다시 살펴보게 되었다.

아이의 수에 상당한다. 합계출산율은 국가별 출산력 수준 비교의 주요 지표로 이용되는데, 일본에서는 합계특수출생률(合計特殊出生率)로 표현하고 있다. 일본의 합계출산율은 2005년에 1.26으로 최저 수준이었으나 약간 회복하여 2021년 현재 1.34수준이며 한국은 2021년 현재 0.81로 OECD(경제협력개발기구) 가운데 가장 낮은 수준으로 추이하고 있다.

3 한국 통계청의 발표 「2020 고령자통계(2020년 9월 28일)」에 따르면, 2025년에는 고령자(만 65세 이상)의 비중이 무려 20.3%(1,051만 1,000명)에 달해 초고령사회에 진입할 것으로 전망된다. 2020년 현재, 만 65세 이상의 고령인구는 812만 5,000명으로 전체 5,178만 명의 15.7%이며 고령인구 비중을 성별로 보면, 여성이 17.9%, 남성이 13.5%로 나타났다. 인구고령화 추세는 보건복지부의 「고령화 현황보기」 등 참조 요.
https://eiec.kdi.re.kr/policy/materialView.do?num=205484 (검색일: 2022.2.14.)

4 UN에서는 전체인구 가운데 65세 이상의 인구가 7%에 달한 사회를 고령화사회 그리고 14%이상이면 고령사회, 20%에 달하면 초고령사회로 분류하였다. 그러나 최근(2020년), 평균수명이 늘어나고 있는 현상에 기인하여 그 연령기준을 새로 정립하였다. 그 기준에 따르면, 17세 미만이 미성년자는, 18세~65세

사회문제에 대한 일본의 사회정책[5]은 20세기 말까지는 고용보장과 소득보장 중심의 복지제도를 운영해왔다. 그러나 급격한 인구고령화로 인해 사회적 부담이 늘어나자 공적연금과 국민건강보험 등의 재정안정화 및 제도의 지속가능성에 중심을 두어 자기책임과 자립을 강조하게 되었다. 또한 평균수명의 신장과 인구고령화에 수반되어 늘어난 고령자의 간병·수발문제 즉 요개호(要介護)문제를 해결하기 위해 사회보험 방식의 개호보험제도를 시행하게 되었다.

특히 개호보험은 2005년의 개정에 즈음하여 간병·수발 수용 확대에 대응하기 위한 지역사회 내에서 포괄케어의 필요성이 제기되었고 개호보험의 틀 안에서 의료와 간병·수발 서비스를 비롯한 지역사회 케어대책의 방법으로 모색되었다. 이렇게 구축하게 된 지역포괄케어시스템은 개호보험제도와 국민건강보험(의료보험)을 안정적으로 유지하기 위해 베이비붐세대[6]가 후기고령자에 진입하는 2025년을 목표로 재가지원,

---

가 청년 그리고 66세~79세가 중년, 노년은 80세~99세 나아가 100세 이상을 장수노인 이렇게 5단계로 나누었다. 그럼에도 불구하고 여전히 65세 이상을 고령자의 기준으로 보는 것이 보편적인 시각이지만 향후 이 연령기준에 대한 인식의 변화가 있을 것으로 전망된다.

5 정기룡(2013) 『일본의 사회정책』 전남대학교출판부, pp.34-53. 사회정책은 초기의 노동력확보를 위한 사회통합의 수단으로 사회보험을 비롯하여 각종 제도를 통해 발전해왔다. 여기에는 국민의식, 경제현상, 역사문화, 전통 등의 제약과 영향을 받게 된다. 따라서 장수국 일본의 사회정책은 총자본의 노동력 확보에서 생활보장으로 확대되었고 최근에는 인구고령화의 사회문제에 관한 고령자 사회정책이 주요 이슈가 되고 있다. 이하 사회정책 관련 주요 선행연구에 관해서는, 정기룡(2000) 「日本の高齢者社會政策に關する硏究」 『일본학보』 제44집, 한국일본학회, pp.593-607. 및 정기룡(2004) 「日本の社會問題と社會構造に關する硏究」 『일어일문학연구』 제51집 한국일어일문학회, pp.395-413. 참조.

6 제2차 세계대전 이후에 출생한 일본의 베이비붐세대(団塊世代 : 1947-1949 출생자)가 2022년부터 후기고령자(75세 이상)층에 진입하게 되는 것과 관련하여 '2022년 문제(위기)'라고 일컬어지기도 한다. 이는 약 800만 명 정도인 베이비

의료와 개호서비스 연계, 생활종합상담 업무를 강화하고 있다.

이에 현실적인 일본의 사회보장제도의 변천 과정에서 드러난 고령자대책의 문제점과 당면 해결과제를 명확히 하고자 한다[7]. 그와 동시에 개호보험제도의 변천 과정에서 구축되고 있는 지역포괄케어시스템을 둘러싼 논의에 근거해 이전의 정부 주도의 사회정책에서 한 걸음 더 나아가 고령자의 생활지원을 둘러싼 정부와 지자체 그리고 지역사회와의 통합을 고려하여 고령자대책의 개선방안으로 운영되고 있는 지역포괄케어시스템을 고령자 사회정책론의 시점에서 살펴보고자 한다.

2. 고령자대책의 배경과 분석 시각

일본에서는 생활수준의 향상과 보건·의료서비스의 개선으로 평균수명이 연장되는 동시에 노인인구의 절대 수가 증가하는 요인이 복합적으로 작용하여 인구고령화가 빠르게 진전되고 있다. 실제 전기고령자(65세-74세)는 2016년을 기점으로 감소추세를 보이지만, 베이비붐세대가 후기고령자(75세 이상)에 접어드는 2022년부터 75세 이상의 고령자가 차지하는 비율이 급격히 늘어나 후기고령자가 전기고령자 수를 상회하는 상황에 놓여 있다.

일본인의 평균수명은 매년 늘어나는 추세에 있는데, 일본 후생노동

붐세대가 2025년이면 완전히 75세 이상의 후기고령자가 되어 현재 약 1,500만 명 수준의 후기고령자가 약 2,200만 명으로 급증하게 되어 사회부담이 훨씬 커지게 된다는 우려를 가리킨다.

7 사회보장은 장애, 실업, 고령 등으로 인해 자립생활 유지가 개인 책임과 노력만으로 대응할 수 없는 상태로 곤란을 겪으면 생활보장을 실시하는 제도이다. 구체적으로는 사회보험, 사회복지, 공적부조, 보건의료·공중위생을 총칭하며 실업, 장애, 질병, 노령, 요개호 등으로 곤란에 처했을 때, 생활 안정을 도모하려는 목적으로 구성한 제도이다.

표 8-1. 일본인 주요 연령대의 평균여명 현황

기준 연령 (세)	남성의 평균여명(년)			여성의 평균여명(년)		
	2020년	2019년	전년과의 차이	2020년	2019년	전년과의 차이
0	**81.64**	81.41	0.22	**87.74**	87.45	0.30
60	24.21	23.97	0.23	29.46	29.17	0.30
65	**20.05**	**19.83**	**0.23**	**24.91**	**24.63**	**0.29**
70	16.18	15.96	0.22	20.49	20.21	0.28
75	12.63	12.41	0.22	16.25	15.97	0.28
80	9.42	9.18	0.24	12.28	12.01	0.27
85	6.67	6.46	0.21	8.76	8.51	0.25
90	4.41	4.41	0.08	5.92	5.71	0.21

자료 : 日本構成勞働省「簡易生命表(2021.7.30.)」평균수명은 0세의 평균여명임.

성이 발표한 「간이생명표(2021.7.30.)」에 따르면, 2020년의 일본인 평균수명(0세의 평균여명)은 다음 〈표 8-1〉과 같이 남성이 81.64세이며 여성이 87.74세로 나타나 전년도인 2019년과 비교해보면, 남성은 0.22년 그리고 여성은 0.3년이 늘어 남성과 여성 모두 평균수명이 신장하였음을 알 수 있다.

일반적으로 평균수명이 늘어나고 은퇴 이후의 기간이 늘어나면 건강 문제만이 아니라 경제적인 문제를 비롯하여 노후생활에서 발생하는 문제 또한 늘어나게 된다. 따라서 고령자의 소득보장과 의료문제를 비롯한 고령자를 지원하기 위한 제도 정비와 사회연대가 요구되는 것이다. 물론 인구고령화가 진전되는 사회에서는 고령자 자신도 노후생활에 필요한 생활자원을 확보해야 한다. 본인의 자산과 소득원을 비롯하여 사회보장제도의 활용 나아가 지역사회와의 네트워크를 유지하며 가족과 친지 원조 등의 생활자원을 적절히 배분하여 대처하여야 한다.

일본에서는 가족이 오랜 세월에 걸쳐 사회발전을 위한 인적자원 확

보기능과 사회제도 속에서 가족부양의 역할을 맡아왔다. 그러나 사회의 환경이 변하여 이전과 같은 가족의 역할과 기능이 점차 약화하게 되었다. 이를 보완하기 위해 국가와 지역사회에 제도적인 지원을 요청하게 되는데 특히 일본의 생활보호는 헌법이 정하는 생존권 실현을 위한 근간이 되고 있다. 생활보호법에는 생활이 곤란한 국민에게 건강하고 문화적인 최소한의 생활보장(소득보장)지원에서 나아가 적극적으로 사회적 자립을 촉진하는 상담 원조·지원 활동(대인서비스) 등의 내용이 포함되어 있다[8]. 이처럼 생활보호대책은 고령자의 안전한 노후생활과 안정적인 사회 유지를 위해 가족제도의 순기능을 염두에 두며 보완적인 제도로 기능하고 있어야 한다.

그러나 최근 일본에서는 사회보장제도 전반에 걸쳐 서비스의 제공과 수혜의 균형을 위한 재원확보가 어려워지게 되어 제도의 지속가능성에 관한 우려가 나오고 있다. 또한 향후 2040년대에 이르기까지 일본의 인구고령화는 세계에서 가장 높은 수준으로 추이 할 것으로 예상된다[9]. 그렇기 때문에 인구고령화가 일정수준 진전되더라도 연금, 의료,

---

8 「생활보호법」 제1조에는 '이 법은 일본국헌법 제25조에 규정하는 이념에 근거하여 국가가 생활 곤궁에 처한 국민에게 그 정도에 따라 필요한 보호를 하고 최소한의 생활을 보장함과 동시에 그 자립을 장려하는 것을 목적으로 한다'라고 명기하고 있다. 「생활보호법」에는 3가지 기본원리를 정하고 있는데 즉, 무차별평등의 원리, 최저생활보장의 원리, 보충성의 원리가 그것이다. 저소득대책으로는 주로 사회수당제도, 공영주택제도, 생활복지자금대부제도가 있다. 그리고 생활보호법으로 정하는 보호의 종류에는 8종류의 부조(생활부조, 주택부조, 교육부조, 개호부조, 의료부조, 출산부조, 생업부조, 장제부조)로 나뉜다.

9 총인구에서 차지하는 고령자의 인구 비율이 1950년에 4.9%였으나 1985년에 10%, 2005년에 20%를 넘어섰고 2021년에 29.1%가 되었다. 인구고령화는 계속되어 2036년경에는 33.3%로 국민 3명 중 1명이 고령자가 된다. 2042년 이후에는 65세 이상 인구가 감소할 것으로 예상되지만, 65세 이상의 인구 비율은 한동안 상승추세를 보일 것으로 추계되고 있다. 日本厚生労働省 참조.

개호를 비롯한 사회보장제도를 유지·발전시키기 위해서는 급부와 부담 양면에서 세대간·세대내의 공정성과 형평성 그리고 자원배분의 효율성을 고려한 제도개혁이 요구되고 있는 실정이다.

고령자의 안정적인 생활 유지를 위한 지원체계 기능을 가지고 있던 것은 이전에는 가족과 지역사회였다. 그러나 시장경제의 확대가 생활단위의 축소와 개인화를 초래하였고 가족과 지역사회와 같은 공동체의 상호부조 기능이 점차 약화되었다. 따라서 일본에서는 가족과 중간적인 공동체를 대신하여 이러한 생활보장 기능을 보완하여 맡게 된 것이 사회보험과 공적부조 나아가 사회복지를 포괄하는 사회보장제도로 구축하게 된 것이다[10].

일본 최초의 사회보험인 건강보험법(1927년)으로 시작된 사회보장 및 그 밖의 복지제도는 시대적 상황을 반영하여 필요에 따라 선별적으로 제공해 왔는데, 제도 도입 초기에는 고령자의 편의를 과도하게 지원했던 경향이 있었다. 그와 더불어 인구고령화의 급진전으로 인해 의료보험과 공적연금 등의 재정 악화를 초래하게 되었으며 재정 건전화를 위한 제도개선이 여러 번 이어졌는데, 이러한 결과는 개인의 자기책임과 자립을 강조하게 됨으로써 정책은 정책대로 현실은 현실대로 시행착오에 따른 제도개혁이 이어지게 되었다.

특히 1990년대의 거품경제 붕괴 이후 고용환경이 격변하는 가운데 비정규고용이 확대됨에 따라 기업의 고용보장을 통해 유지되어온 소득보장을 이전처럼 기대할 수 없게 되었다. 그와 더불어 평균수명의 연장으로 고령기가 늘어나는 한편, 가족기능의 축소에 따라 구성원 간 상호

10 일본의 공적부조는 사회보장제도의 하나로 사회보험과 함께 국민생활을 보장하고 있다. 사회보험은 피보험자가 미리 보험료를 납부한 다음, 요건을 갖추면 보험자가 급부하는 공적제도인 반면, 공적부조는 국민의 건강과 생활을 보장하기 위한 제도로 빈곤·저소득자를 대상으로 최소한 생활을 보장하는 제도이다.

부조가 약화하여 고령자의 간병·수발을 가족만으로 대응할 수 없게 되었다. 기업의 고용보장과 가족의 상호부조가 전제되었던 생활보장시스템의 변천 과정에서 이전의 시스템으로는 대응이 어렵게 된 것이다[11].

이러한 변화를 배경으로 생활보장시스템을 구축하기 위한 고령자대책은 사회문제에 대한 사회학, 사회복지학, 사회정책학 등의 측면과 더불어 인간의 생·노·병·사의 전 생애의 과정에서 드러난 문제의식과 그 해결책에 관한 내용으로 다루어졌다. 특히 일본의 초기 고령자대책은, 주로 소득보장을 염두에 두어 고용과 연금이 주축을 이루었다.

먼저, 「고연령자고용안정법(高年齢者雇用安定法)」이 1971년에 중고연령자 등 고용 촉진에 관한 특별조치법으로 제정되어 수차례의 개정이 이어졌다. 이 법률은 고령자의 안정된 고용확보를 목적으로 하여 저출산·고령화 환경에서도 고령자가 활약할 수 있도록 환경정비를 도모하려는 취지에서 고령자고용·취업기회 확보를 위한 조치를 규정하였고, 그와 동시에 고령사회대책기본법(1995)에서도 고령자의 고용확보가 그 중심 내용이었던 것이다[12].

---

11 정기룡(2003) 「高齢社會における生活保障資源に關する研究」 『일본근대학연구』 제6집, 한국일본근대학회, pp.166-168. 20세기 말에는 고령자의 생활보장을 담당해왔던 기업과 가족기능이 급격히 취약해졌다. 먼저, 가족은 평균수명이 점차 연장되는 반면 가족 규모의 축소로 이전과 같은 가족개호를 기대하기 어렵게 되었다. 따라서 여기에서는 사회의 환경변화에 대응하는 차원에서 고령자 사회정책의 문제의식에 입각한 복지혼합 생활보장시스템의 필요성을 제기하고 있다.

12 「高年齢者雇用安定法(高年齢者等の雇用の安定等に關する法律)」은, 「中高年齢者等の雇用の促進に關する特別措置法」으로 제정되어 수차례 개칭·개정되었다. 여기에는 고령자의 안정된 고용확보를 목적으로 정년제도와 계속고용제도 등 고령자의 고용·취업기회 확보를 위한 조치 등이 규정되어 있다. 최근에는 70세까지의 정년연장 등을 담은 내용이 추가되어 2021년에 개정되었다. 정기룡(2016) 「일본의 고령자 사회정책에 관한 연구 - 고령사회대책대강의 분석을 중심으로-」 『일본연구』 제68호. 한국외국어대학 일본연구소. pp.135-160. 「高齢社會對策基

한편, 일본의 공적연금제도는 1942년에 발족한 노동자연금제도가 일반인을 대상으로 한 연금제도의 효시가 되었다. 일본의 연금제도는 재정 안정화와 수급권의 공평성에 중점을 두어 1985년에 기초연금 제도 개정이 이루어졌으며, 특히 약 30년의 경과 과정을 통해 공적연금제도를 일원화(통합)하기에 이르렀는데 일본의 공적연금은 여전히 고령자의 주요 소득보장원이 되고 있다[13].

또한 보건·복지분야의 고령자대책으로 복지서비스 정비를 위한 이른바 골드플랜(1988년)이 책정되어 노인홈의 시설 정비와 재가복지 대책이 진행되었다. 그러나 인구고령화가 예상보다 급속히 진행되자 신 골드플랜(1994년)으로 수정하였음에도 불구하고 이러한 과정에서 가사 원조와 가족의 간병·수발이 어려운 고령자를 중심으로 한 사회적 입원(社會的入院)이 사회문제가 되기에 이르렀다[14].

本法」은 1995년 11월에 의원입법 제정되었으며 동 12월에 시행되었다. 초기의 '고령사회대책대강'에서는 복지대책이 중심이었으나 2001년 개정에서 고령자의 고용촉진 내용으로 수정되었고, 재개정된 대강(大綱 : 2012년)에서는 고령자의 역할과 자립을 강조하는 시각으로 전환되었다.

13 정기룡(2018)「공적연금 연계제도에 관한 한·일 비교연구」『일어일문학』 제79집. 대한일어일문학회. pp.307-328. 노동자연금은 1944년 후생연금보험으로 개칭되었고, 농민·자영업자 등을 포함하는 국민연금이 발족(1961년)하여 전 국민의 공적연금 체제를 갖추었다. 그 후 여러 번 연금제도의 개정을 통해 공정·공평성을 담보하기 위한 피고용자 연금제도의 일원화(2012년 8월 22일)를 이루게 되었다.

14 정기룡·원지연(2018)「일본의 노인복지서비스에 관한 고찰-개호보험 도입배경을 중심으로-」『일본근대학연구』 제59집. 한국일본근대학회. pp.415-437. 사회적 입원(Social Hospitalisation)이란, 간병·수발이 필요한 고령자의 장기 입원을 가리킨다. 이는 개호시설 부족과 가족 간병·수발을 대체하는 방법으로 고령자를 의료기관에 입원시키면, 의료보험 재정에 부담을 주는 한편, 병원 입원이 필요한 환자의 치료를 저해하게 되므로 그러한 문제를 해결하기 위한 대책으로 개호보험의 도입 배경을 논하고 있다.

앞에서도 살펴본 바와 같이 고령자대책의 중심은 고용과 연금에서 건강·의료로 확대되었다. 특히 최근의 해결과제로 대두된 분야는 가족 기능의 저하와 구조적인 재정문제 하에서, 고령자의 간병·수발문제를 해결해야 하는 개호대책(介護對策)에 집중하게 되었다. 따라서 가족과 지역사회의 기능이 약화하자 간병·수발이 사회의 주요 쟁점(issue)이 되어 개호보험법의 검토단계를 거치게 되었고, 2000년에 이르러 '개호보험법'이 제정·시행되는 과정에 이르렀다.

그 배경에는 의료시설의 확충과 요개호 고령자의 지원 확대를 통한 안심사회를 구축해야 한다는 필요성이 사회적 해결과제로 받아들여지게 된 것이다. 이른바 개호의 사회화가 그동안 일본 정부가 추진해왔던 사회보장 및 조세개혁의 틀 안에서 의료와 개호서비스에 복합적인 형태인 개호보험[15]이 필요하게 되었다.

이렇듯 고령자대책은 급격한 인구고령화로 인해 복지재정을 수반하는 연금, 의료, 개호를 비롯하여 기타 복지서비스 영역에서 사회보장급부가 급격히 늘어남에 따라 일단, 2025년을 목표로 중장기적인 개혁이 추진되고 있다[16]. 그 과정에서 사회보장의 재정안정화를 강화하는 한

15 정기룡(2018)「일본의 노인복지서비스에 관한 고찰-개호보험 도입 배경을 중심으로-」『일본근대학연구』 제59집. 한국일본근대학회. pp.341-357. 개호보험은 40세 이상 전 국민이 가입하지만, 보험료 부담 방법은 나이에 따라 다르다. 개호보험의 가입자는 65세 이상이 제1호 피보험자, 40세부터 64세가 제2호 피보험자로 구분된다. 65세 이상의 제1호 피보험자 보험료는 시·구·정·촌이 원칙적으로 연금에서 공제하지만, 지자체에 따라 개호보험료의 기준금액이 다르다. 그 이유는 지역에 따라 고령자의 인원수와 필요 개호서비스의 유무와 서비스에 든 비용이 다르기 때문이다. 제2호 피보험자는 건강보험료에 개호보험료를 추가하여 건강보험조합에 납부(급여공제)하며, 건보조합이 개호보험료 징수를 대행하고 있다. 제1호 피보험자의 경우, 요개호(要介護) 상태가 되면, 누구나 개호보험서비스를 이용할 수 있다.

16 정기룡(2010)「일본의 고령자 사회정책에 관한 연구-고령사회대책대강의 분석

편, 개호보험제도의 지속가능성이 제기되었고 지역사회의 네트워크가 중요하게 인식되었다.

지역사회는 지리적 공간에서 단지 머무는 것이 아니라 그곳에서 생활하는 사람들이 오랜 기간 쌓아온 고유의 생활양식과 풍토를 형성하게 된다. 그러므로 지역사회에서 행해지는 생활 지원이 지역사회의 영향을 받게 된다. 특히 고령자가 생활해온 지역에서 안심하고 지낼 수 있도록 개호·의료·보건·복지 측면에서 고령자를 지원하는 종합상담창구가 필요했다.

따라서 재가 치료의 적절한 개호 및 의료서비스 제공을 지원하는 지역포괄케어의 필요성에 따라 2005년의 개호보험제도 개정과 2006년의 의료제도 개혁을 거쳐 지역 내의 공급체계의 기반이 되는 지역사회 네트워크의 형태가 지역포괄케어시스템이라는 이름으로 구축되기에 이르렀다[17]. 또한 급격한 인구고령화는 베이비붐세대뿐만 아니라 주니어세대에도 이어질 것으로 예상되었기 때문에 제도개정 시에 이러한 점을 반영하여 지역 내에서의 포괄케어를 시도하게 되었다.

결국, 보험료와 이용부담률 인상만으로는 개호보험제도의 지속가능

을 중심으로-」『일본연구』68호. 한국외국어대학 일본연구소. pp.144-149. 「사회보장제도개혁추진법(社會保障制度改革推進法 : 2012년 법률 제64호)」에 따라 구성된 사회보장제도국민회의에서 재정 안정화와 「지속가능한 사회보장제도 확립을 도모하기 위한 개혁추진에 관한 법률(持續可能な社會保障制度の確立を図るための改革の推進に關する法律 : 2013년 법률 제112호)」을 제출하여 성립(2013년 12월 5일)되었다. 이 법률을 근거로, 지자체인 시·정·촌에 특별(구)를 추가하는 내용의 개정(2021년 9월 1일)도 이어졌다.

17 이지아·한정원(2019) 「일본 지역포괄지원센터를 중심으로 한 커뮤니티 케어고찰」『세계지역연구논총』 제37집3호. 한국세계지역학회. pp.141-143. 특히 2006년부터 시·정·촌(市町村)에 지역포괄지원센터가 설치되어 보살핌 예방과 종합상담, 권리 옹호 등의 업무를 맡고 있음을 밝히고 있다.

성이 어렵다는 점을 인식하게 되었다. 이에 일본 정부와 지자체에서는 고령자의 생활지원서비스 확충과 더불어 사회보장제도가 직면하고 있는 재정부담을 해소하는 동시에 제도의 지속가능성을 목표로 한 개선 방안이 요구되어 지역포괄케어센터에서의 지원서비스[18]를 실시하게 되었다.

3. 개호보험제도와 지역포괄케어

개호보험은 간병·수발이 필요한 사람의 부담을 사회 전체가 지지하는 것을 목적으로 한 사회보장제도의 하나이다. 만 40세 이상의 국민은 모두 개호보험의 피보험자가 되어 보험료를 내는 의무가 있다. 노화나 질병에 의해 개호의 필요성이 인정되면, 개호서비스를 받기 위한 권리가 생기며, 그 비용을 공적사회보험인 개호보험자가 부담하게 된다. 문제는 요개호자의 급증으로 개호서비스 비용의 부담 증가와 보살핌 인력의 확충에 따른 부담이 늘어난다는 점이다.

따라서 개호보험 재정문제는, 고령자 보살핌에 대한 가족기능 회귀 및 지역사회의 부담 증가에 대한 우려가 있었기 때문에 처음부터 지역포괄케어시스템이 원만하게 추진된 것은 아니다[19]. 왜냐하면 개호보험

18 일본의 시·정·촌(市町村) 지역포괄지원센터에서는 간호, 의료, 보건복지 측면에서 고령자를 지원하는 종합상담창구 역할을 맡고 있다. 고령자에 대한 개호보험 및 개호예방서비스, 보건복지서비스, 일상생활지원 상담에 임하면서 개호보험 신청창구 역할도 담당하고 있다. 운영형태는 지자체 직영 및 사회복지법인, 사회복지협의회, 민간기업 등이 위탁받아 운영하는 예도 있으며 지역포괄지원센터 한 곳이 인구 약 2-3만 명 단위의 생활권역을 담당하며 전국에 약 5,351(2022년 현재)개의 시설을 구축하여 운영에 임하고 있다.

19 유애정(2019) 「일본의 지역포괄케어시스템 구축과 개호보험제도 개정과정의 정책적 시사점」 『한국노년학』 제39권1호, 한국노년학회, pp.14-15. 시·정·촌(市

표 8-2. 개호보험 제1호(65세 이상)

피보험자수(명)

연령자격 등 구분	2020년 3월 말 현재	2021년 3월 말 현재
65세 이상 75세 미만	17,296,265	17,255,262
75세 이상 85세 미만	12,261,724	12,369,232
85세 이상 고령자	5,693,613	5,923,135
외국인 피보험자	172,423	181,115
주소지특례 피보험자	169,255	177,121
계	35,251,602	35,547,629

자료 : 厚生労働省(2020.4.)「介護保険事業運営状況報告(年報)」

개정과정에서 포괄적인 서비스 공급체계의 구축을 정책목표로 삼으면서 내용향상과 확충을 명확히 제시하지 못했던 배경에는 양적·질적 양면의 복지 수요가 계속 늘어나지만, 그에 대응할 수 있는 복지공급 여력이 부족했기 때문이다.

이러한 경향은 최근의 사업계획에서도 이어지고 있다. 개호보험 사업실시 상황에 관해 보험자인 시·정·촌(市町村) 등이 매년 종합하여 공표하고 있는 일본 후생노동성의 「개호보험사업상황보고(介護保險事業狀況報告 : 2020년)」에 의하면, 제1호 피보험자(65세 이상)가 포함된 세대수는 2020년 3월 말 현재 2,507만 가구로 나타나 전년도 2,485만 가구(2019년도 3월 말)에 비해 약 22만 가구(0.9%)가 늘어났다.

65세 이상인 제1호 피보험자 수 또한 2020년 3월 말 현재 약 3,555만 명으로 전년도 말에 비해 약 30만 명(0.8%)이 늘어났음을 확인할 수 있다. 그 가운데 전기고령자(65-75세 미만)는 약 1,726만 명이며 후기고령자(75세 이상)는 약 1,829만 명으로 제1호 피보험자 중 차지하는 비율

町村)의 지역 격차와 한정된 자원으로 지역포괄케어를 실현하기 어려운 장애요인 및 법률제정, 예산확보 등의 문제가 제기되기도 했다.

이 각각 48.5%와 51.5%로 나타났다. 공식 발표된 요개호·요지원(要介護·要支援)[20] 최근 추이를 보면, 〈표 8-3〉과 같이 2020년 3월 말의 인정자 수가 무려 668만 명을 상회하고 있다.

표 8-3. 요개호·요지원 인정자 수

(2020년 3월 말 현재)

구분	요지원 1	요지원 2	요개호 1	요개호 2	요개호 3	요개호 4	요개호 5	총수
제 1 호 피보험자	**922,266**	**924,379**	**1,330,743**	**1,129,262**	**862,100**	**803,074**	**586,500**	**6,558,324**
65세 이상 70세 미만	34,931	38,711	43,773	43,446	28,867	25,229	22,543	237,500
70세 이상 75세 미만	79,668	80,328	91,953	85,382	58,633	50,488	42,778	489,230
75세 이상 80세 미만	164,136	144,739	180,718	143,795	98,612	85,548	68,039	885,587
80세 이상 85세 미만	256,495	228,844	309,557	229,620	158,880	138,808	104,345	1,426,549
85세 이상 90세 미만	254,943	260,182	386,962	306,342	225,198	201,544	143,567	1,778,738
90세 이상	132,093	171,575	317,780	320,677	291,910	301,457	205,228	1,740,720
제 2 호 피보험자	**12,070**	**20,061**	**20,955**	**26,754**	**17,522**	**14,621**	**15,975**	**127,958**
합 계	**934,336**	**944,440**	**1,351,698**	**1,156,016**	**879,622**	**817,695**	**602,475**	**6,686,282**

자료 : 厚生勞働省(2020.4)「介護保險事業運營狀況報告(年報)」日本國民健康保險團體聯合會. 제출된 수급자 대상 수치로서 당시 발표 이후의 미세조정이 있을 수 있음.

---

20 개호보험법에서 정의하는 요지원과 요개호의 차이를 요약하면, '요개호'란, 입욕, 배설, 식사 등의 일상생활 동작에 대해 상시 간병·수발이 필요할 것으로 예상되는 상태를 말하며 '요지원'이란, 현재의 상태는 개호의 필요가 없을지라도 미래에 요개호 상태가 될 우려가 있는 경우처럼 가사와 일상생활에 지원이 필요한 상태를 가리킨다.

그 가운데 제1호 피보험자가 약 656만 명(남성 204만 명, 여성 452만 명)이며, 제2호 피보험자(40세 이상 65세 미만)는 약 12.8만 명(남성 7만 명, 여성 6만 명) 수준으로 드러났다. 제1호 피보험자 중 전기고령자(65세 이상 75세 미만)는 약 73만 명이었고, 후기고령자(75세 이상)가 약 583만 명에 이르고 있다.

제1호 피보험자 중에서 요개호·요지원 인정 비율은 전기고령자가 11.1% 그리고 후기고령자는 88.9%로 나타났다. 이러한 추세에 근거해 후기고령자의 수요에 대처하기 위해서는 후기고령자의 특성을 고려한 자원의 효율적인 배분이 요구된다. 개호보험의 재정문제와 효율적인 고령자 보살핌을 위한 지역사회에서 지역포괄케어시스템[21]의 필요성이 제기되자 그에 따른 제도개선이 이어졌다. 그 주요 과정을 살펴보면, 2000년에 시행된 개호보험제도는 2005년의 개혁과정 및 사회보장국민회의(2008)에서 지역포괄케어의 필요성이 논의되었고, 지역포괄케어연구회가 정리한 2009년과 2010년의 보고서에서 일정한 형태를 갖추게 되었다. 그와 더불어 「지역의료 및 개호의 종합적인 확보 촉진에 관한 법률(2014년 법률 제83호)」의 시행 및 관계법령(의료법, 개호보험법, 지역개호시설정비촉진법)의 개정이 순차적으로 이루어지면서 지역포괄케어시스템의 목적과 정의 등이 구체화되었다[22].

---

21 유애정 앞의 논문, p.2. 1970-80년대 히로시마현 미츠기쵸(御調町 현재는 尾道市)와 이와테현 후지사와쵸(岩手縣藤澤町)에서는 고령화가 진전되는 과정에서 국민건강보험 진료시설이 다른 지역에 앞서 보건, 의료, 복지를 통합하여 서비스를 제공하는 구조를 갖추어 지자체와 협력체계를 구축하고 있었음을 소개하고 있다. 내용을 요약하면, 당시 공립미츠기종합병원(共立みつぎ總合病院)의 야마구치 노보루(山口昇)원장이 와상노인 제로 작전을 비롯한 지역단위 포괄적 보건의료개호서비스 제공시스템 구축의 필요성을 강조하여 실시했는데 이러한 방안이 개호보험과 의료개혁에서 추진된 지역포괄케어와 유사하였기에 이 시스템이 지역포괄케어의 효시로 여겨진다는 견해이다.

지역포괄지원센터는 개호보험제도의 지속가능성이 제기되는 과정에서 지역사회의 네트워크가 중요하다는 인식에 근거해 구축된 지역포괄케어시스템의 중심 역할을 맡고 있다. 그러나 개호·의료·보건·복지 등의 측면에서 고령자를 지지하는 지역 종합상담창구로 구축된 이후에도 여러 논의를 거쳐 보완되고 있다. 고령자의 생활지원을 의료와 개호에 한정하지 않고 광범위하게 대응하여 의료, 간호, 보건, 복지, 기타 일상생활에 관련된 지원을 포괄적으로 제공하기 위한 서비스 공급체제로 재편해야 한다는 결론에 도달한 것이다. 그러나 개호보험의 한정된 재정 아래에서 제도의 지속가능성을 우선하여 서비스의 공급체계를 재편해야 했기 때문에 지역포괄케어시스템의 구축에 있어서는 자조(自助), 호조(互助), 공조(公助), 공조(共助)를 기치로 내걸어 운영에 임하게 되었다.

지역포괄케어시스템은 시행 이후 지역사회의 해결과제를 실천적인 대처경험(현장경험사례)으로 축적해왔기 때문에 지역사회의 자원을 효율적으로 배분하여 생활문제에 봉착한 고령자를 대상으로 신속히 대처할 수 있는 구조를 갖추게 되었다. 따라서 지역포괄케어시스템의 기능과 요소에 근거하여 고령자나 가족에게 종합상담창구가 되는 동시에 지역사회의 네트워크를 구축하여 전문가와 지역사회 자원을 연결하여 지원하는 권리침해 예방 기능 등을 축적해온 것이다[23].

---

22 동 「地域における医療及び介護の總合的な確保の促進に關する法律」은 1989년에 공포된 이후 수차례의 개정(최근 2021.6.)을 거쳐 현재에 이르고 있다. 그 주요 내용은 서비스 수요 증가를 감안하여 지역의 창의성을 살리면서 효율적인 의료제공 체제를 구축하는 동시에 지역포괄케어시스템의 구축을 통해 의료 및 개호의 종합적인 확보를 촉진하는 조치를 강구하여 고령자를 비롯한 국민이 보람을 갖고 생활할 수 있도록 지역사회의 형성에 도움을 주려는 목적을 담고 있다.

23 井上信宏(2011) 「生活保障システムの轉換と地域包括ケア」 『地域包括ケアと生活保障お再編』 明石書店. pp.79-110. 개호보험 현장의 관찰, 발견, 종합상담, 개발·

이처럼 지역포괄케어시스템은 이른바 지역밀착형서비스[24]를 통해 지역사회 구성원에 대한 배려를 포함하여 지역주민이 참여하는 지역거점 케어시스템으로 구축된 것이다. 그러나 일상생활권역을 서비스 공급의 범위로 삼는 지역포괄케어시스템은 담당권역의 지역 특성과 각 지역사회의 재정과 문화풍토의 차이로 인해 시스템 구상계획과 달리 상세서비스의 설계를 일반화하기가 어려웠다. 또한 개호보험제도의 개정으로 보험자 역할이 줄어든 반면, 서비스 이용 상황 및 생활 형편 파악 등의 업무가 케어매니저에게 이양되어 공적 책임이 축소된 경향을 보인다.

그와 더불어 정보수집에도 지역마다 지역사회의 차이와 특성이 달라서 사례의 확산과 교류에 곤란한 점이 드러났다. 나아가 개호보험을 비롯한 사회보험제도의 개혁이 지속해서 이어져 지자체와 복지 현장에서는 제도변화에 따른 혼선이 발생하는 예도 있었을 것이다. 따라서 이러한 제도 운용상의 우려를 불식시키기 위해서도 이와 같은 점을 고려한 지역포괄케어의 개선이 요구되고 있다.

4. 지역포괄케어시스템의 운영과 개선 방향

고령자의 생활 파악과 생활 지원 과정에 있어서는 무엇보다 고령자가 처한 상황에서 사회자원이 어떻게 배분되어 기능하고 있는지를 살

제언, 평가 등의 대처경험에 입각해 지역포괄케어를 구축하는 과정을 소개하며 지역포괄케어시스템의 기능과 역할을 규명하는 동시에 개호보험제도의 지속가능성 방안을 주장하고 있다.

24 유애정 앞의 논문, p.5. 지역밀착형서비스란 서비스 유형에 따라 월정액 포괄진료비제를 도입하여 대상자의 필요한 수요에 대응하는 유연하고 익숙한 서비스 제공을 가리키며 지역사회에서 포괄케어서비스가 제공되고 있다고 보고 있다.

펴보아야 한다. 먼저, 개호보험을 비롯하여 고령자의 생활보장 관련 제도가 어떻게 변화하고 있는지에 관한 정확한 정보입수와 더불어 그 주요 내용의 홍보가 보완되어야 할 것이다[25]. 또한 고령자의 생활보장을 지원하는 지역포괄케어센터가 어느 자원을 구성해 어떠한 방법으로 실행할 것인지에 대한 명확한 이념 정립하에 케어매니저를 비롯한 관계자의 역할과 책임이 재정립되어야 한다.

현재, 지역포괄케어시스템을 효율적으로 유지관리하기 위하여 관공서의 행정담당자, 케어매니저, 개호서비스사업자, 의료기관 및 사회복지협의회 관계자, 자원봉사단체 대표자, 민생위원 등이 참여하여 지역케어회의체를 구성해 지역사회의 과제를 공유하고 검토하는 회의에 임하고 있다. 그 회의 결과에 근거해 지역 내에서 신속히 대응하는 동시에 운영현황 및 성공사례가 「개호보험사업운영상황보고」로 종합되어, 운영현황 조정 및 보험료율 책정 등의 기초자료로 활용되고 있다.

이러한 지역사회 실정에 근거해 각 지자체에서는 3년을 1회기로 개호서비스에 필요한 급부 전망(약 13조 엔)을 세워 예산을 편성하고 있다. 개호보험 예산에는 국가부담이 25%, 도·도·부·현(都道府縣)이 12.5%, 그리고 시·정·촌(市町村)이 12.5%로 구성하는 조세부담과 제1호 피보험자의 보험료 23% 나아가 제2호 피보험자의 보험료(노·사) 27%를 합해 전체비용(100%)을 충당하고 있다. 이러한 부담체계는 정부와 지자체를 비롯하여 기업과 피보험자에 이르기까지 사회 전체가 요개호자를 지지하는 구조로 제도가 형성되어 있음을 보여준다.

매회기 3년마다 사업계획을 조정하고 있는 개호보험제도의 사업계

---

25 厚生勞働省의 주요 복지제도 내용의 변경(2022.4. 최종)은 즉시 공개되고 있다. 자료 참조. https://www.mhlw.go.jp/stf/seisakunitsuite/bunya/ (검색일: 2022.4.18.)

획(제8기 개호보험사업계획 : 2021-23년도)에서는, 제1호 피보험자의 개호보험료가 전국 각 지역의 평균값 6,014엔 수준으로 나타나 전기(2018-20년도)에 비해 약 2.5% 상승한 결과를 보였다. 그와 더불어 개호보험의 재원 가운데 가장 큰 비중을 차지하는 제2호 피보험자(40-64세 근로자)의 보험료율도 한동안 상승추세를 보였으나 최근의 재정검토 결과, 전국건강보험협회의 개호보험료율이 전년도(2021)의 1.80%에서 2022년 3월분부터 1.64%로 인하(2022년 4월 납부)된다고 발표되었다[26].

이러한 변화가 코로나19로 인한 활동·이동 제약으로 인한 서비스수요 절감이 초래한 것인지, 지역포괄케어시스템을 효율적으로 운영한 결과인지, 한 해의 성과를 토대로 일반화하기에는 무리가 있으므로 향후의 추이를 주시하며 대응해야 할 것이다.

그러나 앞에서 언급한 바와 같이 고령화율과 요개호·요지원 인정 고령자가 지속하여 늘어나고 있으며, 최근의 인플레이션 유도정책과 더불어 이른바 '2022년 위기'라고 일컬어지던 해당연도에 개호보험료율이 0.16% 포인트 인하된 것은 상당히 의미 있는 결과이므로 향후의 추이를 지켜볼 필요가 있겠다.

지역사회에 포괄케어센터를 구축하게 된 것은 개호보험제도의 지속가능성을 추구하는 방법으로 고령자대책이 앞으로도 충실히 이어질 것이라는 신뢰에 바탕을 두고 있었다. 이러한 신뢰를 반영한 개호보험 재정안정화 대책과 지역포괄케어시스템의 운영 결과의 하나로 개호보험료율이 인하된 것이라면, 개호보험제도에 관한 기대와 신뢰 제고의 계기가 될 것으로 보인다.

---

26 도·도·부·현(都道府縣) 단위의 보험료율은 각 도·도·부·현의 사정에 의해 결정되며 전국평균 건강보험료 10%(2022년 변경은 인하 18곳, 인상 29곳)로 유지되었으며, 전국 일률적으로 정하는 개호보험료율이 지난해 1.80%에서 2022년에는 1.64%로 인하되었다. https://www.kyoukaikenpo.or.jp/g7/ (검색일: 2022.3.28.)

표 8-4. 건강보험협회의 건강보험료율의 추이

(%)

구분(연도)	건강보험료율	개호보험료율
2000	8.50(97년 10월~)	0.6(5월~)
〃	〃	1.08(12월~)
2001	〃	1.09(4월~)
2002	〃	**1.07(4월~)**
2003	**8.20(5월~)**	**0.89(5월~)**
2004	〃	1.11(4월~)
2005	〃	1.25(4월~)
2006-2007	〃	1.23(4월~)
2008	〃	**1.13(4월~)**
2009	〃	1.19(4월~)
〃	* 8.20(9월~)	〃
2010	9.34(4월~)	1.50(4월~)
2011	9.50(4월~)	1.51(4월~)
2012-2013	10.00(4월~)	1.55(4월~)
2014	〃	1.72(4월~)
2015-2016	〃	**1.58(5월~)**
2017	〃	1.65(4월~)
2018	〃	1.57(4월~)
2019	〃	1.73(4월~)
2020	〃	1.79(4월~)
2021	〃	1.80(4월~)
2022	〃	**1.64(4월~)**

자료 : 日本全國健康保険協會(연도별 변경 이후, 보험료율이 개시된 월 기입)

* 2009년 9월부터 도·도·부·현 단위로 건강보험료율이 변경됨(평균보험료율)

그렇지만 개호보험재원 부족과 개호 관련 인적자원 부족, 저출산·고령화는 여전히 현재진행형의 정책과제가 되고 있다. 따라서 이러한 문제에 대처하기 위한 차기 개호보험제도의 개정(2024년)에서 어떤 방향 설정의 대책이 나올지 기대와 우려가 교차하는 시점에 있다[27].

일본에서 시행하고 있는 개호보험은 앞에서 살펴본 바와 같이 간병·수발의 사회화를 통해 전 국민으로부터 일정 평가를 받고 있지만, 제도 시행 이후 노인복지서비스의 이용이 급증하자 시행 이후 얼마 지나지 않아 재정문제로 연결되었다. 이에 따라 개호보험제도의 지속가능성에 관한 우려를 해소하고 제도의 효율화를 도모하기 위한 개혁이 필요하였는데 선행연구와 본 고찰에서 도출된 제도개혁이 이어졌던 배경을 요약하면 다음과 같다.

첫째, 제도개혁에서는 요개호인정(要介護認定)[28] 결과, 고령자의 복지서비스에 대한 수요가 급격히 늘어나 상호부조 기능이 취약해짐으로써 케어가 충분히 지원되지 못했다. 둘째, 독신 고령자와 치매 고령자가 증가하는 상황에서 시설입소 외에 재택개호모델의 검토가 필요했지만, 그 대응이 충분하지 못했다. 셋째, 개호서비스 내용의 향상 욕구가

27 개호보험의 안정적 유기를 위해 고려되는 방안으로서는, 먼저, 피보험자의 보험료율 인상, 대상연령 조정, 수익자 부담원칙 적용비율 조정 그리고 개호서비스 이용료 분담율과 이용범위의 조정 등이 예상된다. 나아가 지역사회의 규범과 문화풍토 측면에서 지역네트워크의 강화와 개호서비스 지원체계의 수정·보완책 등이 예상된다.

28 노기현(2013) 「노인복지행정에 있어 "지역포괄케어시스템"의 구축에 관한 검토 -2011년 6월 일본의 개호보험법 개정내용을 중심으로-」 『法學硏究』 통권78호. 부산대학교 법학연구소. p.242. 피보험자가 개호 및 예방급부 등 개호서비스를 수급하려면, 요개호 상태·요지원 상태를 시·정·촌(市町村)으로부터 인정(認定) 받는 과정이 필요하다(개호보험법 제19조1항, 2항 : 개호인정 처분). 개호인정을 개호급부 자격의 충족여부에 관해 일정기준에 근거한 보험자(시·정·촌)의 확인행위라고 보았는데, 이는 타당한 확인 과정으로 판단된다.

한정된 재원 하에서 효율적으로 이루어지기에는 인적자원과 물적자원 모두 부족하였고 경험 또한 미흡했던 것으로 파악된다. 이러한 점에 관한 대응책으로 여기에서는 다음과 같은 방안을 요약하여 제안하고자 한다.

첫 번째는 고령자의 다양성과 의존성에 대한 유연성 있는 대응이 필요하다. 고령기의 생활은 그 사람이 살아온 인생의 연장선에 있으므로 환경요인이 복잡하다. 개호보험제도는 이용자에게 광범위한 돌봄 제공을 채용하여 시작했으나 한정된 자원과 재정제약으로 서비스 제공의 범위가 좁아질 수밖에 없었다. 그로 인해 개호보험서비스 범위를 넘어서는 수요에 대해서는 수익자 부담원칙에 입각한 방법 등으로 보완해 나가야 할 것이다.

두 번째는 지역사회에서 배제되는 재가 지원 고령자를 줄여나가야 한다. 지역사회에서 독신 고령자와 치매 고령자가 고립되거나 사회관계가 약화하면 지원요청이 사회화되지 못한 채 곤란한 고립상황에 처할 수 있으므로 케어시스템이 일부 이용자에게 편향되거나 경직되지 않도록 고령자가 지역사회에서 배제되지 않는 조직구성과 지원체계를 구축하여야 할 것이다.

세 번째는 고령자의 생활 욕구 변화에 따른 케어의 절대적인 공급부족 문제를 해결하여야 한다. 고령자와 케어담당자와의 의사소통이 원활하지 못하거나 관리·감독이 미치지 않아 상담 기회가 한정되면, 고립된 고령자가 원하는 효율적인 지원을 받을 수 없게 된다. 나아가 복지공급체제의 효율화를 도모하는 동시에 지역포괄센터의 지원범위를 초월하는 수요에 대해서는 지역사회의 전문가(의료, 사회복지, 심리상담 등)와의 신속한 연계 대응이 요구된다.

결국 지역사회 네트워크를 이른바 사회시스템인 지역포괄케어시스템으로 구축하는 동시에 개호보험제도의 지속가능성을 앞으로도 보장하기 위해서는 현재 이상의 재정지원과 더불어 인적 관리의 효율화를 염두에 둔 전문적 조직화가 뒷받침되어야 할 것으로 판단된다.

5. 고령자대책의 종합 및 남겨진 과제

여기에서는 정책론의 시각에 근거해 일본의 고용과 연금 등 소득보장을 비롯한 생활보장과 건강·의료 나아가 급격한 인구고령화로 인해 대두된 고령자의 간병·수발 등의 사회문제로 확대되어온 고령자대책의 변화과정을 조명해보았다. 고령자의 행복한 삶은 소득보장, 건강유지, 삶의 보람 등 경제적, 사회적 환경과 더불어 지역사회와의 상호작용과 사회참가를 통해서도 영향을 받게 되므로 고령자가 보람된 노후를 보낼 수 있도록 정책 차원의 복지서비스를 제공하는 것은 당연히 필요할 것이다.

인구고령화에 따른 복지서비스 수요의 증가는 현대사회의 진전과정에서 나타나는 자연스러운 현상이지만, 그러나 고령기의 생활에서 위협요인이 되는 노인질환, 고독감, 간병·수발 등의 문제는 점차 개인이 해결할 수 없는 사회적 과제가 되고 있다. 이러한 문제에 대해서는 고령자 당사자만이 아니라 국민 대부분이 인식하고 있어서 사회보장을 비롯한 정책실행과 더불어 지역사회 구성원과의 교류를 통해 고령자에게 소속감을 부여하고, 고령자 스스로 삶의 의미와 보람을 느낄 수 있도록 제도적 측면과 정서적 측면의 지원이 필요할 것이다.

일본은 최근 고령자대책의 중심이 되는 연금과 의료를 비롯하여 개호보험을 지속해서 유지, 발전시켜나가기 위해 특히 지역포괄케어시스템을 강화하는 과정에 있다. 그 실현을 위해 정부 주도의 생활보장시스템 체제에서 한 걸음 더 나아가 지역사회에서 고령자를 대상으로 생활지원이 필요한 부분을 조달하는 복지자원의 효율적인 배분시스템을 추구하고 있다. 그러나 이러한 지역포괄케어시스템의 구조가 의료비 절감과 개호비용 삭감을 위한 제도의 효율성만이 아니라 개호서비스 이용자를 위한 지원시스템이라는 목표설정을 명확히 해야 할 필요가 있을 것이다.

이전의 사회정책에서는 사회문제에 대처하기 위해서는 정부 주도로 정책을 입안하고 시행하여 해결에 나서서 제도개혁을 주도해왔다. 그러나 이제 인구고령화에 따른 재정안정화와 사회보장제도의 지속가능성을 논하게 된 현재에 있어서는, 이전의 사회정책론에서 한 걸음 더 나아가 고령자의 생활지원을 둘러싼 정부와 지자체 그리고 지역사회와의 통합을 고려한 고령자대책의 개선방안에 근거하여 운영되어야 할 것이다. 따라서 여기에서는 지역포괄케어시스템을 재고하여 개호보험제도의 효율화 방안을 제안하려 하였다.

특히 개호보험제도의 변천 과정에서 구축되고 있는 지역포괄케어시스템의 기본기능과 기본요소를 활용하여 개호보험 현장에서의 종합상담, 개발·제언, 평가 등의 경험이 축적되어 지역포괄케어시스템으로 구축되는 과정에 있으므로 이른바 지역사회 커뮤니티의 활성화를 높이는 측면에서 각 지역에 적합한 정책지원과 지원체계의 조직화가 필요한 시점으로 파악되었다.

지역포괄케어의 목표는 고령자뿐만 아니라 지역사회 전 구성원의 건강한 생활 유지와 문화적 향상을 지향하는 데 있다. 혹여 그 지향하는 바가 어려운 상태가 되면 당면과제에 대응하여 기본생활을 영위할 수 있도록 지원하는 구조가 바로 지역포괄케어시스템의 역할이자 기능인 것이다. 그렇기는 하지만 제도 운용에 있어서는 고령자 개개인의 생활환경과 생활 인식 및 가치관과 선택 등이 다양하므로 그것을 지원하는 구조 역시 지역과 수준에 따라 몇 가지 유형별로 달라질 수밖에 없을 것이다.

결론적으로 고령자의 생활보장에 있어서는, 고령자 자신의 자립을 비롯하여 정부 차원의 사회보장제도와 지자체의 관리·감독 나아가 지역사회 네트워크의 활용 등 개호자원의 효율적인 배분에 근거하여 시대환경에 적합한 지원시스템 구축의 필요성에 도달하게 되었다.

제9장

일본 고령자의 사회참가와 여가활동

1. 고령자여가에 관한 문제 제기

인구고령화가 사회문제로 대두되는 작금(昨今), 누구라도 장수하는 것은 더할 나위 없이 바람직하고 행복한 일이다. 그렇지만 단지 생명 연장이 아니라 고령자가 삶의 보람을 느끼면서 노후를 보람 있게 보낼 수 있도록 하기 위해서는 생활보장대책만이 아니라 점차 다양화되고 있는 고령자의 욕구에 대처할 수 있는 환경제공이 필요할 것이다.

그동안 고령자대책은 주로 고용연장과 사회보장개혁 그리고 복지 수요의 다양화에 대처하는 복지서비스 개선이 중심적이었다. 그러나 최근의 고령사회대책은 사회보장을 비롯한 제도적 정비는 물론이고, 사회적 연대와 고령자의 자립지원, 복지문화지원, 지역사회 네트워크 활용 등 고령자 활동의 전반적인 지원에 나서고 있음을 알 수 있다.

이러한 변화의 수용 태세는 인구구조의 급격한 변화에 따른 사회문제를 고령자만의 문제가 아니라 전 국민적 과제로 인식하고 있음을 보여준다. 즉, 국가 차원의 정책은 물론이고 지자체의 고령자활동 지원 그리고 고령자 자신도 노인클럽을 비롯한 동호회, 학습회 등 고령자단체를 자생적으로 형성하여 여가 활용과 학습활동에 나서고 있다[1].

한편, 인구고령화는 노인들의 가치관에도 큰 변화를 주게 되었다.

즉, 인구고령화가 진전되는 가운데 고령자 스스로 건강을 지향하며 삶의 보람을 찾는 것이 바람직하다고 인식하는 점이다. 실제로 현대의 고령자는 이전 고령자 세대와는 달리 건강 유지, 학력 상승, 소득상승 등을 바탕으로 자기실현 욕구를 표출하기에 이르렀다. 이러한 고령자의 인식변화로 인해 노인들의 여가활동이 다양화되는 한편, 고령층 집단의 공통된 행동양식과 노인을 중심으로 한 여가와 학습문화 형성이 두드러지게 나타나고 있다.

이를 반영하듯 일본의 고령사회에 관한 논의가 고용과 연금을 비롯한 생활보장시스템에서부터 노인복지와 고령자의 사회참가 등에 이르기까지 확대되고 있다. 나아가 고령자 개개인의 생활과 경험으로 내재한 자기실현 및 존재가치 표출에 입각한 고령자의 여가활용, 고령자문화, 복지문화 등으로 확대되면서 그와 관련된 연구 또한 시도되고 있다.

이렇듯 고령사회와 관련된 사회문제는 한두 영역에서 고령자대책을 제시하기가 어렵게 되어 융합과 확대에 기반을 둔 광범위한 분야에서의 대책이 나오고 있다. 이에 여기에서는 인구고령화의 사회변화를 반영하여 기존 연구에서 한 걸음 더 나아가 고령자 여가의 분류와 고령자학습 등 일본을 대상으로 한 노인문제를 살펴보고자 한다. 그 방법은 문헌 고찰과 현지 조사[2]를 겸해 실시하였으며 수집한 자료를 토대로

1 일본의 노인복지대책은 1963년에 노인복지법(1963년 법률 제133호)이 제정됨에 따라 적극적으로 추진되게 되었다. 노인복지법이 제정되기 전까지의 노인을 위한 시책은 주로 후생연금보험법과 국민연금법의 노령연금 및 생활보호법상의 양로시설에의 수용 보호밖에 없었지만, 노인복지법이 제정됨에 따라 노인복지를 향상하는 시책이 종합적이고 체계적으로 추진되었다.

2 2013.6.27-8.26일. 도쿄(東京)주변의 베드타운 사기미하라(相模原)시 고령자복지과의 내부자료 분석과 아지사이노인대학(あじさい大學), 노인복지센터 등에 관한 현장 견학 및 노인문제 담당자, 전문가와의 논의 등으로 이루어졌으며 개인

고령자의 의식변화 및 여가생활 행태를 분석하였다.

먼저, 고령자의 여가에 관한 개념을 살펴보고 여가의 종류를 몇 가지 유형으로 구분하면서 고령자에 적합한 효율적인 여가 유형을 탐색해 보았다. 또한 고령자의 학습활동을 통해 이들의 행동양식과 더불어 지역사회의 행정지원체계를 살펴보고 고령자대책으로 구축하고자 하였다[3]. 나아가 다른 연구영역보다는 비교적 연구가 추진되지 않았던 분야인 고령자여가에 관한 선행연구[4]를 재해석하면서 지역사회 구성원인 고령자가 지역사회에서 일정한 사회적 역할을 수행할 수 있을지도 살펴보았다.

정보 보호를 위해 실명은 생략함.

3 본 연구의 방법으로서는 ㉮정보수집 및 문헌분석 : 연구의 목적을 달성하기 위해 현지에서 문헌을 수집·정리하는 동시에 노인대학 관련 지자체의 내부자료(최근통계)를 수집하여, 노인대학의 운영현황을 파악하고, 재분석함으로서 고령자학습에 관한 개념적인 이론 정립을 시도하고자 하였다. 또한 ㉯현장 조사와 전문가 면담 : 연구에 필요한 자료수집과 더불어 지역의 노인문제 정책입안자와 노인복지 현장 전문가와의 상담을 통하여 고령자 활동에 적합한 내용과 지원책의 방향성을 파악하고자 하였다. ㉰비교분석 : 문헌 연구와 현장 조사결과에 근거하여 기존의 연구와 비교·검토함으로써 향후 초고령 시대에 적합한 노인여가의 활용 방법으로 구축하고자 하였다.

4 세누마(瀨沼克彰 : 2005)『長壽社會の余暇開發』世界思想社 pp.53-54. 동 瀨沼克彰(2005)『団塊世代の余暇革新』日本地域社會硏究所. p.21-63. 정진웅(2006.2)『노년의 문화인류학』한울아카데미 pp.34-39. 정기룡(2006)『일본 사회의 이해-고령사회 일본의 사회문제와 대책-』제이엔씨. pp.147-149. 등을 비롯하여, 하라다·가토 외(原田隆·加藤惠子他 : 2011)「高齢者の生活習慣に關する調査(2)-余暇活動と生きがい感について-」『名古屋文理大學紀要』第11号. pp.27-34. 또한 정기룡(2010)「일본의 고령사회와 베이비붐세대에 관한 문화적 분석」『일본연구』제44집. 한국외국어대학교 일본연구소. pp.39-60. 정기룡(2011)「일본의 고령자라이프스타일에 관한 연구」『일본연구』제47집. 한국외국어대학교 일본연구소. pp.39-60. 등의 후속 연구이다.

2. 고령자 여가의 구분

먼저, 고령자의 일상생활에서 보람된 시간으로 인식할만한 여가 활용은 과연 얼마나 될까? 물론 그러한 깊은 생각 없이도 노후생활을 영위할 수는 있다. 그러나 여가 활용에 관한 별다른 인식 없이 생활하기보다 가치 있는 시간으로 여가를 보내는 것이 바람직할 것이다. 그러므로 고령자의 여가를 의미 없는 시간으로 소일하는 것으로 단정 지어서는 안 된다. 왜냐하면 최근에는 고령자의 여가 활동이 노후의 건강하고 보람된 삶을 영위하는 데 있어서 필요하다는 인식이 확산하고 있기 때문이다. 바로 이점에 주목할 필요가 있겠다.

일본에서는 이미 고령자의 사회참가를 포함한 노후의 여가 활용이 고령자문화의 하나로 정착되는 단계에 있으며, 그러한 의미 있는 활동이 점차 늘어나는 과정에 있다고 하겠다. 실제로 경제적으로 풍요로움이 실현된 최근에는 경제적 여유가 있는 고령자는 여행, 학습, 취미, 스포츠 등 고품격의 여가를 보낼 수 있도록 여가에 관한 여러 종류의 서비스가 제공되고 있다. 그만큼 다양한 여가 관련 정보도 쉽게 찾아볼 수 있다.

한편, 소득수준이 낮은 고령자에게 있어서는 여가 활동이 무료한 시간 보내기 정도로 받아들여지기도 한다. 또한 여가를 위해서는 번거로운 절차와 기다림의 불편함이 동반되기도 한다. 즉, 줄서기와 기다림 혹은 상담 등에 수반되는 혼잡함 속에서의 노고가 스트레스가 되기도 하는 것이다. 그렇다면 어떻게 해야 고령자에게 적합한 여가가 보편적으로 제공되며, 누구라도 즐길 수 있는 이상적인 형태로 자리매김하게 될 것인가에 대한 현실 파악과 해결 방향을 모색해보기로 하였다.

최근에는 65세 이상의 고령자라도 건강한 사람이 많고, 현역에 종사하고 있는 사람, 여가에 적극적인 사람, 봉사활동 및 학습활동에 나서는 사람 등 매우 다양하다. 어쩌면 이처럼 다양한 활동 자체가 현대 고령자의 모습일 수도 있겠다.

퇴직 시점에 이르기까지 건강하게 사회 일선에서 활약해온 일본의 베이비붐세대 즉, 베이비붐세대(団塊世代)[5]가 2012년부터 퇴직하게 됨에 따라서 고령자의 노후생활 양상은 향후 다양하게 확대 진전될 가능성을 내포하고 있다. 따라서 이들을 중심으로 건강한 고령자가 여가를 활용하여 삶의 보람을 어떻게 만들어가도록 할 것인지가 활력 있는 고령사회구축에 있어서도 중요한 점이라고 하겠다.

여가(레저)라고 하는 것은 일이나 업무에서 해방된 시간이며 아무것에도 구속받지 않는 시간의 활용일 것이다. 이러한 의미의 인식은 이미 이전부터 존재해 왔을 것이다. 그러므로 여가라고 하면, 언제나 이상적으로 추구될 가능성을 갖고 있기는 하다. 그렇지만 여가를 모든 사람이 동등하게 즐길 수 있는 것은 아니라는데 문제가 있다. 즉, 소득별, 연령별 성별 등 각계각층의 사람들이 과연 여가를 어떻게 받아들이고, 어떻게 활용하는가? 에 따라서 의견이 분분한 것이다.

여가에 관해서는 현실을 망각할 정도로 즐겨도 좋을 만큼 몰입하기도 하지만, 기억에 남기고 싶지 않을 정도로 따분하고 지루하게 보낸 시간도 있을 것이다. 개인별로 차이는 있겠지만 단조로운 여가에서부터 고품격의 호화스러운 여가까지 여가의 유형과 종류는 모두 열거할 수 없을 정도로 매우 다양하게 나타난다. 따라서 여기에서는 고령자 여

5 정기룡(2011) 「일본의 고령자라이프스타일에 관한 연구」 『일본연구』 제47집 한국외국어대학교 일본연구소 pp.19-20. 참조. 『일본의 사회정책』은, 1945년 제2차 세계대전 종전 이후에 급격히 늘어난 일본의 베이비붐세대(団塊世代 : 1947-1949 출생자)는 풍부한 노동력 공급원으로서 산업발전에 공헌해왔다고 보고 있다. 그러나 이 세대가 정년을 맞이함에 따라 최근 사회보장을 비롯한 사회제도에 상당한 영향을 미치고 있으며 새로운 고령자문화를 형성할 것으로 전망하고 있다.

가를 몇 가지 유형별로 구분해보고, 고령자에게 적합한 여가 활동의 내용을 제시해보고자 한다.

(1) 바쁜 여가

여가 활동은 지루함을 피하고 자연스럽게 구속에서 벗어나 자유로움을 추구하는 성격의 시간가치 상승을 도모하려 한다. 그럼 어 사람들에게 더 많은 자유로운 시간이 배분되는지를 생각해볼 문제이다. 이전에는 자유로운 시간 배분이 소수에게 한정되었지만, 현대에는 남녀노소 모두가 여가를 자유롭게 즐기게 되었다. 소득과 생활수준의 상승에 따라 노동시간이 단축되었고 또한 가사시간이 축소되어 가족 구성원 모두가 대중적인 여가를 즐길 수 있게 된 것이다.

그런데 여가를 즐기기 위해서는 시간적 여유의 문제만이 아니라 경제적인 문제도 작용하고 있다. 또한 모든 사람이 여가를 추구하지만, 일상 시간에는 한계가 있어 하루 24시간이라는 일정 하에서, 소득이 점차 높아져 어느 수준에 이르면 소득보다 시간이 상대적으로 희소가치가 있음을 인지하게 된다. 이는 여가 서비스를 제공하거나 받는 측도 마찬가지이다. 따라서 상대적으로 가치 있는 시간을 확보하는 한편, 상대적으로 저소득 노동시간은 줄이려는 현상을 접하게 된다. 이른바 효율적인 시간활용 혹은 시간 소비라고 할 수 있겠다. 이는 여가가 증가하면 증가할수록 그 이상으로 시간가치의 상승이라는 현상 또한 병행해서 우리 생각에 정착된다고 하겠다.

이렇듯 시간가치의 상승은 개인에게 있어서 바쁘게 산다거나 혼잡한 환경에서 사는 것을 의미하고, 경제적으로 본다면 소득수준이 높아지면서 여가에 관한 기회비용을 고려해 개인의 시간비용이 상승한다는 것을 의미한다. 예를 들어 인기 있는 콘서트와 스포츠 경기를 보기 위해서는 장시간 줄서기를 하기도 하고 입장권을 구하기 위한 번거로움이 필요하다.

또한 인파가 몰리는 피서지로 이동할 경우, 장시간의 시간 소모와 교통체증을 감수해야 하므로 여가 활동을 위해서는 정신적·시간적 부담이 발생하게 된다. 이렇듯 대중 여가의 문제점 중 하나는 시간가치가 상승하는 현상이 드러남에도 불구하고 불특정 다수가 참가한다는 점이다. 즉, 사람들이 시간적·경제적 여유가 되면 대부분 여가 활동에 참여하려 하는 행동에 나서는 경향이 있다. 따라서 이러한 여가에 참여하려면 사실 일이 아닌 여가임에도 업무처럼 바빠지는 것이다.

이와 같은 현상은 대중 여가가 정착되면 점차 줄어들고, 여유를 가진 여가 습관이 정착될 것처럼 간단해 보인다. 또한 시간가치의 상승을 막기 위해선 여가 수요를 억제하거나 여가 공급을 늘리면 될 것처럼 보인다. 그러나 여가 수요를 감소시키는 것이 가능한 일인가? 따라서 여가 욕구에 따라 사람들이 왜 여가를 필요로 하는가? 에 대한 대응으로 문제를 해결해나가야 할 것이다. 이러한 바쁜 생활 속에서의 여가는 결국 경쟁적으로 활발한 현역 근로자 세대에 적합한 여가 행태라고 하겠다.

(2) 과시적인 여가

여가에 대한 판단기준과 견해가 모두 같을 수는 없다. 이전에는 여가가 대중의 보편적인 일상생활의 하나라기보다는 경제적으로 여유로운 소수의 사람이 즐기는 것으로 여겨지기도 했다. 그렇기에 일부의 사람들에게는 의미 있는 활동일 수 있겠지만, 그 반대로 쓸모없는 낭비와 과시적인 소비활동으로 치부되기도 했다. 이러한 여가를 비판적으로 주목한 사람이 미국의 경제학자 베블런[6]이다. 왜 보통은 가치가 없다

6 Thorstein Veblen.(1899) 『유한계급의 이론(The Theory of the Leisure Class』에

고 생각하는 비생산적인 여가를 반대로 일부의 사람들은 가장 가치 있는 것으로 생각하는 것인가? 그 이유를 살펴보자.

경제학에서는 일반적으로 소득수준이 높아짐에 따라 자연스럽게 고급스럽고 호화스러운 소비를 하는 것으로 여기고 있다. 그러나 이러한 논리가 현대사회에서 성립되기 위해서는, 원래 경제적으로 여가가 일상생활 속에서의 필수적인 것보다 더욱 호화스럽고 사치스러운 여가가 더욱 가치 있다는 것이 대중의 생각과 습관 속에 확립되어 있지 않다면 성립할 수 없겠다. 즉, 대중의 동의를 얻지 못한 사치스러운 여가는 일정 소득수준 이상의 일부 과시욕을 가진 부류의 여가 행태일 수 있기 때문이다.

여가 습관이 어떻게 사람들 사이에 정착할 것인가? 물론 서민층과 중산층보다는 소득 상위계층의 여가 활동에서 일정부분 과시를 위한 고급문화로 진전할 수도 있다. 그러므로 고령층에게 있어서 현역 시대에 경제력을 갖추어 은퇴 이후에 비생산적인 활동을 하면서도 여가 상품과 시간 소비를 여유 있고 의미 있게 활용한다면, 이러한 여가가 비판받을 일은 아니다. 즉, 고령자의 자산활용(연금소득, 금융소득, 재산소득, 자녀원조)을 통해 은퇴 이후에 현역 시절보다 비교적 비생산적임에도 불구하고 여가소비에 나서는 것은 의미 있는 소비가 될 수도 있

서 부자들의 생활양식을 인류학적 시각에서 비판했다. 그는 여가는 사치보다 상위계급의 부와 실력을 볼 의미가 있다고 생각했다. 자신이 특정한 사회계급에 속해 있다는 것을 나타내기 위하여 부를 과시할 목적으로 의식하면서 행하는 소비를 말한다. 과시적 소비는 필요 이상의 소비나 자신이 감당할 수 있는 범위를 벗어나는 과도한 소비를 발생시킨다. 이는 상류층에서 빈곤층에 이르기까지 모든 계층에서 발생하며, 과시적 소비의 예로서 사치스럽고 낭비가 심한 가장무도회를 들고 있다. 베블런의 객관적인 과시적 소비(Conspicuous Consumption)와 과시적 여가(Conspicuous Leisure)의 비판을 통해, 과시를 위한 사치와 여가가 크게 줄어들었다고 한다.

는 것이다.

왜냐하면, 왜 노동하지 않는 고령자의 호화로운 여가가 정당화되는가? 라는 것은 단순히 호화스러운 사치라는 관점이 아니라 경제적으로 안정된 고령층의 소비가 재생산 관점에서 고령층의 고급문화로서의 지향하는 바가 바람직할 수도 있기 때문이다. 그렇지만 그러한 사회풍토 조성이라든지 실제 호화롭고 과시적인 여가생활이 가능한 고령층이 얼마나 될지는 미지수이다.

(3) 무료한 여가

현대사회에서는 여가에 대한 기대가 일정 수준 이상의 기대만큼 여가 공급 또한 늘어났기 때문에 이제는 여가가 경제적으로나 사회적으로도 수요와 공급이 균형을 이뤄가는 과정에 있다고 하겠다. 즉, 이전의 제한된 특정 사람들의 수요에서 점차 대중화된 것이다.

이러한 여가의 성격으로 보아 여가는 인위적으로 형성되어 발전되었다기보다는 사람들의 일상생활 속에서 생활 습관과 기호에 따라 자연스럽게 형성된 광범위한 시간활용의 형태로 진화하고 있다고 하겠다. 즉, 여가를 여유로운 시간 보내기보다 여가 활동이라는 것이 이제는 개인의 취향과 즐거움을 겸한 자아 만족의 경우로도 생각할 수 있게 된 것이다.

그런데도 간혹 여가가 사치에 포함된 일종의 과잉 소비로 여겨져 여가 활동을 저해하는 요인이 되기도 한다. 왜냐하면, 과잉 소비의 여가 습관은 대중적인 여가 활동 관점에서 보면, 과잉 소비로 인한 거부감으로 자칫 퇴색될 가능성도 갖기 때문이다. 반면, 과도한 자기 보호를 위한 태도의 비용절감형 여가는 여유가 없어 여가 활동 자체가 지루하다고 느끼거나 단조로운 여가라는 인상을 받기도 한다. 문제는 왜 여가가 이처럼 지루한 것으로 생각하게 되는가? 하는 점이다.

일반적으로 무료하거나 지루한 상태는 몰입할 수 없거나 의미 있는 활동이 아니라고 느끼는 상태이다. 이러한 지루함이라거나 무료함이 이른바 과소 부하(under load)의 형태로 나타나기도 한다. 또한 외롭고 단조로운 생활이 계속되어 문화적 자극이 부족해 일종의 권태라고도 할 수 있겠다. 이러한 지루함을 느끼는 사람들은 단순히 시간 보내기로는 부족하여서 문화적인 자극을 충분히 제공하면, 어느 정도 권태가 해소될 수 있을 것이다.

여가수요와 레저산업과의 관계는 대부분 수요와 공급으로 조정이 이루어져 왔다. 즉, 노동시간 단축 때문에 발생한 여가의 대량 증가에 대해서는 그 시간을 충족하게 하는 여가시설과 산업을 대량 공급하면 여가 욕구가 충족될 것이라는 관점이 지배적이었다. 그러나 이러한 시각은 고도성장기에는 통용되었지만, 최근의 다양화된 여가 인식하에서는 지루한 시간 보내기의 해결 방법으로 레저산업의 공급 확대만으로는 통용되지 않게 되었다.

즉, 생활의 풍요와 편리함에서 오는 무료한 생활이 오히려 의미 있는 여가를 보낼 수 없게 되어 지루함을 느끼는 것이다. 이것은 바로 고령자가 느끼는 무료한 여가 행태의 전형일 것이다. 그렇다고 여가 활동이 과도하게 일어나는 것 또한 바람직하지 않다. 여가에 몰두해 진정한 여가의 의의를 찾아볼 수 없다면, 이것은 현역 시절의 업무보다 오히려 과부하가 걸리는 셈이다. 문제는 고전적인 지루함에 비해 매우 현대적인 문제를 초래하고 있다.

최근 일본에서는 여가 개발, 여가 상담과 같은 제도가 마련되어 다양한 상담이 이루어지고 있다. 이런 모습은 고령자의 여가가 증가하는 반면, 여가 활용과 취미생활을 스스로 계획하거나 실행하는 데 있어 능숙하지 못한 사람이 있어서 여가 활용에 관한 상담을 한다는 것 자체가 무료한 여가의 해결 방법이 될 수 있겠다.

(4) 효율적인 여가

여가의 대중화 움직임은 기본적으로 고급문화가 모방하는 과정과 대중문화와 다른 고급문화를 창조하는 과정에 기인한다는 것을 알 수 있다. 그러나 이 모방과 창조가 오히려 지나치게 반복되면 고급문화와 대중문화와의 격차가 오히려 줄어들고 이러한 문화에 의해 사람들의 만족이 충족되는 정도가 줄어드는 경향을 보이게 된다.

개인적인 취미로 시작한 여가 활동이 때로는 참여할 수 있는 활동의 종류가 점차 증가하여 새로운 여가 활동 분야가 점점 늘어나게 되면 여가 활동 분야의 다양화로 인해 무엇이 진정으로 자신의 욕구에 걸맞은 여가인지 알 수 없게 되기도 한다.

분명 여가가 대중에 넓게 퍼지는 데에는 여러 사람에게 다양한 종류의 여가 활동이 창조되어야 하겠지만, 그로 인해 오히려 너무 다양한 분야의 여가 활동에 관한 메뉴가 제공되면, 선택지가 많게 되어 자칫 소화불량을 일으키기도 할 것이다. 즉, 다양하고 과잉된 여가 정보 제공이 오히려 혼란을 일으키거나 합리적이며 효율적인 판단과 선택에 방해가 될 수도 있는 것이다. 왜냐하면 이것인지 저것인지 선택을 망설여야 하는 상태가 되면 때로는 아무것도 선택할 수 없게 되거나 잘못된 선택을 하는 부작용이 따를 수 있기 때문이다.

이른바 고령자에게 적합한 여가 행태는 '다품종 소량생산'에 입각한 여가의 다양화보다는 적절한 몇 가지 유형의 여가를 제시하는 것이 더욱 효율적일 것이다. 즉, 다양화를 유지하는 데 소요되는 과도하고 막대한 비용을 줄이면서 합리적인 소비문화를 도모하는 여가문화의 풍토 조성이 요구된다. 따라서 고령자에게 주어진 정보가 너무 많은 복잡하고 판단하기 어려운 선택을 강요하게 되므로 고령자에게 적합한 여가 활동에는 적당한 취미와 건강 유지 나아가 삶의 보람을 겸한 여가 형태가 필요할 것이다.

3. 고령자의 학습욕구와 학습활동

노인교육과 고령자학습에 관한 선행연구[7]에 따르면, 일본에서는 최근 고령자의 학습활동이 늘어나는 추세에 있으므로 고령자의 학습 욕구에 부응하는 세대교육, 생애(평생)학습[8] 기회의 제공 등이 필요한 것으로 파악된다. 또한 생애학습의 욕구가 높아짐에 따라 이에 대응하기 위해 일부 대학에서는 사회인 특별선발 실시, 야간대학원 설치, 주·야 통용강좌 개설, 과목이수제도를 실시하고 이수형태의 유연화를 도모하여 정규학생 이외의 사회인 교육생을 수용하고 있다[9].

최근에는 여가활용 방법 중의 하나로 취미와 봉사활동은 물론이고

---

7 정기룡·강영숙(2010) 「고령사회 일본의 노인여가에 관한 고찰」 『일본연구』 제53호. 한국외국어대학교 일본연구소 pp.21-23. 생애학습진흥법(1990)과 교육기본법(2006)에 근거한 고령자의 생애학습 참가 참조. 한정란(2001) 『교육노년학』 학지사. p.67. 필자는 여기에서 노인교육과 세대교육의 필요성 강조. 모든 인간은 그 나이나 사회경제적 지위, 인종, 민족, 그 밖의 인구학적 배경들과 관계없이 교육받을 평등한 권리를 갖고 있으며, 노인들 역시 그러한 교육에의 권리를 지니고 있다. 따라서 노인교육은 단순한 복지 차원을 넘어서 인간의 전 생애에 걸친 평생교육의 하나로 노후의 삶의 보람을 위한 측면으로 받아들여야 한다고 주장하고 있다. 또한 일본에서는 성인교육과 노인교육 연구를 1)성인발달의 가능성에 관한 연구, 2)노인학습의 성립 조건에 관한 연구, 3)성인교육의 연구, 4)지역 평생학습조사 분석으로 구분해 실시하고 있다.

8 스즈키·마츠오카(鈴木眞理·松岡廣路)編 『生涯學習と社會教育』 學文社. 2003. pp. 69-71. OECD(경제협력개발기구)는 순환교육의 필요성을 강조하였고 이를 계기로 생애교육은 세계 각국에 교육통합이념으로서 접점을 이루었다. 일본도 예외 없이 1970년대 이후 생애교육이 재편성 기본원리에 포함되었다. 그러나 내용적인 면에서는 여전히 학습이라는 개념보다는 교육이라는 개념이 주류였다.

9 사회인 특별선발은 대학 등에 입학을 희망하는 사회인에 대하여 소논문, 면접 등을 실시하는 특별한 입학자선발제도로서 2005년도에 475개 대학(학부)에서 실시하였으며 이러한 제도가 지속하여 확산 중이다. 또한 야간만 실시하는 야간대학원은 2005년도에 25개 대학에 설치되었다.

고령자의 학습활동이 점차 늘어나고 있으므로 고령자의 지적욕구를 충족시킬 수 있도록 생애학습 기회의 제공이 필요하게 된 것이다. 물론 그동안 지식 전달과 지식습득에 치중했던 프로그램과는 달리 환경변화에 대응할 수 있도록 실생활에 도움이 되는 프로그램이나 취미와 스포츠 등 건강관련 프로그램, 혹은 이전에 학습기회가 없었던 고령자의 여가활용 취학지원 프로그램 등도 새롭게 등장하고 있다.

고령자의 경우에 있어서도 이전과는 달리 실제로 고령자가 선택할 수 있는 사회활동이라든지 여가활동의 종류가 다양하게 등장하고 있다[10]. 그렇다면 유익하고 효율적이면서 고령자에게 걸맞은 여가 활용 방법으로 학습활동은 어떠한가? 20세기 말부터 구축된 생애학습을 촉진하는 조치로 시행된 일본의 생애학습진흥법(1990년)에서는 고령자의 학습활동을 노후의 '삶의 보람'과 '지역사회참여'를 촉진하기 위한 동기부여 측면에서 고령자의 학습활동을 고령자의 자기 계발형 여가 형태로 발아하도록 지원하는 것을 알 수 있다.

고령자학습에 관한 선행연구[11]에 따르면, 고령자의 학습활동이 늘어나며 고령자의 지적 욕구를 충족시킬 수 있는 생애학습 기회와 환경제공이 조성되었다. 이러한 변화에 따라 대학 등에서도 학술연구와 교육성과를 직접 사회에 개방하는 한편, 공개강좌를 실시하고 있으며 방송대학에서는 TV, 라디오 등 미디어를 활용하여 널리 사회인이나 고령층

10 단, 여가 활동이 너무 늘어나서 다양화된다면, 그 또한 진정한 고령자 욕구에 걸맞은 여가인지 알 수 없게 될 수도 있다. 분명 여가가 확산하는 과정에서는 다양한 사람들에게 여러 형태의 여가 활동이 제공되어야 하겠지만, 과도한 다양화, 정보의 과잉 제공이 오히려 혼란을 일으키거나 선택을 방해할 수도 있어서 이도 저도 선택할 수 없는 상태는 결국 합리적인 선택을 할 수 없게 된다. 따라서 주어진 정보가 너무 많다는 것은 복잡한 선택을 강요하게 되므로 고령자에게 적합한 여가 활동에는 적당한 선택유형 제시가 필요할 것이다.

11 정기룡·강영숙 앞의 논문, pp.7-30. 참조.

에 교육 기회를 제공하고 있다.

그와 더불어 지역사회의 다양한 사회교육활동은 고령자의 삶의 보람을 고양하고 각 세대가 고령자와의 교류나 고령자 문제에 대한 학습을 통해 고령사회에 대한 이해를 심화시키는 역할을 하고 있다. 따라서 고령자의 학습 욕구에 부응하기 위한 생애학습사회 구축이 필요한 이유로는 먼저, 사회환경의 변화에 따라서 새로운 지식 함양과 기술 습득이 필요한 점을 들 수 있겠다. 또한 청소년기에 교육 기회를 확보하지 못했거나 교육 기회가 부족했던 고령자의 학습 욕구에 대응하는 동시에 공식 교육기관 이외의 교육·학습효과를 올릴 기회가 될 것이다. 나아가 일정 수준의 풍요로움이 확보된 성숙사회에서는 고령자를 중심으로 자유시간이 늘어나므로 여가 활용의 하나로 취미·학습을 통한 삶의 보람을 만끽할 수 있도록 생애학습 지원이 필요하게 된 것이다.

생애(평생)학습의 요구가 높아짐에 따라 이에 대응하기 위해 대학에서는 사회인 특별선발 시행, 야간대학원 설치, 주야 개강제 실시, 과목 등 이수생 제도를 시행하고, 이수 형태의 탄력화를 도모하여 사회인 수용을 촉진하고 있다. 대학의 사회인 특별선발은 입학을 희망하는 사회인에 대하여 소논문, 면접 등을 실시하는 특별입학자 선발제도가 이미 2005년경부터 실시되고 있다[12]. 또한, 대학 등의 학술연구·교육성과를 직접 사회에 개방하고 대학 공개강좌를 실시하고 있다.

한편, 일본방송대학은 모든 이에게 개방된 평생학습을 위한 대학으

12 주야간 개강제는 주간/야간에 걸쳐 수업을 개강하여 학생이 생활 여건에 따라 이수할 수 있는 제도로서 2005년도에는 62개 대학(학부), 277개 대학(대학원)에서 실시되었다. 또한 야간대학원은 2005년도에 25개 대학에 설치되었다. 과목이수제도는 하나 또는 복수의 수업과목을 이수하는 사회인 등에 대하여 학점 수여를 가능하게 하는 제도이며 2003년도에 과목 이수 제도를 설치한 대학이 659개 대학에 이르며 과목이수 학생은 약 18,720명에 이른다.

로 운영되고 있는데 현재에는 인구고령화에 따라 제2의 인생을 준비하는 고령자에게도 유익한 교량증진 목적이 드러나고 있다[13]. 즉, 언제, 어디서, 누구라도 공부할 수 있는 평생교육기관을 지향하며 1983년에 개교한 이후, 2001년에는 대학원을 설치하는 등 성인의 평생교육 기회 확대, 고교졸업자의 진학 제공, 타 대학과의 제휴를 통한 고등교육제도 개선과 같은 설립 목표를 내세우고 있다. 일본의 방송대학은 우리나라와 마찬가지로 TV, 라디오, 인터넷 등의 미디어를 활용하여 사회인을 비롯하여 모두에게 대학 교육의 기회를 제공하고 있다[14].

또한 일본 방송대학에는 60대 이상의 고령학습자가 상당수 재학하고 있는 것으로 드러났다. 이와 같은 방송대학의 학습 기회에도 불구하고 고령자의 학습 욕구를 모두 수용하기에는 한계가 있을 것으로 보인다. 그 이유로는 학점취득의 난이도만이 아니라 대면 수업 및 학습센터까지의 교통편·접근로 등 원격지로의 이동 불편 및 지역사회의 선호 과목을 전국을 대상으로 한 방송대학에서 모두 개설할 수 없기 때문이다.

---

13 방송대학의 조직은 학과 단위보다는 교양학부 중심의 ① 생활과 복지, ② 심리와 교육, ③ 사회와 산업, ④ 인간과 문화, ⑤ 정보, ⑥ 자연과 환경 등의 교양 중심 코스로 구성되어 있다. 즉, 성인 교육기관으로서 교양학부 과정이 특정 직업군 혹은 자격취득보다는 교양 중심의 6개 과정으로 운영되고 있다.

14 일본방송대학의 특징은 수강 형태를 다양화한 것인데, 졸업을 목표로 하는 전과이수생과 더불어 2학기 재학의 선과이수, 나아가 학기재학 과목이수 형태 등 다양하게 학습을 선택할 수 있다. 박윤주(2015) 「한국과 일본의 방송대학 비교연구」 『일본근대학연구』 제49집. 한국일본근대학회. pp.337-338. 방송대학 교양학부 소속 전임교수는 2014년 현재 87명인데 반해, 객원교수는 400여 명에 달한다. 객원교수는 관련분야의 전문가를 위촉하는 형태로서 타 대학의 전, 현직교수를 초빙하여 각 과정의 교육을 담당하도록 하고 있다. 특히 한 과목당 3학점 가운데 2학점은 방송강의이며 1학점은 대면 수업으로 구성되며 대면 수업은 전국의 50개 학습센터에서 이루어진다.

표 9-1. 학교시설 개방 상황

(%)

구분	시설을 개방하고 있다	각 시설의 개방 상황				시설을 개방하고 있지 않다
		교사	체육관	운동장	수영장	
초등학교	97.4	42.7	93.8	87.7	43.1	2.6
중학교	94.6	27.5	89.1	70.9	8.4	5.4
고등학교	73.7	29.6	39.8	50.4	2.1	26.3
계	93.7	37.3	87.3	79.5	29.6	6.3

자료 : 문부과학성(2010년도) 참고 작성(조사 대상은 전국의 공립학교).

한편 지역사회의 경우, 고령자의 여가 활용을 위한 학습지원 프로그램은 정규대학에서 실시하는 문화강좌를 비롯해 문화센터, 공민관[15], 사설학원 나아가 지자체가 실시하는 고령자대학 등에서 펼쳐지고 있다. 특히 지자체가 실시하는 고령자대학에서는 지역고령자만으로 구성된 수강자 네트워크 형성이 용이한 점을 반영하여 지역사회와 밀접한 강좌개설과 고령자에게 적합한 학과목을 개설하여 고령자의 학습 동기를 촉진하고 있다.

또한 초·중학교의 여유 교실은 「여유 교실 활용지침」(1993년 문부성 교육조성국장, 대신관방문교시설부장, 평생학습국장 통지)에 따라 학교시설의 본래 기능을 배려하면서 적극적으로 사회교육시설이나 스포츠·문화시설 등으로 활용을 도모하고 지역주민의 학습활동에도 이바지하기 위해 지방자치단체를 통한 전용이 촉진되도록 구체적인 사례를 소개하고 있다.

---

15 사회교육에 있어서는 공민관(公民館)의 역할은 큰 비중을 차지한다. 학습기회의 기능적 측면에서 보면 도서관, 박물관 등의 시설도 있다. 특히 공민관은 지역을 기반으로 한 종합 커뮤니티의 장소로서 학습 이외에도 지역주민의 활동 거점이 되어왔다.

그와 더불어 지역사회의 다양한 사회교육활동은 고령자의 삶의 보람을 고양하고 각 세대가 고령자와의 교류나 고령자 문제에 대한 학습을 통해 고령사회에 대한 이해를 심화시키는 역할을 하고 있다.

4. 지역사회의 고령자대학

최근 고령자의 관심을 끌고 있는 일본의 고령자대학은, 방송대학과는 달리 주로 시·정·촌(市町村)이 실시하는 고령자의 평생학습사업의 형태로 운영되지만, 학교교육법으로 규정되는 대학은 아니다. 이른바 시민대학의 일종으로 「고령자대학」, 「실버대학」, 「장수대학」 등의 명칭을 사용하기도 한다. 현재 이와 같은 고령자대학에 관한 특별한 법률은 없으며 고령자대학을 관장하는 정부 기관도 따로 없다.

행정사무는 시·정·촌(市町村)이 대부분 주관하고 있으며 조직 형태가 주로 지자체의 노인복지 관련 부서에서 고령자대학을 지원하는 경우가 대부분이다. 또한 고령자대학의 프로그램은 학습지도요령과 같은 정규과정처럼 특별히 정해진 것이 아니기 때문에 주로 지역사회의 역사, 건강·취미, 교량학습 및 수강자의 친목을 도모하기 위한 강좌로 이루어져 있다.

입학 자격은 지자체에 따라서 60-65세 전후로 정한 곳이 많으며 수업은 2개월 과정부터 2년제에 이르기까지 지자체의 형편에 따라 다양하게 구성되어 있다. 지자체 가운데에는 고령자대학을 위한 전용 강의시설을 보유한 지자체(千葉市, 神戸市, 名古屋市, 北九州市 등)도 있으며, 지자체가 고령자 대상 고령자대학을 직영 혹은 위탁의 형태로 운영하고 있다.

그 가운데 특히 수도권에 위치하며 지자체가 운영하는 대표적인 고령자대학으로 1981년에 설립되어 수십 년이 지나는 동안 수강생이 무

려 연인원 25,000명 이상의 이용실적을 가진 수도권의 아지사이대학「神奈川縣相模原市高齢者(あじさい)大學)」의 운영현황에 관해 살펴보기로 하자.

먼저, 사가미하라시(相模原市)의 아지사이대학은 특별히 국가 차원의 관련 법령이 없어서 「사기미하라시고령자대학설치운영요강(相模原市高齢者大學設置運營要綱)」에 입각해 보건복지계획과 문화진흥계획에 의거 고령자의 건강과 삶의 보람을 확보하기 위한 목적으로 대학을 개설하였다. 개설 초기인 1981년에는 7강좌에 정원 192명으로 출발하였다. 그 후 2001년에는 25강좌 778명으로 그리고 2011년에는 35강좌 1,170명으로 정원이 늘어났으며 2015학년도에는 35강좌 개설에 모집정원이 1,230명으로 전문가단체, 대학연대의 강사파견을 통한 수업을 진행하고 있다.

이러한 지자체 주관의 고령자대학의 강의 수준은 일반대학의 교양과목 이상으로 내용도 다양하게 구성되어 있으며 출석 관리도 상당히 엄격하게 이루어지고 있다. 또한 고령자대학에 따라서는 동기부여의 측면에서 학습을 수료하면 지자체장 명의의 수료증을 수여하는 곳도 있다. 이렇듯 최근 고령자의 학습 욕구의 증대에 따라 고령자대학에 관한 관심이 고조되어 사기미하라시의 고령자대학에서 개설되는 인기 강좌의 경우에는 두 자릿수의 수강 신청이 쇄도해 상당한 입학경쟁률(10.05 : 1)을 보이기도 한다[16].

고령자대학의 응모 자격은 사가미하라 시내에 거주(주소지)하는 60

16 사가미하라시(相模原市) 고령자대학(あじさい大學)의 컴퓨터(1) 강좌에는 20명 정원에 무려 201명이 지원하기도 하였고, 미술, 서도 외에 우주과학강좌(JAXA : 우주항공연구개발기구)에는 56명 모집에 115명이 지원하는 등 고령자의 관심 영역이라고는 믿기지 않는 교양강좌 영역의 인기도 또한 상당한 것을 알 수 있다.

세 이상의 건강한 자(의사의 운동 제한 과목 있음)로 수강료는 강좌당 7,800엔(2016년도)이며 교재비와 재료비 등은 별도 부담이다. 수업은 두 시간 수업의 강의가 연 24회 이루어지는데, 학과목 전체평균 이수율이 놀랍게도 정규과정과 비교해도 뒤지지 않는 수준인 97%를 넘고 있다[17]. 또한 입학식과 공개강좌(3회), 발표회, 수료식 이외에는 정시강의로 진행되며 매우 엄격한 학사 운영이 이루어지고 있다. 매년 강의는 5월 중순 무렵에 시작해 다음 해 2월 초에 마치게 된다.

입학자 선정은, 민영 교육기관과는 달리 선착순이 아니라 신청 기한 내(매년 3월 15일-4월 4일 전후)에 접수한 신청자에 한하며 다수일 경우에는 추첨으로 입학이 결정된다. 특히 80세 이상의 고령자에게는 1회에 한해 우선권, 그리고 2년 이상 지원했으나 추첨에서 떨어져 한 번도 입학 기회가 없었던 고령자에게는 1회의 우선 입학 기회가 주어지는데, 이는 고령자가 골고루 이용할 수 있도록 배려하는 차원이다.

강의실 수업 진행은 고령자대학 전용 시설은 없지만, 시청과 구청 그리고 관련기관의 건물(아지사이회관, 체육관, 실버인재센터, 보건복지센터, 환경정보센터, 주변 소재 대학, 그 밖에 각종 문화시설의 공간)을 활용하여 이루어지고 있다. 아지사이대학(あじさい大學)은 지역사회의 협력과 더불어 고령자대학을 수료한 고령자 수강생이 OB회를 구성하여 작품전 및 건강체조회를 개최하는 등의 활동을 하고 있는데, 사가미하라시에는 현재 200단체, 3,700여 명이 참여하는 성과를 보인다. 고령자대학의 학사 운영, 즉, 입학 사정과 고령자대학의 각종 학사관리는 사가미하라시 고령자지원과(사무국)가 맡아서 운영하고 있으며 고령자대학 관련 운영사무는 노인복지지원 사업 중에서도 상당히 중요한 업

17 사가미하라시(相模原市)의 2013년, 2014년, 2015년, 3년 차 내부 자료인 고령자대학 운영현황에 의함.

무라고 하겠다.

5. 고령자의 사회공헌과 노인클럽

일본에서의 노인클럽은 1950년경 경제·사회의 혼란과 가족제도의 변혁 등 이전에 경험하지 못했던 상황 속에서 고령자 스스로가 모여 새로운 역할을 추구하려는 목적으로 만들어진 자주적인 조직이다. 노인클럽의 이념적 측면을 보면, 21세기 고령사회에 있어서 지역의 고령자가 삶의 보람과 건강 유지를 위해 노인클럽동호회를 기초한 상호지원과 유쾌한 클럽형성, 사회에 공헌하려는 클럽형성을 지향하고 있다.

이처럼 지난 20세기는 고령자 자신도 환경변화의 대응에 나서게 되었다. 따라서 고령사회의 주역은 바로 고령자 자신이라고 인식하게 되었다. 예를 들면, 노인클럽이 형성되는 기초가 된 법률은 1963년에 제정된 노인복지법에 근거하며 획기적으로 진전된 것은 1994년에 공표된 신 골드플랜(고령자 보건복지추진 10개년 전략의 재고)에 입각하여 고령자가 사회참가·삶의 보람을 추구하여 참여하게 된 것이다.

노인클럽 가운데 장수지역으로 알려진 오키나와지역의 노인클럽을 〈표 9-2〉를 통해 간략히 살펴보기로 하자. 매스컴을 통해서도 장수자가 많은 곳으로 알려진 오키나와현(沖縄縣)의 노인연합회[18]는 지구별 시·정·촌(市町村) 노인클럽의 활동에 대해 노인클럽의 유지·발전을 위한 지도와 조언을 시행하고 있다. 그와 동시에 고령자의 삶의 보람

18 오키나와현 노인클럽연합회의 연혁 : 1962년 9월 오키나와 노인클럽연합회결성(오키나와사회복지센터에 사무소 설치, 1974년 2월 재단법인 오키나와 노인클럽연합회 인가, 1995년 7월 오키나와현 남부합동청사로 사무소 이전, 2003년 5월 오키나와현 복지센터로 사무소 이전, 2012년 4월에 이르러서는 공익재단법인 오키나와 노인클럽연합회 법인으로 이행하였다.

을 위한 노인클럽 활동의 기반 사업으로 ① 건강 유지 활동, ② 재택복지를 지원하는 우애 활동, ③ 사회봉사활동 등 전국적인 3대 운동뿐만 아니라 세대 간의 교류 확대와 안전·안심 대책 등 폭넓은 활동을 추진해 오고 있다.

노인클럽은 만 60세 이상의 고령자면 누구라도 가입할 수 있으며, 757클럽에 63,000여 명이 가입하고 있어서 오키나와 고령자 5명 중 1명이 회원이라고 할 만큼 그 조직력이 방대하다. 노인클럽의 역할을 기반으로 하는 자주적인 조직으로 고령자 스스로 삶의 보람을 제고하고 건강을 유지하기 위한 활동 및 봉사활동을 비롯해 지역사회 발전을 위한 각종 활동을 추진하고 있다[19].

표 9-2. 오키나와 노인클럽 현황

구 분		총인구	60세 이상인구	클럽 연합회수	노인 클럽수	클럽 회원수	가입률	구성 비율
지역	북부지구	129,203	34,536	12	160	15,099	43.9	23.6
	중부지구	604,722	124,714	10	220	28,403	22.8	44.5
	나하시	315,452	74,021	1	40	2,288	3.1	3.6
	남부지구	248,231	54,020	13	189	10,394	19.2	16.3
	미야코지구	55,938	15,761	2	93	4,649	29.5	7.3
	야에산지구	54,054	13,621	3	55	3,013	22.1	4.7
	계	1,407,600	316,573	41	757	63,846	20.2	100.0

자료 : 공익재단법인 오키나와 노인클럽연합회

19 주요 활동 내용은 스포츠(그라운드골프, 게이트볼 등), 레크리에이션(작품전, 계절행사, 동아리활동 등), 평생학습(전문가 포함 작업장), 노인방문활동 추진사업(지도자 양성 연수회), 건강증진 지원사업(지도자 양성 강습회), 노인 상호지원 추진계발사업(작업장), 자원봉사(분리수거, 독거노인 교류, 청소활동 등) 등이며, 연구세미나, 성과발표대회, 바둑, 작문 등 경진대회도 매년 실시하고 있다.

노인클럽의 활동과 역할은 장기요양보험(介護保險)제도와 관련하여 고령자를 대상으로 한 치매 예방과 생활 지원의 관점에서 볼 때 향후 그 역할이 더욱 확대될 것으로 기대되고 있다. 따라서 이미 초고령사회를 맞이한 오키나와현(沖縄縣)의 노인클럽은 활력 있는 지역 형성을 위해 없어서는 안 될 존재가 되고 있다.

제10장

일본의 고령자학습과 지원대책

1. 고령자의 여가활동과 노인교육

인구의 고령화는 사회환경이 급변하는 현대사회에 있어서 국제화 및 정보화와 더불어 관심 쟁점(issue)이 되고 있다. 특히 인구고령화가 최고 수준인 일본은 초고령사회의 사회문제가 당면 해결과제가 되고 있다.

이에 일본은 고령사회대책기본법에 근거하여 취업·소득 분야에서는 나이에 구애받지 않고 일할 수 있는 평생 현역 사회의 실현을 위한 제도 정비와 공적연금제도의 안정적 운영에 나서고 있으며, 건강·복지 분야에서는 건강 유지를 위한 의료체계의 정비를 비롯한 개호보험 등 지속가능한 사회보장제도의 개혁을 추진하고 있다. 그와 더불어 학습·사회참가 분야에서는 고령자의 학습활동과 사회참가 활동 촉진을 도모하고 있다.

이렇듯 고령자[1]를 둘러싼 사회문제는 고령자 자신은 물론이고 사회

1 고령자와 노인에 대한 기준은 관련기관과 학자에 따라 약간 다르게 구분하여 사용하고 있다. 일본에서는 고령자고용안정법에서 고연령자(高年齢者) 나이 기준을 55세 이상으로 하고 있으며, 노인복지법에는 나이 기준이 명시되지 않았지만 사회 통념상 고령자로 인정되는 사람을 노인으로 지칭하고 있다. 또한 세계보건기구(WHO)와 UN 등에서는 고령화율의 기준을 65세 이상의 인구를 대

전체의 관심과 대응에 몰려 있어서 이러한 당면과제 해결을 위한 생활환경 조성이 요구되고 있다. 인구고령화[2]는 사회문제가 되기도 하지만 고령자 당사자의 가치관에도 영향을 미치게 되었다. 그동안 주로 경제적 약자로 취급되었던 고령자의 이미지와 달리 최근의 고령자 가운데에는 고학력과 경제력 확보, 학식과 경험을 축적하여 자기실현 욕구를 표출하려는 적극적인 형태의 이미지로 변화하고 있는 고령자가 늘어나고 있다.

그와 더불어 일본에서는 고령자의 사회참가와 학습 욕구가 늘어나는 추세에 있다. 평생교육의 관점에서 인간의 가령(加齡)에 의한 노년기를 주목해 보면, 고령자 삶의 존엄성을 재조명하는 것은 교육이 해야 할 중요한 역할일 것이다. 그렇다면 노년기야말로 인생의 의미가 집결되는 시기이므로 고령자가 자신의 인생을 되돌아보고 의미를 부여하는데 있어 노인교육[3]이 중요하다고 하겠다.

상으로 하고 있다, 그와 더불어 일본의 고령자 의료의 확보에 관한 법률(高齢者の医療の確保に關する法律 : 2008年 4月 1日 施行)에서는 65~74세까지를 전기고령자(前期高齢者), 75세 이상을 후기고령자(後期高齢者)로 고령자를 구분하고 있다.

2 일본 정부가 2020년에 실시한 「國勢調査」의 기본 집계 결과가 2021년 11월 30일 발표되었다. 동 조사 결과에 따르면, 총인구(126,146,099명)에서 65세 이상 인구(36,026,632)가 차지하는 비율이 종전조사(2015년) 결과인 26.6%에서 28.6%로 상승하였다. 이러한 고령화율은 이탈리아(23.3%), 독일(21.7%), 프랑스(20.8%) 캐나다(18.1%), 미국(16,6%), 한국(15.8%), 중국(12.0%)보다 높은 수치로 세계에서 일본이 가장 인구고령화가 진전되어 있음을 보여주고 있다. 반면, 15세 미만의 연소자 인구는 약 1,503만 2천 명(총인구의 11.9%)에 머물러, 65세 이상의 고령자 인구 약 3,602만 7천 명의 절반에 못 미치고 있다.
https://www.e-stat.go.jp/stat-search?page=1&toukei=00200521 (검색일: 2022.2.3.)

3 노인교육이란 고령자가 삶의 주체가 될 수 있도록 지원하는 교육의 공급 차원에서 교육서비스를 의미하며, 그를 바탕으로 한 고령자학습은 다양한 교육서비스 가운데 고령자 스스로 선택적으로 학습 주체가 되어 지식 함양과 삶의

노인교육에 관한 견해에 따르면, 인간은 누구나 사회적 경제적 지위, 연령, 인종, 민족, 종교, 성별 등의 배경과는 관계없이 평등하게 교육을 받을 권리를 가지고 있으며 고령자 역시 그러한 권리를 갖고 있다고 본다[4]. 따라서 노인교육은 단순한 복지 차원을 넘어 인간의 전 생애의 평생교육 이념에 근거해 노후의 삶을 보람 있게 보내기 위한 고령자의 학습권 확보 측면에서 지원되어야 할 것이다.

일본에서는 성인교육과 노인교육 연구 대상을 성인 발달의 가능성, 노인학습의 성립조건, 성인교육 평생학습조사·분석으로 구분해 실시해오는 과정에서 고령자의 학습 욕구가 늘어나는 추세를 반영하여 고령자의 학습 욕구에 부응하는 세대교육과 평생학습의 기회 제공의 계기가 되었던 것으로 파악된다.

고령자 대상 교육서비스의 제공은 고령자의 자발적인 학습을 통해 자아 발전과 지역사회로의 참여를 도모할 수 있을 것이다. 즉, 지역사회에서 진행되는 다양한 평생교육을 통해 고령자 스스로 '배우는 사람'으로 인식하여 고령자의 삶에 긍정적인 영향을 미치게 되는 것이다.

이와 관련하여 고령자의 여가 활동과 고령자학습에 관한 선행연구에서는 일정 축적된 논의 결과를 활용하고 있다. 먼저, 교육학자인 호리 시게오(堀薰夫)는 발달론에 기초하여 고령자의 인권 문제와 임파워먼트(empowerment)의 시점에서 교육 노년학의 과제를 지적하는 동시

보람을 찾는 과정이다. 한국에서는 주로 평생학습이라는 용어를 사용하는 데 반해 일본에서는 생애학습(生涯學習)라는 용어를 주로 사용하고 있으므로 특정 명칭의 경우에는 '생애'를 그리고 이해를 도모하기 위한 문맥에서는 '평생'으로 표현하였다.

4 한정란(2001)『교육노년학』학지사. p.67. 고령자가 사회생활에 필요한 지식과 정보를 획득하여 건강하고 의미 있는 노후생활을 영위하기 위하여 노년교육이 필요하며 교육을 통하여 고령자가 사회적응 능력을 높이는 동시에 사회에 이바지할 수 있으며 교육을 통해 노인문제 발생을 예방하는 기능이 있다고 보았다.

에 노인대학의 실태조사를 중심으로 구체적인 분석을 내놓기도 했다[5]. 동 분석을 통해 노년교육의 시각에서 문제점을 지적하면서 고령자학습권의 필요성에 관한 계기를 제공하였다.

또한 가가와 마사히로(香川正弘) 등은 복지의 시점에서 고령자교육을 자리매김하여 복지정책의 방향성과 고령자의 학습에 관한 분석을 통해 고령자의 인권을 보장하는 생애학습을 통해 시민사회를 지향하자는 주장을 하였다[6].

한편, 고령자의 여가 활동 측면에 기초한 세누마 요시아키(瀨沼克彰)의 연구에서는, 고령자의 여가 활동 가운데 고령자가 스스로 참여하는 여가 활동으로 고령자의 학습활동을 제시하였다[7]. 그 연장선에서 고령자학습 현황분석의 선행연구에서는 현지 조사가 수반되었는데, 고령자

---

5 堀薫夫(2004)「高齢者の生きがいと生涯學習-教育老年學をめぐる問題から-」『現代的人權と社會教育の価値(日本社會教育學會)』 東洋舘出版社. pp.258-274. 여기에서는 주로 발달론과 학습론을 축으로 하여 평생학습을 둘러싼 문제와 평생학습사회를 둘러싼 현대 사회문제를 고령자학습 측면에서 분석하였다. 특히 고령화, 정보화, 다문화 등의 사회현상 변화에 따른 사회문제에 관해 생애 발달과 생애 학습을 통한 대응책을 제안하고 있다.

6 香川正弘·佐藤隆三·伊原正躬·荻生和成(1999)『生きがいある長壽社會·學びあう生涯學習 : 生きがいづくり支援の現狀と展望』ミネルヴァ書房 pp.7-229. 동 연구에서는 복지시점에서 고령자학습에 관한 제도 및 지원정책에 관해 검토를 시도하였는데, 고령자의 학습권에 관한 보완이 필요할 것으로 판단된다.

7 고령자의 여가 활동과 고령자학습 관련 대표적인 일본의 연구로는 瀨沼克彰(2005)『長壽社會の余暇開發』世界思想社 pp.53-55. 노인문제의 현상을 고려하여 여가 창조를 제안하였고, 瀨沼克彰(2008)『団塊世代の余暇革新』日本地域社會研究所 p.140. 자기 계발을 위한 학습의 필요성을 그리고 pp.244-247. 지역에서의 학습활동을 통해 동료를 만들어 고립을 회피하는 등 여가 활용의 가능성을 제안하고 있다. 또한 原田隆·加藤惠子他(2011)「高齢者の生活習慣に關する調査(2)-余暇活動と生きがい感について-」『名古屋文理大學紀要』No.11 pp.27-34.에서는 학습활동을 통한 고령자의 삶의 보람에 관한 분석 결과를 제시하였다.

학습 현장에서는 자기 계발을 위한 학습 욕구가 두드러졌다. 예를 들어, 고령자대학의 강좌는 수익자 부담원칙이 적용되어 수강 비용은 물론이고, 정규과정 이상의 출석률 유지와 수료 후의 성과발표 등의 형태로 지역사회에서 활용되고 있었다[8].

이를 토대로 여기에서는 선행논의를 통해 드러난 여가 활동으로 대표되는 고령자학습과 고령자의 학습권 확보를 위한 지원과정과 지원대책에 관해 살펴보고자 한다. 분석에 임해서는 후생노동성(厚生勞働省)과 내각부(內閣府)의 공표자료를 비롯하여 방송대학보고서 및 지자체의 자료분석 및 현지조사의 결과를 재고할 것이다. 이 과정을 통하여 고령자학습 동향 파악 및 학습 지원방안 도출을 주요 목표로 삼아 고령자의 학습활동이 활동적인 노인문화로 확산하는 방안을 제안하고자 한다.

2. 고령자학습의 전개과정

일본 정부의 평생학습의 이념 설정은, 고령자의 자립지원과 고령자 개개인 및 지역사회와의 원활한 관계 관점에서 구축되었다. 먼저, 중앙교육심의회 답신인 '평생교육에 대하여(1981년 6월)'의 내용을 평생교육 이념으로 삼아 고령자 교육에 대한 체계적인 제언을 행하였으며, 그 후 '고령사회대책기본법(1995년)' 제정을 계기로 「고령사회대책대강(1996년 7월)」이 발표되면서 평생학습사회의 형성과 고령자의 사회참여 활동이 다양하게 추진되었다.

이와 같은 정책적 영향에 힘입어 고령자의 경험과 능력을 사회적으

8 선행연구에서는, 고령자 관련 시설 견학 및 노인문제 담당자와 전문가와의 면담, 고령 수강자에 대한 청취조사를 통해 노인여가 및 고령자학습에 관한 현황 및 해결과제에 관한 결과를 제시하였다. 정기룡(2016) 「여가활동으로서의 일본 고령자학습에 관한 고찰」 『일어일문학』 69. 대한일어일문학회. pp.315-332. 참조.

로 평가하게 되면서 고령자의 적극적인 사회참여를 기대하면서 고령자의 학습환경을 정비하기 위한 제안이 이어졌다. 고령자를 둘러싼 환경 변화의 배경에는 무엇보다 평균수명의 연장, 노동과 여가의 다양화, 생활양식과 가치관의 변화, 고령자의 생활 향상 등이 작용하였다.

특히 1997년에는 평생학습심의회에서 「평생학습의 성과를 올리는 방안에 대하여」라는 평생학습 심의 개요를 내놓게 되었고 지역사회 활동과 자원봉사활동에 대해 고령자의 참여를 촉진하려는 방법으로 학습활동의 내실화, 직업능력 육성, 경험 개발 등을 도모하려는 사회적 여건 조성을 형성하게 되었다.

나아가 '인권교육·계발에 관한 기본계획(2002년 3월 15일)'에 의해 고령자 인권을 강조하며 직업능력 향상을 지원하는 정책을 추진하면서 고령자의 부정적 이미지에서 긍정적인 고령자의 이미지로 전환을 꾀하였다. 이어서 2012년 9월에는 사회에 상당한 영향을 미치는 베이비붐세대(団塊世代)가 점차 고령층에 진입하게 되면서 고령자의 이미지가 크게 변화하였다.

예를 들면, 그동안 지원이 필요한 사람이라는 고정된 고령자의 이미지에서 탈피하여 의욕과 능력이 있는 고령자는 사회를 지탱하는 역할을 맡아 최대한 능력을 활용해야 한다는 일종의 의식개혁이 이루어진 것이다. 이를 증명하듯 고령자의 사회참가에 관한 조사 결과에서도 고령자의 사회참가와 더불어 학습 의욕 또한 높게 나타났다[9].

9 그 당시 사회참가 의식조사 결과를 종합한 『고령사회백서(2013판)』에서는, 고령자의 학습활동에 참가상황이 명확히 드러난다. 고령자(60세 이상)의 학습활동 참가상황을 살펴보면, 어떠한 형태로든 학습활동에 참가하고 있는 고령자의 비율이 17.4%로 조사되어, 고령자 6명 중 1명 수준으로 학습활동을 하는 것을 알 수 있다. 또한 학습 내용은 건강·스포츠 분야를 비롯하여 취미, 교양, 봉사활동 외에 대학 등 정규과정에 이르기까지 매우 다양한 학습활동 결과를 나타내 고령자의 학습 욕구가 상당히 높은 것을 알 수 있다.

표 10-1. 고령자의 생애학습 참여 내용

(복수회답)

구분	건강/스포츠	취미학습	교양학습	가정생활	사회문제	봉사활동	자연체험	정보습득	직업기능	육아보육	정규과정	잘 모름	기타
60~69세	**47.5**	**44.5**	**26.6**	22.5	19.2	17.5	13.8	12.3	6.7	5.2	3.0	1.7	0.9
70세 이상	**31.8**	**29.3**	**17.4**	15.4	11.6	12.4	7.6	6.8	3.8	3.0	0.8	2.5	0.3

자료 : 일본내각부「고령자의 지역사회활동 참가에 관한 의식조사(2012년)」

그와 병행하여 평생학습을 촉진하려는 목적으로 제정된 생애학습진흥법(1990년)에 근거해 평생학습을 위한 기반 정비가 추진되었으며, 저출산·고령사회가 진전됨에 따라 교육기본법(1947년)이 무려 60년 만에 개정(2006년)되어 평생(생애)학습과 사회교육내용이 추가되었다[10].

그에 따라 민영 문화센터와 주민회관 형태의 공민관(公民館)을 비롯하여 지자체 산하기관, 도서관, 노인복지관 등의 교육시설 나아가 교육위원회 등에서 학습 기회를 다양하게 제공하게 되었다. 이러한 변화에 근거해 고령자의 학습기회가 복지 대책의 하나로 그리고 고령자의 사

10 교육기본법은 명칭 그대로 일본의 교육에 관한 근본적이며 기초적인 법률로서 2006년의 개정에서 평생학습의 이념(生涯學習の理念 : 3條)이 새롭게 규정되었다. 평생학습을 일본에서는 생애학습(生涯學習)으로 표현하고 있다. 여기에는 국민 한 사람 한 사람이 인격 수양을 통해 풍요로운 인생을 보낼 수 있도록 생애에 걸쳐 학습할 수 있도록 하여 그 성과를 활용하는 사회 실현을 도모한다는 내용을 담고 있다(國民一人一人が、自己の人格を磨き、豊かな人生を送ることができるよう、その生涯にわたって、あらゆる機會に、あらゆる場所において學習することができ、その成果を適切に生かすことのできる社會の實現が図られなければならない).

회참여를 유도하는 방향에서 노인클럽을 비롯하여 각종 동호회, 체육회, 학습강좌 등의 형태로 학습기회가 확대되었다[11].

이러한 변화는 고령자의 학습권을 촉진시키기 위한 일본의 평생학습진흥법(生涯學習振興法 : 1990년) 시행의 성과라고 하겠다[12]. 그 후 평생학습의 진흥을 위한 추진체제 정비에 관한 법률이 공포되었고 평생학습의 진흥을 위해 도·도·부·현(都道府縣)의 교육위원회가 평생교육사업을 실시하게 되었다.

그 주요 내용으로 도·도·부·현이 평생학습의 기준과 기본구상을 책정하고, 문부과학성(文部科學省) 및 경제산업성(經濟産業省)이 승인 및 원조를 하며, 문부과학성 및 도·도·부·현에 의해 평생학습심의회를 설치한다는 내용을 담고 있다. 그에 입각하여 평생학습 진흥을 위해 사회교육단체와 문화관련단체 나아가 교육·스포츠·문화 관련 민간부분의 사업능력도 활용할 수 있도록 유도하며 문부과학성과 경제산업성 공동소관 하에 도·도·부·현에 담당과(실) 및 평생학습심의회의 등을 설치하게 되었다.

그와 더불어 고령자가 활약할 수 있는 장소의 확충을 통해 고령자

---

11 일본의 노인복지대책의 복지행정 지원사업으로 실버인재센터, 노인클럽과 노인대학 등이 운영되고 있다. 전국 각지의 사회복지협회에 의해 1950년대 이후 노인클럽이 조성되었으며, 1962년에 전국노인클럽연합회가 설립되어 2022년 현재에 이르고 있다(전국 11만 2,395개의 클럽과 회원 수 약 669만 2,400명 : 2020년 현재). 그 활동 영역은 건강학습, 질병예방, 자원봉사, 취미문화, 세대교류, 오락활동, 안심안전, 마을만들기, 재활용운동, 동호회활동 등이 포함된다.

12 일본에서 1990년에 시행된 최초의 평생교육에 관한 법률(生涯教育に關する法律 : 生涯學習振興のための施策の推進体制等の整備に關する法律)'이다. 세계적으로 평생교육의 필요성이 대두되는 가운데 산업계의 요청이 있어서 제정되었다. 이처럼 평생교육(生涯教育)이라는 명칭이 아닌 평생학습(生涯學習)이라는 교육행정경영에 한정되지 않는 관점에서 이 법률이 공포되었으며 전체 12조로 구성되어 있다.

와 젊은이들과의 교류기회를 확보하고, 자원봉사활동을 비롯한 고령자의 자주적인 사회참여활동을 지원하는 내용도 포함되었다. 또한 학습활동 촉진 방법으로 대학 등 고등교육기관에서 고령자를 포함한 사회인을 대상으로 한 다양한 학습기회를 제공하는 동시에 사회인 입시, 통신대학 및 대학원 설치, 공개강좌, 과목이수제도, 이수증명제도 등의 학습활동을 위한 지원 및 방송대학의 환경 정비도 추진되었다. 그 배경에는 고령화의 급속한 진전과 퇴직자의 지역사회로의 귀향이 고령세대에 대한 이미지를 크게 변화시키는 한편, 베이비붐세대 스스로 의식과 가치관이 변화하여 고령자의 생애학습 욕구가 분출되었기 때문이다.

이처럼 고령자의 학습 욕구에 대한 대응으로 고령자의 존엄, 삶의 보람, 자아실현을 지원하면서 그들을 새로운 사회활동가로 활동할 수 있도록 복지와 교육을 병행하는 학습프로그램이 제공되었다. 실제 고령자학습의 중요한 기능은 학습에 참여함으로써 학습과 교양을 통한 인간관계의 내실화를 도모하려는 목표가 있었다. 이러한 효과를 높이기 위해 심화·발전을 체계화하는 학습 방법제공과 더불어 고령자 스스로 학습에 대한 선택을 반복하는 과정을 거치게 되었다.

고령자학습의 효과를 높이기 위해서는 고령자의 지식과 경험을 활용하여 자립생활에 필요한 지식을 습득하도록 지속적인 환경정비가 요구된다. 특히, 정부와 지자체의 역할로는 기본방침 수립과 더불어 관계기관과의 네트워크 형성 그리고 학습효과를 높이기 위한 정보통신 등의 신기술 도입까지 염두에 두어야 할 것이다. 나아가 고령자가 사회로부터 지원만 받는 것이 아니라 지역사회에서 활약하는 고령자라는 인식의 전환이 요구되며 그를 실현하기 위한 평생학습 프로그램 설계와 운영을 담당하는 전문가의 육성도 필요할 것이다.

3. 고령자학습의 현황과 해결과제

1970년에 경제협력개발기구(OECD)의 교육정책회의에서 리커런트(recurrent) 교육이 다루어진 것을 계기로 유럽과 미주를 중심으로 순환교육의 필요성이 제기되었고 이를 계기로 생애교육은 세계 각국에 교육통합의 이념으로 확산되었다. 리커런트란 반복, 순환, 회귀를 의미하기 때문에 일본에서는 순환교육으로 표현되기도 하였다. 이는 의무교육과 고교·대학 등에서의 학업을 마친 후에 다시 배우려는 학습교육 혹은 사회인학습의 의미를 갖고 있다.

현대사회에 적응해 나가기 위해서는 평생에 걸쳐 지속적으로 교육을 받는 것이 바람직하다는 견해에 근거해 리커런트교육(リカレント教育)이 평생학습 방법의 하나로 생애교육(生涯教育)이 재편성 기본원리에 포함되었다. 그러나 리커런트교육은 업무 활용을 목표로 하는 재교육의 성격이지만, 평생학습은 그와 달리 더 풍부한 인생을 보내려는 목적을 갖는다. 내용 면에서 리커런트교육은 업무 활용을 전제로 한 지식습득을 위한 것이지만 취미와 건강·생명 등의 목적을 포함하지는 않는다. 반면, 고령자학습의 경우에는 업무와 관련된 지식뿐만 아니라 취미와 스포츠, 자원봉사 등과 같이 일과 직결되지 않는 분야까지 포함된다는 차이가 있다. 따라서 순환교육보다 평생학습이 보다 더 넓은 의미라고 하겠다.

그와 동시에 인구고령화가 사회문제로 대두된 것을 계기로 그 당시 문부성(文部省)이 고령자의 학습대책에 본격적으로 나서게 되었다. 복지 원년으로 일컬어지는 1973년도부터 시·정·촌(市町村)에 대한 고령자의 학습장소 개설을 보조하면서 '고령자대학' 사업이 전개되었으며 광역자치단체가 실시하는 '장수학원'은 고령자를 지역활동 지도자 육성사업으로 지역대학 및 민간교육사업과도 연계하여 시행한 바 있다.

지방공공단체의 학습강좌는 1973년부터 국가지원으로 전국에 보급되기 시작하여 1989년부터 광역자치단체 대상 '장수학원'이 조성사업으로 운영되기도 했다. 그러나 1990년대 초반 공립사회교육 시설 정비 보조금이 폐지되면서 학습강좌사업에 대한 지원제도가 폐지되는 것을 계기로 이런 유형의 강좌지원이 지방공공단체의 단독사업 형태로 변화하게 되었다.

한편, 일본의 고령자학급과 고령자대학 등은 주로 시·정·촌(市·町·村)이 주관하는 고령자 대상의 시민대학 혹은 평생교육의 한 형태로 운영되는 것으로 학교교육법으로 규정하는 대학과는 다르다. 이른바 시민대학의 일종으로 노인대학, 고령자대학, 실버대학, 시니어대학 등의 명칭을 사용하기도 한다[13]. 정규 교육기관이 아니므로 전체를 일괄적으로 관장하는 기관이 별도로 조직되어 있지는 않다.

따라서 행정사무는 시·정·촌(市町村)이 중심이 되어 고령자대학 관련 업무를 담당하고 있으며 지자체의 복지 담당 관련 부서가 고령자학습을 지원하는 경우가 주류를 이룬다. 이렇듯 지자체의 형편에 따라 고령자대학을 위한 전용 강의시설을 보유한 지자체(千葉市, 神戸市, 名古屋市, 北九州市 등)의 경우도 있고 고령자대학의 운영은 지자체가 담당하지만, 교육시설은 별도로 직영 혹은 강의실 차용 및 위탁 형태 등으로 운영되기도 한다[14].

---

13 노인대학이라는 명칭은, 노인클럽 활동이 보급하는 과정에서 1954년에 일본 최초의 노인학급(노인대학)으로 알려진 樂生學園이 나가노현(長野縣) 이나시(伊那市)에서 시작되었으며 동 학원은 노인대학인 동시에 사회활동을 하는 노인클럽이기도 하였다. 董怯汝(2009)「日本の高齢者教育政策-政策の展開·意義と課題を中心に-」『南台人文社會學報』台湾南榮技術學園. pp.29-62. 참조. 노인클럽의 활동거점을 비롯하여 고령자의 교양향상 및 레크리에이션 활동을 위한 장소 등이 복지행정의 지원으로 조직화되었다.

14 정기룡(2016)「여가활동으로서의 일본 고령자학습에 관한 고찰」『일어일문학』

한편, 고령자를 중심으로 한 평생학습의 욕구가 높아짐에 따라 이러한 변화에 대응해 일부 대학에서는 사회인 특별선발 입시제도[15]를 실시하고 있으며 야간대학원 설치와 주야간 공동강좌 개설 및 과목이수제도 등을 실시하면서 이수형태의 유연화를 도모하는 등 정규학생과 그 외의 사회인 교육생까지 수용하고 있다. 나아가 방송대학은 방송매체를 활용하여 평생학습을 주관하는 대학으로 생애에 걸쳐 학습의욕을 가진 학습자를 대상으로 학술이론 및 그 응용을 통해 사회적 역할을 담당하도록 지식을 함양하여 문화 진전과 지역사회에 공헌할 수 있는 평생교육에 이바지하려는 목적으로 설립되었다. 이러한 목적은 노후

표 10-2. 일본 방송대학의 재학생 분포

(명)

구 분	학 기	전과이수 정규과정	선 과 이수생	과 목 이수생	특 별 청강생	합 계
2010년도	1학기	51,040	17,600	7,071	1,558	77,269
	2학기	50,131	17,437	8,326	3,560	79,454
2015년도	1학기	57,850	17,884	6,691	1,217	83,642
	2학기	57,264	18,177	7,603	3,395	86,439
2020년도	1학기	57,250	15,840	4,729	989	78,751
	2학기	56,882	15,977	6,735	3,214	82,808
2021년도	**1학기**	**58,533**	**16,264**	**5,320**	**1,065**	**81,182**
	2학기	**58,329**	**16,217**	**7,112**	**30,935**	**84,751**

자료 : 일본방송대학자료(2022.3), 참조.

69. 대한일어일문학회. p.325. 일본 전국의 지자체가 운영 중인 고령자대학 현황 참조.

15 사회인 특별전형은 대학 입학을 희망하는 사회인 수험생을 대상으로 면접과 소논문 입시를 통해 입학시키는 제도로서 2020.4의 발표에 따르면 589개 대학(국립 42개교, 공립 63개교, 사립 484개교에 달함)에서 이 제도를 시행하였으며 이러한 입시를 통한 사회인 입학전형이 최근 늘어나고 있다.

의 인생을 맞는 고령자에게 적합한 교육과정의 하나라고 하겠다[16]. 평생교육기관으로 1983년 개교한 방송대학은 2001년부터 대학원을 설치하여 사회인의 평생교육 기회 확대, 고교졸업생의 대학진학, 타 연구기관과의 연계 등을 통해 평생교육에 이바지하고 있다.

일본후생성의 「고령자의 생활과 의식에 관한 국제비교조사」의 결과에서도 고령자의 여가활동으로 고령자의 학습활동이 두드러지고 있음을 알 수 있다. 특히 고령자의 생활과 의식조사에서는, 고령자의 학습 욕구가 전체 고령자 가운데 약 22%(일부 중복회답)에 달하는 것으로 나타났다. 고령자학습에 참여하는 활동유형 중 제일 높게 나타난 학습활동은 ① 문화센터 등 민간단체 주최의 학습활동(12.9%)이었으며, ② 지자체와 공적 기관이 주관하는 고령자학급과 고령자대학(7.3%)이 뒤를 이었고, ③ TV·라디오·인터넷, 우편 등을 활용한 자택 학습(4%) 순으로 고령자학습의 선호 현황이 파악되었다[17].

이러한 배경에 입각해 국가와 지자체에서는 고령자의 학습지원을 복지행정과 교육행정의 양면에서 지원해왔다. 특히 고령자학습은 인구고령화의 환경변화에 입각해 대학 등의 정규 교육기관에서도 각종 공개강좌가 이루어지고 있으며, 방송대학에서는 위성방송·TV·라디오 등의 방송매체를 통해 사회인을 비롯하여 고령층에게 폭넓게 평생교육 기회를 제공하고 있는 점이 방송대학의 특징이다[18].

---

16 방송대학의 조직은 학과 단위 조직이 아니라 교양 분야의 생활과 복지, 심리와 교육, 사회와 산업, 인간과 문화, 정보, 자연과 환경 등 교양과정 중심으로 운영되고 있다.

17 內閣府政策統括官(2011) 『第7回高齢者の生活と意識に關する國際比較調査結果(全体版)』 〈표-68〉 참조. 매 5년마다 실시하는 대규모 청취조사로서 60세 이상 1,183명을 대상으로 본리서치센터가 실시(2010년 12월-2011년 1월)하는데 내각부(內閣府政策統括官)에서 전문가의 협력을 통해 이루어진다.

18 박윤주(2015) 「한국과 일본의 방송대학 비교연구」 『일본근대학연구』 49. 한국

일본방송대학에는 60대 이상 학습자가 〈표 10-3〉처럼 상당수(약 26%)가 재학하며 학습에 임하고 있었다[19]. 그러나 일본 각지에 거주하는 고령자의 학습 욕구를 방송대학이 모두 수용하기에는 여러 여건상 한계가 있다. 왜냐하면 학점취득의 난이도뿐만 아니라 대도시를 제외한 지방의 경우, 첫째, 대면수업 및 학습센터까지의 교통편과 접근로의 물리적 불편함으로 인해 원격지로의 이동이 곤란한 점, 둘째, 학과목의 내용을 고령자가 선호하는 내용으로 한정해 개설하기 어려운 점, 셋째,

표 10-3. 일본 방송대학의 연령별 분포

(명)

구 분	10대	20대	30대	40대	50대	60대 이상	합 계
대 학	3,618	13,014	12,438	17,012	16,992	**21,671**	84,751 (*6)포함
대학원	0	219	470	887	1,190	**1,341**	4,107
소 계	3,618	13,233	12,908	17,899	18,182	**23,012**	88,858
비 율	약 4%	약 15%	약 15%	약 20%	약 20%	**약 26%**	100%

자료 : 일본방송대학 내부자료(2022.3 현재) http://www.ouj.ac.jp/ 참조.
(*6)은 학기변동 수치임.

일본근대학회 pp.337-338. 일본 방송대학의 특징은 정규과정의 전과이수를 비롯하여 2학기 과정의 선과이수, 과목이수 등으로 학습 과정을 선택할 수 있도록 수강형태를 다양화한 점이다. 방송대학의 전임교수는 2021년 현재 87명이며 교직원은 395명이다. 객원교수는 400여 명에 달한다. 과목당 3학점 중 2학점은 방송강의이며 1학점은 대면수업으로 구성된다. 대면수업은 전국의 50여 개 학습센터에서 이루어지며 방송수업 시청과 학습이 가능하도록 지역학습센터를 전국에 57개소가 설치(2022년도)하여 학습지원에 나서고 있다.

19 일본의 방송대학 재학생(학부 84,751명, 대학원 4,107명) 가운데, 2021년 2학기의 60세 이상의 고령자 비율이 대학학부과정은 약 264%(21,671명), 그리고 대학원은 약 33%(1,341명)로 학습의욕이 상당히 높게 나타나고 있다. 특히 박사과정은 64명 재학 중 60대 이상의 재학생 23명(약 36%)으로 나타났다(2022년 3월 현재).

각 지역사회에서의 특성이 반영된 선호 과목을 전국대상의 방송대학에서 개설하기가 곤란하다는 점 등의 이유가 있기 때문이다.

나아가 지역사회의 고령자 대상 사회교육활동은 교양강좌, 취미강좌, 건강교실 등을 통해 고령자의 학습참여와 교류 확대를 끌어내고 있으며 스스로 학습에 참여하여 정보공유를 통해 지역사회에 대한 이해를 높이는 역할과 기능을 담당하고 있다. 노년기의 보람된 삶을 위한 고령자의 학습권 제공은 무엇보다 보편적인 복지 차원에서 우선순위의 고려 대상이 될 수 있을 것이다. 문제는 고령자학습의 내용과 성격이다. 지금까지 시행해온 고령자학습 내용에 대해 고령자가 느끼는 점을 파악하여 수정·보완하는 피드백 과정이 시급히 요구되는 이유이다.

한편, 고령자의 여가활용을 위한 학습프로그램은 정규대학의 공개강좌를 비롯해 문화센터, 민영학원, 공민관, 나아가 지자체가 실시하는 고령자대학[20] 등에서 펼쳐지고 있다. 특히 지역사회의 고령자대학에서는 지역주민 위주로 구성된 수강자의 인적교류가 용이할 뿐만 아니라 지역밀착형 강좌와 고령자 적합강좌의 개설이 용이하여 고령자의 학습동기를 유발하고 있다. 그러나 평생학습만이 아니라 고령자대책의 관련 사업은 재정 운영이 어려운 분야부터 예산삭감 대상이 되기 쉽고, 장기적으로는 베이비붐세대가 후기고령자 층에 진입하면서 지역사회

---

20 고령자대학은 주로 정년 이후에 교양과 소양을 높이기 위해 계속 배우고 싶은 고령자를 위해서 대체로 60세 이상을 대상으로 강좌가 개설된다. 평생학습을 통해 지역특성을 반영한 내용을 학습할 수 있도록 지원하며 시니어대학, 실버대학, 고령자대학, 장수대학 등으로 불린다. 고령자대학의 유형은 지자체가 노인대학 운영사업의 실시요강을 작성해 복지과 혹은 교육위원회가 주관하거나 사회복지협의회, 노인회 등의 단체가 지원하는 형태가 상당수이다. 커리큘럼은 일반교양 과목부터 전문과목, 취미강좌와 건강유지, 스포츠 등 다채롭게 구성되어 선택할 수 있도록 제공된다.

활동에 적극적으로 나서던 고령자가 줄어들 수도 있으므로 고령자학습에 대한 지원 확대를 당장 기대하기는 어려울 것이다.

이러한 환경변화에 따라 각 지자체에서는 지자체의 형편에 따라 고령자학습에 대한 예산 및 담당인력 등의 확대와 축소가 모순되게 병행되는 한편, 새롭게 주민이 주도하는 학습강좌의 형태가 각지에서 전개되면서 구·시·정·촌(市町村)이 직접 주최하는 곳이 있는가 하면 지자체 산하기관이나 사회복지협의회 중심으로 고령자대학이 운영되는 곳도 있다. 현행 고령자대학은 프로그램 구성에 있어서 정규과정 커리큘럼(Curriculum)처럼 학습지도요령이 특별히 정해진 것이 아니므로 지도요령 등의 조건 없이 지역 역사, 건강 교실, 취미 강좌, 스포츠 강좌 등 교량학습에 지역 특성을 반영하고 있으며 수강자 간 친목 도모의 장소제공 기능도 겸하고 있다. 따라서 수강 신청 자격도 지자체에 따라서 5~60대 이상의 고령자를 대상으로 2개월 과정부터 6개월 과정, 1년제 과정, 2년제 과정에 이르기까지 각각의 형편에 따라 구성·운영하고 있다[21].

---

21 현지조사(2019.7.1.-31.)에서는, 일본 최초로 노인학급(노인대학)이 시도되었던 나가노현(長野縣)을 중심으로 나가노시청(長野市役所) 및 마츠모토시청(松本市役所)의 고령자복지 담당부서를 비롯하여 나가노현 종합복지센터, 공익재단법인 나가노현 장수사회개발센터(시니어대학), 나가노 현립도서관, 지역공민관 등 고령자의 학습장소가 대상에 포함되었다. 또한 고령자대학의 강의에 참가하여 '인생 100세 시대에 관한 한국과 일본의 베이비붐세대의 생활상'에 관한 강연 및 토론에 임하였으며, 자료수집을 통해 고령자대학의 현황을 파악하였다. 특히 나가노현 시니어대학(長野縣シニア大學)에서는, 나가노현 장수개발센터(公益財団法人長野縣長壽社會開發センター)가 주체가 되어, 나가노현 내에 고령자대학 10개 학부(佐久, 上小, 諏訪, 伊那, 飯伊, 木曾, 松本, 大北, 長野, 北信)를 설치하여 운영 중이다. 그 외에 아오모리시니어대학(青森シニアカレッジ), 미야기이키이키학원(宮城いきいき學園), 아키타LL대학원(秋田LL大學園), 토치기현실버대학교(栃木縣シルバー大學), 아야노쿠니보람대학(彩の國いきがい大學), 아

평균수명이 연장되는 현상이 장수의 보편성과 궤를 같이하는 시대에 있어서는 학습문화의 인식 형성과 더불어 학습지원체계의 유지가 중요하다고 판단된다. 따라서 지역사회 중심의 평생학습, 노년기의 네트워크 형성에 일조하는 평생학습을 지향하는 동시에 세대 간 교류 측면에서도 고령자학습은 장려되어야 할 것으로 판단된다. 50여 년 이전에 정규교육을 받았던 현재의 고령층의 경험적 유산을 소중히 여기는 한편, 지금보다 진화하게 될 향후의 기술문명 발전의 시대에도 바야흐로 '인생 100년 시대'를 보람되고 활력 있는 초고령사회를 구축하기 위해 고령자학습에 어떠한 지원이 필요한지에 관한 검토가 요구된다.

4. 향후의 고령자학습 지원대책

앞에서 살펴본 내용을 토대로 고령자학습에 관한 지원 방향에 대해 교육과 복지의 연계, 고령자의 의식개혁, 행정지원 관점에서 당면한 해결과제의 대응 방법과 향후의 방향성을 전망해보고자 한다. 고령자학습을 염두에 둔 교육 중심 측면과 복지 중심 측면에서는, 교육과 복지라는 의미가 각각의 역할이 전제되기는 하지만, 평생교육과 평생학습이라는 목표 달성을 위해서는 보완성의 논리가 작용할 것으로 기대된다.

먼저, 교육 중심 측면에서의 고령자 교육은, 복지가 지향하는 것과 교육이 지향하는 것이 궁극적으로 같을지 모르지만, 그 대상의 파악과 실천 방법은 차이가 있다는 주장처럼, 복지의 논리 속에는 넓은 의미의 '사회적 약자에 대한 보호'라는 의미를 담고 있지만, 학습과 교육의 논

이치실버대학(あいちシルバーカレッジ), 오키나와현가리유시장수대학교(沖縄縣かりゆし長壽大學校), 사가미하라시아지사이대학(相模原市あじさい大學) 등과 같이 다양한 이름과 형태로 고령자의 학습활동이 이루어지고 있다.

리는 인간의 경험, 인간의 성장과 발달로 연결되는 가능성을 열어주는 발달론의 논리로 파악하고 있다. 따라서 고령자에 대한 의식 전환을 통해 고령자의 학습권 지원도 교육 측면에 중점을 두고 있어야 한다.

한편, 복지 중심 측면에서 지역사회 활동을 중심으로 하는 학습지원은, 지역문제와 생활문제를 해결하기 위하여 지역 실태에 따른 복지향상에 중점을 두어 학습지원과 조직화를 실행하는 것이 필요하다고 보았다. 이러한 시각에 근거해 현재 시행되는 고령자학습의 교육 주체와 학습 현실을 재고할 것 같으면, 교육과 복지의 연계를 통해 고령자가 사회적 지원을 받으면서 학습과 교육의 새로운 가능성을 추구하고 있는 것으로 파악되었다. 따라서 교육과 복지의 관계는 별개의 목적을 지향하는 대체적 성격이 아니라 보완적 성격으로 파악되며, 이를 바탕으로 교육과 복지를 연계한다면 고령자의 학습활동을 보다 구체화할 수 있을 것으로 보인다.

이러한 논의는 평균수명과 건강수명의 불일치를 어떻게 수렴할지에 대한 문제 인식과 유사하다. 일본에서는 수명연장 추세가 이어지지만, 건강 습관을 지닌 고령자가 늘어나지 않기 때문에 고령자의 장수뿐만 아니라 어떻게 삶의 질(Quality of Life)이 높은 노후를 보낼지에 대한 문제가 대두되었다. 이는 또 의학과 체육학 등으로 논의가 확장될 수 있겠지만 그 범위가 방대하여 여기에서는 논외로 한다.

고령자학습을 통한 건강조성의 필요성을 인식하는 것을 통해서도 예방의학의 관점에서 고령자학습이 건강한 고령자 행동의 첫걸음이 될 수 있음을 시사한다. 그러나 후기고령자의 요개호(要介護) 고령자가 늘어나는 추세[22]를 감안하여 건강과 체력향상을 도모하는 무리한 체력단

22 後生노동성(2020.4) 「개호보험 사업 운영상황 보고(年報)」 참조. 65세 이상 개호보험 피보험자인 고령자가 2020년 3월 말 현재 총 3,555만 명으로 그 가운데 전기고령자(65-75세 미만)가 약 1,726만 명이며 후기고령자(75세 이상)는 약

련보다는 운동 자체에 익숙하지 않은 고령자 집단에 대해서는 운동 관련 학습에 참여하는 건강교실 수준의 지원이 필요할 것이다.

건강 유지와 체력향상 관련 학습에 참여하게 되는 고령자는 스스로 평생학습 조직의 구성원이 되어 고령자에 적합한 실천 방법론을 통해 가벼운 훈련과 게임 등의 레크리에이션 형태의 프로그램에 참여하게 되고 그와 더불어 개개인의 일상에서의 적절한 운동처방과 체력향상을 통한 결과는 삶의 보람을 만끽하는 프로그램 개발에 참고자료가 되는 동시에 고령자 본인의 경험을 활용하여 지도자로 활동할 수도 있다. 즉, 고령자가 계획(실행위원)하고, 참여(수강)하며, 가르치며(지도), 그 성과를 활용(봉사)하는 고령자학습의 순환활동 기능과 역할을 통해 승수효과 및 선순환 효과를 올릴 수 있을 것이다[23].

또한 개개인이 참여하는 학습은 학습 목표에 개개인의 관심 및 개성이 반영되므로 다양한 일상생활에서 활용되는 동시에 학습의 즐거움이 인간관계 형성에 유용한 '다원참가형활동(多元參加型活動)'으로 연결되어 바람직한 문화로 자리 잡게 될 것이다. 이는 현재 고령자가 참여하는 학습활동의 실태가 정규 교육기관이든 고령자학급 혹은 고령자대학이든, 담당 기관의 정책지원과 고령자의 자율참가에 의한 일정 성과이므로 고령자학습의 기능과 역할이 원활히 작용할 수 있도록 지속적인

1,829만 명으로 그 비율이 각각 48.5%와 51.5%를 차지하여 후기고령자가 더욱 늘어나는 추세에 있다.

23 재정정책 지출 증가의 변화가 촉매 역할을 하여 결과적으로 투입물보다 향후의 변화량이 큰 폭으로 증가하는 결과를 가리킨다. 따라서 정부와 지자체의 고령자학습권 지원으로 이루어진 성과가 고령자의 삶의 보람과 건강 유지에 도움이 될 뿐만 아니라 지역사회에서의 교육성과를 높일 수 있음을 의미한다. 예를 들어, 봉사활동 참여에 대한 고령자 자신의 자부심 함양과 지역사회로부터의 평가가 보람으로 연결되어 향후의 학습계획, 학습 참가, 학습지도, 성과 활용 등의 선순환구조를 통해 학습지원 이상의 효과를 기대하는 것이다.

지원이 이루어진다면 '인생 100년 시대'에 걸맞은 고령자학습의 문화풍토는 향후 더욱 구체화될 것으로 기대된다.

고령자의 취로 대책을 비롯하여 개호보험 등의 고령사회대책은 대규모 예산이 투입되어 장기에 걸쳐 지속적인 정책 쟁점이 되고 있지만, 상대적으로 고령자의 여가와 고령자학습 분야 지원에 관한 인식은 비교적 느슨하여 앞으로 이 분야에 대해서도 국가 및 지자체의 유기적인 지원체계의 보완이 필요할 것이다. 이와 같은 문제를 해결하고 노년기의 행복한 삶을 영위하도록 하기 위해서는 고령자에 대한 보편적인 복지 측면에서 고령자학습의 지원체계 구축을 생각해 볼 수 있겠다.

예를 들어, 노후생활의 학습, 건강, 취미활동이 수반되는 자생적 고령자조직의 활성화를 비롯하여 학습기회의 공평한 기회 제공을 기반으로 한 지원이 바로 그것이다. 노후생활의 만족, 즉 노년기 삶의 질을 높이기 위해서는 인간 생애주기 가운데 마지막 단계인 노년기에 대한 중요성이 대두되면서 성공적인 노화와 고령자의 여가 활동에 관한 방법론 구축이 일본은 물론이고, 인구고령화가 빠르게 진전되고 있는 한국에 있어서도 '인생 100세 시대'에 필요한 해결과제라고 하겠다.

따라서 노후는 더 이상 여생이 아니며, 보다 적극적으로 임해 인생을 잘 마무리하는 매우 중요한 시기로 인식해야 할 것이다. 앞에서 살펴본 바와 같이 고령자 여가 활용 분야 중의 하나가 자기 계발활동임을 간과해서는 안 된다.

이전에는 교육과 학습을 주로 지식습득의 과정으로 생각했지만, 최근에는 평생학습의 일환이자 고령자 여가 활용의 하나라는 인식이 확산하고 있다. 또한 고령기에는 신체 및 정신적 기능이 약화하는 것이 일반적인 현상이기에 사회환경의 변화로 인해 가치관의 변화와 고독감을 경험하게 되면 고령자는 더욱 위축되기 쉽다. 그러한 상황을 스스로 해결하기 위해서도 학습 기회에 노출되는 것이 자존감 회복의 기회가 될 뿐만 아니라 존엄성 유지를 위한 동기부여의 한 방법이 될 것이다.

경제적으로 여유가 있는 고령자와 체력적으로 적극적인 고령자의 경우에는 스스로 교육에 참여할 수 있지만, 대부분 고령자의 경우에는 스마트 환경의 학습 기회에 불리한 상황에 있는 것이 현실이다[24]. 따라서 방송대학을 비롯하여 지역사회의 고령자대학에 손쉽게 참가할 기회가 확대되어야 한다.

현행 고령자대학의 운영에서 드러난 문제점으로는 먼저, 고령자학습을 저해하는 요인이 학습자에게 있기보다는 일방적인 강좌개설(공급)에 따른 희망 강좌(수요)와의 미스매치(불일치), 그리고 학습 기회에 노출되지 못하는 고령자에 대한 정보전달 미비와 한정된 홍보 등의 문제가 파악되었다. 따라서 지자체의 고령자대학을 비롯하여 공민관(公民館)과 복지시설 등에서 실시하는 고령자의 학습기회의 양적 확대와 질적 진전을 위하여 지속적인 홍보 및 강좌 이후의 피드백을 통해 지속적인 관리를 통한 행정지원이 필요할 것이다. 또한 지역사회의 공민관, 도서관, 그리고 실버인재센터, 노인클럽 등에서 실시되는 강좌 내용 가운데 상당 부분 중복되는 점과 더불어 개설강좌를 반복 신청하여 일부 수강생이 학습권을 독점하는 문제가 청취조사에서 드러났다.

이와 같은 사항이 고령자학습권을 제공하면서 수정·보완해야 할 점

---

24 고령자의 경우, 강의실로의 이동에 따른 핸디캡을 비롯하여 기업교육 이후에는 정규 교육과정에서 유리되기에 십상이며, 원격수업에도 신체적·정신적 기능의 쇠퇴로 말미암아 젊은이보다 학습 기회가 불리한 여건에 있다. 현재에도 일본 고령자는 비교적 정보화 이용이 열위에 있지만, 코로나19 사태처럼 장기간 대인 접촉이 줄어들 경우, 고령자의 IT 관련 환경설정과 이용 편의가 더욱 불리한 입장이다. 따라서 앞으로 정보화의 진전에 대비하기 위해서도 관련 교육이 평상시에 이루어질 필요가 있겠다.

이다. 나아가 고령자 대상 교육 측면에 있어서는 고령자의 일상생활과 밀접하게 관련된 정보와 상식을 포괄하는 '소비자교육'의 필요성이다. 이러한 소비자교육은 고령자가 사기 등의 피해를 보지 않도록 하는 방법이므로 자율적인 학습보다는 교육적인 측면을 강조해도 무방할 것이다.

그와 관련해서는 소비자교육 추진에 관한 법률(2012년 61호)이 제정되어 고령자가 고액의 상품을 의도치 않게 구매하는 등 소비자 피해를 방지하기 위한 현명한 판단을 할 수 있도록 소비생활 관련 교육 및 계발활동을 포함하고 있으므로 향후 확대되어야 할 것이다[25]. 따라서 고령자학습의 효율적인 지원방안을 제시할 것 같으면 다음과 같이 요약할 수 있겠다. 먼저, 고령학습자에게 목표 달성이 가능한 교육내용을 충분히 사전에 제시하고, 그에 따른 참여기회의 홍보를 확대하여야 할 것이다.

나아가 고령자의 학습 능력과 여건을 감안하여 교육내용을 구성하고 진행 방법을 모색하여야 할 것이다. 나아가 고령자학습의 강좌수료 이후에는 교육자와 피교육자 양측의 성과에 관한 피드백(Feedback)을 실행하여야 더 효과적인 지원 결과를 도출하게 될 것이다.

25 「消費者教育の推進に關する法律(2012年 61号)」 이러한 법률은 소비자교육이 소비자와 사업자 간의 정보의 양과 질에 있어서 협상 격차에 기인하는 소비자 피해를 방지하고 소비자가 스스로 이익 옹호 및 증진을 위하여 자주적이고 합리적으로 생활할 수 있도록 지원하는 것이 중요하며 소비자교육의 기회를 받는 것이 소비자의 권리라는 것이다. 소비자교육은 일부 개인에게만 실시하는 것이 아니라 소비자 보호를 위한 지역 네트워크를 활용해 함께 대응해 나가는 것이 필요할 것이다. 왜냐하면 이러한 내용은 선택적인 학습차원이 아니라 교육 주체가 있는 교육 차원에서 실시하는 것이 고령자의 생활에 실질적으로 도움이 되는 것이므로 교육이라는 약간의 거부감보다 그를 상회하는 전체 사회 구성원에 대한 효과가 기대되기 때문이다.

5. 결언 및 향후 전망

고령자학습에 관한 분석에 따라 다음과 같은 문제의식을 요약하게 되었다. 먼저, 평생학습사회 구축을 위한 지원과제를 다음과 같이 도출하였다. 첫째, 사회의 환경변화에 따라서 새로운 지식함양 및 기술 습득을 위한 교육서비스가 이루어져야 한다는 점, 둘째, 청소년기에 부족했던 교육 기회를 고령기에 다시 도전할 수 있도록 학습 욕구에 부응하는 공식·비공식 교육 기회를 제공해야 한다는 점, 셋째, 교육과 학습을 통해 고령자가 스스로 보람을 찾을 수 있는 환경조성을 위한 국가와 지자체의 지속적인 지원이 필요하다는 점에 관하여 살펴보았다.

분석 결과로는 고령자대책으로 운영되고 있는 고령자 대상 교육서비스가 고령자의 학습 기회 확대라는 일정 성과를 올리고 있는 것으로 파악되었다. 실제 고령자학습은 고령자의 선택에 부응하여 정규과정의 대학 문호가 개방되고 있으며 그와 더불어 방송대학 그리고 지역사회에서 고령자교실, 고령자대학이라고 불리는 학습강좌가 확대되면서 고령자의 관심과 참여를 끌어내고 있는 점이 바람직한 결과라고 하겠다. 또한 고령자의 정규과정 학습 기회 제공에 있어서는 학령인구와 경쟁하는 입시의 대상이 아니라 별도의 사회인 입시를 비롯하여 대학의 공개강좌, 개방수업, 학과목이수, 야간부제도, 통신교육과정, 인터넷과 방송을 활용한 원격대학과 대학원 등의 개설을 확대할 수 있는 여지가 있을 것으로 전망되었다. 대학개방은 고령자의 학습 특성을 파악하여 학령인구 감소의 여석을 활용하기 위한 가능성도 있을 것이다.

인구고령화에 따른 복지서비스의 수요 증가는 간병·수발 비용 등의 사회보장 부담을 늘리는 요인이 된다. 또한 고령기의 생활에서 위협요인이 되는 경제력, 노인질환, 고독감 등과 같은 문제는 개인이 해결할 수 없는 사회적 과제가 되고 있다. 이러한 사회문제에 간접적으로 도움이 될 수 있는 대체 방안으로 고령자학습의 지원을 제안하는 바이다. 따라서 고령자에 대한 학습권 지원정책은 고령자에게 소속감을 부여하여 고령자 스스로 삶의 의미와 보람을 느낄 수 있도록 하여 지역사회 구성원과의 교류 확대는 물론이고 사회참여에 적극적인 고령자가 늘어나면 의료비와 간병·수발 비용절감 등의 간접효과 또한 기대할 수 있을 것이다.

따라서 고령자의 학습권 지원은 초고령사회에서 당연히 필요한 고령사회대책 중의 하나일 것이다. 그러나 고령자학습의 대상이 고령자이기 때문에 지원 방법을 일률적으로 한정할 필요는 없다고 판단된다. 왜냐하면 고령자학습이 정규 교육과정의 연속선상이거나 그 틀과는 전혀 다른 건강강좌나 취미 교양 분야일지라도 강좌의 성격과 환경에 고령자 스스로 선택이 가능한 수용 태세가 형성되고 있기 때문이다. 오히려 학습권 제공에서 문제가 되지 않도록 선택이 가능한 강좌에 대한 정보제공이 선결되어야 할 것이다. 또한 고령자 교육 기회의 다변화 차원에서 고령자학습이 지자체와 지자체 산하의 공공단체, 공민관, 민영 교육기관, 정규대학 등 다양한 운영 주체가 학습 기회를 제공하고는 있지만, 전체를 총괄하는 '고령자 학습기구' 구축의 검토가 필요해 보인다.

한편, 한국은 현재 일본보다 빠른 속도로 인구고령화가 진행되고 있다. 이에 한국노인대학복지협의회(2001년 창립)를 중심으로 노인대학 활동이 이루어지고 있으나 대부분 지역복지관에서의 취미, 정보, 건강강좌 등 복지관 자체 운영의 초기수준에 머물러 있다. 따라서 노인복지의 다변화 차원에서 정책 차원의 고령자 학습기회의 확대와 행정적 지원강화가 필요한 시점이다.

그와 더불어 고령자 자신의 배움과 사회참여에 관한 의식변화가 이루어진다면, 고령자학습은 삶의 보람을 찾기 위한 노인문화 창조의 계기가 될 것으로 전망된다.

제11장

고령자의 생애생활설계

1. 고령자의 노후생활

최근 들어 평균수명의 연장과 인구고령화의 영향으로 '인생 100년 시대'라는 표현이 정부의 보고서를 비롯하여 대중매체 등을 통해 자주 소개·전달되고 있다. 우리가 장수한다는 것은 수명연장의 희망으로 축복받을 일이지만 인구고령화에 따른 사회문제 또한 동반될 것으로 예상된다.

인구고령화에 의한 사회적 부담이 증가하여 그에 따른 사회문제란 소득보장, 의료보장, 간병·수발 등을 비롯한 일상생활에서 고령자 스스로가 적절히 대응할 수 없게 되어 사회정책으로 해결이 필요한 문제를 의미한다. 평균수명이 지속해서 늘어나면 노년 인구 비율도 높아지게 되어 그에 따라 고령자의 의료 및 개호서비스수요가 급증하므로 정부에서는 각종 복지제도[1]를 통해 노인문제에 대처하게 된다.

---

1 사회복지란 사회적 약자의 상황에 놓여 있는 사람에 대한 원조의 의미인 대인사회서비스(personal social services)라고 하는 협의의 의미와 그보다 넓은 광의의 의미에서 사회구성원이 행복하고 바람직한 상태를 유지할 수 있도록 하는 제도적 장치를 가리킨다. 따라서 사회복지는 개인뿐만 아니라 공동체를 위한 공적부분의 문제해결 영역이 늘어나게 되므로 복지 관련 공공정책은 국민

저출산이 진행되는 가운데 인구고령화가 동시에 진행되면, 인구구조의 변화로 노동력의 수요·공급 측면에서 불균형이 발생할 우려가 커진다. 그와 더불어 기술의 고도화와 산업구조의 변화로 고용의 유동성이 높아지면 노동력의 질적 미스매치(불일치)로 인한 실업률이 상승하여 그 영향으로 인해 경제성장이 둔화할 수도 있다. 이처럼 현대 산업사회에 있어서는 인구구조, 가족형태, 생활양식의 변화가 사회문제를 초래하기도 한다. 물론 이러한 사회적 과제와 관련된 우려는 현재의 대응에서 별다른 추가대책을 마련하지 않은 채 초고령사회[2]를 맞이하였을 경우의 어두운 예상이지만, 현재에도 인구고령화는 진행되고 있으며 그와 관련된 사회문제는 계속해서 대두되고 있다.

특히 세계 최고 수준의 인구고령화를 보이는 일본에서는 고령자의 노후생활 전반에 걸쳐 무전(無錢), 유병(有病), 고독(孤獨) 등의 문제가 사회적 과제로 대두되고 있다. 이를 반영하듯 일본 내각부가 발표한 2022년 판 고령사회백서에서는 고령화율 28.9%, 65세 이상 인구는 3,621만 명으로 총인구에서 차지하는 비율(고령화율)은 28.9%로 나타났음을 공표했다.

세계에서 가장 앞서서 인구고령화가 진행되고 있는 일본에서는 정

전체를 대상으로 한 복지제도를 통해 실시하게 된다.

2 UN에서는 국가 혹은 어느 특정 지역에서의 전체인구 가운데, 65세 이상의 인구 비율이 7%인 경우에는 고령화사회, 14% 이상이면 고령사회 나아가 20%에 달하면 초고령사회로 분류하였는데, 본서에서는 이에 따라 작성하였다. 그러나 최근(2020년), 평균수명이 늘어나고 있는 현상 및 급격한 인구고령화에 따라 나이 기준을 새로 제시한 바 있다. 그 기준에 따르면, 미성년자는 0세~17세, 청년이 18세~65세, 중년은 66세~79세, 노년이 80세~99세 그리고 100세 이상을 장수노인 이렇게 5단계로 나는 것이다. 그 기준에 의하면, 현재의 65세 이상 고령자의 상당수가 중년인 셈이지만, 이에 대해 각종 제도와 학계의 인식 및 행정 적용은 아직 그에 이르지 못한 상황이다.

부 기관을 비롯하여 지자체, 학계, 산업계 나아가 지역사회에서도 고령자대책을 재고하는 동시에 노인문제[3]의 해결을 위해 적극적으로 나서고 있다. 이러한 현상은 우리나라에서도 이미 2017년에 고령사회(고령화율 14%)에 진입함으로써 일본과 비슷하게 추이하고 있다. 최근에는 우리나라의 인구고령화의 속도가 일본보다 빠르게 진행되는 가운데 베이비붐세대가 고령층에 진입하고 있어 고령자의 노후생활에 관한 관심이 고조되고 있다. 이렇듯 노인문제는 일본을 비롯하여 세계 각국의 사회적 과제로 대두되고 있다[4].

인간이 장수하는 것은 바람직하지만 장수 고령자가 급격하게 늘어나면 다양한 복지 욕구가 분출하게 되므로 그에 대응하기 위해서는 공급 측면에서 노인복지서비스의 개발과 제공이 필요하게 된다. 따라서 각 나라에서는 자국의 형편에 맞는 복지제도를 도입하는 데 그치지 않고 제도개선과 개혁을 통해 노인문제에 대처하고 있다.

한편 수요층 면에서는, 고령자 스스로 복지서비스를 어떤 방법으로 활용하여야 여유로운 노후생활을 영위할 수 있을지에 대한 관심 제고는 물론이고 보람을 찾기 위한 탐색과 사회참여에 대한 인식 전환이

---

3 노인문제란 고령자의 일상적인 생활 영위를 위해 고령자 자신 혹은 가족이 해결할 수 없는 상태가 발생하는 것으로써 경제적 빈곤, 건강 약화, 역할상실, 사회적 고독 등과 같은 사회현상 및 사회문제를 포괄하는 과제라고 하겠다. 용어의 사용에 있어서는, 문맥상의 이해와 원저 표기 등을 고려하여 고령자와 노인, 고령기와 노년기 등으로 적절히 병용하였다.

4 한국의 통계청의 발표 「2020 고령자통계(2020년 9월 28일)」에 따르면, 2025년에는 고령자(만 65세 이상)의 비중이 무려 20.3%(1051만 1000명)에 달해 초고령사회에 진입할 것으로 전망된다. 2020년 현재, 만 65세 이상의 고령인구는 812만 5,000명으로 전체 5,178만 명의 15.7%이며 고령인구 비중을 성별로 보면, 여성이 17.9%, 남성이 13.5%로 나타났다. 이와 관련된 고령화 관련 추세는 「고령화 현황보기」 참조 요.

필요하게 되었다.

이에 여기에서는 일본의 고령자대책[5]을 검토하면서 일본의 베이비부머인 단괴세대(団塊世代)[6]를 비롯한 고령자의 노후생활과 사회활동에 관해 분석해보고자 한다. 또한 고령자가 노후생활에 임하는 과정에서 그들의 사회활동이 어떤 형태로 나타나고 있는지 그리고 보람된 노후생활을 지원하는 방법을 어떻게 구축하여야 효율적일지 모색해보고자 한다. 그와 더불어 일본 고령자의 생활실태와 행동양식에 근거하여 '인생 100년 시대'를 내다보는 생애생활설계를 구체화하여 제안해보고자 한다.

2. 노인문제의 배경과 지원대책

노인 연구와 관련해서는 노년기의 적응이론으로 사회활동이론(Activity theory)과 사회분리이론(Disengagement Theory)으로 나누어 볼 수 있다. 나아가 가족적 지위와 역할에 입각한 노년기의 가족주기적 이해와 생명주기적 변화에 입각한 라이프스타일에 관한 접근방법이 노년사회학적 연구 시각이다. 즉, 노년기의 사회적 지위와 사회에서의 고령자의 역할변동 관점에서 노년기의 문제를 해결하려는 시각이다.

---

5 일본의 고령자대책은 노인복지법(1963. 법률 제133호) 제정을 기점으로 추진되었다. 그 이전의 시책은 후생연금보험법, 국민연금법, 생활보호법 등의 내용이었으나 노인복지법이 제정되어 노인복지가 확대되었고, 2000년에 간병·수발을 위한 사회보험방식의 개호보험이 실시되었다. 이렇듯 사회보장제도의 복지서비스가 추진되고 있으며 고령사회 대책의 개선과정에서 고령자의 사회참여를 위한 지원을 병행하고 있다.

6 정기룡(2010)은 제2차 세계대전 이후 출생한 베이비붐세대(団塊世代 : 1947-1949 출생)에 대한 경제 측면의 공과에 대한 평가가 나뉘고 있다고 파악하면서 그 당사자가 2022년이면 후기고령자(75세 이상) 진입을 앞두고 있음을 지적하였다.

특히 최희경(2006)은, 노인문제의 다양성에 관한 연구가 필요함을 지적하며 성별, 연령별, 계층별, 지역별 범주 외에도 장애와 질병, 거주생활환경 및 문화적 배경 등 고령자의 축적된 다양한 경험을 반영할 수 있는 연구 방법이 필요하다고 지적하고 있다[7]. 또한 노후의 삶을 행복하게 보내려는 방법으로 사회활동에 대한 참여가 필요하다고 주장한 김영범·이승훈(2008)의 활동이론(activity theory)에서는 활동 목적에 따라 종교활동, 여가활동, 공공단체활동, 연고집단활동 등으로 고령자의 사회활동 유형을 분류하며 그에 적합한 지원의 필요성을 강조하였다[8].

따라서 여기에서는 두 가지 분석시점의 문제 인식에 근거하여 활동이론을 확장한 시점에서 고령자의 사회활동에 관한 정책적 방법론 제안에 중심을 두고자 한다. 따라서 일본 고령자의 여가활용이 어떻게 나타나고 있는지에 관한 대규모 조사 결과인 일본내각부 「高齢者の生活と意識に關する國際比較調査(2006, 2011, 2016)」의 자료를 재검토하는 한편, 지자체 노인복지 담당부서와 고령자단체 등에 연구내용을 사전에 제시하였다. 그 후 관찰조사 및 면담 결과를 토대로 해석적 방법을 활용하여 인생 후반기 생애생활설계의 이미지를 도출하였다[9].

---

7 최희경(2006)의 시점을 연구방법론을 분류하면, ① 연구의 이론적 배경을 언급하지 않은 경우, ② 연구와 관련된 노년학 이론을 언급한 경우, ③ 노년학 이론을 구체적으로 적용한 경우, ④ 사회학, 사회복지학 등 다른 일반이론을 적용한 경우로 나뉘고 있음을 밝히며 그 가운데 ①번의 연구방법(연구의 특별한 이론적 배경 없음)이 전체의 60.9%를 차지할 정도로 나타나고 있는 것은 상당수의 연구가 이론 정립보다는 실천적 방법론에 중점을 두고 있음을 의미한다고 해석하였다.

8 김영범·이승훈(2008)의 분석에서는 우리나라의 특성에 따른 주관적 관점에서 고령자의 사회활동을 사람들 간의 상호작용이라는 관점에서 규정하여, 종교, 여가, 공공체, 연고집단과 관련된 활동이 노인의 삶에 영향을 준다는 점을 강조하며 정책적 지원이 필요함을 역설하였다.

9 현지조사(2016.6~2019.7중)에서는, 다음의 지자체와 고령자단체 즉, 相模原市

한편, 고령자는 이전에는 공경의 대상이었으나 공업화·산업화·핵가족화가 진전되면서 외형적 형식만 남게 되어 사회적 생산능력이 떨어지며 의존성이 높은 존재로 여겨지고 있다. 육체적 노화만을 고려한다면 이러한 견해에 반론의 여지가 없다. 그러나 평균수명이 점점 늘어나면서 인구고령화가 빠르게 진전되고 있는 상황에서는 고령자를 의존성이 높은 존재로만 경시하기보다 고령자의 자립도를 높이는 것이 더 효율적인 대처방안이 될 수도 있는 것이다. 즉, 고령자 전체를 부양대상으로 취급하여 사회적 부담을 높이는 것보다 고령자가 고령사회의 구성원이라는 인식을 강화함으로써 고령자의 노후생활 자립도를 높이는 것이 훨씬 긍정적인 효과를 올릴 수 있을 것이다.

따라서 고령자에 대해 공경을 표하지는 않더라도 고령자의 자립과 지역사회와의 연대를 위한 환경조성과 지원체계를 정비한다면, 비교적 건강하고 활동적인 고령자는 가정뿐만 아니라 지역사회에서 그들의 능력을 발휘하게 될 것이다. 또한 고령자 가운데 65세~74세의 전기고령자는 2016년을 기점으로 감소하는 한편, 일본의 단괴세대가 이제 후기고령자층에 접어드는 2020년부터는 75세 이상의 고령자가 차지하는 비율이 더욱 늘어나 후기고령자가 전기고령자를 상회할 것으로 예상된다[10].

高齢者支援課(3회), 新潟市高齢者支援課(1회), 松本市高齢者福祉課(1회), 公益社団法人シルバー人材センター(3회), 高齢者施設老人福祉センター若竹園(3회), 長野縣長壽社會開發センター(1회)에서 자료수집과 면담에 임하였다. 또한 조사결과의 신뢰도를 높이기 위한 자료로서 고령자의 사회활동에 관해 매 5년마다 정기적으로 실시하고 있는 일본내각부의 「高齢者の生活と意識に關する國際比較調査 : 6회, 7회, 8회)를 활용하여 고령자의 사회활동을 분류하였고, 뒤의 〈표 11-4〉 생애생활설계 이미지 구축을 위한 항목은, 노인문제 전문가와 지자체의 담당자 그리고 고령자대학에 참여한 고령자 면담에 입각하여 구성하였다.

10 일본인의 평균수명은 향후에도 한동안 남녀 모두 평균수명이 늘어날 것으로 예상된다. 일본에서는 1947~1949년 사이에 출생베이비붐세대(団塊世代)가 고

표 11-1. 일본인 주요 연령대의 평균여명 현황

기준연령 (세)	남성의 평균여명(년)			여성의 평균여명(년)		
	2019년	2018년	전년과의 차이	2019년	2018년	전년과의 차이
0	**81.41**	81.25	0.16	**87.45**	87.32	0.13
60	23.97	23.84	0.13	29.17	29.04	0.13
65	**19.83**	**19.70**	**0.13**	**24.63**	**24.50**	**0.13**
70	15.96	15.84	0.12	20.21	20.10	0.11
75	12.41	12.29	0.12	15.97	15.86	0.11
80	9.18	9.06	0.12	12.01	11.91	0.10
85	6.46	6.35	0.11	8.51	8.44	0.07
90	4.41	4.33	0.08	5.71	5.66	0.05
100	1.89	1.82	0.07	2.29	2.31	△ 0.02

참고 : 일본 후생노동성 「간이생명표(2019)」 평균수명은 0세의 평균여명임.

1947년에는 50세대 수준이었던 일본인의 평균수명이 지속적으로 늘어나 1955년에는 남성이 63.60세, 여성이 67.75세였는데 그 후 비약적으로 늘어 2000년에는 남성이 77.72세, 여성이 84.60세로 늘어났으며, 최근 후생노동성이 발표(2020.7.31.)한 「간이생명표」에 따르면, 2019년의 일본인 평균수명(0세의 평균여명)은 〈표 11-1〉에서 보는 바와 같이 남성이 81.41세이며 여성이 87.45세로 나타났다. 이는 전년도 2018년과 비교해 남성은 0.16년 그리고 여성은 0.13년이 늘어난 것으로 남성의 평균수명도 매년 여성의 평균수명 신장률에 뒤처지지 않고 지속하여 늘어나고 있음을 시사한다.

령자층 진입에 의해 인구고령화가 급격히 진전된 경험이 있다. 따라서 2022년부터 베이비붐세대가 75세에 이르게 되는데 그에 따라 후기고령자의 비율 또한 높아질 것으로 예상된다. 이러한 인구고령화의 추이는 현재 한국에서도 유사하게 진행되고 있으며 인구고령화의 속도는 일본보다 더욱 빠르게 진전되고 있다.

일반적으로 평균수명의 신장 및 은퇴 이후 생활 기간이 늘어나면 그에 따라 경제적인 문제와 건강상의 문제를 비롯하여 노후생활에서 여러 문제가 발생하게 된다. 그러므로 수명연장에 수반되는 소득보장과 의료문제를 해결하기 위한 제도정비와 사회연대가 필요하다. 따라서 정년 전후의 고령자에게는 정년 연장과 재고용 등의 제도개선을 통해 경제적인 고령자 취업 지원을 강화하여 고령자의 자립도를 높일 필요가 있을 것이다.

그와 더불어 의료시설의 확충과 요개호(要介護) 고령자의 지원 확대를 통한 안심사회 정비가 요구된다. 즉, 고령자가 안심하고 생활하며 보람된 생활이 가능하도록 지역사회의 네트워크를 구축하는 것이 초고령사회의 당면과제라고 하겠다. 이러한 추세를 반영하여 일본의 지자체에서는 고령자의 생활지원서비스 확충과 더불어 개호보험(介護保險) 개정에 입각한 지역포괄서비스[11]를 실시하는 등 각종 노인복지프로그램 운영에 힘을 기울이고 있다.

3. 노후의 여가인식 및 여가환경

고령기로의 전환은 정년퇴직 혹은 은퇴하여 일과 업무 중심의 조직사회인 이른바 '세로조직사회'에서 가정과 지역사회 중심의 수평적 네트워크인 소위 '가로연대사회'로 고령자 라이프스타일이 새롭게 변화하

---

11 일본의 시·정·촌 지역포괄지원센터에서는 간호, 의료, 보건복지 측면에서 고령자를 지원하는 종합상담 창구기능을 맡고 있다. 담당 직원이 고령자에 대한 개호보험 및 개호예방서비스, 보건복지서비스, 일상생활지원 상담에 임하면서 개호보험 신청창구 역할도 담당하고 있다. 지자체로부터 위탁받아 사회복지법인, 사회복지협의회, 민간기업 등이 운영하는 경우도 있으며 지역포괄지원센터 한 곳이 인구 2~3만 명 단위의 생활권역을 담당하며 전국에 약 5,000(2017년) 이상의 시설을 구축하고 있다.

는 시기라고 하겠다. 그후 가령(加齡)이 진전되면서 전기고령자 대부분은 건강하고 삶의 보람을 영위하는 개인생활과 지역사회와의 연결이 요구되는 한편, 후기고령자에 속하게 되면서 그에 동반되는 심신 기능의 쇠퇴와 간병 문제, 가정 및 지역사회에서의 고립 등 다양한 문제가 표면화되기도 한다.

따라서 여기에서는 고령자의 간병·수발 등의 개호지원에 관해서는 별도의 연구에서 다루기로 하고 비교적 활동적인 고령자의 자립을 도모하기 위한 방법론을 중심적으로 논하고자 한다. 이렇듯 고령기라고 하더라도 고령자를 일률적으로 판단하기보다는 각 개인이 처한 여건에 따라 선택이 가능한 방안제시가 필요할 것이다.

먼저, 고령자에 대한 정책 차원의 지원 측면에 있어서는, 다음 사항을 고려하여 지원하는 것이 필요하다. 즉, 고령기의 생활환경은 젊었을 때의 일 처리 방식과 가족 및 지역과의 연대방식, 능력개발, 생활 습관 등이 축적되어 형성된 것이다. 따라서 이전의 사회경험과 지식을 활용하게 되어 개인 차이가 크기 때문에 이러한 차이를 배려한 세심한 지원이 요구된다. 일에 대한 의욕과 건강한 고령자에게는 새로운 지식에 입각한 직업능력 개발 기회를 제공하며 취업 상담 그리고 고령자에 적합한 다양한 근무방식을 정비하여 경제적 자립을 지원하는 것이 필요하겠다.

한편 고령자 자신의 자립 측면에 있어서는, 다음 사항을 고려하여 사회활동에 나서야 할 것이다. 즉, 고령자가 그동안 살아온 과정에서 배양해온 지식과 경험을 활용하여 지역사회에서 자기실현과 삶의 보람을 도모하려는 자세가 필요하다. 특히 지역사회와 연결고리가 없었던 고령자의 경우에는 이전의 사회적 지위와 상관없이 지역사회에서의 교류에 적극적으로 참여하는 것이 바람직하다. 또한 고령기를 건강히 보낼 수 있도록 자신에게 적합한 식생활과 생활 습관에 입각한 건강 유지와 체력증강에 힘쓰면서 사회와의 네트워크를 유지하며 자기실현을 도모할 수 있는 학습 기회의 활용도 유용할 것이다.

여가란 앞에서 살펴본 바와 같이 특별히 구속받지 않는 시간활용이지만 누구나 똑같이 여가를 인식하며 즐길 수 있는 것은 아니다. 또한 여가 활동이라고 하면 간혹 이상적으로 추구하려는 경향이 있어서 여가 활동의 일반적 분류가 간단치 않다. 왜냐하면 지역별, 연령별, 성별 등 각계각층의 사람들이 여가를 어떻게 받아들이고, 어떻게 활용하는지에 대한 견해가 다양하기 때문이다.

특히 고령자의 경우에는 노후의 생활양식이 비교적 유사하게 나타나는 경향이 있으므로 여가의 몇가지 분류에 관해 앞에서 살펴본 바 있다[12]. 예를 들면, 여가의 종류에는 고비용의 고품격 여가, 따분하고 지루하게 보내는 여가 그리고 여가를 업무의 연장선으로 인식하여 경쟁의식이 저변에 자리한 바쁜 여가 나아가 보람되고 재충전이 되는 보람된 여가 등이 있을 수 있다.

이러한 종류의 활동이 반복되어 여가문화가 정착되어 발전할 수 있다면 바람직할 것이다. 따라서 익숙해진 여가 활동이 자기개발형 여가를 통해 삶의 의미를 부여하는 단계까지 도달하게 된다면 고령자도 충분히 여가를 통해서 성취감을 느낄 수 있을 것이다.

여가 활동에 대한 만족도와 성취를 위한 시간과 강도에 관한 측정은 할 수는 없겠지만 어떤 여가 활동이라도 일정 수준의 시간과 노력을 들이지 않으면 확고해지지 않는다. 그러므로 여가 활용에 필요한 조건

12 정기룡·강영숙(2012.12.) pp.16-23에서 瀨沼克彰의 고령자의 여가분류 가운데 본 연구에서는 자기개발형 여가에 중심을 두어 고령자의 여가활용과 사회활동을 생애생활설계에 활용하였다. 즉, 생애일수의 임의구분을 통해 그동안 일률적으로 취급했던 고령기를 더욱 세분화하여 여가와 취미, 휴양과 요양 등 고령자의 여건에 따른 선택적 단계구분을 시도하였다.

가운데 가장 중요한 요소는 무엇보다 시간이라고 할 수 있을 것이다.

그 외에 경제력, 건강 상태, 가족의 이해, 집중도 등의 조건은 시간에 비하면 비교적 작은 요인이라고 할 수 있다. 특히 고령자의 여가 활동은 지역사회 참여와 봉사활동 그리고 취미생활 등으로 표출되는데 이에 관해 살펴보기로 한다.

표 11-2. 고령자의 사회활동 참가상황

구 분	조사시기의 비율(%)			
	2005년	2010년	20015년	2020년
1. 주변공원 등 미화 활동	**12.8**①	**14.2**①	**14.8**②	
2. 지역행사 마을가꾸기 활동	**12.8**①	**13.3**②	**15.0**①	
3. 자연보호 환경보전 활동	3.9	2.9	3.0	
4. 방범, 교통안전 활동	4.3	**5.9**③	4.8	
5. 아동/청소년 건전육성 활동	3.0	3.7	4.3	
6. 취미/스포츠/학습지도 활동	**5.8**③	5.3	4.6	
7. 고령자/장애자 봉사 활동	4.4	4.0	3.8	조사 항목 방법 등 변경
8. 의료/복지기관 지원 활동	2.4	1.9	1.3	
9. 국제교류/국제 지원 활동	1.1	1.0	0.5	
10. 소비자 활동	0.5	0.3	0.3	
11. 종교/정치 활동	2.7	3.0	2.3	
12. 취미 기능을 활용한 지원 활동	5.7	5.4	**5.0**③	
13. 기타	2.4	0.7	1.8	
14. 이전엔 참가/ 현재는 미 활동	15.9	17.0	19.1	
15. 전혀 참가하지 않음	53.4	51.7	47.6	
무응답	-	-	-	

자료 : 日本內閣府政策統括官編(2006, 2011, 2016) 「高齡者の生活と意識に關する國際比較調査」참조. 표본추출법에 의한 60세 이상의 유효회답(각 842, 1183, 1105 표본) 결과 재구성. 우선순위(단순집계) : ① ② ③ 순.

고령자의 사회활동과 관련된 자료는 신뢰도가 높고 자료입수와 활용이 용이한 일본내각부의 대규모 조사 결과인 「고령자의 생활과 의식에 관한 국제비교조사」를 분석에 활용하였다. 5년마다 정기적으로 실시하고 있는 동 자료의 결과에 따르면, 〈표 11-2〉처럼 이미 공표된 2005년, 2010년, 2015년의 3회에 걸친 고령자의 사회활동에서 큰 순위변동 없이 추이하고 있음을 알 수 있다.

취미활동과 스포츠 분야 외에 노후의 삶에서 지역사회활동과 봉사활동이 고령자의 중심적 활동으로 나타나고 있다. 따라서 고령자의 지역사회활동을 확대하기 위해서는 고령자가 지역사회에서 적극적으로 사회활동에 참가할 수 있도록 고령자단체의 활동 영역 확대와 더불어 고령자 활동에 대한 지원이 이루어져야 한다.

한편 고령자 학습기관과 고령자단체의 면담 등에서의 여가 활동과 사회활동 경험자에게 있어서 다음과 같은 의식이 엿보였다[13]. 먼저, 긍정형의 발전유형으로는, 일상생활에서 탈피하여 동기부여를 중요시하여 활동에 몰두한다. 그리고 흥미가 있고 자신이 좋아하는 일에 집중력도 높다. 그와 더불어 상당한 시간과 관심을 두고 숙련도를 올리기 위한 지속성이 필요하다는 점을 인지한다. 나아가 자신의 여가 활동에 보람을 느끼는데 머물지 않고 공동체의 일원으로 참여하며 때로는 타인에게 봉사하는 계기(고령자의 사회활동 유형과 참가 현황 : 6번, 12번 항목과 유사)가 되기도 한다.

그 반대의 발전유형으로는, 초기 단계에서는 열심히 여가 활동에 임하지만 습득해야 할 지식과 기술 등에 피로감을 느끼거나 즐거움을 느

13 고령자의 생애생활설계를 구축하기 위하여 고령자의 여가 활동, 학습활동 나아가 라이프디자인에 관한 내용을 노인대학 담당자와 전문강사, 노인문제 전문가, 지자체 담당자 그리고 고령자단체 및 지역학습센터에 참여한 고령자 면담에 근거하여 요약하였다.

끼지 못하면 어떤 의미에서 그 여가 활동이 고통으로 받아들여질 수도 있다. 이러한 이유 등으로 고령자는 포기할지(고령자의 사회활동 유형과 참가 현황 : 14번 항목과 유사) 지속할지를 선택하게 된다. 다행히 지속하겠다는 선택의 경우에는, 멈추면 얻는 것이 없다는 사실을 인식하기 때문에 일정 단계를 견디면서 여가 활동의 기본요소를 숙지하게 되고 여가 활용의 즐거움을 알게 되어 성과를 올리게 된다. 또한 고령자의 사회활동은 다양하지만, 고령자에게 제공되는 프로그램이 너무 많으면 혼란을 줄 수도 있다. 왜냐하면, 프로그램의 과도한 세분화는 고령자가 참여하려는 프로그램 선택에 있어서 변별력을 떨어뜨릴 수도 있기 때문이다. 따라서 사회활동에 무리하게 몰입하거나 의미 있는 활동을 찾지 못한 채 지루한 시간에서 벗어날 수 있도록 고령자에게 적합한 몇 가지 유형의 여가 활동을 선별하여 제공하여야 할 것이다.

최근에는 고령자의 학습활동이 늘어나는 추세이므로 고령자를 대상으로 한 생애학습 기회를 확대하여 그들의 지적 욕구에 부응하여야 할 것이다. 물론 그동안 고령자학습에서는 지식 전달과 지식습득을 중심으로 한 교육프로그램과 달리 고령자의 희망 사항과 환경변화에 대응할 수 있도록 실생활에 도움이 되는 프로그램 즉, 취미와 건강, 스포츠, IT활용 등 이전의 인기 프로그램에 추가하여 방송대학에서 진행하고 있는 고령자의 취학 및 진학 지원 프로그램 등이 더욱 확대될 것으로 전망된다.

실제 일본에서 고령자학습의 경우, 고령자의 여가 활용을 위한 학습지원 프로그램이 정규대학에서 실시하고 있는 문화강좌를 비롯하여 방송사가 주관하는 문화센터와 커뮤니티의 장소로 지역주민의 활동 거점이 되어온 공민관(公民館), 나아가 지자체가 실시하는 고령자대학 등에서 펼쳐지고 있다[14]. 예를 들어, 지자체가 주관하며 실시하는 고령자대학에서는 지역사회의 고령자들로 수강생이 이루어지므로 지역네트워크 형성이 용이하며 지역사회와 관련된 내용의 강좌를 비롯하여 지역사회 특성에 맞는 학과목을 개설하여 고령자의 관심을 끌고 있었다. 최근에는 우리나라에서도 행정복지센터와 지역도서관, 종교단체의 노인대학 등에서 일본과 유사한 학습프로그램이 이루어지고 있다[15].

4. 노후 생애생활설계의 구축

일본에서도 정년 이후의 고령자상이 아직 명확하게 정립된 것은 아니다. 전후 베이비붐세대의 라이프사이클 과정을 보면, 청소년기를 거치며 12년~16년 정도의 정규 학습과정 이후 대부분 취직하여 회사원으로 생활한다. 입사하여 조직에 소속되어 정년에 이르기까지 장기간

14 일본의 고령자대학 운영 및 고령자의 생애학습과 관련해서는 相模原市保健高齢部(2017 : 124-126)을 참고하였으며 고령자의 학습과 관련된 선행연구는 정기룡(2003)의 논문에서 여가활동과 고령자 학습에 관해 분석되어 있다. 나아가 후속 연구 정기룡(2011)에서는 생애라이프사이클론의 시점에서 생애학습과 사회교육의 필요성을 확인하고 있다.

15 한국의 경우에는 현재, 건강증진, 예술예능, 스포츠 관련 프로그램이 중심이 되고 있다. 시민강좌, 노인대학 형태의 고령자학습은 지역사회의 도서관과 복지관 그리고 종교단체 및 복지사업 주체에서 실시하고 있다. 지자체 주도로 이루어지고 있는 고령자 교육 현장의 예를 들면, 서울시 동작구의 「사당어르신종합복지관」에서는, 지자체의 지원을 통해 고령자학습이 이루어지고 있다. 이곳에서는 상당한 성과(2017 상반기 사회교육강좌 이용현황 1930명 정원 중 1699명 수료)를 올리고 있는데, 예를 들어 체조, 요가를 비롯한 건강증진과 활기찬 노년생활을 위한 건강강좌와 더불어 중풍예방교실, 교통안전교육, 노년기의 성교육 등 다양한 주제의 프로그램을 들 수 있다. 또한 당진시 보건소가 진행하는 건강100세 교실(2018)에서는 '제2의 청춘, 건강 100세'를 목표로 한 의약전문 건강교육과 통합건강관리 등 노년기에 적합한 맞춤형 수업프로그램을 운영하기도 했으며 교육과정에 참가하여 일정 과정을 수료한 고령자에게는 수료장을 전달하는 방식을 채택하는 등 수강자의 참여도를 제고하고 있다.

일정한 틀에 맞춰 생활해온 경우가 대부분이다. 그런데 정년 이후의 생활환경은 현역 시대의 직장생활과는 전혀 다른 것이다.

따라서 고령자에게 있어서 노후의 생활상 또한 이전처럼 일정한 궤도가 준비되어 있을 것으로 기대하는 것은 현실과 동떨어진 사고라고 하겠다. 정년 이후의 인생은 그야말로 각자의 여건과 환경에 따라 큰 변화를 맞이하는 시기라고 하겠다. 수명이 길어지면 길어질수록 은퇴 이후의 생활은 고령자 스스로 환경에 적응하며 살아야 할 여정이다.

일본인의 평균수명은 후생노동성이 발표(2022년 7월 29일)한 바와 같이 남자의 평균수명은 81.47년, 여자의 평균수명은 87.57년이었다. 그리고 평균수명(2021)과 건강수명(2019)과의 차이는, 남자가 8.79년, 여자는 12.19년으로 나타났다. 따라서 인생을 풍요롭게 보내기 위해서는 무엇보다도 건강해야 하며 일정한 생활자원이 확보되어야 한다. 이러한 기본조건이 충족되어도 언젠가는 체력이 약화하여 질병에 시달리거나 일정 기간이 지나면서 서서히 경제력이 줄어들게 된다. 이러한 상황을 대비하며 개인의 형편에 적합한 생애생활설계의 구상이 필요하며 그와 더불어 삶의 보람을 찾기 위한 인식 전환과 행동 실천이 중요해진다.

근로자로서 정년퇴직은 직업생활의 완결이라고 할 수 있지만, 그것은 개인사에 있어서는 중대 전환점이라고도 할 수 있다. 왜냐하면 지금까지 이뤄온 사회관계망이라든지 인간관계를 퇴직으로 인해 단번에 상실하게 되며 이전과는 전혀 다른 생활에서 의사결정을 해야 하기 때문이다. 따라서 정년을 맞이하면 우선 새로운 인생이 시작된다는 각오로 새로운 인생 설계를 스스로 설계하지 않으면 안 된다. 왜냐하면 회사도 선배도 가족도 그 누구도 생애생활설계에 대한 답을 알려줄 수 없기 때문이다.

이러한 각오와 인생 설계의 여부가 삶의 방향을 완전히 달라지게 할 수 있다. 예를 들면, 퇴직 후 65세부터는 무엇을 어떻게 할 것인가? 70

세까지는 무엇이 목표이며, 또한 80세에 이르면 어떤 모습으로 생활에 임할지 등등 세세한 인생 설계를 인생의 종말까지 가정해보는 것 또한 의미가 있을 것이다. 이처럼 임종까지 염두에 둔 제2의 인생 설계는 노후를 긍정적으로 살기 위해 필요한 기초 작업이 될 것이다. 그러나 미래계획이라고 하면 종종 이상적 희망과 이상향을 지향하려는 속성이 있으므로 그러한 점까지 인식하여 노후설계에 임해야 하며 질병과 사고 등 예상치 못한 상황까지 대비할 수 있도록 유연하게 준비하는 것이 바람직할 것이다.

사회복지 학계에서는 UN에서 새로운 나이 기준을 제시하였지만, 아직 65세 이상을 고령자로 구분하고 있으며 특히 만 65세부터 만 74세까지를 '전기고령자' 그리고 75세 이상의 고령자를 '후기고령자'로 노년기를 구분하고 있다. 이러한 나이 구분에 근거해 21세기 초엽까지는 일본인 평균수명을 기준으로 '인생 80년 시대'라는 용어가 빈번하게 사용되었기에 그에 따른 선행연구에서는 남·여 평균수명을 바탕으로 일본인의 생애 30,000일 모델을 제안한 바 있다[16]. 그러나 10여 년이 지난 최근의 자료에 따르면, 평균수명이 점차 늘어나고 있으므로 평균수명의 유사 값에 입각한 생애 일수의 수정이 필요하게 되었다.

이에 여기에서는 이전의 노년기 구분 확장 시점에서 실제 일본인의 평균수명이 90세를 목전에 두고 있는 현실을 반영하여, 생애 33,000(약 90년)일의 경과 과정을 재구성하여 〈표 11-3〉처럼 수정하였다. 또한 평

16 정기룡(2010)의 선행연구에서는, 그 당시 단괴세대(団塊世代)가 이 시기에 속해 있던 시점이었던 생후 22,500일부터 25,000일까지를 초로기(Fresh Old)로 구분하였고, 이어서 25,000일부터 27,500일까지를 중로기(Middle Old)로 명명한 바 있다. 이와 같은 후기고령자(75세 이상)의 초로기, 중로기, 고로기와 같은 분류를 시도한 의도는, 평균수명이 늘어나는 현상에 대응하며 노년기의 단계를 유연하게 늦추기 위한 인생과정을 제안한 것이라고 하겠다.

표 11-3. 생애 33,000일의 경과과정

(예)

<table>
<tr><th colspan="2">생애구분 및 경과기간</th><th>도달 일수</th><th colspan="2">도달연령 및 주요활동</th></tr>
<tr><td colspan="2">미성년·청년기 8,000일</td><td>8,000</td><td colspan="2">약 22세(단대·대학졸업 평균 연령대)</td></tr>
<tr><td colspan="2">중년·장년기 16,000일</td><td>24,000</td><td colspan="2">약 66세(현역에서 정년 도달 연령대)</td></tr>
<tr><td rowspan="5">노년기
9,000일</td><td>*초로기
3,000일</td><td>27,000</td><td colspan="2">약 74세 도달(사회참여 및 취미 중심)</td></tr>
<tr><td>중로기
3,000일</td><td>30,000</td><td colspan="2">약 82세 도달(취미생활 및 휴양 중심)</td></tr>
<tr><td rowspan="3">고로기
3,000일</td><td rowspan="3">33,000</td><td rowspan="3">약 90세 도달
(휴양·요양 중심)</td><td>1. 고청로(高青老)
장기지향</td></tr>
<tr><td>2. 고중로(高中老)
중기지향</td></tr>
<tr><td>3. 고노로(高老老)
단기지향</td></tr>
</table>

자료 : 鄭基龍(2010)의 p.50. 〈그림-1〉을 수정하여 재구성함.

* 일본 베이비붐세대인 단괴세대(団塊世代)의 경과·도달 위치를 가리킴.

균수명의 연장 기간을 단지 고령자를 일괄적으로 약자로 구분했던 노년기에서 한 걸음 더 나아가 노년기를 초로기, 중로기, 고로기로 유형을 나누는 동시에 휴양·요양에 임하는 고로기를 세분하여 청로, 중로, 노로의 단계별 가령(加齢)에 의한 노화를 유연하게 늦추려는 의도를 반영하였다.

이와 같은 고령기의 분류는, 고령자가 처해 있는 환경을 염두에 둔 필자의 개괄적인 구분이다. 따라서 경제적으로 여유 있고 건강한 고령자, 사회참여에 적극적인 고령자, 취미활동에 나서는 고령자, 요양에 임하는 고령자 외에도 다양한 형태가 존재하기 때문에 확정형이라기보다 참고모델의 하나로 제시한 생애 경과 과정에 관한 분류이다.

최근 일본에서는 정부 차원의 노인복지서비스의 일원화된 고령화대책 지휘 본부에서 관련 법안 및 제도를 체계적으로 정비하면서 사회보장개혁 등 지속가능한 복지정책을 시행하고 있으며, 그 결과로 지역사회 네트워크가 구축되는 과정에 있다. 한편 고령자 개개인은 인생 후반기의 노후생활에 관한 자신의 생애생활설계를 구상해 보는 것이 상당히 의미가 있을 것이다. 고령자를 위한 라이프디자인이 아직 일정한 규범이나 형식이 규격화된 것이 없어서 〈표 11-4〉와 같은 인생 후반기 생애생활설계의 이미지(예)를 제시하였다.

표 11-4. 인생 후반기 생애생활설계의 이미지

(예)

<table>
<tr><th colspan="2">구 분</th><th>50대 이전</th><th>60대</th><th>*70대</th><th>80대</th><th>90대</th><th></th></tr>
<tr><td>해당기</td><td>좌표축</td><td>현역시기</td><td>퇴직전후</td><td>전기 고령기</td><td>후기 고령기</td><td>고령말기</td><td rowspan="10">인생 100년 슬로건적 평균수명</td></tr>
<tr><td rowspan="3">경제 생활</td><td>주요 소득자원</td><td>급여</td><td>급여/ 연금</td><td>연금</td><td>연금</td><td>연금</td></tr>
<tr><td>주거형태</td><td>자가</td><td>자가</td><td>자가</td><td>자가/ 요양원</td><td>병원/ 요양원</td></tr>
<tr><td>생활비 지원</td><td>충분</td><td>충분</td><td>만족</td><td>보완/ 자녀</td><td>부족/ 자녀</td></tr>
<tr><td rowspan="2">건강도</td><td>건강도</td><td>정기검진</td><td>종합검진</td><td>유지관리</td><td>치료회복</td><td>안정가료</td></tr>
<tr><td>간병수발 대책</td><td>체력관리</td><td>정기검진</td><td>질환대비</td><td>의료/ 개호</td><td>장기요양</td></tr>
<tr><td rowspan="2">여가 활동</td><td>취 미</td><td>○</td><td>○</td><td>○</td><td>○</td><td>○</td></tr>
<tr><td>사회참가</td><td>직장업무</td><td>사회참가</td><td>취미/ 봉사</td><td>취미/ 휴양</td><td>휴양/ 요양</td></tr>
<tr><td rowspan="2">만족도</td><td>수 준</td><td>고고</td><td>고</td><td>중고</td><td>중</td><td>중약</td></tr>
<tr><td>형 태</td><td colspan="5">환경에 따라 취미생활, 사회참가, 스포츠, 인적교류, 휴양, 요양 등 각 개인이 선택</td></tr>
</table>

자료 : 일본인의 평균수명에 입각하여 항목을 구분하여 생애생활설계를 필자가 구상함.

* 일본의 베이비붐세대인 단괴세대(団塊世代)가 현재 속해있는 시기임.

이를 참고하여 고령자가 자신의 형편에 적합한 항목과 내용을 선택하여 노후 생활상을 구상하게 된다면, 삶의 질을 개선하려는 인식 제고 효과를 기대할 수 있겠다. 물론 생애생활설계에 포함될 수 있는 내용과 항목은 다양하겠지만, 이전과는 달리 평균수명이 연장되고 있는 현재, 고령자의 라이프스타일[17]과 노후의 일상생활 속에서 일정한 행동양식에 의해 새롭게 형성되고 있는 것은 분명하다. 이러한 이미지가 반영한 고령자의 판단과 행동 여하에 따라서는 삶의 질 향상과 보람된 노후를 보낼 수 있는 계기가 되며 그와 더불어 고령자의 공통된 생활양식은 노인문화의 구축에도 영향을 미치게 될 것으로 예상된다.

노후설계의 방향성을 제시하는 의미의 내용구성에 참고할 사항으로는 먼저, 경제생활 항목에는 자신의 형편에 맞는 소득과 연금, 금융자산, 자녀를 비롯한 가족원조 등을 합산한 가계수지와 더불어 장기 전망에 입각한 항목을 반영하도록 한다(예 : 자녀 결혼, 주거선택, 해외여행 등). 또한 건강도는 자신의 신체기능에 관한 자가 점검과 주치의의 소견을 반영하도록 하고 삶의 보람과 관련된 여가 활동(취로, 여가, 사회참가) 관련 항목은 고령자 자신의 라이프스타일을 고려한 예정과 계획에 근거해 작성하도록 한다.

그와 더불어 만족도와 실행항목은 자신의 생활 설계를 일정 기간 실행한 후에 평가하기에 쉽도록 구성한다. 예를 들면, 상·중·하의 구분 혹은 5 분류 등으로 나누어 향후 점검의 기초를 마련하고 필요에 따라 생애생활설계를 수정할 수 있도록 설정하는 것이 바람직하겠다[18]. 이

17 사전적 의미의 라이프스타일은 생활양식 혹은 생활방식을 가리킨다. 특히 고령자의 라이프스타일이란, 고령자의 생활양식으로 일상생활 전반의 행태를 의미하기도 하며 고령자의 인생관·가치관·습관 등에 입각한 삶의 방법으로 표현되기도 한다. 생활양식은 보통 개인의 특성과 가치를 반영하며 개인의 정체성이 공동체와 조화되는 일정한 문화로 형성되기도 한다.

처럼 '생애생활설계'의 작성에는 특별한 규범이 없으므로 고령자 자신이 생애생활설계를 직접 작성해본다는 의미를 부여하게 되면, 얼마나 건강하고 보람되게 살고 있는지(living better)에 대한 고령자의 동기부여에 유용할 것으로 판단된다.

한편, 고령자도 환경변화 즉, 경제의 서비스화, 소프트화, IT기술의 진보에 의한 변화를 인식하고 그에 대응하려는 자세가 필요하다. 왜냐하면 홈쇼핑(home shopping)을 비롯하여 홈뱅킹(home banking) 등의 금융서비스 그리고 일상생활 면에서 필요한 홈트레이드(home trade)와 택배물류 등의 생활서비스가 고령자에게 더욱 적합한 환경으로 구축될 수도 있기 때문이다.

나아가 날로 발전하는 IT기술을 활용하여 고령자 관련 홈케어(home care) 분야에서 지금보다 체계화된 고령자 지원시스템이 구축될 것으로 예상된다. 즉, 의료 및 간병체계의 대면·비대면 네트워크의 연계, 안전과 보안확보, 네트워크의 간편화 등 IT기술을 활용할 수 있는 분야가 확대되고 있다.

이러한 환경변화를 인식하여 베이비붐세대가 이와 관련된 정보를 활용하면서 고령자에게 적합한 IT기술의 응용 분야를 제시한다면 새로운 형태의 고령자 커뮤니티 또한 구축될 수 있을 것으로 전망된다. 나아가 고령자를 배려한 환경조성을 목표로 그동안 일률적으로 취급해왔던 고령자대책을 다양한 고령자의 유형을 염두에 둔 지원체계로 구축할 수 있도록 사회연대의 공감대를 형성해나가야 할 것이다.

---

18 일단 생애생활설계를 구성했더라도 상황이 변하거나 무리가 따르면 변경하는 것이 필요하다. 일정한 인생 설계를 갖추었다면 시간 경과에 따른 성과를 확인하고 그 결과에 따라 향후의 계획을 수정하거나 추가할 수 있다. 따라서 생애생활설계는 희망과 목표가 성취할 수 있는 수준으로 설정하여야 행동력과 실현 가능성이 커진다.

5. 결언 및 남겨진 과제

고령자가 보람된 노후를 보낼 수 있도록 정책 차원의 복지서비스를 제공하는 것은 당연히 필요하다. 고령자의 행복한 삶은 소득보장, 건강유지, 삶의 보람 등 경제적, 사회적 환경과 더불어 지역사회와의 상호작용과 사회참가를 통해서도 영향을 받는다. 따라서 수명이 늘어나 장수하는 기쁨과 복지서비스의 수요 증가는 현대사회의 진전과정에서 나타나는 현상일 것이다.

그러나 고령기의 생활에서 위협요인이 되는 것은 경제력, 노인질환, 고독감 등과 같은 문제이며 이러한 문제는 개인이 해결할 수 없는 사회적 과제가 되고 있다. 이러한 문제에 대해서는 사회보장을 비롯한 정책실행과 더불어 지역사회 구성원과의 교류를 통해 고령자의 소속감을 부여하고, 고령자 스스로 삶의 의미와 보람을 느낄 수 있도록 제도적, 정서적 측면에서의 지원이 필요하다는 점을 강조하였다.

한편, 최근 들어 고령자의 사회활동이 점차 늘어나는 추세에 있다. 고령자의 사회활동을 계량하여 평가하기가 쉽지 않지만, 사회보장 측면에서 분명 긍정적인 효과를 거두게 될 것으로 예상된다. 예를 들면, 활동적인 고령자의 취로 연장은 고령자의 소득이 증가하며 세금과 사회보험료의 납부는 사회보험재정에 간접적으로 공헌하는 효과가 기대된다. 또한 취로에 나서지 않더라도 고령자의 사회활동이 활성화되면, 건강한 고령자가 늘어나 의료비와 장기요양비용 등의 절감 효과를 거둘 수도 있기 때문이다. 나아가 고령자의 사회참가는 봉사활동과 취미활동 등을 통해 지역사회에 공헌하게 될 뿐만 아니라 고령자 스스로 삶의 보람을 인식하는 계기가 되고 있다. 이렇듯 고령자를 둘러싸고 있는 환경변화는 노후의 생활양식과 노인문화 형성에도 영향을 미치고 있다.

따라서 여기에서는 인구고령화에 따른 불안감 조성이나 비관적 전망과는 달리 초고령사회의 현실 문제를 해결하기 위해 우리보다 먼저 초고령사회에 접어든 장수국 일본을 대상으로 고령자의 노후생활에 관한 공급 측면의 정책지원과 수요 측면의 고령자 활동을 고려한 방안을 살펴보았다.

무엇보다 고령자의 사회참여 활동(여가, 취미, 학습 등)에 근거해 활력 있는 고령사회 구축을 위한 해결방안의 하나로 고령기를 이전의 분류보다 세분화하여 살펴보았다. 특히 평균수명 90세를 목전에 두고 있는 33,000일의 생애과정에서, 고령기를 단계별로 나누어 노화를 유연하게 늦추려는 의도의 구분을 시도하였다. 그와 더불어 향후 '인생 100년 시대'를 전망하며 고령자의 라이프스타일에 입각한 생애생활설계를 구상해 제시하였다. 그러나 인구고령화에 따른 다양한 고령자대책을 모두 포괄할 수 없었기에 추후 고령자의 사회활동에 관한 이론 정립과 공공성 제고를 위한 보완이 필요하다고 판단하면서 관련 연구의 확산을 기대하는 바이다.

제12장

초고령사회의 복지문화 및 노인문화

1. 노인복지와 복지문화

사회문제를 해결하기 위한 정책적 대응으로 국민의 생활 향상을 위한 사회보장제도 및 각종 복지혜택을 종합하여 우리는 사회복지(social welfare)라고 한다. 사회복지란 국민의 생활 안정 및 교육, 직업, 의료 등의 보장을 포함하는 사회적 대책을 포괄하는데, 기본적 인권(특히 생존권)을 보장한다는 관점에서 생활보호가 필요한 대상에 대한 생활보장, 심신장애로 인한 지원이 필요한 사람에게 원조하는 공공서비스를 협의의 사회복지, 그리고 전 국민을 대상으로 한 일반적인 생활문제의 해결을 목표로 하는 대책을 광의의 사회복지로 분류한다.

이러한 사회복지는 교육, 문화, 의료, 노동 등의 일상생활의 여러 분야와 관련된 조직체계의 개념이라고 하겠는데, 일본에서는 생활보호법(生活保護法), 아동복지법(兒童福祉法), 신체장애자복지법(身體障害者福祉法), 노인복지법(老人福祉法), 지적장애자복지법(知的障害者福祉法), 모자·부자 및 과부복지법(母子·父子及び寡婦福祉法) 등의 법률에 기초를 두어 시행하고 있다[1].

1 일본의 사회복지는 일본 헌법 제25조(① 모든 국민은 건강하고 문화적인 최소

일본에서는 개호보험제도를 시행하는 복지 현장에서의 문화적인 환경변화가 진전되었고 베이비붐세대(団塊の世代)[2]가 고령층으로 진입하는 과정을 전후하여 복지문화가 형성·진전되었다. 특히 개호보험제도 이전의 조치제도 아래에서는 요개호자(要介護者)에 대한 지원과 원조에 있어서 서비스 이용에 관한 공평성의 결여와 심리적 거부감 등의 문제가 일부 드러나기도 하였으나 개호보험제도 실시 이후에는 간병수발서비스에 대한 이용자의 선택권이 주어지게 되었다[3].

이러한 최근의 사회복지환경 변화와 더불어 생활 전반에서 삶의 질을 높이려는 문화적 진전이 이루어지고 있다. 이를 반영하듯 일본의 복지 현장과 복지 관련 문헌을 비롯하여 일본 정부와 지자체, 복지기관, 학계, 언론 등에서도 다양한 의미를 담아 최근 복지문화[4]라는 용어를

한의 생활을 영위할 권리가 있다. ② 국가는 모든 생활 국면에서 사회복지, 사회보장 및 공중위생의 향상 및 증진에 매진하지 않으면 안 된다)와 생활보호법, 아동복지법, 신체장애자복지법, 노인복지법, 지적장애자복지법, 모자·부자 및 과부복지법, 나아가 고령자 의료확보에 관한 법률, 사회복지법, 정신보건 및 정신장애자복지에 관한 법률, 장애자자립지원법에 근거 시행되고 있다.

2 일본의 베이비붐세대는 1947-1949년에 걸쳐 무려 806만 명 이상 출생하여 문화적인 측면과 사상적 측면에서 일정 공통점을 보유하고 있는 것으로 알려진 대표적인 전후세대로서 2023년 현재, 74-76세의 나이에 이르러 일본의 의료제도상 전기고령자(65-74세)에서 후기고령자(75세 이상)로 진입하는 과정에 있는 세대이다.

3 정기룡 「일본의 개호보험제도 변용에 관한 고찰」 『일본근대학연구』 72집. 한국일본근대학회. pp.344-345. 참조. 20세기 말까지 노인복지법에 입각한 공적 개호가 조치제도였다면, 인구고령화에 기인한 다원적 복지서비스의 공급체계가 구축되는 개호보험제도(介護保険制度)는 개호 선택의 전환기가 되었다. 이전의 행정조치에서 개호서비스 선택이라는 획기적인 제도변화를 통해 2000년부터 개호보험제도가 시행된 이후 여러 번의 제도개정을 거치면서 고령자 복지서비스의 환경이 개선되었다.

4 増子勝義(2006) 『福祉文化の創造』 北樹出版. pp.9-16. 참조. 복지문화란 지역사

거부감 없이 사용하고 있다. 이러한 점을 고려해보면, 복지서비스의 제공에 있어서 문화적 삶의 질을 향상시키려는 의미와 더불어 사회복지 분야에서 형성되어온 상부상조의 의미부여 그리고 문화적인 일상생활의 진전을 반영하여 이른바 복지문화라는 용어를 사용하게 된 것으로 파악된다.

이미 알려진 바와 같이 문화의 의미[5]는 매우 광범위하고 다양한 내용을 추상적으로 담고 있는 점도 있다. 그러므로 복지 현장에서 쓰이고 있는 복지문화라는 용어의 의미에 관해 일정한 논의에 입각한 개념 정립이 필요할 것이다[6]. 그와 더불어 복지문화의 연장선상에서 고령자의

회 활동에 의해 실현되는 사회적 가치관을 가리키는 것으로 ① 주민이 문제해결을 위해 학습활동에 참가하여 지역사회의 과제를 해결하거나 ② 복지이념에 근거해 사람을 중시하고 존중하는 지역사회를 형성하고 ③ 재물, 경쟁, 과학기술 등에 편협하게 함몰되지 않는 지속할 수 있는 순환형 사회를 지향하는 가치관을 공유하며 ④ 주민이 주체가 되어 건강 유지를 중시하는 건강문화의 실현에 나서는 활동을 의미한다고 보았다.

5 佐藤健二·吉見俊哉編(2007) 『文化の社會學』 有斐閣アルマ. pp.4-6. 사토 켄지(佐藤健二)는, 문화에 관한 정의가 어려운 것에 대해, 내용의 다양성과 더불어 논리의 모순을 문제시하며 정의를 내리는 자체가 곤란한 것으로 보고 있다. 즉, 문화를 포함하는 어휘에는 다문화주의, 이문화교육, 기업문화, 문화유산, 복지문화, 생활문화, 문화행정, 문화재보호, 문화훈장, 예술문화진흥기금, 문화활동 등 매우 다양한데, 이러한 용어에 관한 내용파악은 상식적으로 가능하지만, 각 어휘가 의미하는 문화에 대한 구체적인 차이점을 명확히 설명하기가 쉽지 않다는 것이다. 따라서 자연과학과 사회과학 사이의 실존 사물과 메커니즘 이외의 잔여 영역을 문화로 파악하는 암묵적인 경향을 무시할 수 없다고 보았다.

6 개념(概念 : concept)이란, 공통적이고 일반적인 요소를 추출하여 종합한 보편적인 관념을 말한다. 개념은 고유한 의미를 지니며 자의적으로 의미를 바면 의사소통과 전달에 문제가 생긴다. 그러나 사물은 변화하므로 어떤 개념이라도 영원히 지속할 수는 없다. 왜냐하면 인식의 변화에 따라서 개념의 의미도 변하기 때문이다. 주변의 일상생활에서 어떤 특징을 인식하는 용어가 만들어진다. 예를 들어 시대적 배경과 사회정세의 변화로 인해 생기는 현상이라든가 혹은

생활양식 변화에 입각한 고령자의 생활상을 토대로 노인문화에 관한 논의를 진전시키도록 한다.

문화를 보는 시각에 따라서는 민속학과 노년사회학을 비롯하여 문화인류학, 사회인류학, 그리고 방법론으로 문화진화론, 문화전파론, 문화영역론, 문화기능론, 문화구조론 등 여러 영역에서 문화가 연구 대상이 되고 있다. 이처럼 연구영역의 배경과 시각, 지역 등에 따라 분석 방법과 쟁점이 확산할 수도 있으며 고령자 관련 사회현상을 논리화시키는 과정은 시각에 따라 결과가 다르게 나타날 수 있다.

이와 관련하여 먼저, 노인복지는 고령자의 건강 유지와 생활 안정을 위하여 필요한 생활보장 및 복지서비스를 포함하는 최소한의 생활 유지를 의미하는 복지서비스를 포괄한다. 이는 인간의 존엄성에 근거하여 고령자의 기본적 욕구 충족과 문화적 생활 유지를 보장하기 위한 것이다. 이러한 환경이 갖추어진다면 고령자 또한 사회적 활동과 욕구 충족이 가능한 사회구성원으로서 가정뿐만 아니라 지역사회에서 사회적 역할을 수행하며 그에 따른 보람 및 삶의 의의를 확대하게 될 것이다. 이에 본서에서는 일본의 복지 현장에서 생성되어 발전하고 있는 복지문화와 더불어 고령자의 생활환경과 행동양식의 변화에 입각한 고령자의 노인문화[7]형성에 관하여 고령자대책 일환의 시각에서 살펴보고자 한다.

막연하게 인식되어 온 어떤 현상이 새로 중요시되어 조명을 받거나 이전에 사용했던 용어로는 설명이 곤란할 때는 새로운 용어에 의미를 부여하여 개념을 설정하게 된다.

7 노인문화의 사전적 의미는, 교양 활동과 건전한 취미생활 및 사회참여 활동 따위를 통하여 노후에 삶의 질을 향상하려는 노인들 간의 문화를 말한다. 즉 사회 일반의 교양 활동과 건전한 취미생활 및 사회참여 활동 따위를 통하여 노후에 삶의 질을 향상하려는 고령층에서 형성되는 문화를 가리킨다.

2. 문화와 복지에 관한 담론

문화는 인간의 현실적이며 상상적인 생활 경험이 상징화된 형태로써 이러한 생활 경험은 어느 정도 집단으로 공유되어 나타나는 것으로 대(對) 인간, 대(對) 자연, 대(對) 관념적인 내용을 포함하여 상징화된 유무형의 형태로 표현된다. 또한 삶을 풍요롭고 편리하고 아름답게 만들려는 사회구성원에 의해 공유 전달되는 행동양식 또는 생활양식의 과정 및 그 과정에서 이루어낸 물질적, 정신적 소산을 통틀어 이르는 의미로 사용된다. 이에는 의·식·주를 비롯하여 언어, 풍습, 도덕, 예술 및 각종 제도 등이 포함될 것이다.

또한 문화란 자연의 상태에서 벗어나 삶을 풍요롭고 편리하며 아름답게 만들어가려는 사회구성원에 의해 습득되어 공유하고 전달되는 행동양식을 일컫는다고 하겠다. 나아가 문화는 수준 높은 교양이라든지 깊이 있는 지식, 세련된 아름다움과 우아함, 예술적 요소 등과 관련된 모든 생활양식 그리고 현대적 편리성을 갖춘 생활양식까지도 의미하는 등 매우 폭넓게 사용되고 있다.

나아가 복지의 정의는, 건강하고 윤택한 생활 및 안락한 환경이 어우러져 행복을 누릴 수 있는 상태를 의미한다[8]. 실제 일본에서는 인구고

8 中村磐男·助川征雄·牛津信忠·池弘子·山口圭 編(2010)『標準社會福祉用語事典』秀和システム. p.197.에서는, 사회복지에 관한 협의의 의미에 대해 기본 인권보장(특히 생존권)의 관점에서 생활이 어려운 자를 대상으로 한 생활보장과 더불어 심신장애로 인해 지원과 간병·수발이 필요한 자에 대한 원조를 공적서비스의 의미로 파악하였고, 전 국민을 대상으로 한 일반적인 생활문제의 해결을 위한 전반적인 대책을 광의의 사회복지로 분류하고 있다. 또한 百科事典『ウィキペディア(Wikipedia)』에서는, 복지란 '행복과 풍요로움을 의미하는 말이며 모든 시민에게 최소한의 행복과 사회적 원조를 제공하려는 이념이라고 명기하고 있다. 나아가 복지문화에 관해 해설된 고분도(弘文堂)의 복지사회사전(福祉社會事典)에 따르면, 복지문화의 생성 배경에는 종래의 복지가 구빈에 기인한 일상생

령화 대책의 하나로 지역복지의 추진과 더불어 복지시설에서의 서비스 향상과 관련하여 고령자의 문화적 복지 실천의 차원에서 복지의 문화화가 이루어졌음을 알 수 있다.

이렇듯 복지와 문화라는 용어는 일상생활 속에서 자연스럽게 사용되고 있어 이를 결합한 형태의 복지문화라는 용어 또한 복지의 수요자와 공급자 양측에서 거부감 없이 긍정적인 이미지로 사용되었을 것으로 판단된다. 한편, 노인문화란 고령자층의 교양 활동과 건전한 취미생활 및 사회참여 활동 등을 통하여 노후에 삶의 질을 향상하려는 노인들 간의 문화라는 의미로 사용되고 있음을 알 수 있다. 즉 일상생활을 통해 교양 활동을 비롯하여 건전한 취미생활과 지역사회에서의 사회참여를 통해 보람된 생활을 지향하려는 고령층의 문화인 것이다. 이러한 고령자의 활동은 노인시설에서 문화적인 레크리에이션의 도입과 이용자의 취미활동, 지역 특성을 살린 자원봉사활동 등에서 쉽게 찾아볼 수 있다.

무엇보다 고령자의 문화적인 삶이란, 사회구성원 모두의 인간다운 생활과 마찬가지로 노인이 속한 환경이 경제·사회·문화의 발전 수준에 비추어 의식주의 기본적인 욕구를 충족하고 건강하게 문화적인 삶을 영위할 수 있어야 한다. 가족과 사회에 소속감을 느끼며 사회적 네트워크를 활용하여 사회적·심리적으로 소외감을 느끼지 않아야 한다는 의미이다. 즉 인적·물적 자원이 원활히 공급되며 고령자가 사회생활을 영위하는데 필요한 서비스를 받을 수 있는 노인복지가 이루어지는 것

활 욕구 충족에 한정되었던 것에 비해, 현대사회의 복지는 특정인이 아닌 모든 사람의 공통적인 과제로 인식되어 보다 풍요로운 생활을 지향하려는 영향을 받게 되었다고 한다. 이러한 변화과정 속에서 문화적인 생활 욕구에 기인한 복지 수요의 확대와 서비스 제공의 형태가 복지문화로 형성되며 인식하게 된 것으로 파악된다.

이 바람직한 형태일 것이다.

이러한 노인복지는 이미 공공제도와 민간차원에서 조직적이며 지속적으로 이루어지고 있는데, 노인문화는 이러한 제도적인 지원 이외에도 고령자 스스로 사회에 참여하는 활동까지 포괄하는 의미로 받아들여지고 있다. 이러한 경향에 근거해 정부와 지자체는 물론이고 복지시설과 고령자단체를 비롯하여 대중매체에서도 빈번하게 노인문화라는 용어를 사용하며 고령자의 문화적인 활동을 지원하거나 홍보에 임하고 있다.

그러나 복지문화와 노인문화라고 하는 용어의 사용에 있어서는, 그 용어의 표현범위와 사용처에 따라 자의적으로 해석되어 초래되는 오해와 부작용을 줄이기 위한 작업이 필요할 것이다. 특히 저출산·고령사회가 진전되고 있는 현대사회에서의 복지문화와 노인문화는 중요한 키워드가 되고 있어서 사회구성원이 공통으로 인식하는 개념 정립과 그에 관한 이해가 선행되어야 할 것이다.

먼저, 일본의 복지문화 관련 학회지인 『복지문화연구(福祉文化研究[9])』에서는 복지문화론의 담론을 통해 복지관점에서 본 문화영역과 고령자, 장애인, 아동, 지역복지, 여가를 대상으로 한 복지 실천에 관한 연구를 주로 담고 있다. 이렇듯 복지를 어떻게 실천해야 하며 복지를 위한 노력과 더불어 문화를 육성하고 문화를 창조해나가자는 취지로 1989년에 설립된 '일본복지문화학회(日本福祉文化學會)'에서 복지문화 관련 연구가 이루어지고 있다[10].

---

9 『福祉文化研究』는 일본 복지문화학회의 학회지로서 복지문화에 대한 연구와 실천에서 생성된 방법론과 실천활동에 관한 학술지이다. 그동안의 학술연구의 과정에 있어서는 '복지의 문화화'와 '문화의 복지화', '지역의 복지화' 등에 관한 주제를 중심으로 복지실천과 경험의 공유, 문화생활 향상 등 복지현장에서의 실천을 이론화하는 내용을 주로 다루어왔다.

이어서 학회 외에 복지문화라는 용어를 사용하고 있는 예를 살펴보면 다음과 같다. 먼저, 일본 정부 관련 사회복지구조개혁의 중간해보고[11]에서는 사회복지에 대한 주민들의 적극적이고 주체적인 참여와 복지에 관한 관심과 이해를 통해 자조, 협조, 공조와 더불어 지역사회에 뿌리내린 각각의 개성 있는 복지문화를 창조한다는 내용을 담고 있다. 그러나 지역사회에 파급되는 복지문화의 창조라는 표현은 신선하지만, 복지문화의 구체적인 내용에 관한 상세한 설명 없이 복지문화의 내용보다 표어 형태의 주제와 복지제도의 구호로 사용된 바 있다.

또한 일본 후생노동성 사회·원호국장 자문기관인 「사회적 원조가 필요한 사람들을 위한 사회복지의 기본자세에 관한 검토회(2000.12.8)」의 보고서[12]에서도 복지문화에 관해 언급한 바 있다. 그 내용은, 사회

10 일본복지문화학회(日本福祉文化學會) : 1989년에 설립된 본 학회에서는 일본 복지 현장의 과정에서 학습하여 이론화하고, 이를 다시 현장 실천으로 활용하려는 학회 활동을 통해 문화로서의 복지를 지향하여, 문화와 복지를 결합하여 네트워크를 형성해나간다는 이념 아래에서 연구 활동에 임하고 있다.

11 사회복지구조개혁의 이념에서 다음처럼 복지문화의 창조를 언급하고 있다. (7) 福祉の文化の創造 : 社會福祉に對する住民の積極的かつ主体的な參加を通じて、福祉に對する關心と理解を深めることにより、自助、共助、公助があいまって、地域に根ざしたそれぞれに個性ある福祉の文化を創造する。

12 일본성청(日本省廳) 자문기관의 보고서에 담긴 내용은, 담당 부서의 업무를 지원하는 기능을 담기 때문에 여기에서는 복지문화에 관한 정의가 올바른지 어떤지에 관한 적절성 여부보다는 복지문화의 필요성을 내용에 담은 점에 의미를 둔 것으로 보인다. 이렇듯 정부 차원의 보고서에 복지문화라는 용어를 표현하고 있는 점에 주목할 필요가 있다. 보고서의 주요 내용은 다음과 같다(福祉文化の創造 : 社會福祉が人々の生活にかかわるものであることから、人々の生活の據点である地域社會において、いわゆる '官' と '民' が共働してその推進を図る必要があり、新しい '公' の創造を提言した所以でもある。また、社會福祉が人々の生活にかかわるうえで、その人の尊嚴を守り、生き方を尊重することが必要であることはいうまでもない。これらのことは、狭い意味での社會福祉の課題にとどまるも

복지가 생활과 관련된 이상 생활거점인 지역사회에서 이른바 관민협조로 추진할 필요가 있으므로 공공의 창조를 제언한 것이다. 그렇지만 보고서의 내용에서는 구체적으로 무엇이 복지문화인지에 대한 상세내용에 관한 설명 대신 인간의 존엄성과 삶의 방식에 입각한 복지문화의 필요성을 제기하는데 머물고 있다.

그 외에도 복지서비스 향상에 중요한 개념으로 인식되는 복지문화라는 용어는, 명확한 정의에 앞서 지자체의 캠페인이라든지 고령자단체의 활동에서 이미 널리 쓰이고 있다. 특히 일본에서 복지문화에 관한 대표적 선행연구자인 이치방가세 야스코(一番ヶ瀬康子 : 1997)는 다음과 같은 주장을 하고 있다. 즉 '복지의 질을 높이기 위한 복지문화화'와 더불어 고령사회의 도래에 따른 평생학습에 대한 수요를 계기로 '문화의 복지화'가 주목받고 있다고 주장하며 그 두 가지 개념의 통합된 의미를 담아 '복지문화'라는 용어를 사용하였다[13].

분명한 것은 선행연구뿐만 아니라 복지 현장에서도 문화의 개념을 사용하며 복지의 문화화와 문화의 복지화의 복합적인 형태를 이른바 '복지문화'로 표현하고 있는 점이다. 복지문화의 궁극적 목표가 자기실현이라는 이치방가세의 담론[14]을 요약하면, 이러한 시각은 결국 복지

のではないことから、このようなことに立脚した福祉文化が創造され、わが國の中に定着していくことが必要であろう).

13 一番ヶ瀬康子·櫻井里二·河畠修·多田千尋·萩原清子(1997)「日本福祉文化學會は何をめざすのか－変革の時代の福祉を問う」『福祉文化硏究』Vol.6. 日本福祉文化學會. pp.6-8. 여기에서 이치방가세 야스코(一番ヶ瀬康子)는 진정한 복지와 문화가 목표로 하는 이른바 복지문화라고 하는 신조어는 인간의 본질을 추구하는 과정에서 복지와 문화 모두 발전·지향적인 목표를 종합하는 개념으로 보았다.

14 一番ヶ瀬康子(1927.1.5.-2012.9.5.)는 '복지문화'는 복지와 문화가 복합된 것으로 보았다. 또한 생활욕구 충족에 있어서 문화성을 포함해 인식하는 개념이며 복지 그 자체의 질을 높이기 위한 노력이자 자기실현이라고 논하고 있다. 즉 복

분야의 문화화를 주장한 것이다. 또한 '문화의 복지화'에 대해서는, 문화가 어떤 특권집단에 한정되지 않고 확산하기 위해서는 일상생활에서 욕구 충족을 위한 노력과 사회복지 실천이 필연적인 것으로 보고 있는데, 이러한 견해는 복지문화가 자기실현을 목표로 한 보편적 복지의 향상 과정 및 성과로서 대중이 만들어낸 문화의 개념 정립을 시도한 것으로 이해된다.

복지문화에 관한 논의에서 이와마 후미오(岩間文雄 : 1999)는, 복지문화개념을 규정하는 문제를 제시하며 명확한 정의 이전에 복지문화가 이미 폭넓게 사용되는 상황이므로 복지문화가 종래의 사회복지와 어떤 관계에 있는지, 문화 실천이 사회복지원조 활동과 어떻게 다른지 충분한 정리가 필요하다고 지적하였다. 나아가 복지문화는 전통적인 사회복지(주로 제도 중심)에서는 복지가 충분히 달성되지 못했기 때문에 그에 대한 비판과 또 다른 선택지의 사회적 요청으로 필요성이 드러났다. 그러나 비공식적인 실천을 중심으로 문화적으로 가치 있는 시도가 이루어지고 있으며 사회에 침투시키는 것이 복지문화의 사명이라고 주장하였다[15].

한편, 사카노 미쓰구(阪野貢 : 2006)는, 문화를 사람들의 일상생활의 구체적인 생활 속에 나타나 형성되는 것으로 파악하여 복지문화란 일상을 영위하는 인간의 모든 생활과 가치의 구현 나아가 그 과정을 복

지문화란, 종래의 제도 중심의 사회복지 구조에서 나아가 비공식이고 봉사적인 요소를 중시하는 개념으로 복지와 문화를 융합한 합성어이다. 사회복지 제도를 비롯해 복지 전반에 관련된 문화적인 노력으로 비공식적인 복지를 사회복지에 구현하기 위한 문화적 생활 욕구의 충족을 위한 복지사회 전반의 대처 방안까지 포괄하는 것이라고 주장하였다.

15 岩間文雄(2010)「福祉文化研究の今日的課題」『關西福祉大學社會福祉學部 研究紀要』關西福祉大學社會福祉學部. No.13 pp.177-180. 참조.

지와 관련지어 사고하는 방향성에 입각한다고 주장하였다. 또한 복지활동의 의미가 개인 존중에 입각한 인간관과 복지관에 의해 모든 구성원의 자립과 공생에 중요한 가치를 두는 것이 복지문화라고 주장하였다[16]. 따라서 복지문화란, 각 개인의 차이가 존중되는 공생의 문화이며 구성원의 일상생활에 있어서 안전, 안심, 평화, 풍요를 지향하는 생활향상과 배려의 문화 나아가 인간관계에서의 협조 활동의 문화라고 본 것이다.

또한 복지문화라는 용어는, 기존의 사회복지에 대한 비판에서 일반화·보편화하고 있는 복지서비스의 질적 향상을 도모하려는 움직임과 더불어 정책적으로 사회복지의 개혁을 추진하는 과정에서 복지문화가 활용되었다는 견해도 있다. 이에 대해 나가야마 마코토(永山誠 : 2004)는 새로운 복지개념의 윤곽을 구축하려는 시도로 사회복지의 내용을 확대하려는 의도에서 복지문화가 표명되었다고 보았다[17]. 그와 더불어 복지문화가 2006년 6월에 공시된 일본의 사회복지법과 사회복지기초구조개혁의 해설 등에서 복지문화가 지역복지와 밀접하게 관련된 정책적 용어로 사용되면서 그 중요성이 폭넓게 인식되는 계기가 되었다는 것이다[18].

이러한 주장에서는, 복지문화가 사회의 가치체계를 문화로 인식하는 시점에 입각하고 있으며 그와 동시에 사회구성원 간의 유대와 상호 지지 활동을 포괄하는 담론을 담고 있다. 이상의 논의는 결국, 종래의 사

---

16 阪野貢(2006) 「福祉文化と福祉教育」 『社會福祉セミナー2006』 pp.65-69. 참조.

17 永山誠(2004) 「福祉文化を探求する視点」 『福祉文化研究』 Vol.13 pp.2-3. 참조.

18 永山誠(2007) 「地域社會と福祉文化」 『福祉文化研究』 Vol.16 pp.2-4. 지역사회과제에 관한 지역주민의 주체적인 대처를 복지문화 창조의 예로 제시하고 있다. 또한 복지문화는 개인 존중을 기반으로 한 인간관과 복지관에 입각하며 구성원의 자립과 복지의 그리고 사회참여에 기초한 공생에 가치를 부여한다고 보았다.

회복지에 빠져 있거나 사회복지로 전부 대응할 수 없었던 비공식적인 부분 그리고 기존의 원조와 실천 및 복지 현장에서의 문화적 향상을 도모하려는 의도까지 포괄하여 복지문화가 다루어지고 있다고 하겠다. 따라서 이러한 견해를 종합하여 복지문화의 개념을 재요약하면, '복지문화'란, 복지 수요에 대응하기 위한 정부의 제도화된 복지지원을 비롯하여 복지 현장에서의 복지 실천이 안전과 안심을 위한 상호유대 나아가 개인의 가치를 존중하며 구성원의 삶의 질을 향상시키는 공생의 문화적 개념의 총체'라고 요약할 수 있겠다.

3. 복지문화의 구성요소와 현상

문화의 시점에서 복지를 볼 것인가? 복지의 입장에서 문화를 볼 것인가? 복지문화를 정립하는 데 있어서 유사한 의미로 이해할 수도 있지만, 시점에 따라 미묘한 차이가 있다. 복지 현장에서의 문화는 '복지의 문화화'라는 개념에서 출발한다고 다음 견해가 설득력을 얻는다. 즉, 마스코 카츠요시(増子勝義 : 2006)는 '복지문화의 창조'에 대해, 복지를 개척하고 문화를 만든다는 시각에서 복지의 문화화를 통해 사회복지의 양(量)과 질(質) 두 측면을 풍부하게 하는 것이라는 명쾌한 견해를 나타냈다[19].

한편, 문화의 복지화는 주로 복지서비스 이용자가 중심이 되어 복지이념이 배양한 가치관을 문화에 영향을 미치게 하는 것이라고 본다. 이 의미는 먼저, 문화적인 사고와 양식자원을 어떻게 사회복지 분야에 도입하여 사회복지의 변화를 촉진할 것인가? 하는 문제점을 비롯하여 사회복지에 내재하는 문화적 측면의 행동양식 및 가치체계를 여타 문화

19 増子勝義(2006)『福祉文化の創造』北樹出版. pp.9-16. 참조.

와 동화시키기 위해 어떻게 의미를 부여할 것인가? 하는 점 등이 과제로 남는다.

이에 다카타 신지(高田眞治 : 2007)는, 복지문화란 복지의 적극적인 노력의 결실로 문화를 형성하고 더욱 문화를 진전시키는 과정의 성과를 말하며, '복지의 문화화'와 '문화의 복지화'를 종합적으로 파악한 개념이라고 보았다. 그와 더불어 정책과제인 「사회복지 구조개혁」의 주요항목에서도 복지문화에 관해 언급하고 있다고 소개한다[20]. 이처럼 사회복지정책을 추진함에도 복지를 기반으로 한 문화의 구축, 사회복지의 문화화라는 의미를 중요하게 인식하면서 정책과제 관철을 위한 추진대책에서도 복지문화 관련 표현을 사용하고 있다.

이러한 시각을 종합하면, 양자는 불가분의 관계로 복지와 문화(혹은 사회) 간에 상호영향을 미치는 상황이 된다. 따라서 복지문화란, 사회에 있어 문화와 복지 실천 등에서 발신된 새로운 문화가 융합하여 서로 영향을 주는 과정에서 일정한 성과를 형성하며 발전하고 있는 과정의 산물일 것이다. 따라서 복지 수요 확대의 대응책으로 공급 측면의 보완을 기대할 수도 있으므로 복지문화의 구성요소인 복지와 문화의 합치를 도모하기 위한 복지문화의 형성은 초고령사회에서의 필연적 출현이었을지 모른다.

앞에서도 살펴본 바와 같이 복지문화에 관한 논의에서는 예외 없이 '복지의 문화화'와 '문화의 복지화' 두 요소가 상당히 의식되고 있지만, 그러한 논쟁과는 별도로 복지문화라는 용어를 더 폭넓게 인식해야 할 필요가 있다. 왜냐하면 실제 일본 사회에서는 복지의 문화화와 문화의 복지화에 포함되는 요소를 모두 포함하면서 이미 '복지문화'라는 용어

20 高田眞治(2007)「社會福祉の政策課題」『エンサイクロペディア社會福祉學』中央法規出版. pp.12-15. 참조.

를 빈번하게 사용하고 있기 때문이다.

사회와 문화도 시대와 환경에 의해 변화한다. 이러한 시각은 현재의 사회복지에 대한 인식 또한 앞으로는 환경변화에 따라 변화를 맞이하게 될 것을 의미하기도 한다. 따라서 현대 복지국가에서 제도화된 대책과 재정 범위 내에서 복지서비스를 충분히 제공할 수 없다면 재정부담이 적은 상부상조의 문화로 보완하는 방법을 도입할 수도 있을 것이다. 자생적으로 만들어진 기존 상부상조의 문화는 현재의 복지문화에 가까울 수도 있다. 왜냐하면 복지문화의 형성은 종래의 복지제도만을 기반으로 한 사회복지 제도와는 달리 공동체의 봉사활동과 상부상조 및 협력에 입각하고 있기 때문이다.

일본의 지역사회에서는 복수의 집단이 각각의 지역문화를 형성하고 있다. 이러한 각각의 문화를 공유하게 된다면 각 집단은 지연공동체의 형태이지만 기능공동체의 역할을 기대할 수 있을 것이다. 예를 들어, 지역사회의 복지시설과 복지관, 복지 관련 협회와 시민단체 등 문화와 가치를 공유하려는 단체와 시설 및 협회는 다양하게 존재하고 있다. 이러한 지역사회 내의 복수의 단체가 형성하고 있는 가치를 융합하여 조직화한다면 일정형태의 문화가 발아하게 된다.

나아가 사회복지 실천이 지향하는 지역사회에서 드러나는 현상 및 복지서비스의 제공 형태 등에서 지역사회의 문화가 복지문화의 형태로 구축되고 있다[21]. 이와 관련하여 지역복지에 관한 담론 또한 일본의 사

21 일정 형태의 공통된 문화란, 지역사회에서 구축된 문화를 공유하는 예로서 육아에 임하고 있는 모친들이 공유하고 있는 보육 정보 및 육아 관련 관심사 공유란지, 도우미가 필요한 장애인일지라도 사회활동에 참여하며 겪는 경험담 및 유용한 정보, 나아가 고령자의 지역사회 참여 활동 등 지역사회에서 형성되는 공통의식 및 행동양식 나아가 가치관 등을 들 수 있겠다. 그 활동 내용을 보육, 노인복지, 장애인복지 등 각 단체가 갖는 영역에서의 각각의 문화와 지향하는 가치를 종합하여 공통된 생활양식으로 복지문화를 구축하는 것이 바람

회복지가 당면한 '저출산·초고령사회'의 시대적 배경과 그에 따른 문제의식에 입각해 논의되며 변화하였는데 그 내용을 요약하면 다음과 같다.

먼저, 지역사회의 개념은 현실적인 지역사회의 단위인 시·정·촌(市町村)의 영역 혹은 자치회의 영역처럼 일정구획 범위를 설정하여 운영하고 있다. 20세기 후반까지만 해도 이러한 지역사회에 속하지 않고 생활하는 것은 매우 불편하였지만, 최근에는 사회시스템과 네트워크가 정비되어 지역사회의 공동체에 직접 접촉하지 않고서도 의사소통이 가능한 네트워크가 형성되는 사회로 변화하고 있다. 또한 고령자의 개호와 육아 등의 복지문제를 지역사회 측면에서 대응해야 할 필요성도 대두되고 있다. 예를 들어, 고령자와 장애인의 보살핌, 육아 및 사회적 고립 등의 복지 실천 과제에 대한 대응책으로 이전의 지역사회커뮤니티가 복지 커뮤니티 개념으로의 변화가 요구되고 있다.

이러한 논의에 입각한 복지문화의 실천은, 그동안의 복지 현장의 효율적인 제도 운용에서 한 걸음 더 나아가 비공식적인 대응인 상부상조의 정신과 일상생활의 현대적이며 문화적인 요소를 포괄하는 변화로 받아들일 필요가 있을 것이다. 왜냐하면 2000년의 개호보험제도 신설과 그 후의 개정과정을 거쳐 일본의 개호보험제도는 이미 성숙기에 접어들었기 때문이다.

실제로 고령자의 생활 전체에 복지문화가 확대되는 가운데 고령자의 사회참가를 촉진하기 위해 비교적 저렴한 비용으로 서비스를 받을 수 있도록 개선한 점은 개호보험 개정과정의 성과로 평가할 수 있겠다. 그와 더불어 지역포괄센터[22]의 운영 등을 비롯하여 고령자의 사회참가

직할 것이다.

22 정기룡(2021)「일본의 개호보험제도 변용에 관한 고찰」『일본근대학연구』제72집. 한국일본근대학회. p.346. 간호, 의료, 보건복지 측면에서 고령자를 지원하는 종합상담창구 역할을 맡는 지역포괄지원센터는, 각 시·정·촌(市町村)이

에서 드러나는 고령자의 공통된 생활양식과 사회활동 유형은, 이미 일정한 형태의 문화를 구축하는 노인문화 발아단계에 진입하여 지금도 성장하며 발전하고 있다.

문화풍토를 만드는 것은 제도나 법체계의 정비뿐만 아니라 사회구성원의 공통된 의식에 기인한다. 또한 제도의 목표설정에 있어서 복지현장·행정현장·연구현장 등에서 문화적인 요소를 확산시키는 것도 복지문화의 실천일 것이다. 나아가 복지 현장에서의 불충분한 상황에 대한 인식과 문제 제기는 복지서비스 향상의 필요성과 더불어 복지문화를 지향하려는 인간 존중의 가치체계를 발신하는 계기가 되기도 한다. 이러한 환경변화에 근거하여 일정 형태의 고령자 생활상이 구축되는 과정을 살펴보려 한다.

4. 인구고령화와 노인문화

일본인의 평균수명 연장에 기인하여 '인생 90년 시대'에서 이제, '인생 100년 시대'를 목전에 두고 있는 일본에서는, 고령자를 공경하는 의미에서 경로의 날을 공휴일로 정하고 있다[23]. 그렇지만 65세 정년 이후

설치하며 지자체로부터 위탁받아 사회복지법인, 사회복지협의회, 민간기업 등에서 운영하고 있다.

23 일본에서는 경로의 날(敬老の日)이 법정공휴일이다. 공휴일에 관한 법률에서는, 고령자를 경애하고 장수를 기리는 취지로 공휴일로 지정하였다. 2002년까지는 9월 15일이었으나 2003년부터 9월 3번째 월요일로 변경하였다. 또한 1990년 UN 총회에서 10월 1일을 '세계노인의 날'로 제정한 바 있으며 한국에서는 1997년 '노인복지법' 및 「각종 기념일 등에 관한 규정」 개정과 더불어 10월 2일을 '노인의 날'로 그리고 10월을 '경로의 달'로 지정하였다. 이는 노인에 대한 사회적 관심과 공경 의식을 높이기 위하여 만든 기념일로서 전통 풍속인 경로효친 사상을 고취하는 동시에 전통문화를 계승하여 발전시켜 온 고령자의

의 약 30년간은, 되돌아보면 인간이 태어난 시점에서 성인에 이르는 시간보다 긴 시간이며, 노후의 삶에서 30여 년은 보람된 시간을 모색하기에 충분한 시간이다.

그렇다면 이러한 인생의 후반기는 과연 고령자들만의 관심사인가? 지속되는 노화, 그에 수반된 질환 나아가 죽음에 이르는 과정에서 어떻게 보내는 것이 보람될 것이며 어떻게 고령기의 정체성을 확보하며 살아갈 것인가? 라는 의문은 결코 고령자들만의 해결과제가 아닐 것이다. 왜냐하면 인간이면 누구라도 생로병사의 과정을 거치기 때문이다.

물론 고령기에 이르면 누구라도 신체적인 쇠약과 물리적 수명이 다하는 시점을 맞게 된다. 언젠가 고령기의 종말을 피할 수 없는 자연스러운 노화현상 과정의 결과이다. 그 과정에서 평균수명이 연장되는 최근의 환경변화에 따라 고령자의 생활양식이 이전과 다른 문화가 형성될 가능성이 열린 것이다. 따라서 현시점의 고령자 라이프스타일[24]은, 선조들의 생활양식을 계승해왔고, 현재 초고령사회의 사회 환경 변화 속에서 현시대를 살고 있으며 향후 고령자 특유의 행동양식을 후세대에 전달하는 과정에 있다.

따라서 현재의 고령자는, 지난 현역 시대의 경험과 은퇴 이후의 연장선상의 일상생활과 사회참가 활동을 통해 삶의 보람과도 관련지어 일

노고를 상기하며 노인문제를 되돌아보는 의미를 부여하려는 것이다.

24 정기룡(2011)「일본의 고령자 라이프스타일에 관한 연구」『일본연구』한국외국어대학교 일본연구소. 제47호. p.9. 라이프스타일(ライフスタイル, lifestyle)은 생활양식·살아가는 방법을 의미하기도 하며 인생관·가치관·습관 등을 포함하는 개인의 삶으로 표현되기도 한다. 사전적 의미의 라이프스타일이란 사람이 사는 방식으로서 사회관계, 소비, 엔터테인먼트, 패션 등을 비롯하여 개인의 특성, 가치, 또는 세계관을 반영하기도 한다. 나아가 사람들의 생활양식·행동양식·사고방식과 같은 사회적·문화적·심리적 차이를 표현하는 용어로 사용되는 등 가치관의 변화를 엿볼 수 있다.

정형태의 생활양식을 구축하는 과정의 중심에 있으며 이러한 변화에 적극적으로 참여하는 고령자의 생활행태는 이른바 노인문화로 구축될 가능성이 크다고 하겠다.

일본에서의 노인문화[25]는, 개념 정립이 이루어지지 않았던 이전부터 유교의 영향으로 인해 노인에 대한 경로사상과 노인 스스로 노후에 어떻게 살아야 하는지 등에 관한 처세술 같은 문화가 존재하고 있었다.

예를 들어 이전부터 노인을 칭하는 옹(翁 : おきな)이라는 말은 노인을 존경하는 표현이었다. 그 외에 장로(長老)는 학식이 풍부한 연장자 혹은 노인에 대한 존칭으로 쓰였으며 장(長 : おさ)이란 많은 사람에 앞장서서 통솔하는 일족의 우두머리 혹은 촌장 등의 의미로서 가장 뛰어난 것을 의미했다. 이른바 늙은 사람의 호칭인 옹이라는 표현은, 일본 문화에서 경외의 대상으로 인식되어 사용해왔다.

또한 아카세가와 겐페이(赤瀬川原平 : 1997)가 노인의 힘[26]에서 주장

---

25 정기룡(2003)「고령사회 일본의 노인문화」『일어일문학연구』제43집. 한국일어일문학회. pp.299-301. 고령자의 일상생활은 경제적, 육체적, 정신적, 사회적으로 다양한 측면을 내포하고 있으므로 생활 전반에 걸쳐 욕구를 충족할 수 있는 환경정비와 노인의 행동양식과 생활양식을 노인문화로서 파악하고 있다. 또한 노인문화(老人文化)의 사전적 의미는, 교양활동과 건전한 취미생활 및 사회참여 활동 등을 통하여 노후에 삶의 질을 향상하려는 고령자들의 문화라고 하겠다. 일본에서는 老人文化會議, 高齢者文化の社會, 高齢社會と文化芸術, 老人文化遺産, 老人文化祭, お年寄り比較文化, 老人文化作品展示會, 老人クラブ文化祭, 老人の文化, 高齢者文化の社會, 高齢社會と文化芸術, 高齢者と福祉文化, 高齢者福祉生活協同組合, 生活文化·高齢者福祉事業 등 단체명과 행사를 비롯하여 고령자 관련 사업과 축제 등에서, 그리고 한국에서는 노인문화센터, 노인문화예술교육, 노인문화축제, 노인문화창조, 국제노인문화복지센터, 고령자문화 등을 비롯하여 노인복지 관련기관의 명칭 및 고령자 관련 행사에서 노인문화라는 용어를 위화감 없이 사용하고 있음을 알 수 있다.

26 노인력(老人力)에 관한 의미 부여는, 赤瀬川原平(1988.2)「老人力講座-爆笑對談 '男の分別學' 擴大篇」『オール讀物』文藝春秋. p.216. 赤瀬川原平(1999)『老人力』

하고 있는 것은 늙어가는 현상이란 인간의 생활과 감성으로 자연스럽게 받아들여 삶의 경과를 긍정적으로 수용하면서 그에 수반되는 현상에서 가치의 발견으로 삶을 재인식하려는 것이다. 이러한 시각은 물리적인 가령(加齢)의 증상을 되돌리거나 거부할 수 없다면, 고령자 자신만이 아니라 고령자를 둘러싼 주변 사람들 모두 인생 과정의 변화에 대해 노화를 자연스럽게 받아들이자는 시각에 기인한다.

한편, 일본에서 문화적 측면의 복지 활동의 실천이 제일 먼저 이루어진 곳은 앞의 담론에서 살펴본 바와 같이 복지시설이었다. 복지시설에서의 일상생활을 문화적 견지에서 보면, 1960년대 초기에는 매우 낮은 수준으로 문화라기보다 최저생활을 위한 의식주의 해결 정도로 인식되었다. 그 후 「노인복지법(1963)」이 시행되어 2~30년 동안 노인시설의 체계가 갖추어졌지만, 사회복지의 성장기를 거치는 동안에도 「양호노인홈」에서 발생하는 여러 문제가 제기되는 등 이용자 처우에 관한 비문화적 요소의 탈피를 위한 시도가 이어졌다[27].

실제 개호보험제도 이전 노인복지시설의 주거환경은 대부분 4~8인실로 구성되어 있어 일상생활에서 불편함과 더불어 타인의 시선을 의

筑摩書房. 등에서 제창한 개념으로 이른바 건망증이 심해졌다는 노화현상을 쇠퇴라는 부정적인 생각이 아니라 노인에게 힘이 붙었다는 긍정적 시각의 역발상으로 접근한다. 보통 나이가 들었다거나 노망했다는 표현보다는 '저 사람도 제법 노인의 힘이 붙었다'라는 식으로 표현하는 것이 부정적인 의미를 줄이는 대신 적극성을 표현하는 방식이다. 즉, 오래된 것을 낡은 것으로 치부하기보다 골동품 혹은 빈티지의 개념으로 여기자는 의미라고 하겠다.

27 정기룡(2003) 앞의 논문, pp.306-307. 1990년대에 이르러 「고령자보건복지추진 10개년전략」이 실시됨에 따라 노인홈을 둘러싼 환경이 혁신적으로 변화하였고 20C 말까지 29만 병상을 목표로 골드플랜에 근거하여 노인시설이 늘어났는데, 거품경제 붕괴의 경기침체에도 불구하고 내수 확대의 성과가 노인복지 부문에서 이루어졌다.

식하게 되는 수치심으로 인해 문화적 수준이 매우 열악하였다. 그러던 것이 2000년의 개호보험제도 시행 이후 1인실과 2인실로 시설이 정비되며 고령자의 프라이버시가 일정부분 해결되었고, 고령자를 캐어하는 관계자들에 대한 여유로운 문화적 공간도 제공되었다. 따라서 고령자는 물론이고 시설관계자와 자원봉사자를 포함하는 관계자들이 공동생활은 공동생활대로 유지하면서 개인의 문화적 공간을 확보할 수 있게 되어 복지시설을 중심으로 한 변화는 복지환경에 영향을 미치게 되었다[28].

개호보험제도 시행 이후 복지환경의 개선과 고령자의 사회참여를 촉진하는 환경변화가 이루어지지 않았다면, 노인문화의 발아(發芽)와 진전은 늦추어졌을 것이며 고령자들의 존재감도 희박해져 고령자가 적응하기 어려운 환경에 처했을지도 모른다. 따라서 고령자의 노인문화는 급조하기보다는 정신적인 면과 체력적인 면이 균형을 이루도록 지원하여 쇠약해져 가는 체력을 보강하며 정신적인 젊음을 유지하고 건강하게 사고(思考)하려는 인식의 확대가 요구되는 시점이다.

5. 노인문화의 형성과 향후 그리고

인구고령화가 급격하게 진전되었던 일본에서는, 건강과 의료서비스를 비롯하여 여가 활동 확대와 전통문화 및 생활문화의 계승까지 포함하는 노인복지의 향상 및 고령자의 생활과 관련되어 문화 형성에 이바지하는 활동이 노인문화 구축에 영향을 미치고 있다. 이러한 목적을 달성하기 위해서는 ① 여가이용, 복지지원, 전통문화 등의 주제와 관련된 강연회 및 세미나의 개최, ② 노인복지의 증진을 위한 연수와 건강운동

28 河畠修「高齢世代の動向と福祉文化」『高齢者と福祉文化』明石書店. 2001. pp.30-36. 참조.

회의 개최, ③ 고령자의 상담과 생활지원, ④ 건강 및 의료서비스체계의 구축 등의 활동이 요구되었으며 그에 대한 대응과 진전이 이어졌다[29].

그 외에도 의료·복지 분야의 기술이 점차 진전되고 있으며 최근에는 첨단기술을 활용하여 복지서비스를 적용할 수 있도록 고도의 의료기기와 간병·수발기기의 지원 및 재택케어·원격의료시스템 등의 분야가 확대되고 있다[30].

이렇듯 고령자의 생활양식이 사회의 환경변화로 인해 생활형문화와 시스템형문화의 상호보완적 환경변화에 따라 고령자의 새로운 생활양식으로 형성되고 여가활용을 비롯한 고령자의 사회참여가 확대될 것이기 때문에 이러한 생활상의 축적을 통해 고령사회에 걸맞은 생활양식이 출현하게 되었다.

그와 더불어 정치·경제·사회시스템과 그 외 여러 문화의 복합적인 영향을 받아 복지문화와 여가 활동이 융합되는 과정을 통해 고령층의 공통된 생활양식이 형성되었고, 고령자의 적극적인 사회참여를 통해 노인문화가 형성되는 과정에 있다. 이처럼 고령자를 둘러싼 저변문화와 노인문화와의 관계는 〈그림 12-1〉과 같은 양상을 띠며 변화하고 있다.

고령자를 둘러싸고 있는 문화가 고령자의 일상생활에 영향을 미치게 되고 이에 고령자 스스로 사회참여 의식이 고취되어 적극적인 사회

29 정기룡(2018) 『노인문화창조-베이비붐세대의 한·일 비교분석-』 제이앤씨. pp.166-172., pp.217-227., pp.258-264., pp.292-308. 등 참조. 고령자의 생활보장, 노인문화, 여가, 고령자학습 등에 관하여 정부의 지원 및 지자체와 연구기관, 교육기관 나아가 고령자단체의 자생적 활동이 활발히 이루어지고 있다.

30 일본에서는 앞으로도 인구고령화 추세가 한동안 지속될 것으로 전망되고 있다. 그와 대조적으로 간호·케어 인력은 줄어들고 있어서 장기요양과 간병·수발 관련 노동력 확보를 위한 보완 수단으로써 향후 로봇의 활용이 기대되고 있다.

참여에 나서는 등 일상생활에서 고령자들의 공통 생활양식으로 새로운 라이프스타일을 형성하는 과정에 있다. 또한 고령자를 지원하는 복지와 문화, 여가 활용이 융합하는 한편, 생활환경과 생활문화의 향상을 도모하기 위한 환경정비가 이루어지면, 고령자의 사회참여가 점차 확대되면서 사회참여에 따른 보람된 성과로 이어질 것으로 기대된다[31].

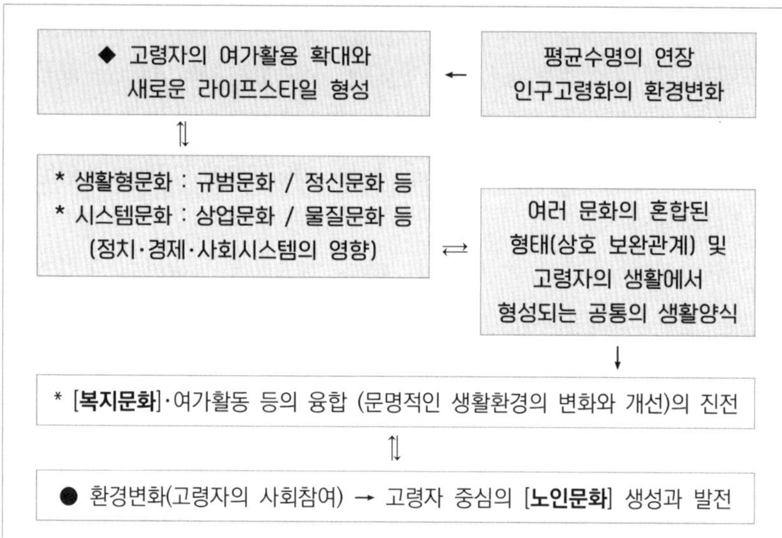

자료 : 정기룡(2018) 『노인문화창조』 제이앤씨. p.225. 그림 〈9-1〉을 참고 작성.

그림 12-1. 고령자 관련 노인문화 관계도

---

31 정기룡(2021) 「일본 고령자의 생애생활설계에 관한 고찰」 『일어일문학』 제89집. 대한일어일문학회. pp.338-341. 고령기를 충실히 보낼 수 있도록 여가 활동과 사회참가를 위해서는 네트워크를 유지하며 자기실현을 도모할 수 있는 학습 기회 활용 등이 유용할 것으로 분석하고 있다. 특히 日本內閣府政策統括官編(2006, 2011, 2016, 2021) 「高齢者の生活と意識に關する國際比較調査」의 고령자 사회참가 활동의 결과를 보면, 지역행사 및 마을가꾸기활동, 주변공원미화활동, 취미·기능을 활용한 지원활동, 지역사회 방범, 교통안전활동, 취미/스포츠/학습 지도활동 등에 나서고 있음을 알 수 있다.

실제 고령자의 사회참여를 지원하는 형태의 '활동적인 고령자'의 라이프스타일에 적합한 형태의 신생 비즈니스로 고령자의 생활양식과 생활행태를 고려하여 고령자가 선택하여 실천할 수 있도록 지원하는 프로그램[32]도 등장하고 있다. 또한 고령자를 대상으로 한 평생학습에 있어서도 단순히 취미, 어학 등 지식전달에 치중했던 과거와는 달리 테마지향 학습을 비롯하여 인간관계 형성을 지원하는 프로그램 등으로 진화하여 고령자의 학습유형이 매우 다양하게 나타나며 고령자의 학습활동이 증가하는 추세이다[33].

그와 더불어 고령자의 다양한 생활양식에 입각한 사회활동이 더욱 적극적으로 이루어질 것으로 전망된다. 그에 따라 건강관리, 학습취미, 여가활용, 스포츠시설, 재택서비스 등의 분야에서 새로운 실버시장의 규모도 확대될 것으로 예상된다. 또한 새로운 시장은 IT관련 정보의 활용이 요구되는데 베이비붐세대는 이전의 고령자와는 달리 상당 부분 사무자동화를 경험하였고, 학습에도 적극적으로 임하고 있어서 적응력이 유연한 생활양식을 형성해나갈 것으로 예상된다. 이처럼 고령자를 둘러싼 급격한 사회 환경의 변화는 위기 요인이 되기도 하지만, 제도적

---

32 일본에서는 최근 라이프스타일을 제안해 주는 전문 컨설팅이 시도되고 있다. 그 내용으로는 의·식·주는 물론이고, 여행과 휴식 그리고 지적 욕구에 관한 상품·서비스 등을 제공하는 것들이다. 예를 들면 주택소개, 정원꾸미기, 농업기술 전수 및 부대상품 제공 등의 서비스를 통해 고령자의 욕구에 대응하는 프로그램 내용을 담고 있다.

33 정기룡(2016)「여가활동으로서의 일본 고령자학습에 관한 고찰」『일어일문학』 제69집. 대한일어일문학회. pp.322-330. 생애학습진흥법(1990)과 교육기본법(2006)에 근거한 고령자의 생애학습과 관련하여 노인교육은 단순한 복지차원을 넘어 생애에 걸친 평생교육의 일환으로 노후의 보람을 위한 측면으로 받아들이고 있다. 또한 성인교육과 노인교육연구를 1)성인발달의 가능성에 관한 연구, 2)노인학습의 성립조건에 관한 연구, 3)성인교육 연구, 4)지역 평생학습조사 분석 등으로 구분해 실시하고 있다.

인 지원과 문화적인 지원은 이전보다 고령자의 삶의 질을 향상할 수 있을 것이며 이러한 환경조성과 더불어 고령자의 적극적인 사회참가가 정착된다면, 고령자의 노인문화는 더욱 활력 있는 고령사회 구축의 가능성을 높이는 요인으로 작용하게 될 것이다.

제13장

한국의 인구고령화와 베이비붐세대

1. 인구고령화의 현황

행정자치부의 발표(2022년 3월 말)에 따른 우리나라의 총인구는 51,732,586명으로 2030년 무렵까지는 완만하게 인구성장을 지속한 다음, 2031년경부터 마이너스 성장으로 돌아서 2060년에는 총인구가 1992년 수준으로 줄어들게 될 것으로 예상된다.

인구성장 추이(중위 가정)를 조금 더 상세히 살펴보면, 2010년의 총인구 4,941만 명에서 2030년 무렵엔 5,216만 명까지 성장한 다음, 그 후부터 점차 감소하여 2060년에 이르면 약 4,396만 명 수준이 될 것으로 예상된다. 인구성장률은 2010년의 0.46% 수준에서 정체하다가 완만하게 감소하여 2031년부터 총인구가 마이너스 성장으로 전환될 것으로 예상되며 2060년에 이르면 -1.0% 수준까지 감소하게 될 것으로 예측된다.

또한 65세 이상의 인구 비율이 1960년에는 2.9%(약 73만 명)이었으나 50년에 걸쳐 지속해서 증가하여 2010년에는 11%(약 545만 명)에 달하였고, 2030년에는 24.3%(1,269만 명)로 그리고 2060년에는 무려 40.11%(약 762만 명) 수준으로 늘어날 것으로 보인다. 특히, 85세 이상 인구는 2010년에는 0.7%(약 37만 명)이었으나 2060년에 이르면 무려 10.2%(약 448만 명)에 달하게 되어 50년 사이에 10배 이상 증가할 것으로 예상된다.

표 13-1. 우리나라의 총인구수

(2022년 3월 현재)

구 분	총인구수	세대수	세대 당 인구수	남자 인구수	여자 인구수	남여 비율
전 국	51,625,561	23,546,053	2.19	25,738,197	25,887,364	0.99
서울특별시	9,508,451	4,442,586	2.14	4,615,823	4,892,628	0.94
부산광역시	3,347,396	1,549,967	2.16	1,637,111	1,710,285	0.96
대구광역시	2,381,095	1,065,477	2.23	1,173,039	1,208,056	0.97
인천광역시	2,950,978	1,303,227	2.26	1,477,432	1,473,546	1.00
광주광역시	1,440,032	647,419	2.22	712,199	727,833	0.98
대전광역시	1,450,862	666,643	2.18	723,812	727,050	1.00
울산광역시	1,119,446	483,490	2.32	575,165	544,281	1.06
세종특별자치시	376,399	155,990	2.41	187,858	188,541	1.00
경 기 도	13,574,369	5,861,240	2.32	6,831,902	6,742,467	1.01
강 원 도	1,539,051	748,626	2.06	774,543	764,508	1.01
충청북도	1,597,022	763,610	2.09	810,649	786,373	1.03
충청남도	2,118,912	1,005,290	2.11	1,083,507	1,035,405	1.05
전라북도	1,783,923	850,567	2.10	887,611	896,312	0.99
전라남도	1,831,451	905,202	2.02	921,753	909,698	1.01
경상북도	2,622,026	1,279,337	2.05	1,321,638	1,300,388	1.02
경상남도	3,307,005	1,508,852	2.19	1,664,907	1,642,098	1.01
제주특별자치도	677,143	308,530	2.19	339,248	337,895	1.00

자료 : 행정안전부 2022년 3월 발표자료 기준.

UN의 추계에 따르면, 현재 상황에서 특별한 조치가 강구되지 않을 경우, 2030년을 전후하여 주요 국가가 총인구의 저성장 또는 마이너스 성장단계에 접어들 것으로 전망하고 있다. 먼저, 2010년대에는 일본과 독일의 인구가 마이너스 성장하여 총인구가 줄어들고 있으며, 2030년대에는 한국을 비롯하여 스위스, 중국, 이탈리아 등이 마이너스 성장을 하게 될 것으로 예상한다.

65세 이상의 인구는, 전체 4명 중 1명 수준을 보이는 일본을 비롯해 그에 근접하고 있는 이탈리아, 독일 등에 비해서 한국은 2022년 현재, 아직은 10명 중 2명 정도의 수준이지만, 2060년경에는 10명 중 무려 4명 이상으로 고령자가 늘어날 것으로 전망됨으로써 이탈리아, 독일보다 고령화율이 훨씬 높아져 일본과 비슷하거나 일본보다 앞서는 수준이 될 것이다.

이처럼 우리나라의 고령인구는 2020년부터 2028년까지 무려 연평균 5% 포인트대로 급증한 다음, 점차 성장세가 둔화할 것으로 보인다. 고령인구를 나이 계층별(65-74세, 75-84세, 85세 이상)로 구분해보면, 65-74세 인구는 고령인구 전체에서 차지하는 비중이 2010년에는 62.4%이었으나 2060년에는 37.7%로 비율이 감소하는 반면, 75-84세 인구는 30.8%에서 2060년 36.9%로 증가하며, 특히 85세 이상 초고령 인구의 비중은 6.8%에서 2060년 25.4%로 무려 3.7배 이상 증가할 것으로 예측된다.

연령대별 고령인구의 비중은 베이비붐세대가 고령층에 진입하는 시기에 급격히 상승할 것으로 예상되는 가운데, 65-74세의 비중이 2020년의 57.6%에서 2030년 60.0%로 증가한 다음 감소할 것으로 보인다. 그에 반해 75-84세의 비중이 2030년 29.6%에서 2040년 38.5%로 증가하는 한편, 85세 이상의 비중 또한 2040년 12.6%에서 2050년에는 20.6%로 증가할 것으로 전망된다.

이는 평균수명의 연장으로 수명이 늘어나 장수하는 고령자가 늘어난다는 것을 의미한다. 그러나 노후의 생활보장이 준비된 경우라면 장수하는 삶이 매우 바람직하겠지만, 경제적 준비가 불충분하거나 건강에 이상이 있으면서 와병 상태로 수명이 연장될 때는 의료·간병 등의 면에서 부담이 매우 클 것이다. 왜냐하면 이러한 추세는 고령자 개인의 부담은 물론이고, 전 연령층의 의료비를 비롯한 사회보장제도와 직접적으로 관련되기 때문이다.

최근 인구고령화의 사회현상에 대한 인식을 전하는 대중매체를 통해 베이비붐세대에 대한 사회적 관심이 높아지고 있다. 따라서 고령사회의 사회문제는 당사자인 베이비붐세대[1]만이 아니라 일반 국민에게 있어서도 효율적인 정책 대응이 시급히 요구되는 상황이다. 베이비붐세대는 이미 2010년부터 은퇴를 시작하였고, 이제 2028년경이면, 이 연령대의 고령자 모두가 65세 이상에 속하는 본격적인 노년기에 진입하게 된다.

베이비붐세대의 인구가 65세 노인인구에 포함될 경우, 고령화율이 급격히 높아지는 것은 어쩔 수 없는 현실이다. 물론 베이비붐세대는 한국전쟁 이후, 근대화 및 산업발전과 함께 경쟁사회를 극복하며 성장해 온 세대이기 때문에 그들이 가진 사회적 영향력을 적극적으로 표출할 가능성이 매우 크다. 베이비붐세대의 고령자는 동 세대의 인구수가 많기도 하지만, 이전 세대의 노인과는 달리 비교적 학력이 높은 편이며 사무자동화를 비롯한 직장 경험을 축적해 온 세대이다. 그렇기에 노후생활자원에 관한 인식이 이전 고령자와는 다르다는 특성도 갖고 있다.

또한 베이비붐세대의 역사적 경험과 특성은 그들의 욕구 및 서비스 기대 수준 등에 변화를 가져와 정책적 대응의 범위와 방향에도 영향을 미치게 될 것이다. 실제 베이비붐세대는 기존의 노인 세대에 비해 사회적, 문화적, 경제적 욕구가 상대적으로 높으며, 적극적이고 활동적인 문화 및 여가생활을 영위하고 자기 계발에 대한 욕구를 표출할 가능성도 크다. 무엇보다 사회참여 활동의 욕구가 무엇보다 높게 나타나는 것으로 분석되고 있다[2].

---

1 베이비붐 세대란 통상 1955년에서 1963년까지 태어난 세대로 총인구의 14.3%를 차지하는 거대 인구 집단으로(714만 명) 타 연령대보다 높은 교육 수준(고졸 이상 74.6%)과 고용률(75.5%)을 보이는 특징이 있다.

그들이 경험해온 우리 사회의 압축적인 사회·경제·문화적 변화로 인하여 한 세대 이전의 고령 세대와는 전혀 다르기에 그에 따른 특성과 문제점을 파악하여 선제적인 정책 대응을 마련해 인구고령화의 사회적 과제를 해결해가야 할 것이다. 따라서 인구고령화의 사회문제에 적절히 대응하기 위해서는, 무엇보다 현재 고령자의 삶의 질을 향상하는 방안 구축과 더불어 개개인의 노후 대비를 위한 선택지를 다방면으로 제시해둘 필요가 있을 것이다.

2. 초고령사회의 정책 대응

베이비붐세대가 생애 후반기의 자립 기반을 조성하기 위해서는 체계적인 노후 생활지원을 위한 정책지원이 마련되어야 한다. 예를 들면 개인의 욕구와 경력 분석을 토대로 한 맞춤형 노후설계 서비스를 지원하는 한편, 재취업 및 생애전환기 설계 교육을 수강하도록 유도하는 방법 등이 필요하다. 또한 고령자의 취로 기회의 확보와 공적연금을 비롯한 노후의 소득보장을 확충시켜 노후 빈곤[3] 등 위기 상황에 빠지지 않도록 생애에 걸친 노후설계교육이 현역세대 시절부터 이루어져야 할 것이다.

최근 기업은 '더 고용하고', 개인은 '더 일할 수 있는' 환경여건을 구

---

2 강현정(2012) 「베이비붐세대의 사회활동참여 여부가 사회통합감에 미치는 영향」『노인복지연구』 한국노인복지학회. 57호. p.431.

3 퇴직세대 빈곤율 : 노인 빈곤 문제가 사회적 문제로 대두되는 가운데, OECD 노인빈곤율(2011)은 우리나라가 압도적인 1위로 나타났다. 즉, OECD 노인빈곤율이 평균 15.1% 수준인 데 반해 우리나라는 무려 45.1% 수준이다. 또한 베이비붐세대의 노후 준비에 대한 인식을 살펴보면, ① 노후 준비가 미비하다 약 53.7%, ② 어느 정도 준비되었다 약 44.1%, ③ 노후 준비가 충분하다 약 2.2%로 나타났다(2011. 복지부 국민인식조사).

축하여 50세 이상의 근로자가 현재의 일자리에서 오래도록 일하면서 제2의 인생도 설계할 수 있도록 고령자 고용 촉진을 위한 근로시간 단축청구권제도[4] 등을 운영하고 있다. 이러한 사업장이 더욱 늘어날 수 있도록 고용지원금 지원제도가 늘어날 것으로 전망된다.

또한 베이비붐 세대가 퇴직 후 준비되지 않은 창업으로 실패할 확률이 높은 점을 고려하여 소상공인 상권정보시스템[5]을 통해 성공 가능성이 큰 준비된 창업을 유도하는 제도도 활용할 수 있다. 정부와 지자체 등 일괄적인 정책 대응이라고 하기에는 미흡하지만, 정부 부처별 주요 고령자지원 정책과제의 개략적인 추이를 살펴보면 다음과 같다.

(1) 저출산고령사회위원회

인구고령화 대책에 임해서는 저출산고령사회위원회가 저출산·고령사회기본법 제23조 및 저출산·고령사회기본법 시행령 제5조에 근거하여 정부 차원의 대응에 임하고 있다. 대통령을 위원장으로 하고 대통령을 포함하여 25인 이내의 위원으로 구성된 저출산·고령사회위원회의 기능은 다음과 같다.

---

4 합리적인 이유 없이 연령을 이유로 하는 고용차별을 금지하고, 고령자(高齡者)가 그 능력에 맞는 직업을 가질 수 있도록 지원하고 촉진함으로써, 고령자의 고용안정과 국민경제의 발전에 이바지하는 것을 목적으로 한 「고용상 연령차별금지 및 고령자고용촉진에 관한 법률(2008.3.21.)」 개정에 이어 해당 사업장에 1년 이상 근무한 장년층 근로자에게 원칙적으로 근로시간 단축청구권 부여하도록 하는 고령자고용촉진법 등의 개정이 이루어지고 있다(법률 제13897호 일부개정 2016. 01. 27). 참조.

5 소상공인 상권정보시스템이란, 창업을 원하는 사람에게 주변상권의 경쟁업소 분석, 위치정보, 유동인구 등 총 49종의 정보를 제공하는 시스템으로서 2011년에는 58만 1천 건의 이용률을 보였다. 특히 컨설턴트가 이용자의 36%를 차지하는 등 예비창업자뿐 아니라 전문가 또한 신뢰하는 시스템으로 인정받고 있다. 이러한 정보를 고령자도 이용할 수 있다.

① 저출산 및 인구의 고령화에 대비한 중·장기 인구구조의 분석과 사회경제적 변화 전망에 관한 사항, ② 저출산·고령사회정책의 중·장기 정책목표와 추진 방향에 관한 사항, ③ 기본계획에 관한 사항, ④ 시행계획에 관한 사항, ⑤ 저출산·고령사회정책의 조정 및 평가에 관한 사항, ⑥ 그 밖에 저출산·고령사회정책에 관한 중요사항으로 제5항의 간사위원이 부의하는 사항으로 광범위한 대응에 나서고 있다.

특히 대통령 직속 사회통합기획단 내 '인구고령사회대책팀'을 설치(2003년 10월)하였고, 2006년 06월에 이르러 제1차 저출산·고령사회기본계획 수립·발표(2006-2010)한 바 있어서 체계적인 고령사회대책이 추진될 것으로 전망되었다[6]. 그러나 고령사회 대책에 관한 분야의 비중은 4차에 이르는 기본계획의 추진에도 불구하고 여전히 미흡하며 저출산 대책에 비해서도 그 비중이 현저히 미비하다. 다행히 2022년 12월 28일에 열린 제2차 인구미래전략 관계부처 차관회의에서, 인구구조 변화에 따른 대응 방안이 제시되었다. 전체 4분야 6대 핵심과제 중 하나인 '고령자 고용연장 및 복지제도 개편 논의 착수'가 네 번째 주제로 거론되었는데, 요약하면 다음과 같다.

고령자 고용연장 및 복지제도 개편 논의(2023년 1월 9일)

우리나라의 저출산, 고령화 현상에 대응·적응하기 위한 4대 분야, 6대 핵심과제 가운데 네 번째는 '고령자 고용연장 및 복지제도 개편 논의 착수'이다. 세계에서 가장 빠른 속도로 고령화가 진행 중인 우리나라는 2025년이면 초고령사회(고령화율 20% 이상)에 진입할 전망으로 초고령사회을 대비하여 고령층이 건강하고 행복하게 일할 수 있는 지속 가능한 사회안전망 시스템을 구축하려 한다.

6 이어서 제2차 저출산·고령사회기본계획(2011-2015), 제3차 저출산·고령사회기본계획(2016-2020) 나아가 2020년 12월에 제4차 저출산·고령사회기본계획(2021-2025)을 수립하여 추진하는 과정에 있다. 관련 상세내용은 위원회의 공개자료를 참고할 수 있다(http://www.betterfuture.go.kr/index.do).

일을 지속하려는 고령자의 고용을 촉진하고 기업의 고령자 채용을 확대하기 위해 '한국형 계속고용제도 도입' 논의에 임한다. 60세 이상 근로자가 계속 일할 수 있도록 중소·중견기업 대상으로 계속고용장려금을 2022년 108억 원에서 2023년에는 268억 원으로 확대하고, 고령자고용지원금을 2022년 54억 원에서 2023년 558억 원으로 확대 지원할 방침이다. 또한 65세 이상 신규 취업자에게 실업급여를 적용하는 방안도 검토가 필요한 것으로 보고 있다.

고령층 취업자와 고령층을 고용한 사업주 모두가 상생하는 임금체계 마련을 위한 '상생형 임금체계' 개편에 대한 논의도 필요하다. 나아가 고령층을 위한 재취업·창업 지원도 강화하여 「통합고용세액공제」를 신설하여 고령자 고용 시 중소기업 공제액을 수도권은 1,100만 원에서 1,450만 원으로, 지방은 1,200만 원에서 1,550만 원으로 상향할 방침이다. 그와 더불어 고령 전문인력 등에 대한 정보를 구축하고 중소기업 취업 지원 특화 프로그램을 제공하는 고령자 특화 고용서비스 체계를 2024년까지 구축할 예정이다.

또한 연금저축 세액공제를 현재 400만 원에서 600만 원까지 확대하며 단계적 퇴직연금 의무화를 추진하여 퇴직금을 폐지하고 퇴직연금을 단계적으로 의무화하되, 중소기업 사업자, 근로자의 부담을 완화하는 방안을 마련할 방침이다. 끝으로 저출산·고령사회위원회 산하에 자문단을 구성해 복지제도 전반의 연령기준 상향 및 제도 간 연계 방안을 검토하고 고령자 고용·복지제도 연계 개편방안 마련을 위한 사회적 논의를 추진한다.

위의 논의 착수라는 위원회의 활동이 고령자 대상 정책 대응의 필요성에 관한 인식 및 시도로는 바람직하다. 그러나 그 내용과 세부 계획은, 전체인구의 1/5에 달하는 고령층을 위한 정책으로 받아들이기에 매우 미흡한 수준이다. 그야말로 고령자를 대상으로 한 논의를 착수하는 데 의미를 두고, 앞으로 정부의 정책 외에도 기업복지의 활용, 개인과 가족의 사적보장, 지역사회 네트워크 등의 서브시스템의 구축이 시급히 보완되어야 할 것으로 판단된다.

(2) 보건복지부

생애 후반기의 설계 지원책으로써 「노후생활지원에 관한 법률(가칭)」 제정으로 노후설계 서비스 제공 기반을 구축하고, 고령자의 욕구 및 경력을 분석하여 그에 근거해 맞춤형 노후설계 서비스를 지원하도록 한다. 또한 생애전환기에 1회 이상 노후설계교육 이수를 유도하고 국민연금 실버론 신청자, 퇴직연금 담보 대출자 등 재무 위험도가 높은 계층은 노후설계교육을 사전에 이수할 수 있도록 지원하고 있다[7].

표 13-2. 노인 일자리 및 사회활동 지원사업 사업유형

분 류		정 의	예 시
공공형		노인이 자기만족과 성취감 향상 및 지역사회 공익증진을 위해 자발적으로 참여하는 봉사활동	노노케어(취약노인 안부확인) 취약계층지원, 보육시설 봉사 등 공익 증진을 위한 프로그램
사회서비스형		노인의 경력과 활동역량을 활용하여 사회적 도움이 필요한 영역(지역사회 돌봄, 안전 관련 등)에 서비스를 제공	가정 및 세대간 서비스, 취약계층전문서비스, 공공전문 서비스(공공행정업무지원) 등
사회서비스형 선도모델		지역 사회가 보유한 자원과 기업 등의 외부자원을 활용하여 신규 노인일자리 아이템 개발, 창출	돌봄, 안전, 환경문제 등 지역사회 당면 현안을 해소하는 일자리 등
시장형	**시장형 사업단**	노인에게 적합한 업종 중 소규모 매장 및 전문 직종 사업단 등을 공동으로 운영하여 노인일자리 창출	식품제조 및 판매, 매장운영(실버카페), 운송(실버택배) 등
	취업 알선형	일정 교육을 수료하거나 관련 업무능력 있는 자를 수요처로 연계하여 근무기간에 대한 일정 임금을 지급받을 수 있는 일자리	시험감독 보조, 경비원, 시설관리자, 가사도우미 등
	시니어 인턴십	노인에게 기업 인턴 연계 후 인건비 지원 계속 고용 시 기업에 인건비 추가 지원	한식조리, 매장관리원, 영화관 보조원, 자동차 검사대행원 등
	고령자 친화 기업	노인의 경륜을 활용하여 경쟁력을 갖추고 양질의 노인일자리를 창출할 수 있는 기업의 설립 및 운영 지원	공모 심사에 따른 기업 모집

수행기관 : 시군구, 노인복지관, 시니어클럽, 대한노인회, 지역문화원 등

7 국민연금공단 행복노후설계센터 141개 활용하여 사회복지사 등 보건복지서비스 제공인력을 활용한 노후설계 상담서비스를 내실 있게 추진토록 함.

종합정보제공 측면으로는 퇴직 후의 노후 준비와 관련된 모든 정책 및 통계자료 등을 한 곳에서 제공하는 '베이비부머종합정보포털'을 구축하는 동시에 국민연금공단, 국민건강보험공단을 통해 베이비붐 세대의 생애주기별 특성 및 사회활동에 영향을 미치는 위험요인을 연령별로 분석·축적하여 선제 대응에 나서고 있다. 또한 건강지원체계 내실화를 위해서는 베이비붐세대를 비롯하여 전 연령대의 생애주기별 특성 및 건강 위험요인 등을 고려한 건강검진체계를 가동하고 있다.

나아가 노인 일자리 및 사회활동 지원 사업은 노인이 활기차고 건강한 노후생활을 영위할 수 있도록 공익활동, 일자리, 재능 나눔 등 다양한 사회활동을 지원하여 노인복지 향상에 이바지할 목적으로 시행하고 있다. 참여 대상은 만 65세 이상으로 공공형(기초연금 수급자)과 사회서비스형(사업참여 가능자)으로 나누어 지원하고 있다.

(3) 고용노동부

고용연장은 주된 일자리에서 고용연장으로 조기퇴직에 따른 경제·사회적 비용을 최소화하고 50세 이상 근로자가 현재의 일자리에서 더 오래 일하면서 제2의 생애를 설계할 수 있도록 근로 시간 단축 청구권 제도를 도입하는 동시에 기업의 임금 상한제도의 도입을 장려·촉진하기 위한 임금피크제 지원금의 지급요건 등을 개선하고 있다.

퇴직한 베이비붐세대의 취업 능력향상과 원활한 전직 및 조기 재취업을 지원하며 정년퇴직, 경영상 해고 등 비자발적 사유로 이직하는 장년층 근로자에 대한 대기업의 전직 지원 제공을 의무화하도록 한다. 또한 저소득 미취업자를 대상으로 통합 취업 지원 서비스를 제공하며, 폴리텍대학 등에 베이비붐세대를 위한 특별교육과정을 점차 확대하고 있다.

그와 더불어 고령자 고용안정지원금 지급 규정에 관해 고용노동부(고시 제2022-49호)는 「고용보험법 시행령」 제28조의4 및 같은 법 시행령

제28조의5에 따른 고령자(60세 이상)의 고용안정지원금[8]의 지원 대상, 지원요건, 지원 수준 및 기간, 신청 방법 및 절차 등 필요한 사항을 규정하고 있다.

계속고용장려금 지원요건으로 고령자 계속고용장려금을 지원받고자 하는 사업주는, ① 계속고용제도의 시행일 이전 「고령자고용법」 제19조에 따른 정년을 정하여 운영 중일 것, ② 취업규칙, 단체협약 등에 명시적인 노사 합의를 통해 정년의 1년 이상 연장, 정년의 폐지 또는 정년 이후에도 계속 근로를 희망하는 모든 사람을 정년에 도달한 날의 다음 날로부터 6개월 이내에 1년 이상의 근로계약 체결하여 재고용한 경우에 한하며, 2019년 1월 1일 이후에 계속고용제도를 도입·시행해야 한다는 조항을 근거로 하여 고령자의 취업을 지원하고 있다.

또한 최근에는 고용노동부와 문화체육관광부가 부처 간 협업으로 전국 17개 중장년 내일센터(일자리 희망센터)에 '중장년 청춘문화공간'을 조성하고, 중장년의 생애주기 특성을 고려해 인문, 여가문화 프로그램과 취업지원서비스를 통합 제공하기로 하였다. 나아가 인구고령화가 진전되는 가운데 인생 후반기를 설계가 필요하지만 일에 전념해야 하거나 일을 구하기 위해 문화생활을 누리기 어려운 상황을 반영하여, '중장년 청춘문화공간' 사업을 국정과제로 정해 2023년 신규 예산에 반영하여 시행하기로 하였다.

이미 2022년 10월부터 11월까지 한국출판문화산업진흥원, 노사발전재단과 함께 시범프로그램을 운영해 호응받은 바 있어 중장년의 생애주기 특성을 고려한 '중장년 청춘문화공간' 운영 방안을 마련하게 된

8 '고령자 고용안정지원금'이란 사업주가 정년을 연장 또는 폐지하거나 정년의 변경 없이 정년에 도달한 근로자를 계속하여 고용하거나 재고용하는 경우 그 비용의 일부를 지원하는 것과 사업주가 고용하고 있는 만 60세 이상인 근로자의 수가 증가하는 경우 그 비용의 일부를 지원하는 것을 말한다.

것이다. '중장년 청춘문화공간'은 중장년내일센터의 기존 취업서비스 프로그램(생애경력설계, 전직지원, 재취업지원 등)과 연계하여 중장년층의 문화, 고용서비스를 제공하는 동시에 학습공간, 동아리방, 커뮤니티 공간, 문화카페 등을 조성하여 다양한 형식으로 운영한다.

또한 희망자에게는 지역사회를 위한 자원봉사 등 사회공헌 활동을 비롯해 인문 사업에 강사, 멘토로 참여할 기회를 제공하는 등 사회적 경험이 풍부한 중장년의 적극적인 참여 수요를 반영한 문화프로그램도 지원할 계획이며 문화프로그램과 취업지원서비스의 연계를 강화하여 수요자 맞춤형으로 서비스를 제공할 예정이다.

(4) 교육부

인생 100세 시대의 인생 후반기 교육체제 및 인프라 확충이 필요하다는 인식하에 그동안 제4차에 이르는 '평생교육진흥기본계획'을 통해, 노년층의 삶의 질 향상과 더불어 고령자의 지역사회 봉사를 유도하고 인생 후반기의 행복한 여생을 설계할 수 있도록 노년층의 취미생활과 여가선용을 위한 평생교육 프로그램의 필요성을 제시하였다.

최근 교육부는 2022년 12월 28일, 향후 5년간 평생학습 정책의 기본 방향과 핵심과제를 제시하는 「평생학습 진흥방안(2023-2027년)」[9]을 발표했다. 이 방안은 '누구나 누리는 맞춤형 평생학습 진흥'이라는 구호 아래, 디지털 대전환, 초고령사회 등 시대적 변화에 대비한 '평생학습 대전환'을 정책 방향으로 삼고 있다.

또한 그동안 시혜적인 복지로 인식되었던 평생학습을 국민의 시각에서 실질적인 권리로 보장하는 한편, 평생학습을 위한 국가와 지자체

9 동 방안은 「평생교육법」 제9조 제1항에 따른 평생교육진흥기본계획(제5차)을 포괄함.

표 13-3. 평생학습 대전환의 주요내용

구분	현재		전환
국민	시혜적 복지	➔	국민의 실질적 권리
지자체	중앙정부의 평가·지원		지자체 중심 자율적 진흥
대학	학령기 학위과정 중심		재교육·향상교육 상시 플랫폼
학습연계	학위/비학위/경력 간 분리		학위-비학위-경력 간 연계
기술활용	전통적 교육자료 중심		인공지능 등 최신 디지털 기술 활용
협업	각 부처·지자체 산발적 추진		범정부 협력·연계체제 구축

자료 : 교육부 정책방향 보도자료 참조.

그리고 민간 협력체계를 구축할 계획에 있다. 특히, 평생학습을 국민의 실질적 권리로 보장하기 위한 특별한 조치로, 평생학습 휴가 및 휴직제 도입을 검토할 계획으로 평생학습은 학력 보완, 직업능력향상, 인문교양, 문화예술 등 그 영역이 넓고 다양하여 각 부처, 지자체, 기업 등 민간에서 개별적이고 산발적으로 추진하고 있는 것을 총괄·조정에 나설 계획에 있다.

(4) 기타 부처의 지원활동

농림수산식품부에서는 귀농·귀촌을 위한 정보제공 및 취득을 위해 상담을 한 곳에서 제공하는 '귀농·귀촌종합센터(One-Stop 정보제공)'를 설치·운영하고 있다. 특히 베이비붐 세대의 접근성을 고려하여 지자체와 연계한 지역별 방문 상담 등의 체계를 구축하여 단계별, 직업별, 수준별 수요에 걸맞은 장·단기 귀농·귀촌 맞춤형 교육을 개발·운영하고 있다.

농촌으로 도시민이 이주할 경우, 초기의 위험부담을 최소화하기 위해 영농기술 습득 및 지역사회 융화, 경제적 부담 등의 지원을 하고 있다. 예를 들어, 초보 귀농인의 위험부담을 최소화하기 위한 지원으로 경제적 안정 및 기술 습득에 필요한 실습비를 지원하고 있다. 그와 더불어 성공한 귀농인을 멘토로 양성하여 새로 귀농하는 사람을 대상으로 지역사회에 융화하고 적응할 수 있도록 지원하고 있다.

또한 고령화·공동화가 도시보다 농어촌지역에서 빠르게 심화하고 있고, 농어촌 내 지역 간 양극화 진전 및 도시와의 생활 여건 격차로 지방소멸 위기도 제기되는 실정인 한편에선 귀농·귀촌이라는 인구 증가와 힐링 공간으로서의 농어촌 가치 향상 등 농어촌지역에 새로운 기회요인도 있어 어려운 상황을 극복하고 새로운 기회로 파악하여 이에 대처하고 있다.

따라서 이러한 농어촌의 여건을 감안하여, 18개 부·청이 참여, 보건·복지, 교육·문화, 정주 생활 기반, 경제활동 등 다양한 분야의 정책 수요에 대응하여 도농 간 격차 해소 및 농·어촌 지역 간 격차를 완화하고, 누구나 살고 싶은 복지 농·어촌을 조성하기 위한 '제4차 삶의 질 기본계획[10]'을 마련하여 향후 5년간 약 51조 원을 투·융자할 계획에 있다.

한편, 기획재정부에서는 고령자의 지식과 경험을 사회에 이바지할 수 있는 다양한 나눔 프로그램을 모색한 바 있다. 즉 전문직 퇴직자가 비영리단체, 사회복지시설 등에 마케팅, 재무관리 컨설팅 등에 지식 제공 혹은 방과 후 학교 등에 자원봉사를 실시할 수 있도록 하는 동시에 문화예술 재능 나눔 및 스포츠·여가 프로그램 확대, 지역사회 참여와 재능나눔 활동을 활성화, 의료, 환경, 문화·예술, 교육 등 4개 분야의 '드림봉사단'을 구성해 지역별 재능 나눔 활성화의 추진 등이 그 내용이다.

그와 더불어 노년기 삶의 질을 향상하기 위한 다양한 정책개발에 나서고 있다. 그 가운데 몇 가지를 소개하면 먼저, 노후 소득보장 강화를 위하여 노인인구의 70%까지 상대적으로 어려운 고령자를 대상으로 기초연금을 지급하도록 하고, 노인 일자리를 확충(매년 5만 개)하는 등

10 기본계획은 ① 생애주기별 복지서비스 제공과 포용적 공동체 육성, ② 교육·문화 기회의 형평성 보장, ③ 농어촌다움이 살아 있는 정주기반 구축, ④ 경제활동 다각화와 지역 순환 경제 구축 등 4대 전략별 183개 과제를 제시한 바 있다.

중층적인 노후 소득보장체계 구축 등을 추진하고 있다.

그 밖에도 노후의 건강 및 안전 제고를 위해 치매 특별등급 신설(2014년), 65세 이상 고령자의 틀니와 임플란트 건강보험 급여 확대(2016년), 독거노인 돌봄 지원을 확대해왔다. 나아가 안정되고 보람 있는 노후생활 지원을 위하여 노후설계에 대한 사회적 관심은 지난 몇 년간 급속도로 증가했으며 "노후설계 지원법(안)"이 2015년 5월 국회 본회의를 통과해 동 12월 23일 '전 국민의 노후 준비 서비스'가 전국적으로 시행되었다.

서비스의 내용 첫째, 보건복지부장관은 중앙행정기관과 협의하여 5년마다 노후 준비지원정책의 기본방향, 노후 준비지원센터의 설치 및 기반 조성, 프로그램 개발 및 보급에 관한 기본계획을 세워야 한다. 둘째, 전반적인 노후 준비의 정도를 측정 및 점검할 수 있는 평가 기준인 노후 준비 지표를 개발하여 보급해야 한다. 셋째, 중앙노후준비센터를 국민연금공단에 설치하고 각 지사에서 운영중이었던 행복노후설계센터를 지역노후준비지원센터로 전환하여 운영하고 있다.

나아가 베이비붐 세대가 가진 양적·질적 특성에 적절히 대응하기 위해서는 인구고령화에 대한 대응책의 인식변화가 요구된다. 이에 정부(저출산고령사회위원회)는 제4차에 이르는 저출산고령사회기본계획을 통해 베이비붐세대의 고령화 대응체계 구축을 독립적인 정책영역으로 설정하여 고령화대책에 기초가 되는 자료를 확보하기 위한 조사와 더불어 핵심과제에 관한 논의를 추진하고 있다.

이처럼 베이비붐세대의 삶의 질을 높이는 방안이 다각적으로 모색되고 있으므로 앞으로 더욱더 체계적이며 유기적인 정책협조에 입각한 고령자대책이 계속 이어질 것이다. 특히 정부(사회보장위원회)는 우리나라 사회보장정책의 비전과 정책과제를 제시한 사회보장기본계획을 국무회의 심의·의결을 통해 확정하여 실시한 바 있다.

이처럼 인구고령화가 진전되는 상황을 반영하여 고령자는 물론이고 모든 국민을 대상으로 하는 사회보장제도의 확립과 제도의 지속가능성을 위해 「제1차 사회보장기본계획(2014-2018)」을 추진한 데 이어, 이를 발전적으로 계승하여 「제2차 사회보장기본계획(2019-2023)」이 현재 추진 중인데 제1, 2차 사회보장기본계획의 주요 내용을 비교하면 <표 13-4>와 같다.

표 13-4. 제1, 2차 사회보장기본계획 비교

분 류	제1차 기본계획 (2014-2018)	제2차 기본계획 (2019-2023)
비전	더 나은 내일, 국민 모두가 행복한 사회	국민 모두가 함께 잘사는 포용사회
추진원칙 및 전략		1 포용적 사회보장체계 구축 *사각지대 해소 및 보편적 서비스 확대 2 지역사회중심 통합적 서비스 이용체계 구축 *지역통합돌봄 체계 구축 및 돌봄경제 육성 3 사회보장 제도 간 연계조정 강화 *사업간 연계·조정을 위한 정책조정 거버넌스 강화 4 포용과 혁신의 상호보완체계 구축
중장기 목표		국민 삶의 질 향상 OECD 20위('23) → 10위('40)
정책지표	5년 후 달라지는 국민 생활 제시	4대 정책영역별 성과 목표 제시 (고용, 소득, 건강, 사회서비스 4대 분야, OECD 비교가능 지표) 분야별 5년 후 달라지는 국민생활 제시
과제수	약 200여 개 과제	90개 핵심과제
실행력 강화방안		연차별 시행계획 수립 및 점검 4대 정책영역 제도 평가 실시 기본계획 보완·환류(2-3년 주기)

자료 : 사회보장위원회 사회보장기본계획 참조.

나아가 사회보장 관련 소요 재원 및 조달방안 등의 구체성을 강화하였으며 사회보장정보시스템의 고도화 및 연계 확대를 위하여 업무처리 지원시스템 확대 및 민관 복지자원 통합데이터베이스(DB)를 종합하여 구축하고 있다. 이어서 '사회보장급여의 이용·제공 및 수급권자 발굴에 관한 법률(약칭 사회보장급여법 : 법률 제18616호 일부개정 2021.12.21)'을 제정하였다. 이는 사회보장급여의 이용 및 제공에 관한 기준과 절차 등 기본적 사항을 규정하여 사회보장 수급자의 권리를 보장하여 사회보장제도가 통합적으로 시행될 수 있는 기반을 구축하려는 것이다.

그러나 이러한 경험적 자료 및 정책 방안 등의 현상은 1970년대부터 이어온 일본의 종합적인 고령자대책과 비교하면, 큰 틀에서는 사회문제로 인식하여 대응에 나서고 있으나 아직 고령자대책의 초기 단계에 있다고 하겠다. 그러므로 베이비붐 세대의 고령화가 진정한 고령자정책의 패러다임의 전환과 구체적인 실천을 위해서는 이러한 고령자대책에 관한 산발적 노력을 종합하고 유기적 연계를 추구할 수 있는 구심점(지휘부) 확립과 더불어 부처 간 중앙정부와 지자체 간 네트워크 구축이 필요한 시점이다.

3. 베이비붐세대의 사회환경

노인들이 느끼는 불안감 소외감을 완화해 줄 수 있는 것은 사회구성원이라는 '인정'과 원활한 '소통'일 것이다. 자신이 살아온 인생 경험을 토대로 자신의 존재감을 누군가로부터 인정받고 싶을 때, 그 삶의 과정과 현실 문제에 대해 타인과 의사소통이 원활하게 이루어질 때, 노인들의 소외감과 불안감은 줄어들 것이다.

이점에 관해 우리 사회는 과연 어떠한가? 노인의 경험이 젊은 세대로부터 인정받고 있는가? 고령자 세대의 지혜와 견해가 젊은이들과 온

전히 소통되고 있는가? 이에 대한 답은 여러 가지로 나타날 수 있겠다. 예를 들어, 효(孝)를 중시해 온 일부 가정의 풍토에서는 가능할 수도 있겠지만, 사회 전반에서 이러한 상호관계를 기대하기는 실제 어려운 현실이다. 바로 이러한 점을 극복해야만 노인문화가 새로운 문화로 꽃피우게 될 수 있을 것이다.

또한 고령기에 접어드는 베이비붐세대 스스로 인식을 바꿔야 할 것이다. 한국전쟁 이후에 태어나 국가의 경제개발계획과 함께 치열한 경쟁사회에서 열심히 살아온 베이비붐세대는 성실성과 인내심으로 견뎌온 세월만큼 자부심도 크고 생활력도 강한 편이다. 그래서 더욱 자신의 인생 경험과 기능이 특별하다고 생각하기 쉽다. 그러나 정보화와 국제화가 급격하게 진전되는 현실에서 베이비붐세대는 인정하고 싶지 않겠지만, 평생에 걸쳐 축적해 온 경험과 숙련도가 때로는 시대착오적인 기능일 수도 있음을 깨달아야 할 것이다.

향후의 평생 현역사회를 전망해보면, 활동적인 고령자에게는 기회가 될 수도 있지만 한편에선 고령자의 자립을 강요하는 측면이 없지 않다. 물론 정책적 측면에서 고령자에게 사회보장제도에 입각한 각종 혜택이 주어지기는 할 것이다. 그러나 기본적으로 「노인을 위한 회사, 노인을 위한 사회, 노인을 위한 국가는 없다」라는 생각으로 생활에 임하는 자세가 바람직하다.

왜냐하면 노후의 각종 문제를 스스로 해결할 수 있어야 기대에 대한 실망과 서운함이 덜할 것이기 때문이다. 즉, 노인문제에 대한 모든 해결책은 본인이 나서지 않으면 아무도 도와주지 않는다는 사실에 근거해야 할 것이다. 이른바 고령자의 자립이 요구되는 사회인 것이다. 따라서 막연한 기대보다는 스스로 나서서 그동안에 쌓아 온 경험과 지식과 지혜로 슬기롭게 노인문화창조에 직접 나선다면, 그에 따른 지원은 부수적으로 수반될 것이다.

표 13-5. 베이비붐세대 사회공헌활동 사업

사업명	대상	활동내용	활동기관
베이비부머 마에스트로	지역영농인, 취업·창업 희망자	경영분야 전문 경력의 베이비붐 세대가 농어촌 지역의 영농자 및 예비 창업자·취업자에게 직무에 필요한 컴퓨터 교육(엑셀 등) 실시	영농지원센터, 비영리법인협동조합 등
모닝/ 이브닝 애프터 맘	영유아, 초등학교 저학년	여성 베이비붐 세대가 맞벌이 저소득층 등 취약계층 가정의 아동들을 어린이집 동행 등교와 어린이집 아침보육 보조, 방과 후 수업 보조 역할 수행	가정, 국·공립어린이집, 아동복지시설, 초등학교 방과후 교실 등
종이접기 아저씨	영유아, 초등학교 저학년	남성 베이비붐 세대가 아동들에게 종이접기 교육 등 레크리에이션 강사로 활동	어린이집, 아동복지시설 등
스마트 에티켓교육	초·중·고등 학생	청소년들에게 올바른 스마트폰 사용 방법 등 SNS 관련 교육 실시	공공 또는 민간 교육기관, 복지시설 등
아동학습 및 진로 지도 지원	아동, 청소년	베이비붐 세대가 지역아동센터 등 기관에서 취약아동 대상 학습지도와 진로교육 등 실시	지역아동센터 등 아동복지시설, 초·중학교 등

자료 : 보건복지부 참고.

베이비붐세대는 평균 학력 수준이 이전 고령자층보다 비교적 높고, 사회참여 의욕도 높아서 은퇴 후에도 장기간 쌓아온 지식과 경험을 활용할 필요가 있어 지원해 온 바 있다. 사회공헌활동 분야는 영농인 대상 컴퓨터 교육, 아침과 저녁 시간에 맞벌이와 저소득 가정의 아동 돌봄, 아동·청소년 대상 종이접기 및 인터넷 사용법 교육 등의 형태로 추진될 계획이다.

보건복지부에서는 위와 같은 사업을 통해서 베이비붐세대가 그들의 경험과 능력을 지역사회 발전에 이바지할 수 있도록 지원하는 동시에 제2의 인생을 설계하는 데 도움이 될 수 있는 사업을 발굴하고 있다.

이러한 사업은 관련 산업의 활성화 및 고령자의 능력 활용에도 유리하기 때문에 지원과 관리가 지속해서 이루어져야 할 것이다. 고령자 또한 이러한 환경을 활용하여 자신의 역량을 발휘할 수 있는 적극적인 자세가 필요하겠다.

인생의 통과의례로 파악해보면, 장수의 관문으로 환갑(還甲 : 60세), 고희(古稀 : 70세), 희수(喜壽 : 77세), 산수(傘壽 : 80세), 미수(米壽 : 88세), 졸수(卒壽 : 90세), 백수(白壽 : 99세) 등으로 구분하며 장수 축하의 날이 이어진다. 이러한 생활양식은 이전 시대의 문화를 다음 세대에 전승하는 역할로 이어온 것이다. 그것은 일종의 무형문화를 계승하는 것으로 인생의 통과의례를 통해 노후의 생활에서 고령자의 가치로 받아들이고 있다. 그러므로 단순히 쇠퇴하는 육체와 정신의 부정적인 면만 보는 게 아니라 삶의 과정에서 축적된 기억 속의 가치를 찾아 그것을 긍정적인 측면의 문화로 구축하려는 도전에 나서고 있는 것이다.

제1장에서 살펴본 바와 같이 최근 평균수명이 늘어나는 추세에 있지만 고령기에 이르면 누구라도 신체적인 쇠약과 물리적 수명이 다하는 시점을 피할 수 없게 된다. 즉 고령자의 노화현상은 생자필멸의 자연적인 과정이다. 그러나 생활환경의 변화과정에서 고령자의 생활양식이 이전의 고령 세대와는 다르게 나타나고 있어 새로운 노후의 생활양식이 노인문화로 형성될 가능성은 열려 있다. 따라서 현시점의 베이비붐 세대의 라이프스타일[11]은, 선조들의 생활양식을 상당 부분 계승하면서

11 정기룡(2011)「일본의 고령자 라이프스타일에 관한 연구」『일본연구』한국외국어대학교 일본연구소 제47호. p.9. 라이프스타일(ライフスタイル, lifestyle)은 생활양식·살아가는 방법을 의미하기도 하며 인생관·가치관·습관 등을 포함하는 개인의 삶으로 표현되기도 한다. 사전적 의미의 라이프스타일이란 사람이 사는 방식으로서 사회관계, 소비, 엔터테인먼트, 패션 등을 비롯하여 개인의 특성, 가치, 또는 세계관을 반영하기도 한다. 나아가 사람들의 생활양식·행동양식·사고방식과 같은 사회적·문화적·심리적 차이를 표현하는 용어로 사용되

그와 동시에 고령자 특유의 행동양식을 후세대에 전달하는 과정에 있다고 하겠다.

4. 베이비붐세대의 노후와 생활문화

현재의 고령자는 지난 현역 시대의 경험과 은퇴 이후의 일상생활 및 사회참여를 통해 삶의 보람과 관련지어 일정 형태의 생활양식으로 구축하는 과정의 중심에 있다. 이러한 변화에 적극적으로 참여하는 고령자의 생활행태가 앞으로 이른바 노인문화로 구축될 것으로 예상된다.

문화는 인간의 현실적이며 상상적인 생활 경험이 상징화된 형태이므로 삶을 풍요롭고 아름답게 만들려는 사회구성원에 의해 공유 전달되는 행동양식 또는 생활양식의 과정 및 그 과정에서 이루어낸 물질적, 정신적 소산을 통틀어 이르는 의미로 사용된다. 이에는 의·식·주를 비롯하여 언어, 풍습, 도덕, 예술 및 각종 제도 등이 포함될 것이다.

또한 문화란 자연의 상태에서 벗어나 삶을 풍요롭고 편리하며 아름답게 만들어가려는 사회구성원에 의해 습득되어 공유하고 전달되는 행동양식을 일컫는다고 하겠다. 나아가 문화는 수준 높은 교양이라든지 깊이 있는 지식, 세련된 아름다움과 우아함, 예술 풍의 요소 등과 관련된 생활양식 그리고 현대적 편리성을 갖춘 생활양식까지도 의미하는 등 매우 폭넓게 사용되고 있다.

나아가 복지의 정의는, 건강하고 윤택한 생활 및 안락한 환경이 어우러져 행복을 누릴 수 있는 상태를 의미한다[12]. 실제 일본에서는 인구고

는 등 가치관의 변화를 엿볼 수 있다.

12 中村磐男·助川征雄·牛津信忠·池弘子·山口圭 編(2010) 『標準社會福祉用語事典』 秀和システム. p.197.에서는, 사회복지에 관한 협의의 의미에 대해 기본 인권보장(특히 생존권)의 관점에서 생활이 어려운 자를 대상으로 한 생활보장과 더불어

령화 대책의 일환으로 지역복지의 추진과 더불어 복지시설에서의 서비스 향상과 관련하여 고령자의 문화적 복지실천의 차원에서 복지의 문화화가 이루어졌음을 알 수 있다.

따라서 고령자의 문화적인 삶이란, 사회구성원 모두의 인간다운 생활과 마찬가지로 노인이 속한 환경이 경제·사회·문화의 발전 수준에 비추어 의식주의 기본적인 욕구를 충족하고 건강하게 문화적인 삶을 영위할 수 있어야 한다. 가족과 사회에 소속감을 느끼며 사회적 네트워크를 활용하여 사회적·심리적으로 소외감을 느끼지 않는 것이어야 한다는 의미이다. 즉 고령자가 사회생활을 영위하는데 필요한 인적·물적 자원이 원활히 공급되며, 그와 관련된 서비스를 받을 수 있는 환경을 구축해나가야 할 것이다.

따라서 노쇠현상을 자연스럽게 받아들여 삶의 경과를 긍정적으로 수용하면서 그에 수반되는 현상에서 가치의 발견으로 삶을 재고하려는 자세가 필요하다. 이러한 시각은 물리적인 가령(加齡)의 증상을 되돌리거나 거부할 수 없기 때문에 고령자 자신만이 아니라 고령자를 둘러싼 주변 사람들 모두 인생 과정의 변화에 대해 노화를 자연스럽게 받아들이자고 하는 시각에 기인한다.

평균수명이 늘어나면, 고령자의 여가 활동이 확대되어 전통문화 및 생활문화까지 포함하는 노인복지의 향상 및 고령자의 생활과 관련된 문화 활동이 늘어난다. 이러한 목적을 달성하기 위해 ① 여가 이용, 복

심신장애로 인해 지원과 간병·수발이 필요한 자에 대한 원조를 공적서비스의 의미로 파악하였고, 전 국민을 대상으로 한 일반적인 생활문제의 해결을 위한 전반적인 대책을 광의의 사회복지로 분류하고 있다. 또한 百科事典『ウィキペディア(Wikipedia)』에서는, 복지란 '행복과 풍요로움을 의미하는 말이며 모든 시민에게 최소한의 행복과 사회적 원조를 제공하려는 이념이라고 명기하고 있다.

지지원, 전통문화 등의 주제와 관련된 강연회 및 세미나의 개최, ② 노인복지의 증진을 위한 연수와 건강운동회의 개최, ③ 고령자의 상담과 생활지원, ④ 건강 및 의료서비스체계의 구축 등의 활동이 요구된다. 그 외에도 의료·복지분야의 기술이 점차 진전되고 있으며 첨단기술을 활용하여 복지서비스를 적용할 수 있도록 고도의 의료기기와 간병·수발기기의 지원 및 원격의료시스템 등의 분야가 확대되는 추세이다.

이렇듯 고령자의 생활양식이 사회의 환경변화로 인해 생활형 문화와 시스템형 문화 간에 상호보완적 영향을 미쳐 고령자의 새로운 생활양식이 형성될 것으로 예상된다. 향후 고령자의 사회참가는 여가 활용을 비롯해 봉사활동 등으로 확대될 것이므로 초고령사회에 걸맞은 생활양식의 출현도 기대된다. 그와 더불어 정치·경제·사회시스템과 여러 문화의 복합적인 영향을 받아 라이프스타일이 새로이 형성되는 과정을 통해 고령자의 공통된 생활양식이 〈그림 13-1〉과 같은 노인문화로 형성될 것으로 전망된다. 이처럼 고령자를 둘러싸고 있는 문화가 고령자의 일상생활에 영향을 미치게 되고 이에 고령자 스스로 사회참여 의식이 고취되어 적극적인 사회참여에 나서는 등 일상생활에서 고령자들의 공통 생활양식으로 새로운 라이프스타일을 형성하는 과정에 있다.

또한 고령자를 지원하는 복지와 문화, 여가 활용이 융합하는 한편, 생활환경과 생활문화의 향상을 도모하기 위한 환경정비가 이루어지면, 고령자의 사회참여가 점차 확대되면서 사회참여에 따른 보람된 성과로 이어질 것으로 기대된다[13]. 실제 고령자의 사회참여를 지원하는 형태

13 정기룡(2021) 「일본 고령자의 생애생활설계에 관한 고찰」 『일어일문학』 제89집. 대한일어일문학회. pp.338-341. 고령기를 충실히 보낼 수 있도록 여가 활동과 사회참가를 위해서는 네트워크를 유지하며 자기실현을 도모할 수 있는 학습 기

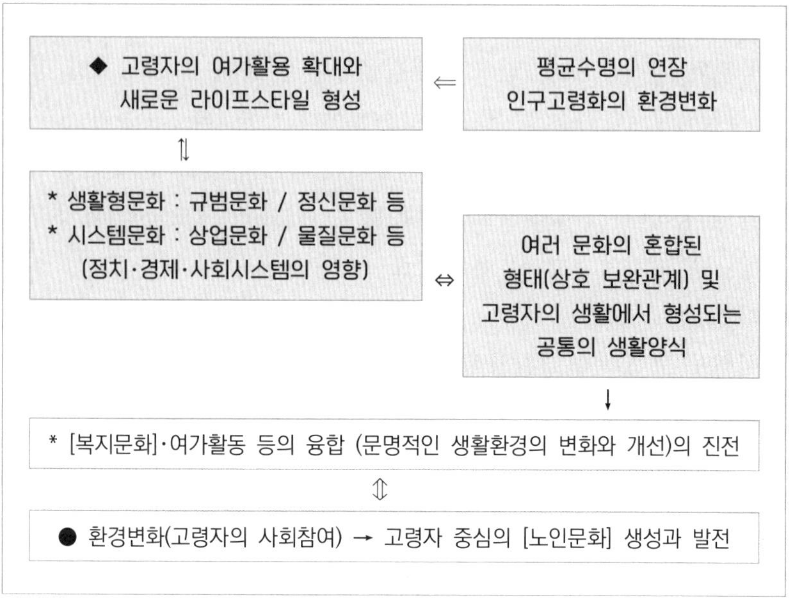

자료 : 정기룡(2018) 『노인문화창조』 제이앤씨. p.225. 〈9-1〉 수정.

그림 13-1. 일상의 저변문화와 노인문화와의 관계도

의 '활동적인 고령자'의 라이프스타일에 적합한 형태의 신생 비즈니스로서 고령자의 생활양식과 생활행태를 고려하여 고령자가 선택하여 실천할 수 있도록 지원하는 프로그램[14]도 등장하고 있다.

회 활용 등이 유용할 것으로 분석하고 있다. 특히 日本內閣府政策統括官編(2006, 2011, 2016, 2021) 「高齢者の生活と意識に關する國際比較調査」의 고령자사회참가 활동의 결과를 보면, 지역행사 및 마을가꾸기활동, 공원미화활동, 취미·기능을 활용한 지원활동, 지역사회 방범, 교통안전활동, 취미/스포츠/학습지도활동 등으로 사회참여에 나서고 있음을 알 수 있다.

14 일본에서는 최근 라이프스타일을 제안해 주는 전문 컨설팅이 시도되고 있다. 그 내용으로서는 의·식·주는 물론이고, 여행과 휴식 그리고 지적 욕구에 관한 상품·서비스 등을 제공하는 것들이다. 예를 들면 주택소개, 정원꾸미기, 농업

나아가 고령자를 대상으로 한 평생학습에도 단순히 취미, 어학 등 지식 전달에 치중했던 과거와는 달리 테마 지향 학습을 비롯하여 인간관계 형성을 지원하는 프로그램 등으로 진화하며 고령자의 학습유형이 매우 다양하게 나타나며 고령자의 학습활동이 증가하는 과정에 있다[15].

그와 더불어 고령자의 다양한 라이프스타일에 입각한 사회활동이 더욱 적극적으로 이루어질 것으로 전망된다. 그에 따라 건강관리, 학습취미, 여가활용, 스포츠시설, 재택서비스 등의 분야에서 새로운 실버시장의 규모도 확대될 것으로 예상된다. 또한 새로운 시장은 IT관련 정보의 활용이 요구되는데 베이비붐세대는 이전의 고령자와는 달리 상당부분 사무자동화를 경험하였고, 학습에도 적극적으로 임하고 있으므로 비교적 적응력이 유연한 라이프스타일을 형성해나갈 것으로 예상된다.

이러한 환경조성과 더불어 고령자의 적극적인 사회참가가 정착된다면, 고령자의 노인문화는 이전보다 훨씬 활력 있는 고령사회를 구축하는 계기를 제공할 것이다. 따라서 이러한 환경변화에 우리는 어떻게 능동적으로 대응해 나가야 할 것인가? 에 대해 생각해보기로 한다.

기술 전수 및 부대상품 제공 등의 서비스를 통해 고령자의 욕구에 대응하는 프로그램 내용을 담고 있다.

15 정기룡(2016)「여가활동으로서의 일본 고령자학습에 관한 고찰」『일어일문학』제69집. 대한일어일문학회. pp.322-330. 생애학습진흥법(1990)과 교육기본법(2006)에 근거한 고령자의 생애학습과 관련하여 노인교육은 단순한 복지차원을 넘어 생애에 걸친 평생교육의 일환으로 노후의 보람을 위한 측면으로 받아들이고 있다. 또한 성인교육과 노인교육연구를 1)성인발달의 가능성에 관한 연구, 2)노인학습의 성립조건에 관한 연구, 3)성인교육 연구, 4)지역 평생학습조사 분석 등으로 구분해 실시하고 있다.

5. 베이비붐세대의 생활 대응

한국의 65세 이상 고령인구는 약 909만 3천 명으로 고령화율은 17.6%(2022년 7월)로, 29.1%(2022년 9월)의 일본보다 아직 여유가 있어 보인다. 그러나 2035년이 되면, 고령화율은 30.1%로 증가하여 일본(32.8%)과 비슷한 수준이 될 것이며 2050년에는 40.1%로 일본을 역전할 것으로 예상된다. 그러한 상황에서 우리나라의 65세 이상 고령자 가운데, 국민연금의 수급자 비율은 47% 정도이며 연간 수령액은 평균 710만 원 수준이다.

2020년 경제협력개발기구(OECD) 통계조사 결과에 따르면, 우리나라 고령자 빈곤율이 무려 40.4%로 OECD 국가 중 가장 높은 것으로 발표되었다. 미국의 고령자 빈곤율은 23%, 일본의 경우 20% 수준이다. 그리고 고령자 빈곤율이 가장 낮은 독일은 9.1%인데 반해, 우리나라의 고령자 빈곤율이 너무나 높은 것이 현실이다. 이러한 경제고(經濟苦)뿐만 아니라 여기저기 아픈 병고(病苦), 삶이 외로운 고독고(孤獨苦)의 환경을 어떻게 해결해나가야 할 것인지가 초고령사회의 현실적인 문제로 대두되고 있다.

따라서 배우자를 비롯한 자녀와의 가족관계, 친구·동료와의 친밀감 나아가 지역사회에서의 네트워크 관계를 돈독히 해둘 필요가 있다. 그와 더불어 이러한 관계와는 별도로 예상치 못한 위험에 대비하고 자립적인 생존의 생활 태도를 실천해보는 것이 의미가 클 것이다. 그를 위해서는 정부의 고령자대책 외에 노후의 생활 전반에 걸쳐 스스로 셀프서비스를 지향해보는 것이다[16].

---

16 고령자 자신의 셀프서비스란, 노후의 생활설계, 주거지 확보, 식사·청소·세탁, 안전대책, 경제력 확보, 와병 상태 시의 대응과 최종단계 정리에 이르기까지 스스로 준비하는 문화풍토가 정착된다면, 가족의 부담을 줄이며 초고령사회의

가장 기본적인 생리적 욕구와 안전 욕구를 비롯하여 사회참가, 경제적 부양 나아가 인생의 최종단계에 이르기까지 가능한 한 자립적인 셀프서비스의 정신으로 일상생활에 대응해 나갈 수 있다면, 그러한 고령자상(高齡者像)은 자립과 연대를 강화할 수 있는 매우 바람직한 모델이 될 것이다.

이러한 점을 바탕으로 은퇴 이후 초고령사회의 사회적 위기에 대한 대응 방안으로, 낙관(optimism)적인 기대보다는 약간의 비관(pessimism)적 측면에서 대응하는 자세가 요구된다. 물론 개개인의 고령자가 처한 형편과 자원 및 선호, 취향 등이 다르므로 일률적일 수는 없겠지만, 일상생활에서 취사선택할 수 있는 몇 가지 사항을 부기한다.

① 은퇴는 절반(네트워크, 인간관계, 수입원, 주거지, 생활경비 등의 규모 축소)만 하기

② 양보할 수 없는 가치이자 목표인 건강생활(사회참여, 운동, 건강검진, 위생관리) 하기

③ 노년기의 버팀목이자 활력소인 취미·학습(할거리, 볼거리, 놀거리, 즐길거리) 찾기

④ 품위 있고 보람되게 늙는 법(효율적 절약, 합리적 소비, 소통과 인사, 상대 배려) 실천하기

⑤ 노후의 마음을 평안히(명상, 봉사활동, 종교활동 등) 유지하기

⑥ 자녀를 효자·효녀로 만들려면, 성인이 된 후 간섭하지 않기

그와 더불어 베이비붐세대의 고령자는 가능한 한 노후 자립을 위해 생활 전반에 걸친 셀프서비스의 지혜를 발휘하는 것이 바람직하다. 현역 시대에는 생식을 중심으로 가족을 구성해왔지만, 노후에는 생존력[17]

새로운 문화로 구축되는 계기가 될 것이다.

17 노후생활 전반에서 셀프서비스의 생존력(生存力)으로 대응해야 한다. 즉 노인력(老人力)은 노후의 생존력이라 할 수 있으며, 그 힘은 고령자 스스로 키워야

을 키워 스스로 준비하고 대처해야 할 시점에 이른 것이다. 어쩌면 유전자를 잇는 생식보다 주어진 삶을 살아야 하는 생존력이 훨씬 강력할 수도 있다. 이와 관련하여 ① 메멘토 모리(Memento mori), ② 카르페 디엠(Carpe diem), ③ 아모르 파티(Amor fati)라는 문구를 재고해볼 필요가 있겠다.

언젠가는 죽는다는 사실을 기억하라는 메멘토 모리, 현재의 순간에 충실히 임하라는 카르페 디엠, 그리고 자신의 운명을 사랑하라는 아모르 파티의 의미가 노후의 여생에 시사하는 바가 크다. 즉, 현실 인식과 자신의 운명을 사랑하는 과정이 인생이라면, 삶과 죽음은 시간의 연장선에 있으므로 살아 있는 이 순간, 자기 자신의 삶에 충실히 임하라는 선인들의 깊은 뜻일 것이다.

한다. 따라서 생존의 지혜로서 ① 노후 재설계, ② 식생활·청소·세탁·정리, ③ 건강·안전관리, ④ 사회참여, ⑤ 최종단계의 마무리에 이르기까지 스스로 준비해두는 것이 바람직하다.

마무리에 즈음하여

최근 복지 현장뿐만 아니라 대중매체 등에서도 복지문화와 노인문화라는 용어가 사용되고 있지만 개개인의 시각에 따라 인식의 폭이 다를 수 있다. 여기에서는 필자의 관점에서 개념 정립을 시도하여 복지 현장에서 진전되고 있는 복지문화의 형성과 고령자의 활동상을 노인문화로 구축하는 것이 의미 있다고 판단하여 그와 관련된 담론을 펼쳐보았다.

이러한 과정에서 '복지의 문화화' 혹은 '문화의 복지화' 어느 쪽의 요소에 역점을 두고 문화를 규정할 것인지 그리고 그 실현을 위해 어떠한 방법이 효율적인지에 관해서는 여전히 탐색 중일 수밖에 없었다. 그렇기는 하지만 고령자의 문화적 활동이 복지 현장에서 확산하는 과정에 있으므로 베이비붐 세대의 적극적인 활약을 기대하는 동시에 이러한 긍정적 변화를 노인문화의 발아 단계로 파악하고자 하였다.

고령자의 노후생활과 밀접한 현실적인 제도개혁뿐만 아니라 지역사회가 형성하고 있는 가치를 활용하여 문화와 복지를 융합해나간다면, 복지문화와 노인문화는 더욱 진전될 것이다. 지역사회의 문화적 개선을 통해 복지서비스를 충실히 제공해 만족도를 높이는 동시에 고령자가 삶의 보람을 찾는 계기가 된다면, 고령자의 자생적인 노인문화를 구축하기가 쉬워질 것이다.

실제 복지 현장에서는, 복지의 가치가 사회에 침투하는 측면과 사회에 존재하는 문화의 영향을 받아 상호 융합하기도 한다. 따라서 일상생활에서 인권 존중이라고 하는 이념에 기반해 새로운 행동양식과 문화적인 삶이 사회 전반에 확산되는 것이 바람직할 것이다. 결국 복지문화는, 각종 복지제도와 사회복지시설을 비롯한 복지 현장의 제도운영과 자원의 효율적인 배분을 통해 문화적인 복지향상 차원에서 진전시켰던 것이라고 한다면, 노인문화는 복지제도와 복지환경 등의 요인이 작용하여 새로운 환경에 적응하기 위한 고령자의 자발적인 생활행태에서 발아하여 형성되고 있다.

이와 같은 의미에서 복지문화는 빈부격차 확대, 고용환경의 악화, 사회보장 재원부족 등의 사회적 과제가 현실화하고 있는 과정에서 또 다른 복지자원이 될 수 있을 것으로 전망된다.

그동안 노인복지의 내용과 질이 향상되어왔음은 부정할 수 없다. 그렇지만 지금까지 구축된 사회보장제도를 지속시키면서 향후의 더 많은 복지 수요를 감당하기 위해서는 막대한 복지재원이 소요될 것으로 예상된다. 따라서 제도의 지속가능성을 위해서도 그리고 고령자 개개인의 활력 있는 노후를 위해서도 고령자의 사회참여를 유도하여 외상 상태와 요양 기간을 줄여 의료 및 장기요양의 효율화를 추구하는 노인문화의 역할이 기대되는 바이다.

인구고령화가 가장 진전되어 초고령사회의 선두에 있는 일본 그리고 일본보다 더 빠르게 인구고령화가 진전되고 있는 한국의 현실을 직시할 것 같으면, 지역사회에서의 복지문화 형성과 긍정적인 노인문화의 진전은 매우 바람직한 문화현상이자 지역사회의 새로운 가치 형성의 기반이 될 것이다. 그러나 이러한 문화자원의 활용과 복지 현장에서의 문화적 활동이 노인복지 재정의 삭감과 복지서비스의 축소 등의 대안으로 전격 활용되거나 지역사회 구성원의 자조와 자립만을 강요해서는 안 될 것이다.

결론적으로 본서에서는 인구고령화가 급격하게 진전되고 있는 현실을 반영한 고령자대책을 살펴보았고 그 결과를 토대로 지속가능한 제도개혁과 동시에 복지문화의 형성이 필요하다는 인식에 이르렀다. 그와 관련된 연구 동향을 포괄하면서 복지문화와 노인문화 그리고 고령자의 사회참여가 일상생활에서 의미 있다는 점을 살펴보았다. 나아가 노인문제와 관련하여 복지환경 개선을 비롯하여 고령자의 적극적인 사회참여에 입각한 생활양식이 노인문화로 구축될 수 있다는 가능성을 논점으로 제시하였다. 끝으로 필자 또한 베이비붐세대의 일원이므로 노인문화에 관한 실천과 창조의 경험을 축적하여 향후 고령자의 노인력(老人力)에 관한 일반 독자 대상의 저술을 이어갈 것임을 부기한다.

| 참고문헌 |

김신영(2006). 「노인복지서비스 인지도 결정요인연구」, 『노인복지연구』, 한국노인복지학학회, 제32권, pp.99-117.

김영범·이승훈(2008). 「한국 노인의 사회활동과 주관적 안녕감 : 서울 및 춘천 노인을 대상으로」, 『한국노년학』, 한국노년학회, 28집 1호, pp.1-18.

김 인(2006). 「농촌지역 노인복지서비스의 욕구와 실천에 관한 연구」, 『노인복지연구』, 한국노인복지학학회, 제33권, pp.197-224.

김지미(2012). 「일본 개호정책의 전개과정에서 나타난 가족개호의 비용화 구조」, 『한국사회복지학』, 한국사회복지학회, 제64권4호, pp.31-35.

______(2015). 「일본 개호서비스공급체계제의 다원화 현상과 과제」, 『일본문화연구』, 동아시아일본학회, 제53집, pp.73-97.

남현주·이현지(2004). 「유럽의 노인장기요양제도 수립현황과 시사점」, 『노인복지연구』, 한국노인복지학학회, 제26권, pp.287-307.

다케가와 쇼고(武川正吾) 저/김성원 역(2004). 『일본의 사회정책과 복지국가론』, 인간과 복지, pp.43-53., pp.356-369.

문유미·조문기·장세철(2014). 「노인장기요양기관의 정보공개법 제도화를 위한 한·일 비교연구」, 『일어일문학』, 대한일어일문학회, 제62집, pp.331-333.

박윤주(2015). 「한국과 일본의 방송대학 비교 연구」, 『일본근대학연구』, 49, 한국일본근대학회, pp.337-338.

정기룡·강영숙(2012). 「고령사회 일본의 노인여가에 관한 고찰」, 『일본연구』, 제53집, 한국외국어대학교 일본연구소, pp.7-30.

정기룡(2000). 「日本の高齢者社會政策に關する研究」, 『日本學報』, 第44輯, 韓國日本學會, pp.593-607.

______(2002). 「日本の現役高齢者に關する研究」, 『日語日文學研究』, 第41輯, 韓國日語日文學會, pp.305-309.

______(2003). 「高齢社會における生活保障資源に關する一研究」, 『日本近代學研究』, 第6輯, 韓國日本近代學會, pp.151-172.

______(2003). 「고령사회 일본의 노인문화」, 『일어일문학연구』, 제43집, 한국일어일문학회, pp.299-301.

______(2003). 「여가활동으로서의 일본 고령자학습에 관한 고찰」, 『일어일문학』, 제69집, 대한일어일문학회, pp.316-332, 73.

______(2004). 「전환기 일본의 사회정책에 관한 연구」, 한국일어일문학회, 『日語日文學研究』, 제52집, pp.395-413.

______(2010). 「일본의 고령사회와 베이비붐세대에 관한 문화적 분석」, 『일본연구』, 제44집, 한국외국어대학교 일본연구소, pp.39-60, pp.395-413.

______(2011). 「일본의 고령자라이프스타일에 관한 연구」, 『일본연구』, 제47집, 한국외국어대학교 일본연구소, pp.7-28.

______(2013). 『일본의 사회정책』, 전남대학교출판부, pp.16-283.

______(2016). 「여가활동으로서의 일본 고령자의 학습에 관한 고찰」, 『일어일문학』, 제68집, 대한일어일문학회, pp.315-332.

______(2018). 「일본의 노인복지서비스에 관한 고찰」, 『日本近代學研究』, 제59집, 한국일본근대학회, pp.415-437.

______(2018). 『노인문화창조-베이비붐세대의 한·일 비교분석』, 제이앤씨, pp.13-386.

______(2021). 「일본 고령자의 생애생활설계에 관한 고찰」, 『일어일문학』, 제89집, 대한일어일문학회, pp.338-341.

______(2021). 「일본의 개호보험제도 변용에 관한 고찰」, 『일본근대학연

구』, 제72집, 한국일본근대학회, pp.344-345.
______(2022). 「일본의 복지문화 및 노인문화에 관한 고찰」, 『일본근대학연구』, 제75집, 한국일본근대학회, pp.391-410.
정진웅(2006). 『노년의 문화인류학』, 한울아카데미, pp.34-58.
조추용(2006). 「일본의 연금개혁과 노후생활보장정책」, 『노인복지연구』, 제32호, 한국노인복지학회, pp.31-68.
최옥채·구로키 야스히로(2014). 「월간복지에 비친 일본 사회복지의 변천」, 『한국사회복지학』, 한국사회복지학회, 제66권 제2호, pp.203-205.
최희경(2006). 「우리나라 노인복지연구의 노년학 이론 활용에 관한 분석」, 『노인복지연구』, 한국노인복지학회, 제34호, pp.7-30.
한정란(2001). 『교육노년학』, 학지사, p.67.
황규성(2011). 『통일 독일의 사회정책과 복지국가』, 후마니타스, pp.168-304.
赤瀬川原平(1988). 「老人力講座-爆笑對談 '男の分別學' 擴大篇」, 『オール讀物』, 文藝春秋, p.216.
一番ヶ瀬康子·櫻井里二·河畠修·多田千尋·萩原清子(1997). 「日本福祉文化學會は何をめざすのか－変革の時代の福祉を問う」, 『福祉文化研究』, Vol.6, 日本福祉文化學會, pp.6-8.
一番ヶ瀬康子·河畠修編. 『高齢者と福祉文化』, 明石書店, 2001.
井上信宏(2011). 「生活保障システムの轉換と地域包括ケア」, 『地域包括ケアと生活保障お再編』, 明石書店, pp.79-110.
井原辰雄譯/OECD編. 『世界の社會政策の動向』, 明石書店, 2005.
岩間文雄(2010). 「福祉文化研究の今日的課題」, 『關西福祉大學社會福祉學部研究紀要』, 關西福祉大學社會福祉學部, No.13, pp.177-180.
石畑良太郎·佐野稔編(1987). 『現代の社會政策(新版)』, 有斐閣, p.267.
埋橋孝文(1997). 『現代福祉國家の國際比較』, 日本評論社, pp.148-166.
埋橋孝文(2003). 『比較のなかの福祉國家』, ミネルヴァ書房, pp.1-283.

内海陽一編(1992).『世界の社會政策』, ミネルヴァ書, pp.1-36.
大河內一男(1979).『社會保障入門』, 靑林書院新社, pp.5-224.
大澤眞理(2013).「生活レジーム論から生活保障システム論へ」,『GEMC journal』, No.9, pp.6-29.
小塩隆士·田近榮治·府川哲夫編(2014).『日本の社會保障政策課題と改革』, 東京大學出版會, pp.119-140.
折茂肇編(1993).『新老年學』, 東京大學出版會.
香川正弘·佐藤隆三·伊原正躬·荻生和成(1999).『生きがいある長壽社會學びあう生涯學習：生きがいづくり支援の現狀と展望』, ミネルヴァ書房, pp.7-229.
春日井典子(2004).『介護スタイルの社會學』, 世界思想社, pp.34-38.
川野辺裕幸·丸尾直美(2005).『高齡者福祉サービスの市場化, IT化, 人間化』, ぎょうせい, pp.7-229.
河畠修(2001).「高齡世代の動向と福祉文化」,『高齡者と福祉文化』, 明石書店, pp.30-36.
公益財団法人日本生産性本部(財)余暇開發センター編(各号).『レジャー白書2022-余暇の現狀と産業·市場の動向-』, 生産性出版, pp.1-128.
佐藤健二·吉見俊哉編(2007).『文化の社會學』, 有斐閣アルマ, pp.4-6.
阪野貢(2006).「福祉文化と福祉教育」,『社會福祉セミナー2006』, 2006. pp.1-3., pp.65-69.
坂脇昭吉·阿部誠(2008).『現代日本の社會政策』, ミネルヴァ書房, pp.51-81.
(財)厚生統計協會(2022).『國民の福祉と介護の動向』, (財)厚生勞働統計協會, 第69卷10号.
(財)厚生統計協會(2022).『保險と年金の動向』, (財)厚生勞働統計協會, 第69卷14号.
佐武弘章·荒木兵一郎·船曳宏保編(1991).『高齡化社會政策の實驗』, 新評論, pp.126-146, 175-208.

佐藤健二·吉見俊哉編(2007). 『文化の社會學』, 有斐閣アルマ, pp.4-6.

阪野貢(2006). 「福祉文化と福祉教育」, 『社會福祉セミナー2006』, pp.1-3, pp.65-69.

隅谷三喜男編(1998). 『社會保障の新しい理論を求めて』, 東京大學出版會, pp.3-30.

清家篤(1998). 『高齢者就業の経済學』, 日本経済新聞社, pp.215-235.

清家篤(1995). 『高齢化社會の勞働市場』, 東洋経済新報社, pp.163-176.

太陽寺順一(1955.1). 「社會政策の主体と總資本の立場」, 『一橋論叢』, 第34巻第7号.

田近榮治(2014). 「介護保険制度の現狀と課題」, 『日本の社會保障政策』, 東京大學出版會, pp.119-140, pp.45-72.

玉井金五·大森眞紀編(1997). 『社會政策を學ぶ人のために』, 世界思想社, pp.7-20, pp.92-143.

高田一夫(2010). 「21世紀の社會政策の方向」, 『社會政策』, 第2-1号, 日本社會政策學會, pp.1-3.

________(1981). 「大河內理論の変貌とその意義」, 『千葉商科大論叢』, 第19巻2号, pp.91-112.

高山憲之(1997). 『高齢化社會の生活保障システム』, 東京大學出版部, pp.119-136.

內閣府政策統括官編(2006, 2011, 2016). 「高齢者の生活と意識に關する國際比較調査」, 日本內閣府.

內閣府編(各號). 『高齢社會白書』, 財務省印刷局·2022年版高齢社會白書(全体PDF版), 日本內閣府.

中村磐男·助川征雄·牛津信忠·池弘子·山口圭 編(2010). 『標準社會福祉用語事典』, 秀和システム, p.197.

西澤和彦(2012). 『年金制度はだれのものか』, 日本経済新聞出版社. pp.36-121.

西村豁通·荒又重雄編(1992).『新社會政策を學ぶ』, 有斐閣, pp.168-184.
馬場敬之助(1980).『福祉社會の日本的形態』, 東洋経済新報社, pp.112-128.
服部英太郎(1949a).「社會政策の生產力說への一批判(1)」,『経濟評論』, pp.1-23.
__________(1949b).「社會政策の生產力說への一批判(2)」,『経濟評論』, pp.1-21.
__________(1949c).「社會政策の生產力說への一批判(3)」,『経濟評論』, pp.57-63.
盛山和夫(2007).『年金問題の正しい考え方』, 中公新書, pp.219-265.
增子勝義(2006).『福祉文化の創造』, 北樹出版, pp.9-16.
永山誠(2004).「福祉文化を研究する視点」,『福祉文化研究』, Vol.13, pp.2-3.
______(2007).「地域社會と福祉文化」,『福祉文化研究』, Vol.16, pp.2-3.
高田眞治(2007).「社會福祉の政策課題」,『エンサイクロペディア社會福祉學』, 中央法規出版, pp.12-15.
村磐男·助川征雄·牛津信忠·池弘子·山口圭(2010).『標準社會福祉用語事典』, 秀和システム, p.197.
堀勝洋(1982).「日本型福祉社會論」,『季刊社會保障研究』, Vol.17, No.1, pp.37-50.
森詩恵(2018).「介護保険制度の変遷と課題-高齢者介護保養製作の今後に向けて」,『季刊個人金融』, 一般財団法人ゆうちょ財団, pp.2-12.
相模原市保健高齢部(2017).『第6期相模原市高齢者保健福祉計畵』, 相模原市, pp.124-126.
鈴木眞理·松岡廣路 編(2003).『生涯學習と社會教育』, 學文社, pp.69-71.
瀬沼克彰(2005).『長壽社會の余暇開發』, 世界思想社, pp.48-57.
________(2005).『団塊世代の余暇革新』, 日本地域社會研究所, pp.21-63.
成木弘子(2016).「地域包括ケアシステムの構築における連携の課題と統合促進の方策」,『保健医療科學』, Vol.65, No.1, pp.47-55.

原田隆·加藤惠子他(2011).「高齢者の生活習慣に關する調査(2)－余暇活動と生きがい感について－」,『名古屋文理大學紀要』, 11, pp.27-34.
藤田伍一.「高齡化社會と社會保障」,『日語日文學硏究』, 第50輯, 韓國日語日文學會, pp.35-48.
堀薫夫(2004).「高齢者の生きがいと生涯學習-教育老年學をめぐる問題から-」,『現代的人權と社會教育の価値(日本社會教育學會)』, 東洋舘出版社, pp.258-274.
董忲汝(2009).「日本の高齢者教育政策-政策の展開·意義と課題を中心に-」,『南台人文社會學報』, 台湾南榮技術學園, pp.29-62.
저출산·고령사회위원회.「고령자 고용연장 및 복지제도 개편 논의」(검색일: 2023.1.9.) http://www.betterfuture.go.kr/index.do
한국보건복지부.「인구고령화 현황」(검색일: 2022.4.20.) https://eiec.kdi.re.kr/policy/materialView.do?num=205484
한국고용노동부.「고령층의 숙련과 경험이 미래성장동력으로 이어지기 위한 고용전략」(검색일: 2023.1.17.) https://www.moel.go.kr/search.do
厚生勞働省老健局.「介護保険制度をめぐる最近の動向について」, 會保障審議會介護保險部會(第92回, 2022.3.24.) (검색일: 2022.6.15.) https://www.mhlw.go.jp/content/12300000/000917423.pdf
厚生勞働省老健局.「地域包括ケアシステムの更なる深化·推進について」, 社會保障審議會介護保險部會(第93回, 2022.5.16.) (검색일: 2022.6.15.) https://www.mhlw.go.jp/content/12300000/000938163.pdf
日本全國健康保険協會.「介護保險の保險料率」(검색일: 2022.3.28.) https://www.kyoukaikenpo.or.jp/g7/
日本厚生勞働省.「福祉制度の變更公示(2022年 4月)」(검색일: 2022.4.18.) https://www.mhlw.go.jp/stf/seisakunitsuite/bunya/
日本厚生勞働省.「介護保險事業狀況報告(月報)」(검색일: 2022.4.18.)

https://www.mhlw.go.jp/topics/0103/tp0329-1.html
日本全國健康保険協會.「政府管掌健康保険の健康保険料率等の推移」
https://www.kyoukaikenpo.or.jp/g7/ (검색일: 2022.3.28.)
日本厚生労働省.「人口の推移·人口厚生の変化」(검색일: 2022.4.20.)
https://www.mhlw.go.jp/stf/newpage_21481.html